U0583549

郭昌文 著

国民政府对地方实力派的整合

（1928～1937）

社会科学文献出版社
SOCIAL SCIENCES ACADEMIC PRESS (CHINA)

本书为国家社会科学基金青年项目"国民政府对地方实力派的整合研究（1928～1937）"（项目号：13CZS027）成果

本书出版得到福州大学马克思主义学院"马克思主义发展文库"资助

目　录
CONTENTS

绪　论

一　问题提出与选题意义

建立一个现代意义上的民族国家是近代中国面临的重要历史任务。有关民族国家的界定，不同理论各有具体表述，现实中民族国家亦有不同的组织形式与结构形态，但对内统一，将地方以不同的形式整合进中央政权的框架之内是基本的要素之一。晚清咸同之后，以湘淮集团为代表的地方势力通过掌控军队实权逐渐坐大，"中央失去把握之权"，对近代的中央与地方关系影响深远。[①] 辛亥鼎革，民国新肇，由于内部与外部、历史与现实等诸多因素的影响，传统的中央集权体制遭遇空前危机，中央与地方之间的关系在失控与失范的泥淖中挣扎。地方实力派或与中央政权貌合神离、自成独立王国，或是公开挑衅中央政权的权威。南京国民政府通过北伐、易帜等武斗文攻基本完成统一，但这种统一仅限于表面与形式。南京国民政府的实际掌控区域长期局限于东南数省。整合地方实力派、完成实质上的统一仍然是国民政府需要解决的艰巨任务。

国民政府对地方实力派的整合大体上分为两个层面。

第一个层面是国民政府处理地方实力派问题与同时期其他问题的关系。国民政府对地方实力派的整合是在内外各种错综复杂的环境下进行的，种种环境又构成了国民政府需要面对的各种问题。从国内而言，中共的强势崛起是其中的重要背景，中共有不断成熟的意识形态和政治诉求，拥有一支不断发展壮大的军队，且以推翻国民党的统治为鹄的；国民政府是中国历史上第

---

① 李剑农：《中国近百年政治史》，湖南教育出版社，2008，第108页。

国民政府对地方实力派的整合（1928～1937）

一个党治政权，国民党对国民政府有着举足轻重的影响，但国民党自身面临诸多问题，党内存在持续不断的高层派系争端，在党争中失势的一方往往与地方派系结合，高举反对南京中央的大旗，成为影响整合地方派系的重要因素；地方实力派虽具有某些相似特征，但并不是一个整体，各个派系的形成各有历史渊源，有不同的政治地缘关系，内部构成极其复杂，与南京中央以及蒋介石的关系亦是各有差异、变幻不定。中共、国民党高层的派系政争以及地方派系的错综复杂共同构成了国民政府整合地方派系的内部环境。从国外而言，自 1840 年鸦片战争以来，外国因素对中国社会方方面面的影响与日俱增。1912 年中华民国建立以后，这种因素的影响更是前所未有。20 世纪 30 年代，随着日本侵华的步步推进，中国的民族危机不断加深。国民政府对苏联因意识形态、国家利益以及对日关系等因素的影响，在借重的同时，亦有防范与猜忌。如何处理解决地方实力派与这些错综复杂的内外环境的关系，如何将其全盘考虑、综合考量，是国民政府整合地方实力派的重要内容。对这个问题的回答，是本书的重要旨趣。

　　第二个层面是国民政府整合地方实力派的政策与制度、策略与方法。具体而言，包含了两个方面。其一是制度与政策层面的整合，即国民政府通过制度与政策对地方实力派进行整合。在整合地方实力派的过程中，妥善安置地方实力派领袖与头面人物既关键又敏感，国民政府如何将地方实力派领袖或主要派系将领纳入中央政权的统一架构之内？所谓拥兵自重，军队是地方实力派实力的主要构成要素。这些军队与地方实力派领袖因地缘、血缘、学缘等种种私人关系结合而成。在近代民族危机日趋严重的情境下，这些军队一方面有着比较强烈的爱国情怀与抵御外侮的情绪，另一方面也有着较为浓厚的派系意识或地方主义色彩，国民政府如何借助制度的设计整合这些地方实力派的军队？地盘是地方实力派的又一重要凭借。众多的地方实力派长期掌控着省级政权，如阎锡山在晋绥，韩复榘在山东，陈济棠在广东，李宗仁、白崇禧在广西，刘湘、刘文辉等川军将领在四川，王家烈等贵州将领在贵州，龙云在云南，杨虎城在陕西，何键在湖南，等等，这些地方实力派在各自掌控的省域自行其是，自成独立王国，致使中央与地方关系处于失控与失序的状态，国民政府如何将中央与地方的关系纳入制度化的框架之中？其二是策略与方法层面的整合。国民政府尤其是在处理地方实力派问题上掌握着主导权的蒋介石如何借助南京中央政权掌握的种种资源，运用权谋与策略，对地方实力派进行整合？对这些问题的解答，亦是本书的重要旨趣。

国民政府时期是中国现代民族国家建构的重要阶段，是中国从传统向现代转型的重要节点。本书拟从现代民族国家形成发展的角度，将国民政府及蒋介石整合地方实力派的主体与客体置于同一历史场域，在对诸多一手资料进行比较、鉴别的基础上，梳理彼时的中央政府在多重困境下进行政权整合的努力。同时兼顾地方实力派的视角，分析其对中央政权整合的多元因应。

二　学术回顾与研究现状

数量众多、种类庞杂的地方实力派是南京国民政府成立后面临的重要问题，是其20世纪30年代"安内"的主要对象之一。南京国民政府及蒋介石如何处理地方实力派问题长期以来即为学界关注，相关著述颇丰。本节对这一问题研究的历史与现状做一梳理。

关于国民政府与地方实力派关系的学术研究，严格来说，是从20世纪80年代初开始的。随着民国史研究的发展，国民党政权的派系史研究也开始起步。比如80年代初南京大学主持的"蒋介石研究"课题，云南、四川、贵州等西南数省史学界成立的"西南军阀史研究会"。无论是军阀史研究，还是蒋介石研究，都或多或少地涉及国民政府与地方实力派的关系。学界对国民政府与地方实力派关系建立了一整套解释体系，谢本书、牛鸿宾合著的《蒋介石和西南地方实力派》（河南人民出版社，1990），郭绪印的《国民党派系斗争史》（上海人民出版社，1992）是其中最具代表性的成果。其他无论是个案研究，还是综合性的述评，虽各有的一定的特色与创新，但大体上并未超过以上两书的解释体系。综合而言，相关研究的内容主要有以下几个方面。

其一，国民政府及蒋介石与地方实力派的矛盾产生并贯穿其政权始终的原因。除了分析封建半封建的农业等经济因素，封建宗法制观念、封建家长制传统等思想文化因素外，还强调政治因素的影响，即外部帝国主义对中国采取"分裂剥削政策"，内部长期掌握中央政权的蒋介石推行专制独裁统治，排斥异己，实行武治。[①]

其二，国民政府及蒋介石与地方实力派的斗争取胜的原因。国民政府及蒋介石在应对地方实力派的挑战中，往往取得最后的胜利，其原因主要有帝国主义与江浙财阀的支持、国民政府及蒋介石打着统一的旗号具有欺骗性等。其中着墨尤多的是国民政府及蒋介石使用拉拢、分化、收买等种种权谋算计。

其三，国民政府及蒋介石与地方实力派矛盾斗争的影响。相关研究一方面认识到双方的矛盾冲突甚至战争对中国社会造成了破坏，为日本侵华战争提供了条件；另一方面强调这种矛盾给中国革命带来的种种便利。这种便利主要表现在以下几个方面：第一，派系斗争中相互揭露黑暗面，尤其是揭露蒋介石集团的反动性；第二，在军事上，双方的冲突与斗争使国民党无暇他顾，为红军与苏区的发展壮大提供了客观条件；第三，部分地方实力派为了在与南京中央对抗中求生存谋发展而重视经济与文教建设，客观上促进了地方经济文化的某种程度的发展；第四，双方之间的斗争有助于抗日民族统一战线的形成。[②]

这一时期有关国民政府整合地方实力派的整套解释体系及具体研究有以下两个特征。

一是重理论体系。无论是对地方实力派产生的分析，还是对国民政府及蒋介石在与地方实力派的军事斗争中取得胜利的分析，基本上都是从经济、政治、思想文化等几个方面，经济上强调经济基础的决定性作用，政治上强调帝国主义分而治之的政策以及对蒋介石的扶持，强调蒋介石以及地方实力派的阶级背景、阶级动机等。这种研究注重用普遍联系与辩证的观点分析，提供了比较开阔的视野。无论是对普遍意义上的学术研究，还是对本课题的研究而言，均具有重要启发。这种研究的不足在于由于强调理论，有时难免出现以论带史甚至以论代史的现象。

二是注重发掘国民政府对地方实力派的整合与中共革命的相关面。这一

---

① 郭绪印：《国民党派系斗争史》，第4～6页。
② 郭绪印：《国民党派系斗争史》，第15～18页。

时期的相关研究比较充分地注意到国民政府与地方实力派的关系作为中共革命的背景对革命产生的种种影响，关注到国民政府及蒋介石与地方实力派的合作对中共革命的镇压，以及国民政府与地方实力派的矛盾斗争对革命的种种便利。其缺点是对于国民政府及蒋介石整合地方实力派，着重强调前者的一举一动都可能是且主要是对中共的算计与考量，而未能将其置于 20 世纪 30 年代更为错综复杂的内外环境中去考察。

这一时期革命史观指导下有关国民政府整合地方实力派的研究是这一课题研究的重要起点，推动了学术研究的发展。随着现代化史观、国家史观、全球史观、文明史观等新史观的相继提出，相关研究渐趋多元与深入。人们逐渐将国民政府对地方实力派的整合从纵向上置于近代中国政治经济文化转型与变迁的时代背景下，横向上置于 20 世纪 30 年代国民政府面临的错综复杂的内外环境中去考察。把整合的主体国民政府及蒋介石、整合的对象地方实力派放在同一历史场域中讨论，在对双方关联互动的史实进行考证与梳理中，再现多元复杂的历史本相。大约与此同时，海内外相关档案资料逐渐公开，获取也日趋便利，为新的研究提供了史料基础。

关于国民政府与地方实力派互动的性质与作用，与传统的建构一党专政、个人独裁、削弱异己统一说不同的是，梁平在 20 世纪 90 年代就认为蒋介石与地方实力派的斗争，"其性质说到底是一场中央集权与地方分权的斗争，也是坚持统一，反对分裂的斗争，是进步与反进步的斗争"，从中国历史发展的视角看待这场斗争，"是符合历史发展规律的"。[1] 进入 21 世纪后，一些学者开始将国民政府对地方实力派的整合置于国家政权建设的框架下进行总结，从国家政权建设角度探讨国民政府及蒋介石对西南问题的解决，[2] 对地方实力派的反蒋以及地方实力派的建设亦有更加多元化的看法。陈钊分析了 1931 年甘肃雷（中田）马（文车）事变中国民政府及蒋介石与地方的博

---

① 梁平：《论蒋介石的"削藩"》，《民国档案》1993 年第 4 期。

② 刘文楠：《南京国民政府的国家政权建设——史学界对 1932～1937 年民国政治史的研究述评》，《南京大学学报》（哲学·人文科学·社会科学）2014 年第 6 期；罗敏：《走向统一：西南与中央关系研究（1931～1936）》，社会科学文献出版社，2014。

弈指出，代表着中央的地方在分裂着中央是抗战前央地关系的重要特点。[①] 杨树标、杨发祥在对冯玉祥与蒋介石关系的个案考察中对冯玉祥在南京国民政府初期的反蒋有批判性的看法，认为其反蒋缺乏鲜明的政治主张，是军阀思想所致。[②] 北伐战争前后冯玉祥的西北军虽是足以与蒋介石第一集团军相匹敌的军事存在，但并没有比较固定的地盘并长期经营之。南京国民政府时期，以云南的龙云、山西的阎锡山为代表的地方实力派，拥有十分固定的地盘，并得以长期经营。这种经营是地方割据的资本、对抗中央的砝码，还是对国家统一亦有有利的一面？陈征平的研究注意到龙云具有追随国民政府及蒋介石完成统一的一面。[③] 段金生、郭飞平对龙云进行了比较系统的研究，认为在民族国家建构的过程中，地方实力派表面上与中央政治权威存在冲突，但根本政治目标也是民族国家。地方实力派的存在及其地方的实践"也是民族国家构筑过程中的有益探索"。[④] 刘文楠指出，山西省的经营与建设不单纯是为了提高地方实力，以增加与中央对抗的砝码，亦具有国家整体观念的考量。[⑤]

对于国民政府及蒋介石如何在错综复杂的环境下与地方实力派进行种种博弈，近年的研究尤为关注，并取得了比较可观的成果，以下择其要者做一介绍。

国民政府时期，中日之间矛盾重重，甚至多次发生局部战争。中苏之间亦因国家利益、意识形态呈现错综复杂的关系，甚至发生过中东路事件之类的军事冲突。一方面，这些对外交涉与抗争，构成了国民政府及蒋介石与地方实力派互动的重要场域；另一方面，对中日、中苏关系的种种考量又成为国民政府及蒋介石整合地方实力派过程中不得不面对的重要因素。中东路事件是1929年国民政府欲收回苏联在中国东北的铁路而引发的中苏军事冲突。

① 陈钊：《甘肃雷马事变中的蒋介石与杨虎城》，《民国档案》2009年第3期。
② 杨树标、杨发祥：《1927～1937年冯玉祥与蒋介石的关系新论》，《天津大学学报》（社会科学版）2004年第1期。
③ 陈征平：《近代民族主义与龙云地方"独立"政权》，《学术探索》2009年第2期。
④ 段金生、郭飞平：《民族国家构筑的同质异向：南京国民政府与云南地方实力派关系的考察》，《云南行政学院学报》2012年第1期。
⑤ 刘文楠：《寻找理想的中央—地方关系——蒋介石与晋绥地方实力派的博弈（1931～1934）》，《史林》2015年第5期。

杨奎松对中东路事件中的蒋介石与东北实力派张学良关系进行了考察，指出蒋介石面对内部强大的挑战，为了获取张学良的支持，从最初要求张学良对苏强硬到默许张学良对苏妥协，内部未能有效整合统一是这场革命外交没有获取理想结果的主要原因。九一八事变是日本为了吞并中国东北蓄意发动的一场侵华战争，也是其长达 14 年的侵华战争的开端。九一八事变后蒋介石与张学良对于不抵抗的态度是学界争论的焦点。学界最初认为是张学良执行了蒋介石的"不抵抗"政策，后又有学者指出并没有直接史料证明是蒋介石在九一八事变之际下过不抵抗的命令。对此，俞辛焞指出，蒋介石与张学良基本态度相同，不抵抗的原因亦有相似之处。张学良是自觉自主奉行不抵抗政策。作为地方实力派，张学良尚有相对的独立性和抵御蒋介石的实力及脾性。如张学良不同意蒋介石的意见，可以不奉行蒋介石的命令而奋起抵抗日军。不能把不抵抗的责任完全归咎于蒋介石和国民政府。① 范德伟、庄兴成认为聚焦于不抵抗的责任之争，固有其意义，却简化了蒋介石与张学良的关系。实际上蒋介石与张学良的不抵抗有明显的区别：蒋介石欲避免全国抗战而不抵抗，张学良因主张全面抗战而不抵抗；蒋介石可用局部抵抗来避免或拖延全国抗战，张学良却不愿独自局部抗战，只能用不抵抗等待全国抗战。② 国民政府时期，国家分裂与混乱状态不仅体现在地方实力派自行其是、自成独立王国，也反映在地方内部同样矛盾重重、冲突不断。1932 年，广东、山东、四川、贵州等省地方实力派内部接连发生军事冲突。黄伟通过对山东韩（复榘）刘（珍年）之争的考察，认为外患的深重以及民众与舆论对抗日御侮的诉求是影响国民政府及蒋介石处理韩刘之争的重要因素。③ 1934 年，蒋介石在江西"剿共"大局已定之际，对长期处于地方实力派掌控下的西北诸省进行巡视。潘晓霞的研究指出蒋介石此举包含"安内攘外"的诸多意图，既有拉拢地方实力派的一面，也有对日军事抵抗的一面，同时亦不排除对日苏关系的多种可能性。④ 黄天华对国民政府统一四川的进程进行了系列

① 俞辛焞：《"九一八"事变时期的张学良和蒋介石》，《抗日战争研究》1991 年第 1 期。
② 范德伟、庄兴成：《蒋介石的不抵抗和张学良的不抵抗》，《史学月刊》2003 年第 9 期。
③ 黄伟：《论 1932 年山东"韩刘冲突"的制约因素》，《民国档案》2008 年第 4 期。
④ 潘晓霞：《1934 年蒋介石西北之行》，《抗日战争研究》2013 年第 2 期。

研究，将国民政府对四川的整合纳入对日抗战准备的框架下进行考察。① 绥远抗战是 1936 年全面抗战前夕国民政府主导下晋绥地方当局进行的最后一次局部抗战，是走向全面抗战的重要转折点。杨奎松的研究揭示出蒋介石始终主导绥远抗战，但晋绥地方实力派顾忌日本报复而引来灭顶之灾，并不完全认同蒋介石的抗战主张，使绥远抗战中途停止，反映出直至全面抗战前夕，蒋介石也无力左右晋绥地方实力派。②

20 世纪 30 年代国民政府及蒋介石在政权建设、内部整合过程中，同时面临着地方实力派与中共的两大强力挑战。国民政府及蒋介石如何处理二者的关系，"剿共" 在处理地方实力派问题上发挥着怎样的作用？长期以来流行着两个说法：一是 "一石二鸟" 之计；二是 "放水" 红军长征整合四川等省。新近学界尤其关注 "放水" 红军长征说。黄道炫认为 1934 年红军西撤之际，由于力量对比悬殊，蒋介石集团以及与南京保持半独立局面的两广对中共的策略和态度实际上决定着红军的命运。由于蒋介石与粤方的长期纠葛，两广方面没有全力堵截，蒋介石一方在 "围剿" 布局中，有意弱化西南方向的防御，逼中共突围。意指蒋介石在第五次 "围剿" 后期有意 "放水" 红军。③ 郭昌文根据 "剿共" 前线将领罗卓英建议 "剿共" 应 "驱其离巢" "远处张网" 并得到蒋介石认可这一情况，判断虽然蒋介石有逼迫中共离开苏区的意图与实际的运作，但主要出于加快 "剿共" 进程的考量，并非对西南的有意布局。④ 卢毅对这一观点进行了更为全面的论证与阐释，指出 "放水" 说只见 "驱其离巢"，未见 "远处张网"，有失偏颇。⑤ 杨奎松认为 "围剿" 布局中西线薄弱与当时的地缘政治、政治生态有关，非不

① 黄天华：《国家统一与地方政争——以四川 "二刘大战" 为考察中心》，《四川师范大学学报》（社会科学版）2008 年第 4 期；《蒋介石与川政统一》，《四川师范大学学报》（社会科学版）2010 年第 5 期；《从 "偏处西陲" 到 "民族复兴根据地"——抗战前夕蒋介石对川局的改造》，《抗日战争研究》2012 年第 4 期；《"整军即所以抗日"：蒋介石与 1937 年川康整军会议》，《社会科学研究》2016 年第 5 期。

② 杨奎松：《蒋介石与 1936 年绥远抗战》，《抗日战争研究》2011 年第 4 期。

③ 黄道炫：《中共、粤系、蒋介石：1934 年秋的博弈》，《近代史研究》2011 年第 1 期。

④ 郭昌文：《蒋介石对地方实力派的策略研究（1928～1936）：以 "剿共" 为主要视角》，博士学位论文，浙江大学，2011，第 149～157 页。

⑤ 卢毅：《蒋介石 "放水" 长征说辨正》，《历史研究》2016 年第 4 期。

为也，实不能也。蒋介石对地处红军西撤要冲的湖南与广东实力派并不能指挥如意，但还是尽可能地要求两地加强防御与部署。目前没有足够的资料证明西南防线薄弱是蒋介石有意布局的结果。"围剿"最后时刻的西北之行并不影响江西"剿共"。据此，杨奎松实际上既不认同"放水"说，也不认为蒋介石实施过"驱其离巢""远处张网"的策略。①

国民政府尤其是蒋介石在处理地方实力派问题上如何借助中央政权掌握的种种资源，运用各种权谋与策略，一直是相关研究的重点。郑率分析了蒋介石在 1928 年统一前后的政治运筹，认为蒋介石在外交方面颇为成功，避免了日本对统一的干扰，但在军事善后过程中急功近利，缺少利益调整与政治妥协，以致失去真正统一的良机，是政治败笔。② 曾业英对 1929 年蒋桂战争时期蒋介石在战前、战争将发未发之际、战争爆发后三个阶段不同的军事谋略进行了详尽的分析，是为数不多的从军事学角度以个案为例分析蒋介石整合地方实力派谋略的研究。③ 王才友则对蒋介石整合地方派系军队的策略与方式进行了考察，通过对国民政府初期新五师整编的个案研究，揭示出蒋介石试图以黄埔毕业生为主体的政工系统对杂牌军进行"思想""组织"上的改造，但整体上并不成功。④

近年来的研究比较关注蒋介石前后策略的演变，显示出研究的新动向。陈红民等人通过分析蒋介石在国民党第五次全国代表大会延期问题上对西南的妥协，指出蒋介石对待国民党内的反对派统治方式上的变化，显示出蒋介石在掌握充足的权力与资源后，处理包括地方实力派在内的矛盾时不再强弓硬拉，开始有了一定的自信与容忍度。⑤ 陈红民、罗树丽对抗战时期蒋介石为了整合四川，将其真正纳入国民政府主导的大后方，亲自兼任四川省政府主席进行了考察，指出蒋介石在处理四川地方实力派问题过程中，在最终目

---

① 杨奎松：《对蒋介石"放水长征路"一说若干史实的考析》，《史林》2017 年第 1 期。
② 郑率：《蒋介石 1928 年统一前后政治运筹评议》，《史学集刊》2003 年第 5 期。
③ 曾业英：《蒋介石 1929 年讨桂战争中的军事谋略》，《近代史研究》2000 年第 2 期。
④ 王才友：《"急进"与"缓图"之间：蒋介石对国民党新五师的整编（1927～1931）》，《民国档案》2017 年第 4 期。
⑤ 陈红民、张玲、郭昌文：《冲突与折衷：国民党五全大会延期召开原因探讨》，《民国档案》2009 年第 1 期。

标上坚持原则，在方法上较为灵活柔性，甚至妥协退让。至于国家最高领导人亲自兼任省主席既反映了蒋介石无法把握大局，不会培养与使用干部；从传统向现代转型的视角看，也从深层次反映出落后国家的社会组织结构不健全。① 20 世纪 30 年代，两个实力派与胡汉民等元老派结合而成的西南半独立局面是南京国民政府及蒋介石进行内部整合、国家统一的重要阻力。罗敏对此进行了一系列研究，比较全面地揭示出整合过程中的武力威慑、派系纠葛与权谋运用，在此基础上揭示出蒋介石从军事领袖向政治领袖的转型，从动态变迁的角度反映历史人物的成长与局限。② 刘文楠在对蒋介石与晋绥实力派互动过程的考察中，亦注意到蒋介石策略的变化，并认为其策略变化是在与地方实力派的双向互动中才得以实现的。③

国民政府及蒋介石在整合地方实力派的过程中是否关注制度建设，以及如何进行制度建设，亦为一些学者所关注。李宝明认为中原大战后蒋介石或借重东北军，或分化晋绥军内部，用种种方法削弱并控制晋绥军，并未建立起一套制度规范来整合地方实力派。④ 李宜春、郭宗业认为国民政府在整合地方实力派过程中存在制度缺陷。⑤ 刘文楠注意到蒋介石试图将中央与地方关系纳入制度化的框架之中。⑥

国民政府为什么未能完全实现对地方实力派的整合，完成建立统一国家的历史任务？对此，学界从不同的角度进行了探讨。邓正兵从社会学和政治

---

① 陈红民、罗树丽：《抗战期间蒋介石兼任四川省政府主席述论》，《抗日战争研究》2013 年第 4 期。

② 罗敏：《从对立走向交涉：福建事变前后的西南与中央》，《历史研究》2006 年第 2 期；《"矛盾政策"中寻找出路：四届五中全会前后的胡汉民与西南时局》，《近代史研究》2007 年第 5 期；《走向"团结"——国民党五全大会前后的蒋介石与西南》，《近代史研究》2009 年第 3 期；《蒋介石与两广六一事变》，《历史研究》2011 年第 1 期；《从军事领袖向政治领袖的转型——以 1930 年代蒋介石对"西南问题"的处置为中心》，《社会科学辑刊》2014 年第 4 期。另见罗敏《走向统一：西南与中央关系研究（1931～1936）》。

③ 刘文楠：《寻找理想的中央—地方关系——蒋介石与晋绥地方实力派的博弈（1931～1934）》，《史林》2015 年第 5 期。

④ 李宝明：《蒋介石与中原大战后的晋绥军》，《学术探索》2004 年第 11 期。

⑤ 李宜春、郭宗业：《建设缺陷与国民党派系斗争》，《理论建设》2008 年第 1 期。

⑥ 刘文楠：《寻找理想的中央—地方关系——蒋介石与晋绥地方实力派的博弈（1931～1934）》，《史林》2015 年第 5 期。

学视角对广东地方实力派进行了考察，以"地方主义"描述、归纳广东地方实力派的行为，认为政治性与军事化兼备、建设性与破坏性并存、与派系斗争共生互动、离心倾向与向心倾向同在，地方主义是国民政府未能完全整合地方实力派、实现真正统一的重要原因。国民政府时期是中国从传统向现代转型的重要时期，一方面在外部刺激与国内新兴阶级、阶层的推动下，有利于民族国家形成的因素不断滋长；另一方面，传统中不利于现代民族国家的因素仍在发挥着重要作用。肖自力的研究显示出带有宗法烙印的派系意识是十九路军从拥蒋转向反蒋的重要因素，使十九路军未能从拥蒋部队转化为蒋的部队。邓正兵与肖自力的研究对于从地方实力派方面理解国民政府为何未能真正整合地方实力派颇有启示。在国民政府及蒋介石整合地方实力派过程中，国民政府以及蒋介石是矛盾的主要方面，在更大程度上影响着统一的程度与进程。杨奎松认为辛亥革命之后，在军阀割据之下，由于中国的历史与文化传统，要想再统一，需要政治强人，需要借重枪杆子的力量削平异己，再建集权政府。① 高华认为西方思想的冲击和帝制崩溃，使得建立政治体制、经济生活和精神价值及伦理规范之间高度整合基础上的传统政治共同体被打破，新的政治共同体的创建需要创立一种有机地融合现代性与民族性的制度机制。但国民政府及蒋介石的传统取向使其无法创立有机融合现代性与民族性、获得全国各阶层人民认同的政治制度，最终未能完成建设现代民族国家的历史任务。② 许纪霖从全能主义政治的角度解读国民政府政治整合与社会整合的成败。"全能主义政治是一种政治系统的权力可以不受限制地侵入和控制社会每一层面和每一阶层的政治制度"，许纪霖认为，在近代国家衰败和政治分裂的背景下，建立稳定的社会秩序和政治共同体，成为推动中国现代化的重要方向。国民政府在国民革命的基础上建立了以党治为核心的政治秩序，以克服民国以来一直存在的权威危机和权力危机。在这两大方面国民政府都取得了一定的成功。国民政府实现了北洋政府一直没有完成的权威的理性化、世俗化转移，又通过军事和政

---

① 刘永华等：《社会经济视野下的中国革命》，《开放时代》2015 年第 2 期。
② 高华：《革命年代》，广东人民出版社，2010，第 11～13 页。

治两手将权力与资源逐渐从地方收归中央，加强中央集权的凝聚力，尤其是蒋介石作为国民党领袖的权力中枢地位。但是国民政府的全能主义政治在权力的凝聚与分散两个层面同时犯了错误。在整合地方上，偏重于收缴权力，而不注意决策的分层化。国民政府虽然形成了文本上的制度化规范，但权力运作实际上仍然是传统的因人而异的"习惯法"。作为执政党的国民党既不能向现代法理型政党转型，又丧失了"革命党"所必须具备的基本要素，这使其最终失去了领导现代化的功能。[①] 高华与许纪霖等的研究是从整体上讨论国民党整合的得失、建构政治共同体的成败，对理解国民政府对地方实力派的整合也颇具启发性。

台湾地区关于蒋介石与国民党内的各个地方实力派的研究，代表性的成果可分两个方面。一是以中央与地方关系为视角，探讨国民政府及蒋介石与地方实力派的关系的研究。吕芳上充分运用蒋介石档案，基于中央与地方关系视角，考察了蒋介石与广东地方实力派陈济棠的关系。[②] 张瑞德对抗战时期中央与地方实力派的关系进行了系统的梳理，分析了地方实力派中央化的影响。[③] 二是以研究地方实力派为主，兼及地方实力派与南京中央及蒋介石的互动关系。陈能较早以地方主义理论对地方实力派进行研究，涉及四川、广西、山西三个典型的地方实力派与南京中央的关系。[④] 吴振汉系统阐述了国民政府时期地方实力派的派系意识。[⑤] 陈进金透过国民政府初期中原大战这一重大历史事件分析了国民政府及蒋介石与地方实力派的关系，检讨了武力整合的利弊，结论平实客观。[⑥] 杨维真系统梳理了云南地方实力派领袖龙云与南京中央从合作到决裂的全过程，无论是史实建构还是分析评判，均颇见功力。[⑦]

① 许纪霖、陈凯达主编《中国现代化史》第1卷，上海三联书店，1995，第9～15页。
② 吕芳上：《抗战前的中央与地方——以蒋介石先生与广东陈济棠关系为例（1929～1936）》，《近代中国》总第144辑，2001年。
③ 张瑞德：《抗战时期的国军人事》，台北，中研院近代史研究所，1993。
④ 陈能：《北伐后中国地方主义的发展：1926～1937年的四川、广西和山西》，《中国现代史论集》第7辑，台北，联经出版事业公司，1982。
⑤ 吴振汉：《国民政府时期的地方派系意识》，台北，文史哲出版社，1992。
⑥ 陈进金：《地方实力派与中原大战》，博士学位论文，台湾政治大学，2000。
⑦ 杨维真：《从合作到决裂：论龙云与中央的关系（1927～1949）》，台北，"国史馆"，2000。

　　除了研究著述外，台湾地区学界还编辑出版了众多具有颇高价值的史料，为研究国民政府对地方实力派的整合提供了史料基础。本书使用的主要有以下几种。（1）秦孝仪主编《总统蒋公大事长编初稿》（台北，中正文教基金会，1978），共8卷12册，其中引用了不少蒋介石日记。（2）秦孝仪、罗家伦等主编《革命文献》（台北，中央文物供应社，1978年等）。（3）秦孝仪主编《中华民国重要史料续编——对日抗战时期》（台北，中国国民党党史委员会，1981）。（4）秦孝仪主编《先总统蒋公思想言论总集》（台北，中央文物供应社，1984），该书比较全面地收录了1911年以后蒋介石的专著、文告、书告、谈话、演讲以及部分函电等，凡40卷，共计1500万字。（5）王正华等编注《蒋中正总统档案·事略稿本》（台北，"国史馆"，2003年后陆续出版），该资料集系辑录相关函电、令告、讲词，以及节抄蒋介石日记、文稿编撰而成。"国史馆"编辑出版的蒋介石档案还有《蒋中正总统文物·革命文献》（2002年后陆续出版）、《蒋中正总统五记》（系《困勉记》《游记》《学记》《醒克记》《爱记》合称，2011年后陆续出版）等。（6）以"国史馆"所藏《国民政府档案》为主编纂而成的《国民政府军政组织史料》（含军事委员会、军政部等，共计4册，1995）。此外还陆续出版了国民政府诸多党政要人的日记、访谈录、口述史料、回忆录等资料。①

　　日本早在20世纪30年代就出版了有关蒋介石的传记。如军方背景的石丸藤太的《蒋介石传》，描述了蒋介石的统一进程，关注蒋介石的统一策

---

① 民国要人日记主要有《王世杰日记》（台北，中研院近代史研究所，1991）、《王子壮日记》（台北，中研院近代史研究所，1990）、《徐永昌日记》（台北，中研院近代史研究所，1991）、《陈诚先生日记》（台北，"国史馆"、中研院近代史研究所，2015）。口述史料主要有台北中研院近代史研究所主编《口述历史期刊》，其中第7期是"地方军系与民国政局"专刊，涉及刘景健述冯玉祥和贺国光与川康鄂等地方实力派的关系、胡宗铎与新桂系的兴起、龚浩与唐生智的崛起与没落、李文彬与滇粤军渊源、张廷谔与北方地方实力派错综复杂的关系、余汉谋与粤军、张乔龄与川康地方实力派等。此外，台北中研院近代史研究所组织出版了一系列访谈录。与本书相关的主要有贾廷诗等访问纪录《白崇禧访问纪录》（1984）；沈云龙、张朋园、刘凤翰访问纪录《刘航琛先生访问纪录》（1990）；刘凤翰、张力访问，毛金陵纪录《丁治磐先生访问纪录》（1991）；张朋园访问，郑丽榕纪录《龙绳武先生访问纪录》（1991）；沈云龙访问，谢文孙纪录《石敬亭将军口述年谱》（1997）；等等。此外《传记文学》刊载了众多回忆录资料。

略。① 日本的《产经新闻》从 1974 年 8 月 15 日开始长期刊载《蒋介石秘录——日中关系八十年证言》。该书搜集的资料包含官方机构的机密档案以及蒋介石日记等资料，在相关档案与日记尚未公开的背景下，有很高的史料价值。② 20 世纪 70 年代末 80 年代初日本的中国近代史研究开始出现新的动向。1978 年刊行了 7 卷本的《中国近现代史讲座》，其中第 5 卷《中国革命的展开》反映了日本学界重新重视中国国民党与国民政府历史作用的新动向。③ 此后，日本的中国近代史研究朝着多元化的方向发展。西村成雄认为，在 20 世纪中国政治史研究中，需要进行历史观的切换，即需要转向"国家"本位，从"国家史"角度开展研究。西村成雄『20 世纪中国の政治空间——「中华民族の国民国家」の的凝集力』一书即是其"国家史观"的代表作。该书"通过把国民党西南党部及国民政府西南政务委员会的设立，和两者同南京中央的政治关系的相互对照，来把握 1930 年代前半期中国中央和地方政治关系的实际状态。由此阐明国民党国家形成的特质"。④ 今井骏对抗战时期西康刘文辉与蒋介石关系的考察是日本史学界比较有代表性的个案研究。⑤ 蒋介石日记公开后，日本史学界对查询利用这些资料开展学术研究亦颇感兴趣，但涉及国民政府整合地方实力派的研究成果较少。⑥

---

① 〔日〕石丸藤太：《蒋介石传》，上海启明书局，1937。

② 美国斯坦福大学胡佛研究所《蒋介石日记》（手稿本）对外公开后，日本学者川岛真对比《蒋介石秘录——日中关系八十年证言》与《蒋介石日记》（手稿本）后指出，总体说来，《蒋介石秘录》引用的蒋介石日记，大部分与手稿本一致，"可以说是日记的第四个副本"，"有一定的参考价值"（其他三个副本分别是毛思诚编《日记类钞》，中国第二历史档案馆藏；秦孝仪主编《总统蒋公大事长编初稿》；王正华等编注《蒋中正总统档案·事略稿本》）。见〔日〕川岛真《再论日市产经新闻之蒋介石秘录的史料价值——与蒋介石日记之比较》，中国社会科学院"民国人物与民国政治"会议论文，2008。

③ 〔日〕并木赖寿：《日本的中国近代史研究动向》，《日本学论坛》1999 年第 3 期。

④ 西村成雄『20 世纪中国の政治空间——「中华民族の国民国家」の凝集力』青木书店、2004。对西村成雄观点的介绍转引自陈红民《胡汉民·西南政权与广东实力派（1932～1936）》，《浙江大学学报》（人文社会科学版）2007 年第 1 期。

⑤ 今井骏「刘文辉の西康省経営と蒋介石——大后方在统一戦線の一个侧面」石岛纪之·久保亨编『重庆国民政府史の研究』东京大学出版会、2004。

⑥ 参见黄克武《蒋介石相关主题的研究回顾与展望（海外）》，汪朝光主编《蒋介石的人际网络》，社会科学文献出版社，2011。

　　欧美中国史学界也有不少著述涉及国民政府及蒋介石与地方实力派关系问题。大体而言，这一研究主要有两个方面。一是以国民政府及蒋介石为主体的有关全国性政治问题的研究。长期以来争论的焦点是国民政府以及蒋介石为什么不能完全整合地方实力派，完成中国的真正统一。根据美国学者艾恺的研究，西方学者认为，国民政府及蒋介石未能完成中国统一和中央集权以建立一个现代国家，"乃是由于军阀主义——脱离中央政府或中央指挥的独立军事头目"，"除非首先获得军事统一（所有武装部队由中央控制），也就是说没有真正统一的国家，而蒋介石的策略，则是逐渐加强中央的权力，消灭割据一方的地方部队，以达成这种目的"。对国民政府及蒋介石完成统一的策略存在截然矛盾的看法，一部分学者肯定蒋介石当时所采用的整合方式，"联合势力、操纵派别和派系并使其彼此对抗等方法，虽然进度缓慢却很成功，在当时的历史情势和政治环境中，这是唯一可能成功的手段"；另一些学者认为国民政府及蒋介石未能真正完成统一的原因恰恰在于其整合的方式方法。① 柯博文的研究注意到国民政府及蒋介石整合内部完成统一过程中日本因素的客观积极面，对于更为全面地认识国民政府整合地方实力派过程中的外国因素颇有启发。② 二是关于地方实力派的研究，基本上都涉及国民政府及蒋介石与地方实力派的关系。代表性的成果有唐纳德·G. 基林对山西地方实力派阎锡山的研究、J. C. S. 霍尔对南京国民政府时期云南地方实力派的研究、罗伯特·A. 柯白对四川地方实力派的研究、詹姆斯·E. 薛立敦对西北军系冯玉祥的研究和戴安娜·拉里对广西地方实力派的研究。③ 近年来欧美学

---

① 〔美〕艾恺：《西方史学论著中的蒋中正先生》，"蒋中正先生与现代中国学术讨论集编辑委员会"编印《蒋中正先生与现代中国学术讨论集》第 1 册，台北，1986。

② 〔美〕柯博文：《走向"最后关头"——中国民族国家构建中的日本因素（1931～1937）》，马俊亚译，社会科学文献出版社，2004。

③ 唐纳德·G. 基林：《山西军阀阎锡山（1911～1949）》，普林斯顿大学出版社，1967；〔澳〕J. C. S. 霍尔：《云南省的派系（1927～1937）》，澳大利亚国立大学，1976；〔美〕罗伯特·A. 柯白：《四川军阀与国民政府》，殷钟崃、李惟建译，四川人民出版社，1985；〔美〕薛立敦：《冯玉祥的一生》，丘权政、陈昌光等译，浙江教育出版社，1988；〔加〕戴安娜·拉里：《中国政坛上的桂系》，陈仲丹译，江苏教育出版社，2010。

界相关研究颇为值得注意的是美国学者、哈佛大学费正清研究中心研究员陶涵所著《蒋介石与现代中国》一书。该书设置专章讨论"南京年代"，但其讨论的重点是蒋介石对中共及日本的策略，对其整合地方实力派着墨不多。[①]

三 研究思路与基本框架

本书的主题是"国民政府对地方实力派的整合（1928～1937）"，以国民政府整合地方实力派的行为（制度、策略）、特点、成效为研究内容。研究的主要对象是国民政府，关注的是政府行为。这一时期的国民政府是在国民党的一党训政体制之下，在法理上国民党全面垄断政权。在权力的实际运行中，国民党内依靠军权崛起的蒋介石在训政体制的框架下拥有特殊的地位。国民政府对掌握着一定数量军队的地方实力派进行整合，其主要方面与军事密切相关，即使在政治斡旋的背后，也离不开军事的后盾。在训政框架下的党国体制中，在党政方面蒋介石的权力或有所限，但在军事领域，在对地方实力派的整合问题上，掌控军权的蒋介石基本上据有主导性地位。故本书在分析国民政府行为时，较多以蒋介石的行为为主进行分析考察。当然，国民政府中的其他党国要人甚至是地方实力派，在不同方面、不同程度上影响国民政府整合地方实力派行为，本书对此亦予以关注。

国民政府时期的中国内部四分五裂，各种政治力量为争夺国家政权进行持续不断的文攻武斗。何种政权代表国家以及谁代表南京中央政权均是争论不休的问题，对学术研究影响甚深。本书中所称"南京中央""中央政权"，以及以蒋介石为代表的南京国民政府，主要是从得到一般国际承认这一角度使用的。本书所指的"地方实力派"虽然常为学者使用，但具体概念并不一致。本书在第一章第一节对"地方实力派"有比较具体的分析与界定。

回顾国民政府与地方实力派的学术史，不难发现存在两种研究"范式"。第一种是"通史"，这里"通"主要不是时间上的贯通，是覆盖面上

---

① 〔美〕陶涵：《蒋介石与现代中国》，林添贵译，中信出版社，2012。

的贯通，即包含所有地方实力派在内。这类著述对国民政府与不同地域、不同派系的地方实力派的关系进行通识性与宏观性描述，侧重事件经纬。郭绪印的《国民党派系斗争史》是代表性著作。张明金、刘立勤主编《中华民国历史上的 20 大派系军阀》（解放军出版社，2008）也属于这方面作品，其所指的军阀并不局限于国民政府时期。第二种是"专史"，主要是指国民政府与某个地方实力派或某个和地方实力派相关的事件的应对，也就是通常意义上的个案研究。金以林《国民党高层的派系政治》（社会科学文献出版社，2009）和罗敏《走向统一：西南与中央关系研究（1931～1936)》是其中较具代表性的著述。这一种是主要的研究"范式"。本书试图综合两种研究"范式"，一方面以个案研究为基础（典型的地方实力派、典型的事件），个案选择基本上含括大多数地方实力派，含括重要的地方实力派事件；另一方面亦进行综合性的考察与分析。

　　基于以上考量，本书除绪论外，主要分为九章。

　　第一章，影响国民政府整合地方实力派的因素。除对地方实力派进行界定、分类外，主要探讨国民政府整合地方实力派的影响因素，包括客观环境与主观因素。客观环境主要包括外国因素、中共因素等；主观因素指国民政府的内部政治生态，主导国民政府地方实力派策略的蒋介石的个人经验、性格特征、政治品格等。

　　第二章，国民政府对地方实力派的制度整合。就国民政府整合地方实力派本身而言，其主要面临三大问题：如何安插地方实力派领袖、如何整合地方实力派的军队、如何理顺中央与地方的关系。该章主要探讨国民政府解决这些问题的制度化层面的实践。

　　第三章至第八章主要讨论国民政府因应时局与环境的变化，对不同的地方实力派采取的即时性的策略应对。

　　第三章，国民政府"借师围剿"的不同侧面。1930 年中原大战后，国民政府开始将政策重心转向"剿共"。在这场持续数年、波及中国广大地区的宏大战场上，蒋介石既直接指挥着中央军，也拥有相当数量名义上隶属于国民政府但实际上处于半独立状态的地方实力派军队。对于蒋介石调动地方实力派军队参与"围剿"，长期以来一个习惯性的说法就是蒋介石借机削弱

"异己"，在消灭中共的同时，打压地方实力派。对于地方实力派参与"剿共"的态度，多以抵制或顺应形势等词概括。然而，近年来公布的资料显示，蒋介石与地方实力派在"剿共"场域中的互动，其策略与态度充满了多样性与复杂性，并非"削弱异己"所能概括。第三章通过对1931年国民政府调原西北军孙连仲部赴赣、1932年调十九路军赴闽、1934年调晋系的李生达部赴赣等个案的考察与分析，展现历史的多样性与复杂性，展现"剿共"在国民政府整合地方实力派中的作用。

第四章，蒋介石"放水"红军长征说考辨。1934年夏秋，南京方面对中央苏区进行第五次"围剿"，迫使红军进行战略转移。蒋介石是否为了解决当时颇为棘手的两广以及为了经营四川为抗战大后方而有意"放水"红军，是近年来颇具争议的话题。学界对蒋介石是否"放水"红军长征亦有不同看法。笔者关于这个问题提出了两个观点：第一，由于两广对蒋方军队在其边界及毗连区域的一举一动十分敏感，蒋介石在西南方向增兵防堵实际上缺乏可操作性。在此背景下，为防范红军西撤，蒋介石严令西路军和南路军构筑碉堡，建立纵深防线几乎是唯一能做的。第二，蒋介石在"凡可以增益剿匪效率者，自不妨尽量运用"的指导下，接受了另一个大胆的计划，即与其进攻苏区处处攻坚，损失惨重，不如在红军离开苏区的过程中予以歼灭。

第五章，国民政府对两广实力派的整合。两广即广东与广西两地之合称。1932年后两广实力派与胡汉民等元老派结合，依托国民党西南执行部、国民政府西南政务委员会两机构，形成喧嚣一时的西南半独立局面。两广成为30年代国民政府谋求统一、整合内部的重要阻力。国民政府及蒋介石在整合两广过程中，诸种权谋并用，较能反映其整合地方实力派的策略特征。故两广是探讨国民政府整合地方实力派策略难以回避的个案。又因如此，有关国民政府及蒋介石与两广实力派关系的相关研究颇为学界所关注，相关成果较为丰硕。本书主要从既往研究中较少关注的面相、较少使用的资料层面进行分析探讨。

第六章，九一八事变后国民政府对地方军事冲突的应对。国民政府时期的不统一状态不仅体现在地方实力派自行其是、自成独立王国，还体现在各地方实力派内部存在错综复杂、持续不断的派系之争。尤其在 1932 年以后，地方内争接连发生。该章通过国民政府处理山东韩复榘与刘珍年之争、贵州王家烈与犹国才之争、四川刘湘与刘文辉之争三个典型个案，探讨国民政府应对地方军事冲突的主要策略与基本逻辑。

第七章，国民政府对川黔政局的改造。川黔两省是国民政府时期典型的由地方实力派掌控的省域。1935 年后，国民政府在西南"追剿"情境下开始对川黔两省进行整合。该章主要分析国民政府及蒋介石如何将川黔两省问题与"安内攘外"的全局进行整体性考量，其整合的理念、策略具有怎样的特征。

第八章，蒋介石与何成濬的亲疏之变。国民政府时期，在蒋介石直接指挥的中央军序列中，既有黄埔嫡系，亦有准嫡系与收编的各种杂牌军。其中，何成濬有"杂牌军领袖"之称。该章通过分析蒋介石与何成濬之间的亲疏变化，进一步阐释国民政府整合地方实力派复杂多元的面相。

第九章，国民政府整合地方实力派的特点、成效与局限。在前面各章梳理国民政府对地方实力派的制度整合与即时因应的基础上，进行总结与概括，分析国民政府整合地方实力派的特点成效与局限，以及这一时期对地方实力派整合的经历或经验对国民政府及蒋介石的影响。

第一章　影响国民政府整合地方实力派的因素

地方实力派是国民政府时期极其活跃的军政力量，对民国政治走向影响甚巨。国民政府对地方实力派的整合受到内外诸多因素的影响。就其外部环境而言，包括外国因素、中共因素。就其内部而言，包括执政党国民党的高层派系政治，处于国民政府权力中枢的蒋介石的个人经历、性格特征、政治品格等因素。

第一节　地方实力派的界定、产生与构成

一　地方实力派之概念界定

大体而言，学界对"地方实力派"一词的使用有一个变化过程。该词源自中国共产党在革命年代基于统一战线的需要，对国内各种政治力量的分析与判断。毛泽东在 1940 年 3 月 11 日发表的《目前抗日统一战线中的策略问题》一文中正式使用了"地方实力派"概念。毛泽东指出，地方实力派包括有地盘的实力派和无地盘的杂牌军两种力量，并认为地方实力派的领导成分"多属大地主大资产阶级"，"他们在抗日战争中虽然有时表现进步，不久仍然反动起来，但又因为他们同国民党中央势力有矛盾，所以只要我们有正确的政策，他们是可能在我们同顽固派斗争时采取中立态度的"。基于此，地方实力派在政治上与中等资产阶级、开明绅士一并被列入可以争取的中间力量范畴。[①] 不难看出，毛泽东对地方实力派的使用主要是依据各种政

---

① 毛泽东：《目前抗日统一战线中的策略问题》，《毛泽东选集》第 2 卷，人民出版社，1991，第 739 页。

治力量的政治态度，尤其是对中共与抗日的态度。

　　学界对国民政府与地方实力派的相关研究是从统战史的视角切入并取得突破的。正如唐纯良所言："地方实力派对于实现国共两党的第二次合作，共同进行抗日战争，争取中华民族的解放，有历史性的特殊贡献，功不可没，历史应专门记载一笔。"① 因此，地方实力派最初仅指1937年全面抗战爆发后出现的政治力量就具有必然性与合理性。谢本书、牛鸿宾所著《蒋介石和西南地方实力派》是20世纪八九十年代研究国民政府与地方实力派关系较具代表性的成果。书中对于地方实力派的表述是："抗日战争时期的大后方，控制着一定地盘，掌握着可观军队，具有相当的实力，进行着反抗日本侵略势力的斗争，而又不属于蒋介石中央嫡系的地方军事（或军政）领袖及其派别。"② 据此，对全面抗战前的地方实力派则称为"地方军阀"。

　　实际上，仅就地方实力派的抗日态度以及在蒋介石的国民党与中共之争中的中间立场而言，以全面抗战为界将地方实力派分地方军阀和地方实力派其实并不准确。早在局部抗战时期，无论是第十九路军，还是冯玉祥的察哈尔抗日同盟军，尤其是1936年前后张学良的东北军与杨虎城的西北军都有明确的抗日立场，且与中共有过接触，甚至密切合作。显然，即使就对中共以及抗日的态度而言，地方实力派若仅指全面抗战后才出现的政治力量，必然在解释诸如第十九路军、察哈尔抗日同盟军、张学良的东北军、杨虎城的西北军与中共的关系时出现概念上的尴尬。因此统战史视野下的地方实力派的概念还有另一种形式，就是把全面抗战前的"地方军阀"也称作地方实力派。顾关林对地方实力派概念的使用即是这方面的典型例子："地方实力派一般是指蒋介石国民党统治时期有地盘的军事政治集团和无地盘的杂牌军。"③ 在这里，没有加上"抗战时期"的限定词。

　　随着研究的深入以及各种新史料的出版，大陆学界对国民政府与地方实

①　唐纯良：《地方实力派在第二次国共合作中的历史贡献》，《北方论丛》1994年第5期。
②　谢本书、牛鸿宾：《蒋介石和西南地方实力派》，河南人民出版社，1990，第2页。
③　顾关林：《简述地方实力派与中共的早期关系》，《中共党史研究》1988年第1期。

力派的相关研究不断突破既有统战史的范畴，日趋多元与丰富。对地方实力派概念的使用，也主要依据地方实力派本身的性质以及行为方式而非其对抗日与中共的态度。

台湾学界所使用的相应的主流词语是"旧军阀"，以凸显其与南京国民政府对立、反动的面相。至于使用"地方实力派"一词的学者，亦不乏其人。大体而言，主要在两种层面上使用这一概念。一种以陈进金为代表，主要是从学术中立的角度使用"地方实力派"一词。陈进金认为如果以军队私有、与中央政府若即若离，以及控制一定的地盘来看，北伐后南京国民政府时期的地方实力派与北洋政府时期的军阀并无多大区别。之所以使用"地方实力派"而不用"军阀"一词，主要是考虑到"军阀"多含有轻蔑、非难等负面意思。故"地方实力派"一词的英文翻译与"军阀"一致，都用"warlord"。[①] 另一种以杨维真为代表，是从国民党党治与北洋政府时期的统治具有本质区别的角度使用"地方实力派"一词。杨维真在点评陈进金《地方实力派与中原大战》的文章中指出：若就形式而言，南京国民政府时期与北洋政府时期的地方军人似无太大变化，都是依靠拥有军队、控制地盘，操持地方大权。但若从权力结构来看，就有本质上的不同。国民党北伐夺取全国政权后，积极推动党治，以党治国，党统取代法统，一种新的力量出现，一个新的历史阶段亦自此展开。以反蒋而言，1929年桂系与唐生智的反蒋，打的是"护党救国"旗号；1930年阎锡山与蒋介石之间的电报战也是争党统。这些显然都与之前不同。因此"地方实力派"一词指称国民党党治时期的地方军人，应较直指军阀为宜，在英文翻译中则不宜用"warlord"一词指代。[②]

笔者陋见，西方学界的相关研究在翻译为中文后，较少使用"地方实力派"一词。薛立敦使用的词语是"残余的军阀主义"，韦慕庭使用的是"军事地域主义"，柯博文使用的则"地方领袖"。尽管名称各异，但所指对

---

① 陈进金：《地方实力派与中原大战》，博士学位论文，台湾政治大学，2000。
② 杨维真：《陈进金，〈地方实力派与中原大战〉》，《中央研究院近代史研究所集刊》第46期。

象没有大的差异。①

　　本书研究内容是国民政府对地方实力派的整合，是在中央—地方关系视角下使用地方实力派的概念。所以是打着党统还是法统旗号、对于中共与抗日的政治态度如何均不在本书使用"地方实力派"一词的内涵之内。具体而言，本书的"地方实力派"一词，其内涵主要包括两个方面：一是具有一定的实力，或掌握一定军队，或军队与地盘兼而有之；二是与中央政府保持一定的独立性。

二　地方实力派之产生

　　1926 年 7 月，广州国民政府开始了轰轰烈烈的北伐战争，目的在于消灭北洋军阀，实现国家统一，重建中央权威。1928 年 6 月，南京国民政府宣告北伐完成，国家统一，但国民政府远未实现真正的统一与整合。1929年 3 月 15 日，蒋介石在国民党第三次全国代表大会开幕式上正式提出"中国已真正统一了么"的命题。蒋介石说：

　　　　我们只要看一看实际政治状况，就可断定中国实际上还没有统一。北伐完成以后，形式上已经统一在国民政府之下，而且地方军事领袖，也没有不以服从中央相号召了，但是事实却完全相反。地方把持财政，购买军械，私增兵额，都听地方为所欲为，中央丝毫不能加以干涉，而且不仅地方的行动中央不能干涉，甚至地方常以军事的实力威胁中央，要挟中央，中央对于地方，如果有什么要做的事，都以协商的方法去征求同意，而地方对于中央，如果有什么请求，反以志在必得的方式来要挟，中央的法规，既然不能规范地方的行动，中央的命令，也不能强制

---

① 〔美〕薛立敦：《冯玉祥的一生》；〔美〕韦慕庭：《军事割据和国民党统治下的重新统一过程（1922～1937）》，何炳棣、唐楚编《中国在危机中》第 1 卷，芝加哥大学出版社，1968；〔美〕柯博文：《走向"最后关头"——中国民族国家构建中的日本因素（1931～1937）》。值得注意的是，柯博文使用的"地方领袖"一词，包括中国共产党在内，故与其他西方学者所使用的"地方军阀""军事地域主义"等词的内涵还是有所不同。

地方以服从。①

蒋介石的发言自有其目的性与针对性，但也反映出北伐统一后地方实力派与南京中央关系的真实样态。

对于北伐后的地方实力派问题，学界有不同的解释。大体而言，有两个层面。一个层面偏于理论的解释。一些学者运用马克思主义理论从经济基础、帝国主义对华侵略政策、传统思想文化等方面进行分析，形成了一整套解释体系，其主要内容如下。

第一，在经济基础上，民国时期封建半封建的农业经济是普遍存在的经济形式。这种经济形式保持了自给自足的状态，在生产力水平上表现为个体的小农经济的落后形式，反映出商品经济的不发达，没有形成资本主义的统一市场，没有形成国内各地区经济上紧密联系的纽带。这是地方实力派割据一方、建立独立王国的经济基础。

第二，在政治上，帝国主义在中国寻找代理人，对中国采取分裂剥削政策，各拉拢和支持某一派别，促进了地方实力派与中央的对立。

第三，在传统文化思想上，受中国自古以来的大一统和封建宗法制的传统观念以及与此相联系的封建家长制传统的影响，民国时期中国社会急需一个政治中心人物，而蒋介石掌握中央政权，虽以领袖自居，却因种种因素难以服众，以致政治上缺乏凝聚力而离心倾向长期存在。②

这种解释偏重于理论分析，是一种宏观与整体的把握，从横向上分析了地方实力派的环境背景。另一个层面偏重史实分析，从纵向上追溯地方实力派的产生，认为地方实力派很大程度上就是北伐时期蒋介石收编政策的结果，是晚清巨变以来出现的军阀主义的残余。为西北军领袖冯玉祥作传的薛立敦指出："这种军阀主义残余，至少部分地是北伐期间国民革命奉行的政策的产物。在北伐军挺进时，许多军阀的军队不是与北伐军交战，而是整个地加入革命的阵线。国民党'收编'这些部队，仍保留其编制，也未更换

---

① 吴淑凤编注《蒋中正总统档案·事略稿本》（5），台北，"国史馆"，2003，第183～184页。
② 郭绪印：《国民党派系斗争史》，第7～8页。

其主要将领，只是给他们一个番号，他们是国民革命军的一个组成部分而已。以这种方式收编的部队并不真心献身于国民党的事业，仅仅是为了保存其自身的力量，最后在数量上大大超过原来的国民革命军。北伐军到达长江流域时，三四十支军阀的部队加入。北伐开始后六个月，军队的规模差不多是原来的三倍，这主要是军阀的部队依附的结果。到1928年4月，即北伐最后阶段，国民革命军由五十支独立的军队组成，其中多半是原军阀的部队。他们尽管改换了身份，但仍不折不扣的是原军阀的队伍。"[1]

本书感兴趣的是，北伐时期蒋介石为什么以较具妥协性的"收编"而不是更为彻底的方式解决"军阀"？回答这个问题，或需要从北伐决策中寻找线索。

蒋介石一向被国民党塑造成对孙中山北伐遗志始终不渝的奉行者。如台湾学者李国祈在《北伐的政略》一文中称："北伐消灭军阀统一全国，是孙中山先生的遗志。生前虽一再进行，但因内在外在的障碍，未能得到成功。孙先生去世后，蒋中正先生视此为实现孙先生的遗志，进行三民主义的首要之图，坚决予以奉行。"[2]

衡以实际，蒋介石对北伐的态度有一个从否定到肯定的转变。1925年7月7日，已跻身广州国民政府军事委员会委员的蒋介石提出革命"六大计划"。这是孙中山去世后，蒋介石首次对国民党的重大战略方向发声。在"六大计划"中，蒋介石对孙中山的北伐战略不以为然："我革命政府统一广东之后，若仍率由旧章，以北伐为志，则英帝国主义者，必将助长江军阀，迎击我军，复利用其香港地势，扰乱吾人后方，腹背受敌，首尾不能相顾，是正中英人之诡计也。"在蒋介石看来，国民党人应先经略西南，使其成为第二革命根据地，"由西南延长至西北，据此大陆，以与帝国主义者在东南沿海、沿江、沿铁路而至之侵略形势相抗拒，造成中国大革命之决战场"。因此，蒋介石建议在1927年内应该将川滇黔等西南数省"一律置于

---

[1]〔美〕薛立敦：《冯玉祥的一生》，第16页。

[2]李国祈：《北伐的政略》，"北伐统一六十周年学术讨论集编辑委员会"编印《北伐统一六十周年学术讨论集》，台北，1988，第211页。

国民政府之下，使西南重新团结"，与倾向国民革命的北方冯玉祥的国民军相衔接，"悬此鹄的，并力以赴，再积三年之备"。①

然而，未过半年风向突变。1926年初，声称先经略西南，再积三年之备的蒋介石转而大力推动北伐。1月4日，蒋介石公开表示，国民党"必能统一中国，而且在本年内就可以统一"。②1月6日，在国民党第二次全国代表大会上，负责军事报告的蒋介石明确表示国民党已确实有了力量"向外发展"。③"二大"结束后，蒋介石在2月24日提议"早定北伐"大计。4月3日，蒋介石向国民党提出三个月内出兵北伐建议书。④

蒋介石的态度为何出现急速转变？

首先是蒋介石在国民党权力格局中地位骤升。1925年7月蒋介石反对孙中山的北伐计划时，虽已成为国民政府军事委员会委员，但仅是八个委员之一，还不是象征国民政府权力中枢的国民政府委员，其影响与地位显然囿于军事领域，且国民党内军事上的主要负责人是许崇智。⑤8月20日，著名的国民党左派领袖廖仲恺遭右派暗杀。廖仲恺遇刺案间接促成了蒋介石地位的上升，汪精卫与蒋介石联手将胡汉民、许崇智逐出广州。8月24日，蒋介石就广州卫戍司令职，借此逐步取代许崇智掌握了广州的军队实权。8月26日，蒋介石出任编组后的国民革命军第一军军长。9月，蒋介石取代许崇智出任东征军总指挥。1926年1月6日，蒋介石当选军事委员会常务委员。3月20日中山舰事件后，革命阵营内部共产党和国民党左派力量遭到打压，

① 蒋介石：《建议军事委员会革命六大计划书》，秦孝仪主编《先总统蒋公思想言论总集》卷36，台北，中国国民党中央委员会党史委员会、中央文物供应社，1992，第145～154页。

② 万仁元、方庆秋主编《蒋介石年谱初稿》，档案出版社，1992，第502～503页。

③ 蒋介石：《中国国民党第二次全国代表大会军事报告》，秦孝仪主编《先总统蒋公思想言论总集》卷10，第178～185页。

④ 蒋介石：《建议中央整军肃党准期北伐》，秦孝仪主编《先总统蒋公思想言论总集》卷36，第192～197页。

⑤ 1925年7月1日，国民党取消大本营，成立国民政府，汪精卫、胡汉民、张静江、谭延闿、许崇智、于右任、张继、徐谦、林森、廖仲恺、戴季陶、伍朝枢、古应芬、朱培德、孙科、程潜等16人为委员。其中汪精卫为主席，汪精卫、胡汉民、谭延闿、许崇智、林森为常务委员。7月6日，国民政府军事委员会在广州成立，委员有汪精卫、胡汉民、伍朝枢、廖仲恺、朱培德、谭延闿、许崇智、蒋介石，主席汪精卫。参见韩信夫、姜克夫主编《中华民国大事记》第2册，中国文史出版社，1997，第351～352页。

汪精卫离职出国。蒋介石的地位与权势进一步上升。个人权位的剧变，使蒋介石雄心勃勃，急欲有所作为，北伐统一就成为其建功立业、进一步巩固地位的重要途径。

其次，蒋介石从反对北伐到极力支持北伐的态度转变也与广州国民政府内部矛盾重重，试图通过北伐解开困局密切相关。随着个人地位的骤升，蒋介石开始当仁不让地以"革命重心"自居。[1] 此时国共两党对革命领导权的争夺已公开化与尖锐化，在蒋介石看来，国民党的地位甚至组织生命面临着共产党的严重威胁，北伐就成为摆脱困境的重要手段，"我们必须突破这限于广东一隅的危局，实行出师北伐"。[2]

罗志田在对北伐的研究中指出，北伐之际南方革命阵营实际上已经具有某种潜在优势。[3] 这或许为真。既是"潜在"，后来者凭借"后见之明"或能洞察，当局者却并不容易捕捉与认识。至少作为北伐的主要决策者与执行者显然没有意识到，以至于几十年后蒋介石仍反复强调南方与北方的巨大差距。[4] 1926 年初，蒋介石在公开场合极力声称国民政府军政实力已可向外发展，似乎是其鼓动北伐的策略之需。在急于摆脱困境、势力又相对不足的情况下，蒋介石对愿意加入北伐队伍的北洋军阀势力，几乎是来者不拒、照单全收。

三　地方实力派的构成

地方实力派虽具有某些相似特征，但并不是一个整体。各个派系的形成各有历史渊源，内部构成极其复杂，与国民政府及蒋介石的关系亦是各有差异，变化不定。

在共产党领导下在隐蔽的情报战线工作的郭汝瑰，曾长期是陈诚的心腹、土木系的核心成员。他将地方实力派依据军队情况做了这样的划分：

---

① 《蒋介石日记》（手稿本），1926 年 5 月 17 日。
② 蒋介石：《苏俄在中国》，秦孝仪主编《先总统蒋公思想言论总集》卷 9，第 42 页。
③ 罗志田：《南北新旧与北伐成功的再诠释》，《开放时代》2000 年第 9 期。
④ 蒋介石：《苏俄在中国》，秦孝仪主编《先总统蒋公思想言论总集》卷 9，第 47 页。

国民党的南京政府，表面上统一了全国，但实际上张学良的东北军和冯玉祥的西北军旧部——冀察政务委员会委员长宋哲元所辖的二十九军，山东省长韩复榘所辖的第十二军、五十五军、被蒋介石调到江西"剿共"的孙连仲部、留陕西的杨虎城部、甘肃省的邓宝珊部等仍保持半独立状态。至于山西的阎锡山、绥远的傅作义、广东的陈济棠（后余汉谋）、广西的李宗仁、云南的龙云、四川的刘湘、邓锡侯、刘文辉及宁夏、青海的马鸿逵、马鸿宾、马步芳、马步清、马守援等地方军阀割据一方，表面上打着青天白日旗，但蒋介石并不能指挥调动，有的甚至公开对立。

蒋介石可以直接指挥的部队，一般人都说有嫡系、准嫡系、杂牌三种。但事实上也没有明确的界限，大约可以这样说：

张宗昌余部徐源泉、孙传芳余部上官云相、郭松龄余部郝梦龄、云南出去的范石生、贵州出去的谢彬、四川出去的郭汝栋、赖心辉等部都是归顺蒋介石的杂牌军队（当然从广义说东北军、西北军、桂系军队等也可称为杂牌）。……

准嫡系军队最初是北伐时期第二军谭延闿部、第三军朱培德部、第六军程潜部、第四军的一部分如陈铭枢等，但以后黄埔学生毕业多了，他们奔赴各杂牌军，逐渐掌握权力，于是这些杂牌军也逐渐成为准嫡系。

嫡系部队，最初主要是北伐时期的第一军发展起来的，以后新成立的部队及吞并的杂牌军，凡主要干部都是黄埔学生的，都是嫡系部队。①

郭汝瑰的划分大体上反映了地方实力派的基本情况，但并不完整与准确。贵州的王家烈与犹国才、湖南的何键、新疆的盛世才等也长期处于半独立状态，实属典型的地方实力派。至于孙连仲部原属西北军系列，1931年被调至江西"剿共"后，已属于中央军指挥序列，列入蒋介石指挥得动的

---

① 郭汝瑰：《郭汝瑰回忆录》，中共党史出版社，2010，第67～68页。

杂牌似更为合适（有关孙连仲部的基本情形参见第三章）。张学良的东北军甚至阎锡山等人的部队，蒋介石也并非完全不能调动。

以能否指挥得动来划分地方实力派，虽也能反映地方实力派的基本情况，但不足以表征地方实力派与国民政府以及蒋介石错综复杂且不断变化的关系，更不足以区别国民政府对不同地方实力派的策略。因此，本书试图依据地方实力派对蒋介石的态度将地方实力派分作四类：一是公开反蒋者；二是名义上服从国民政府与蒋介石，但又暗中或参与或从事反蒋活动者；三是虽处于半独立状态，但与蒋介石关系密切，在国民党内的派系之争中常常拥蒋、挺蒋者；四是蒋介石直接指挥的中央军序列中的非嫡系将领。

第一类大致可以中原大战为界分作两个阶段。中原大战之前，以冯玉祥、阎锡山、李宗仁为代表的最大的几个地方实力派依据较为强劲的实力，与蒋介石逐鹿中原，志不在地方。蒋桂战争、蒋冯战争、中原大战相继发生。中原大战后，冯玉祥的西北军四分五裂，冯玉祥本人几成光杆司令。阎锡山的部队虽得以整体保存，但也只能依托晋绥两地自守。李宗仁的桂系退守广西。地方实力派基本上失去了挑战蒋介石中央权威的硬实力。因此中原大战特别是1932年后，公开举起反蒋大旗者实已寥寥无几。以陈济棠、李宗仁、白崇禧为首的两广实力派虽与胡汉民等国民党在野元老结合形成长达四年之久的西南半独立局面，并高举"反蒋""剿共""抗日"大旗，但也只是在内政外交上对南京中央杯葛寻衅，反蒋军事活动是"只打雷不下雨"。其中桂系李宗仁等人虽仍有与蒋介石一较高下之意，然所据广西向来贫瘠，反蒋是有心无力。粤系陈济棠掌控广东军政实权，虽有相当实力，但长期依违于胡汉民和蒋介石之间，图谋自保。1936年的两广事变很大程度上是铤而走险的无奈之举。这一时期，高调反蒋且付诸实践的反而是一度拥蒋挺蒋、属于蒋介石准嫡系的陈铭枢的第十九路军。

第二类是国民政府时期地方实力派的主要类型。包括1932年后的晋绥系、冯玉祥的西北军旧部韩复榘、宋哲元、孙殿英、石友三等，湖南的何键，陕西的杨虎城，新疆的盛世才，西北的马氏兄弟，川黔实力派，等等。这些实力派名义上服从南京中央，大多未公开从事反蒋活动，但割据一方，自行其是，且暗中与公开反蒋的两广多有往来。

第三类地方实力派虽亦处于半独立状态，但又与蒋介石关系密切，相当长的时间里是拥蒋、挺蒋的。这类地方实力派以东北军张学良、云南的龙云、四川的刘湘为代表。这三人中，以张学良与蒋介石关系最为密切。胡汉民在制定反蒋策略时，认为张学良与蒋介石实属同一阵营，张学良坚定执行蒋介石的政策，故把去张当作孤立蒋介石的重要手段。① 在蒋介石本人的认知中，张学良值得信任。西安事变前，蒋介石多次收到张学良"通共"的情报，却仍然前往西安"督剿"，应该也与他对张学良的信任有关。② 云南的龙云、四川的刘湘地处西南边陲，与蒋介石关系类似。在南京势力进入西南以前，龙云、刘湘与蒋介石的关系密切，在西南地方实力派中以拥蒋、挺蒋著称。龙云多次对蒋介石表示"始终拥护""一切服从"，且在国民党内的派系之争中，以实际行动表示"对蒋的效忠"。③ 蒋介石则认为"滇龙效忠中央，当信任之"。④ 胡汉民等人本欲联合云南等西南诸省共同反蒋，但因龙云"轻粤重蒋"而颇感无奈。⑤ 于此也进一步反映出龙云与蒋介石的关系。刘湘在相当长的时间里也是积极拥护蒋介石，蒋介石则在四川实力派中重点扶持刘湘（详见第六章）。当然，张学良、龙云、刘湘与蒋介石之间并非没有矛盾。陈红民对张学良与胡汉民关系的研究，尤其是杨奎松对张学良在西安事变前一度准备自成局面，甚至不惜与蒋介石翻脸动武的披露，在在反映出张学良与蒋介石的矛盾。⑥ 至于龙云、刘湘与蒋介石的关系，在1935年南京中央对四川军队进行整编后，双方矛盾渐生，甚至发展到兵戎相见的

---

① 有关张学良与蒋介石的关系参见陈红民《胡汉民与张学良关系述论：1931～1936》，《江苏社会科学》2002年第1期。

② 《戴笠呈蒋中正据刘宗汉报告陕北匪大部窜山西中阳等县且张学良与之合作消息》（1936年3月5日），《蒋中正总统文物档案·政治含西安事变专案》，台北"国史馆"藏，典藏号：002-080114-00013-001。

③ 有关龙云与蒋介石的关系参见汪朝光《蒋介石与1945年昆明事变》，《近代史研究》2009年第3期。

④ 《蒋介石日记》（手稿本），1935年1月31日。

⑤ 《陈纯斋来电》，陈红民辑注《胡汉民未刊往来函电稿》第9册，广西师范大学出版社，2005，第478页。

⑥ 参见陈红民《胡汉民与张学良关系述论：1931～1936》，《江苏社会科学》2002年第1期；杨奎松：《张学良反蒋问题之探讨》，《历史研究》1997年第6期。

地步。

第四类是郭汝瑰所指出的蒋介石指挥得动的中央军序列中的杂牌军乃至准嫡系。这部分实力派及其军队在与蒋介石及其中央军的融合中虽不无龃龉，但在国民党派系之争中，基本上都是拥蒋与挺蒋的。其中颇为值得注意的是有"杂牌军领袖"之称的何成濬以及经其收编拉拢的杂牌军。其中指挥较久的部队有王金钰部（后易为上官云相）、萧之楚部、徐源泉部、刘桂堂部、魏益三部、刘荣春部（后易为郝梦龄）、李宗鉴部、薛预屏部、张连三部等。曾短暂归何成濬指挥的部队有杨虎城部、范石生部、张万信部、郭汝栋部、容景芳部、罗启疆部等。① 透过原藏于哈佛大学燕京学社、经陈红民编辑整理的《胡汉民未刊往来函电稿》，可见包括何成濬、徐源泉在内的这类实力派暗中参与了胡汉民等人策划的反蒋活动（详见第八章）。当然身处"中央"的这部分杂牌军的反蒋更多的是在时局不明情况下"多个朋友多条出路"式的考量，其主流是拥蒋与挺蒋，在这个过程中逐渐中央化。比如徐源泉部，原属张宗昌的直鲁联军，北伐时期被蒋介石收编。1929 年徐源泉升为第十军军长，至1936 年丁治磐出任第十军参谋长时，徐源泉部已经中央化。②

第二节　国民政府整合地方实力派的外部因素

一　外国因素

自 1840 年鸦片战争以来，外国因素对中国社会方方面面的影响与日俱增。1912 年中华民国建立以后，这种因素的影响更是前所未有。西方学者亦指出，外国尤其是西方列强在通商口岸、租界、租借地等，通过不平等条约攫取的领事裁判权、片面最惠国待遇等种种特权，对中国的政治、经济、文化乃至心态等各个方面都产生了重要影响。③ 对这种影响，时人的感受直

① 汪世鎏：《何成濬与"杂牌军队"》，《湖北文史资料》第 4 辑，1988，第 33 页。
② 刘凤翰、张力访问，毛金陵纪录《丁治磐先生访问纪录》，第 137 页。
③ 参见〔美〕费正清主编《剑桥中华民国史》上卷，中国社会科学出版社，1994，第 126 页。

接而具体："如在中国的中心要开一枪，没有不射着外国利益的。"[①] 后来的学者则有更为深刻理性的观察："民国时代的中国是由它的对外关系的性质所界定、塑造，并且最终必须依此来解释的。"[②] 西方列强由于实力对比的变化以及战略重心的转移，不同国家不同时期对中国的影响不尽相同。英国在西方国家中率先走上资本主义道路，实现了工业化，在近代早期对中国影响最大。日本自1868年明治维新后，开始对外扩张，矛头直指中国，对中国的影响呈直线上升之势。这种影响在国民政府时期发展至顶峰，"构成了中国政治活动的框架"，以致国民政府在"建国方面的每一次努力都受到了日本问题的影响"。[③]

就国民政府对地方实力派的整合而言，毫无疑问也受到了外国因素的影响。这种影响在不同条件下作用各异，既有负面的掣肘，也有整合的动力。具体而言，主要表现在以下几个方面。

其一，外国主要是西方列强为了获取和保护在中国的各种利益，一方面承认南京国民政府作为中央政权与代表中国的合法性，另一方面对与南京保持半独立状态的地方实力派又采取实用主义态度，不仅与之往来，甚至暗中给予资助。代表性的例子是，德国在与南京中央政权发展关系的同时，又在与广东实力派互动方面不遗余力。南京中央以及蒋介石向德国抗议，德国以强国自居，态度傲慢，声称："像我们这样的强国，没有义务为自己在国外的行动向别的国家解释什么。"[④] 至于日本，为了侵略中国，更是充分利用中国不统一的状态，有意扶持与南京中央保持半独立状态的地方实力派。陈红民的研究披露出高举"抗日"大旗的两广实力派与日本接洽的种种情形，并将双方的接洽总结为四个层面：与日方各类代表接触、经济合作、军械援

① 孙铎：《中国改造之外国援助》，《向导》第29期，1923年2月，转引自杨天宏《北伐前夕中国政治中的外国因素》，《学术月刊》2008年第3期。

② 〔美〕柯伟林：《中国的国际化：民国时代的对外关系》，魏力译，陈意新校，《二十一世纪》（香港）1997年12月号。

③ 〔美〕柯博文：《走向"最后关头"——中国民族国家构建中的日本因素（1931~1937）》，第6页。

④ 〔美〕柯伟林：《德国与中华民国》，陈谦平、陈红民等译，江苏人民出版社，2006，第143页。

助、中山大学的建筑款项等。^① 日本在把侵略矛头指向华北后，又策划晋绥地区的阎锡山、平津地区的宋哲元以及山东的韩复榘等实力派"自治""独立"。日本并非厚待地方实力派，而是破坏北方的中央化，阻挠中国统一。时任山西省政府主席徐永昌的观察可谓一语中的："日本国策在不要中国统一，凡是有统一力量的日视之都如蒋。"^②

由于列强或基于实用主义态度，或基于侵略的需要，与地方实力派多有往来，甚至予以扶持，地方实力派无论是主动的反蒋还是被动的自保，都有了一定的资本与凭借。在"蒋档"中，有不少蒋介石为阻止地方实力派从外国购买武器而要求与外国交涉的相关资料。如 1934 年 3 月 6 日，蒋介石致电汪精卫称：

> 现在各省在各国自由购买军械飞机，而以粤对英法德美意，鲁对日意为甚，并其中有毒瓦斯原料在内。请各国公使向其各本国劝阻，并令我各驻外公使与驻在各国切实交涉禁止。此次新英使来京，请与之恳切商谈，只要英国与香港能实行，则其事大半可成也。以并非不准其卖，但必欲中央护照，以重国交。如何，请设法进行为荷。^③

4 月 8 日，蒋介石就法国放任其所属殖民地向两广交易军械事致电汪精卫：

> 军械入口之取缔，法国政府纵允照办，而恒放任安南政府为之。粤桂滇皆与之接壤，若不能为有效之限制，则为患不知胡底？可否以访查所得已往之事实为根据，向法国政府再为一度郑重之交涉，务使安南亦就范围，尚冀费神洽办为荷。^④

① 陈红民：《"抗日反蒋"与"联日制蒋"：胡汉民与两广的"抗日"口号与实践（1932～1936）》，《抗日战争研究》2002 年第 3 期。
② 徐永昌：《徐永昌日记》第 3 册，第 293 页。
③ 周美华编注《蒋中正总统档案·事略稿本》（25），台北，"国史馆"，2006，第 69 页。
④ 周美华编注《蒋中正总统档案·事略稿本》（25），第 576 页。

诸如此类，也从侧面反映出西方列强与地方实力派交往扶持的方式、方法。

其二，国民政府时期，随着日本侵华的步步推进，中国的民族危机不断加深。民族危机所激发的空前高涨的民族主义、爱国主义成为国民政府整合地方实力派的主要资源。一方面，南京中央借民族危机向地方实力派尤其是反蒋实力派施加压力。1931 年九一八事变后，蒋介石在国民党第四届全国代表大会上声称"团结"的重要，"要救国，唯有团结内部，要救党也唯有团结内部，要对外格外的要团结内部"，"如果对内不肯退让，那就对外不能进展；不但不能进展，而且对外与对内的效果，完全成一反比例"，"对内如能退一步，那就是对外能进十步。假设对内要进一步，结果必是对外完全失败，这是必然的定律"。① 国民党召开第四届全国代表大会时，广东实力派正高举反蒋大旗，誓逼蒋介石下野而后快，蒋介石则试图以"团结对外"为由消解广东的对抗。

在九一八事变后民族危机加深的情况下，地方实力派掌控的诸多省份爆发了严重的军事冲突。南京中央一意经营长江中下游等统治核心区域，对其他地方的军事冲突无可奈何，无力以行动制止。以民族大义呼吁地方实力派停止内争是国民政府祭出的为数不多的武器。川战爆发后，蒋介石致电川战双方称，"战祸一旦爆发，匪特陷川民于涂炭，增西南之纠纷，且国联会议必贻以极不良之印象"，"彼蓄意亡我之强敌，方尽情丑诋谓吾辈民族无组织无纪律，谓吾辈军人昧于公仇而勇于私斗，种种恶宣传皆将为之现实证明。此真仇雠者之所快意，爱国者之所痛惜也"。要求刘湘、刘文辉、田颂尧、邓锡侯、杨森等人"各饬所部，互相容忍，互释误会，各驻原防，毋许擅离。纵有不得已之苦衷，应亦陈明中央静候处置，万不诉诸直接行动"。②

在民族危机日趋严峻的背景下，地方实力派的反蒋活动即使是高举抗日

---

① 蒋介石：《党内团结是我们唯一的出路》，秦孝仪主编《先总统蒋公思想言论总集》卷 10，第 479 页。

② 王正华编注《蒋中正总统档案·事略稿本》（17），台北，"国史馆"，2005，第 13～16 页。

大旗实际上也并不容易获得道义上的支持。南京中央系统不必说，对反蒋自然是颇不以为意的。陈诚对国民政府的腐败忧心忡忡，认为蒋介石难辞其咎，"现在政治腐败，蒋先生实应负责，如湖北之何成濬、安徽之陈调元等之劣迹，实在国内能选出第二人来？"但其对反蒋亦嗤之以鼻，"中国民族性向打胜家，不问是非曲直，只要某人专政，大家即结合而推倒之，并不问自己将来有无把握，只求目前个人利益，此年来之所以多乱也"。① 晋绥实力派的核心成员徐永昌认为反蒋无非争权而已，两广反蒋、福建反蒋，"亦谋上台及争权而已"。"吾人谋于不倒任何人之情况下，谋一出路。只要公认其人在六十分上者皆容留之。只求一较善制度，各不侵犯。在现状下大家裁兵，各自休养生息，以求进步可也。""西南时时鼓动北方捣乱者，有的为反蒋，有的为自主，甚至有鼓动人家乱起来，他们才可乘机要地盘、要钱，这虽说的过甚一点，但他们真不配说爱国也。"1935 年夏，徐永昌听闻"两广有出兵湖南反中央说"，认为"稍有国家思想者，无不愤慨"。② 汪精卫改组派的重要成员陈公博分析十九路军反蒋失败原因时亦指出："中国那时真是民心厌乱，南京若无很大的罪状，无人愿意附和。""那时十九路军以抗日为号召的，他们处在福建，迫近台湾，非和日本妥协，难于发动，这一点实在陷真如（指陈铭枢）于两难论，无从解释。"③ 大公报社社长吴鼎昌称："对外长久抵抗，非从政治、军事、教育、经济各种建设入手不可，但唯一之障碍，为国内战争。苟内战不能废止，一切均无从谈起。"④ 地方实力派的反蒋无疑是在制造内战，自应在废止之列。

即使以 1932 年后反蒋最为激烈并付诸实际行动的十九路军而言，其内部将领的反蒋态度其实并不一致。蔡廷锴是十九路军的主要负责人，虽对蒋介石有颇多不满，但其最后参与福建事变，实有被逼参加、"不计成败"的无奈。⑤ "一·二八"淞沪抗战后，蔡廷锴在对日问题上与蒋介石出现分歧

---

① 林秋敏、叶惠芬、苏圣雄编辑校订《陈诚先生日记》，台北，"国史馆"，2015，第 46 页。
② 徐永昌：《徐永昌日记》第 3 册，第 46 页。
③ 陈公博：《苦笑录》，现代史料编刊社，1981，第 212～213 页。
④ 《国闻周报》第 9 卷第 22 期，1932 年 6 月 6 日。
⑤ 蔡廷锴：《蔡廷锴自传》，黑龙江人民出版社，1982，第 311 页。

而渐生不满。但在公开场合，蔡廷锴注重军人身份，站在南京中央立场讲话。对于广东的半独立状态，他更是忧心忡忡："国难如此，所谓党国要人，尚不知觉悟，将来又不知要演变至如何程度。"[①] 1933 年 5 月 31 日《塘沽协定》的签订被论者认为是"十九路军与蒋关系的重大转折"，[②] 但具体到蔡廷锴的态度，则需要做更为深入的分析。蒋介石认为蔡廷锴"虽其本身立场不能不反对停战，然而为陈铭枢感情逼迫"。[③] 据蔡廷锴自陈，通电是秘书长孙希文与蒋光鼐拟好交给他的。[④] 且在 6 月 3 日即致电蒋介石，愿将北上抗日部队开回闽省，以增加"剿共"兵力。对此，蒋介石非常满意，视"为近日时局之一大关键也"，并称赞蔡是"血性超人，胸怀坦白，为袍泽中最有爱国思想之一人"。[⑤] 陈立夫派人调查陈铭枢与蒋光鼐的关系，却认为蔡廷锴"没有问题"。[⑥] 十九路军其他高级将领，即使在福建事变发动前夕，大多也对反蒋持消极甚至反对态度。在事变前蔡廷锴召集的动员会上，"沈光汉、区寿年、谭启秀三人只表示回去传达作准备，军人对命令当然要服从，而毛维寿、黄强、张炎、邓世增等人面带笑容不开口，对同红军和平相处，对反对南京之事一无表示"。掌握财务后勤负责人员邓瑞人、曾蹇"在政治上不同意即行反蒋，也不同意与红军合作"。"已离开十九路军的老将领戴戟，最后来闽，也不同意此时发难。"[⑦] 可见，在民族危机日趋严峻的情况下，即使是对蒋介石不满的地方实力派对反蒋亦颇多顾忌。从国民政府对地方实力派的整合角度而言，这无疑是有利因素。

国民政府在整合地方实力派的过程中，充分利用民族主义，并取得了某种程度的成功。全面抗战爆发前，地方实力派聚集在民族主义的大旗下共御外侮。值得思考的是，由于有现成的民族主义资源可以充分利用，国民政府

---

① 蔡廷锴：《蔡廷锴自传》，第 300 页。
② 肖自力：《十九路军从拥蒋到反蒋的转变》，《历史研究》2010 年第 4 期。
③ 王正华编注《蒋中正总统档案·事略稿本》（20），台北，"国史馆"，2005，第 362 页。
④ 蔡廷锴：《蔡廷锴自传》，第 309 页。
⑤ 王正华编注《蒋中正总统档案·事略稿本》（20），第 369～371 页。
⑥ 林植夫：《林植夫自述》，《福建文史资料》第 19 辑，1988，第 21 页。
⑦ 蔡廷锴：《回忆十九路军在闽反蒋失败经过》，《文史资料选辑》第 59 辑，文史资料出版社，1979，第 92～93 页。

在对地方实力派的整合中是否过于倚重这一资源而形成某种程度上的路径依赖。地方实力派与国民政府之间内在张力与矛盾并没有在实质上解决，民族主义资源又具有时效性与外部性，一旦中日民族矛盾趋向缓和甚至最终解决，国民政府对地方实力派某种程度的整合又会出现裂缝。

其三，外国因素主要是中日民族矛盾的尖锐影响了国民政府整合地方实力派的方式。九一八事变之前，在外患尚不严重的情况下，国民政府面对地方实力派的挑战是"明令讨伐"而后止。1932 年后，国民政府面对地方实力派无视中央权威的杯葛寻衅，多能妥协以谋消解。主政中枢的蒋介石感叹："余平生颇自谓有胆而能言，近则再四与人详商，亦曲近人情也。"[1] 阅读 1932 年以后的蒋介石日记不难发现，蒋介石对地方实力派，反复强调隐忍。如 1933 年 7 月 25 日记："对国内军事政治皆取守势与忍辱负重，以全力剿匪，对闽粤皆主退让。"1935 年 7 月 12 日记："对两广力求团结忍耐迁就，此时无论对内对外，一以忍字为重。"[2]

二　中共因素

1927 年国共第一次合作破裂后，国民党疯狂反共"清党"，制造白色恐怖。中国共产党人肩负崇高的革命理想，不为所惧，毅然高举革命大旗。从在国民政府统治核心的繁华都市发动武装暴动，到在统治薄弱环节的偏僻乡村建立工农武装割据，从长江流域到西北高原，共产党在大革命遭遇重挫后再次成为民国政治中的重要存在。中共因素对国民政府整合地方实力派产生了错综复杂的影响。

首先，共产党对地方实力派的统战策略使国民政府对地方实力派的整合面临更为复杂的形势。出于生存发展以及内外斗争的需要，共产党十分重视对处于半独立状态的地方实力派的争取。还在共产党革命重心向农村转移的初期，毛泽东已充分体认到南京中央与地方实力派之间的矛盾是工农武装割

---

① 　吴淑凤编注《蒋中正总统档案·事略稿本》(14)，台北，"国史馆"，2004，第 92 页。
② 　《蒋介石日记》(手稿本)，1933 年 7 月 25 日、1935 年 7 月 12 日。

据极为重要的客观条件。① 共产党最初主要还是对这种矛盾加以顺势利用，并未对地方实力派展开积极的统战工作，甚至一度把坚定反蒋的十九路军当作"最危险的敌人"。1934 年共产党为实现战略转移，主动与广东实力派接洽并成功借道。这种与地方实力派的联系也主要还只是生存的权宜之计，尚未上升到统战政策的高度。随着民族危机的加深，共产党逐渐体认到"关门主义"的左倾错误，统战范围扩大到国民党内地方实力派。1935 年 12 月 25 日，共产党在瓦窑堡会议上强调党的策略路线是"发动、团结与组织全中国民众一切革命力量去反对当前主要的敌人——日本帝国主义与卖国贼头子蒋介石。无论什么人，什么派别，什么武装队伍，什么阶级，只要反对日本帝国主义与卖国贼头子蒋介石，都应该联合起来开展神圣的民族革命战争，驱逐日本帝国主义出中国，取得中华民族的彻底解放，保持中国的独立与领土的完整。只有最广泛的反日民族统一战线（下层的与上层的），才能战胜日本帝国主义与其走狗蒋介石"。② 这一统战策略意味着只要不是蒋介石，包括国民党内的任何地方实力派都在统战范围之内。瓦窑堡会议为共产党对地方实力派的统战工作提供了理论依据。共产党进入西北地区后，积极地联络接触地方实力派，特别是联络正在西北地区肩负"剿共"责任的张学良和杨虎城等人。共产党对地方实力派的统战，使得国民党对地方实力派的整合面临着极其强劲的对手。

其次，反共、"剿共"是 20 世纪 30 年代国民党的政治正确，批评蒋介石"剿共"不力或携共自重成为国民党内地方实力派反蒋的重要依据。大体而言，地方实力派以蒋介石的"剿共"政策做文章可分为四个层面。

第一个层面是"剿共"初期，蒋介石把"剿共"当作地方事件处理，主要以当地驻军尤其是杂牌军"剿共"。反蒋派批评的主要内容是蒋介石"剿共"不力，借"剿共"削弱杂牌军。有粤方背景的刊物《南华评论》在 1931 年发表的《剿共与纵共》一文颇具代表性。该文认为共产党的"星

---

① 毛泽东：《中国的红色政权为什么能够存在》，《毛泽东选集》第 1 卷，第 47～54 页。
② 《中共关于目前政治形势与党的任务决议》（1935 年 12 月 25 日），中央档案馆编《中共中央文件选集》第 10 卷，中共中央党校出版社，1991，第 604 页。

星之火，竟成燎原"，"且有不可收拾之势"，"完全是由于蒋介石一个人所纵容"，蒋介石"除将长江流域各异己军队，尽使剿匪之外，并且连北方孙连仲的队伍也抽来了，而自己却挂着总司令名义，优游沪宁之间，事实上是司而不令，令而不总，所有剿匪的军队，均各自为计，逡巡瞻望，于是共匪得各个包袭，遂其暗算，异己军队消灭了一分，共匪的势焰又高了一级，而蒋介石又可以借词刮钱，更可以再调异己军队去送死"。"这种阴谋，岂非高妙绝伦，前无古人，后无来者么？"①

第二个层面是经历杂牌军"剿共"无果后，蒋介石将黄埔嫡系调至"剿共"前线，并着重培植嫡系，认为唯有嫡系才能有所作为。地方实力派指责"剿共"只是蒋介石培植嫡系的重要手段。徐永昌的分析堪称典型："蒋先生一意要造成完全的黄埔系师长，以为如此才算自己的势力，才能救国，才能有为"，"蒋先生不过借剿匪增重自己势力耳"。②

第三个层面是随着国民政府第五次"围剿"的不断推进，地方实力派忧虑"剿共"之后蒋介石必将不利于己。不仅与"剿共"区域地缘相近的两广担忧，甚至远在北方的山西对此亦是忧心忡忡，对蒋介石如何谋划山西做出种种推测。③

第四个层面是随着第五次"围剿"未竟全功，红军突围西撤，地方实力派指责蒋介石"放水"纵共，忧虑蒋介石以"追剿"为由行统一之实。追随胡汉民反蒋的萧佛成称："蒋氏倾国之兵于南方，名为剿共而使共军得突围西窜。当共军率其精锐分道袭攻我军之时，不闻所谓中央以一兵一卒加于共军之老巢，以收夹攻之效，则蒋之用心，尤益明显。""所应最注意者，须防蒋军借追击共军为名，乘机跟踪而来，使我猝不及备。""假如共军决心放弃赣南及闽西以图黔川，则蒋必借口统一赣省而夺取我已得阵地，而驻闽西之蒋军则因共军已放弃长汀而无后顾之忧，可以用全力压迫我东区。"④

---

① 《剿共与纵共》，《南华评论》第 1 卷第 8 期，1931 年。
② 徐永昌：《徐永昌日记》第 3 册，第 32 页。
③ 徐永昌：《徐永昌日记》第 3 册，第 60 页。
④ 《萧佛成致胡汉民函》（1934 年 10 月 30 日），陈红民辑注《胡汉民未刊往来函电稿》第 10 册，第 480 页。

最后，"剿共"也为国民政府整合地方实力派提供了某种便利。强调"匪患"严重为南京中央消弭地方实力派的挑战以及制止地方军事冲突提供了政治资源。比如，国民政府试图以此阻遏四川内战。蒋介石警告参与四川内战的实力派田颂尧，"统筹剿匪，万不容再缓。若欲先以军事行动，彻底解决内争，将有欲速不达之虑，恐川未定而匪已坐大"。"吾人处理国事，不可无定见，尤不可有成见。轻重缓急之间，自宜权衡，以使之适当。"① "剿共"还是国民政府拉拢联络地方实力派的重要场域，具有某种意义上的"统战"功能，无论是对南方的两广，还是北方的晋鲁，都发挥过这种作用。1934年红军经西南诸省进行战略大转移，南京中央更是顺势大加利用，开启了对长期处于割据状态的四川、贵州、云南等省的统一进程，并得以将四川、贵州等省的军政和财政等纳入中央政权的统一架构之下。同时，对公开反蒋的两广也形成了战略威胁。

第三节　国民政府整合地方实力派的内部因素

一　蒋介石的个人因素

在国民政府的党国体制中，由于蒋介石的特殊地位，其个人往往能够左右国民政府的决策。尤其是在涉及地方实力派问题上，依靠军权崛起、成为军政领袖的蒋介石基本上占着主导地位。因此，蒋介石的个人经历、性格特征、政治品格等个人因素对国民政府整合实力派的策略产生了重大影响。

1. 从"一介军人"到"党国领袖"

蒋介石（1887～1975），名中正，字介石，浙江奉化溪口人。蒋介石出生于一个盐商家庭，其父早逝。蒋介石在其母督导下，早年受过传统教育的熏陶。1903年在宁波凤麓学校就读，学习英文、算术等新式课程。1906年进入保定陆军部全国陆军速成学堂。1907年进入日本振武学校接受军校预备教育。1909年毕业后成为日本高田野炮兵第十三联队的士官候补生。在

---

① 高素兰编注《蒋中正总统档案·事略稿本》（21），台北，"国史馆"，2005，第468页。

日本求学期间，开始追随陈其美、孙中山等人从事反清革命。1918 年后蒋介石在陈炯明的援闽粤军中担任作战科主任、参谋长等。1923 年蒋介石从苏联访问回国后，以校长身份筹备黄埔军官学校。

　　蒋介石从军人崛起为国民党的党国领袖，军人特质堪称蒋介石诸多身份的底色，也是理解其行为特征的重要视角。从参与政治之初，蒋介石就多从军事视角分析时局。民国初年避居日本期间，蒋介石创办《军声》杂志，强调报纸为"军事专报"，撰稿人亦不是"政治专家"。《军声》杂志力图通过鼓吹尚武精神、研究兵科学术、详议征兵办法、讨论国防计划、补助军事教育、调查各国军情等，实现"警告国人未雨绸缪"之目的。①

　　在孙中山时代，蒋介石主要以军人身份为国民党内所熟知。其具体内涵主要包括两个层面。一是蒋介石具备一定的军事才能。国民党执政时期，无论是党还是其政权都深深地打上了军人烙印。但在国民党早期，军事人才相较匮乏，学过军事的蒋介石在国民党内有"知兵"之称。孙中山对蒋介石的使用，主要还是基于其军事才能。据宋希濂回忆，在筹备黄埔军校时，孙中山在众多候选人中属意蒋介石，甚至是非蒋莫属。② 蒋介石在追随孙中山革命的年代里，经常负气出走。廖仲恺以"专掌军机，一切应酬尽可不经意"相劝蒋介石尽心协助孙中山，似也从侧面反映出蒋介石的兴趣与能力所在。③ 对蒋介石而言，国民党内对其军事才能的认可，无疑是其优势所在。二是蒋介石缺乏政治经验与政治能力。1923 年蒋介石以孙逸仙代表团成员身份访问苏联。在与蒋介石交往接触后，苏联人的第一印象是蒋介石是缺乏政治经验的"军人"："蒋介石坦率，彬彬有礼，有些客气。但很真诚地表达了自己的感情和印象，他喜欢做总结。""有点直言不讳，也不采取足够的防范措施。他们遵循的习惯和提出的问题说明他们是军人。"④ 国民

---

① 蒋介石：《军政统一问题》，《军声》杂志发刊词，秦孝仪主编《先总统蒋公思想言论总集》卷 36，第 1~10 页。

② 宋希濂：《鹰犬将军：宋希濂自述》，中国文史出版社，1986，第 3 页。

③ 万仁元、方庆秋主编《蒋介石年谱初稿》，第 96~97 页。

④ 中共中央党史研究室第一研究部编译《联共（布）、共产国际与中国国民革命运动（1920~1925）》，北京图书馆出版社，1997，第 293 页。

政府初期，胡汉民与蒋介石合作，但胡汉民视蒋介石为军人而不知政治，甚至是"政治之无能"。[①] 军事能力是对于蒋介石的认可，但政治经验与政治能力不足无疑是蒋介石的硬伤。实际上胡汉民和苏联的观察基本上是与蒋介石的实际情况一致的。

当蒋介石在国民党中的影响不断扩大，超越单纯的军事领域进入更广泛的党政领域后，蒋介石亦为政治经验与政治能力不足所困。1926年3月10日，蒋介石在日记中记："自恨缺乏政治智识，又少组织能力。"中山舰事件后，汪精卫离职出走，共产党人以及国民党左派遭到打压，蒋介石在国民党内初步获得了军政实权。个人地位的提升固令其兴奋，但错综复杂的政治现实亦使缺少经验的蒋介石一度不知所措。类似政治复杂、难以琢磨之语在其日记中频频出现。如1926年4月13日记："政治问题之复杂困难，财权足以制人如此也。"4月20日记："政治复杂与危象，实难测也。"4月24日记："牵一发而动全身，处置政治益觉武断不周也。"4月27日记："政治复杂，瞬息万变，谨慎犹虑不及，奈何忽略耶？"5月9日记："时局复杂纷繁，至不可言。难怪二十四史以政治人物为中心也。"9月29日记："自觉政治能力薄弱，不能主持党国。"11月29日记："政治复杂，头绪纷繁，殊非所料也。"[②] 蒋介石的这些自我记录或主要是凸显自己在错综复杂的政治环境中毅然坚挺的种种不易，但如此频繁的记录恰恰也是一个政治新手进入政治中枢后的真实反映。

蒋介石在国民党内从"一介军人"到孙中山去世后逐渐崛起为"党国领袖"。作为国民政府权力中枢这样一种经历与身份的转变，对于整合地方实力派的影响主要有以下几个方面。其一，随着实践的磨砺，蒋介石的政治经验与政治能力逐渐丰富与成熟，但这毕竟需要过程。国民政府在错综复杂的内外困局下对地方实力派进行整合，任何一个举动都可能牵一发而动全身，可能失之毫厘谬以千里，可能机不可失时不再来。国民政府初期在整合

---

① 《蒋介石日记》（手稿本），1931年2月15日。

② 《蒋介石日记》（手稿本），1926年4月13日、4月20日、4月24日、4月27日、5月9日、9月29日、11月29日。

地方实力派问题上是否有这样的举动，实在值得深思。徐永昌在其日记中记载名为许志平的记者对蒋介石如此点评："蒋现在牺牲一切幸福，力求上进，力求为国，但无好办法，进一步言无好助手耳。亦因以前不择手段，以致今时积重难返。"[①] 所谓"以前不择手段，以致今时积重难返"等语，细细揣摩，似可作为这一问题的注脚。其二，军人身份使蒋介石在整合地方实力派过程中重视武力手段。蒋介石在崛起为党国领袖的过程中，武力的作用令其印象深刻，极端状况下甚至认为"开国端在武功，有武功不患无文治"。[②] 其三，从在国民党内的资历与角色而言，蒋介石作为后起之秀与军人，在国民党内被胡汉民等元老派轻视。从军事资历而言，蒋介石在阎锡山、冯玉祥等人面前亦没有多少优势。[③] 蒋介石"以年轻资浅之身而权位反在老成者之上"，[④] 虽以领袖自居，但权威的真正确立并非朝夕可就。在需要权威的中国政治伦理中，权威的不足影响了国民政府整合地方实力派的进程。

2. 黄埔经验的变异及其对蒋介石的影响

黄埔军校对于蒋介石，有点类同于天津小站练兵之于袁世凯。论者称蒋介石"一生勋业之辉煌发展，黄埔创校建军，实为一重大关键"，[⑤] 实为中肯之评。蒋介石在其众多头衔中，似对校长这一称呼情有独钟。在此后的政治生涯中，每每遇到困境，常以再度创校建军而自励。20 世纪 30 年代，蒋介石先后在庐山与峨眉等地筹办军官训练团，显然也有黄埔经历的痕迹。

黄埔军校最初主要是学习苏联的产物，希望培养忠实于国民党的军官，希望以党建军、以党治军。蒋介石在国民党人中，一度走在以俄为师的前列，最初也体认到以党治军、以党统军的好处。还在 1923 年访问苏联期间，蒋介石就比较注意苏联红军军事长官与党代表的分工，即军事长官专任军事

---

① 徐永昌：《徐永昌日记》第 3 册，第 156 页。
② 《蒋介石日记》（手稿本），1931 年 5 月 21 日。
③ 据李宗仁回忆，蒋介石曾对李宗仁说："冯玉祥自命老前辈，他会服从'我们'?"参见李宗仁口述，唐德刚撰写《李宗仁回忆录》，华东师范大学出版社，1995，第 442 页。
④ 《蒋介石日记》（手稿本），1928 年 3 月 7 日。
⑤ 黄季陆：《黄埔军校创校建军的一段史实》，中华民国史事纪要编辑委员会编印《中华民国史事纪要（初稿）（1924 年 5 月至 6 月）》，1982，第 1158 页。

指挥，党代表负责政治及知识上事务与精神讲话。① 蒋介石曾在黄埔军校的各种场合鼓吹党代表制度。其代表性的表述有："中国的军队，如果不能受党的指挥，不能以党的主义为中心，那是无论什么军队，不能利国福民，只能害国殃民。""革命军精神的凝聚力，还是在各连的党代表，一切士兵的生活、卫生，通通要党代表去料理……在战场上有党代表，就可以增强战斗的能力。""中国军队，党代表制度是第一回施行，本校长对此制度，志在必行，常以为宁可无军队，不可无党代表。"②

　　值得注意的是，蒋介石对党代表的制度重视并非仅停留在摇旗呐喊上。1924 年 7 月，黄埔军校特别区党部成立。1925 年 9 月，特别区党部改为特别党部，直属国民党中央党部领导。蒋介石先后担任军校第一、二届党部执行委员，第三届监察委员。蒋介石还积极参与指导黄埔学生军的基层党务工作。对此，苏俄顾问的观察可为有力佐证："在成立国民党基层党部时，蒋介石被选为委员，他积极地参加了党部的工作，同他的学生以及低级军官一起出席会议……当基层党部需要行政上的帮助时，他便立即发布相应的指示。"③ 廖仲恺是黄埔军校的第一任党代表，蒋介石与其建立了良好合作互助关系，从一个侧面也说明蒋介石对党代表制度的尊重与重视。蒋介石不仅在黄埔军校大力支持党代表制度，也试图将其推广至其他军校、军队。1925年 8 月，蒋介石制定了军事训练委员会的训练计划，其中一条就是在各校应有党代表常川驻校，"以便军事与政治二方之训练互相联络，并可一致进行"，而各校之党代表分别是胡汉民、廖仲恺与戴季陶。④

　　但是在党代表制度的实行过程中，蒋介石逐渐发觉这一制度的推行可能影响到军事长官的指挥权，尤其是军人出身的蒋介石对党务系统缺乏控制力，因此对党代表的定位强调其监督作用，将其权限控制在政治思想训练、军风军纪和后勤方面，不提其指导作用，更不谈及其在军事指挥上的权

①　转引自杨奎松《国民党的"联共"与"反共"》，社会科学文献出版社，2008，第 137 页。
②　转引自黄道炫《蒋介石与黄埔建军》，《史学月刊》2004 年第 2 期。
③　〔苏〕切列潘诺夫：《中国国民革命军的北伐》，中国社会科学出版社，1981，第 368 页。
④　万仁元、方庆秋主编《蒋介石年谱初稿》，第 224～225 页。

限。① 1926 年军人部设置后，实际接管了许多党代表的权限。在随后蒋汪之争、蒋胡之争中，蒋介石向被视为军权的代表，而与党权无关，甚至被胡汉民讽刺为军人而不知政治，甚至是"政治之无能"。国民党内也有所谓的"无粤人汪（汪精卫）胡（胡汉民）即不成党"之说，以致在党争遇挫之时，蒋介石甚至准备废除党治、还政于民。1931 年 12 月 7 日，在粤方攻击下，蒋介石召集干部商讨进退问题，"拟即召开国民大会，以本党政权提早奉还国民"。② 这当然只是蒋介石一时的愤激之言。

这种局面的出现，影响了以党治军、以党统军的黄埔经验在蒋介石心中的地位。在国民革命军的发展过程中，党的作用日渐弱化，实际上形成了以军控党的局面。如果说黄埔经验对蒋介石的心理乃至统治方式提供了什么暗示，主要的还是必须拥有能够完全掌控的基本力量才能夺取政权、巩固政权。

3. 蒋介石早年的统一观

如何处理中央集权与地方分权的关系？如何处理内部整合与对外反抗强权的关系？如何实现军政与财政的统一？国民政府对地方实力派的整合过程中，始终面临这些问题。蒋介石在早年对这些问题有一定的思考与认识，构成了其早年的统一观，对后来的地方实力派整合产生了不同程度的影响。

1911 年的辛亥革命是中国历史上一次具有划时代意义的民主革命，推翻了清王朝二百六十多年的统治，结束了两千多年的封建君主专制制度，建立了亚洲第一个共和国，推动了中国历史的进步。但辛亥革命并未完成构建新的政治共同体、建立现代意义上民族国家的历史使命。中华民国成立后，在内外诸多因素作用之下，中央与地方关系在失序甚至是失控中挣扎。1916年袁世凯去世后，中国更是陷入军阀割据、混战之状态。忧心时局的志士仁人从不同角度进行思考，并提出了各种方案。蒋介石亦对如何结束军阀混战、实现国家统一提出了自己的见解。

---

① 转引自黄道炫《蒋介石与黄埔建军》，《史学月刊》2004 年第 2 期。
② 《蒋介石日记》（手稿本），1931 年 1 月 25 日、6 月 19 日、12 月 7 日。

民国肇始，中央与地方关系成为国内各种政治力量聚焦的核心问题。以袁世凯为代表的北洋集团、以孙中山为首的南方革命党人以及其他党政团体围绕着中央集权与地方分权、军民分治、省制等，进行了反复较量。蒋介石在《军政统一问题》一文中，参与了军民分治、军政统一等问题的讨论。蒋介石认为在省一级地方政权中，必须军、政分治，否则如同美国之各州，各省分成半独立国家。蒋介石又结合中国历史兴衰更替，指出历史上唐、清两朝，因地方政权军政集中而败亡。在省级政权军政分治基础上，蒋介石指出省级的军权与政权必须统一于中央。原因在于：其一，"各省财政不一，物质不同，边省财薄物鲜，而军备较多者，其一省之财物，每不能充一省军备之用，是一省之军备，不能为一省都督所私有"。其二，"各省之军备，当就全国之国防而定，不能畛分域限，此疆尔界，蹈前清恶习，以致要政不举，指臂之使不灵；如甲午之役，南洋舰队坐视不顾，广甲被掳，而乃有我非北洋舰队乞恕放还之说也。是以一省之军队，不能供一省都督之私用者"。其三，"军权既归于都督，则军政重要问题，中央不能解决，而军政运动自必分趋于都督，是不特军政为都督所专制，即政治亦将为都督所蹂躏矣"。其四，"民国成立未逾一载，而各省都督、统制，横暴骄淫，矜功盗名者，何啻一二，自今以往，虽难预断此种现象之有无，万一为一二野心家所操纵，则非徒扰共和，或且演成寡人专制之恶习，小之糜烂于一省，大之酿成战国、唐末之祸，速列强之瓜分"。其五，"各省地势不一，营制各别，各省军队既直辖于都督，则都督意见不同，即可任意改革，而间接之军部，必鞭长莫及，则求军事之统一进步，岂非缘木求鱼哉"。其六，"前清征募新军，不下十载，迄其末季而各省不特营制不一，甚至军装口令兵语学科之最便宜之事，亦有所不同，此皆直接于各省督抚各自为政之弊也"。蒋介石还认为，中国疆域辽阔，但交通尚未发达，如果各省军队直接隶属于中央，则"全国之军队检阅训练诸要务"运调不灵，导致"中央政府既不能直接领导，而各省都督又不能监管"的双重困境。为了消弭这一困境，蒋介石建议在全国设立管区制，每管区设一节制长官以为监督，以收统一之效，"非破除省界，集权中央，不足以固共和。非改设管区，统一军政，尤不足以导共和"。①

蒋介石有关军政统一、军民分治的讨论中，不乏一些切中时弊之论。但总体上讲，这些议论也有缺乏政治实践的空疏之谈。比如，管区制貌似可以解决中央政权既不能直接领导，各省又不能监管的困局，但联系到国民政府时期设于各地的政治分会，管区制不是没有导致新的割据的可能。

值得注意的是，民国初年的中央集权与地方分权之争，不仅是国家结构形式上的政见之争，更主要的是以孙中山为代表的南方革命党人与袁世凯的北洋集团及其支持者之间的党争。当是时，袁世凯的北洋集团掌控中央政府，而南方的广东、湖南、江西、福建、上海、安徽、江苏等省大多在革命党人直接或间接的控制下。袁世凯集团极力重建中央权威、实现在北洋集团领导下新的统一与整合，以削弱革命党人对南方各省的控制与影响，因而鼓吹中央集权，要求地方军民分治。以孙中山为代表的南方革命党人为了限制袁世凯的权力，阻止其专制独裁，保护民主共和的成果，需要通过南方各省与北洋集团对抗，故以地方分权作为武器。② 蒋介石作为南方革命党人中的一员，所持论调却与北洋集团一致，鼓吹中央集权，军政统一于中央。虽然蒋介石所论的出发点是针对外患，所谓"今日之军政集权于中央者，其对内所关尚浅，而对外所关尤重"，③ 但也反映出蒋介石的政治敏锐性不足。若从另一角度而言，集权中央、军政统一以避免"豆剖瓜分之祸"，是蒋介石的政治理想之所在。

1916 年袁世凯去世后，北洋集团顿失重心，民国进入军阀混战的时代。各种军阀集团或为了推进武力统一，或为了巩固既有地盘，都尽可能地扩军。结果是战祸不断，社会动荡不安，五四运动前后形成了一股要求废督裁兵的思潮与运动。《废督裁兵议》是蒋介石参与这一思潮和运动的产物。蒋介石在此文中已放弃了此前设置军管区的主张，认为以军区长官而易督军，

① 蒋介石：《军政统一问题》，秦孝仪主编《先总统蒋公思想言论总集》卷35，第5～10页。
② 有关民国初年中央集权与地方分权之争参见姚琦《论民初中央集权与地方分权之争》，《贵州大学学报》（社会科学版）1998年第4期；刘保刚：《试论民初各方关于省制问题的斗争》，《河南师范大学学报》（哲学社会科学版）2002年第2期。
③ 蒋介石：《军政统一问题》，秦孝仪主编《先总统蒋公思想言论总集》卷35，第5～10页。

则其干涉民政，流毒地方，结果与督军无异。更糟的是，军区辖属省，其权力比督军还大，"乃反成大督军之现象，而于军阀实力，不惟不为之减少，而且为之大增"。蒋介石认为若不废除督军，则军民分治必成空想。至于裁军，蒋介石主张"当以征兵制为则，各省驻屯兵数不能平均，而其征兵之额，当以人口为标准，不得有轻重之弊。如欲实行裁兵，则必先令各省客兵各自归境回籍，科以定额。溢者裁之，朒者补之，选其精壮者编为国防军，直辖于陆军部以移驻边防。其有余额，则编为武装警察，支配各县，平时听省长之指挥，保地方之治安，战时作国军之后备"。① 蒋介石以征兵制为基础，根据各省人口多寡确定兵额，或裁或补。这对当时形形色色的裁兵方案有一定的补充意义。② 蒋介石并建议设立军政检定会以监督全国军政。军政检定会由每省各选一名本省最高级而有声望的军官组成。凡有关增兵、裁兵、调兵、征兵以及其军费、军制、黜陟军官等事宜，均由军政检定会认可以后，由陆军部咨请国会表决，再由陆军部执行。蒋介石认为："裁兵而无监督机关与具体办法，则仍为元恶大憝所资以作乱，与不裁等。今以监督之权授之军政检定会，表决之权归之于民意机关，执行之权付诸陆军部。则监督机关在军政与民意两机关之间，使其从中疏通联络，庶人民有参与军政之权，而兵权则不为武人所专擅，则国家有永久和平之望也。"③ 军政检定会某种程度上是蒋介石否定设军管区之后的替代方案。

北洋政府时期种类繁多的废督裁兵方案反映了人们因厌恶军阀混战而持有的理想，但在军阀政权统治之下，无异于与虎谋皮。蒋介石有关废督裁兵的主张同样是一纸空文，但透过这些议论应能看出蒋介石有关国家统一的某些设想。

---

① 蒋介石：《废督裁兵议》，秦孝仪主编《先总统蒋公思想言论总集》卷36，第33～34页。

② 张武对各种裁军主张进行了统计，其中，比较流行的裁兵主张多达22种。其代表性的主要有：全国征兵说、招兵须由国会通过说、召集全国裁兵会议说、均等裁遣说、裁去防军说、裁去中央直辖部队说、实行在乡军人制度说、军需独立说、循名核实说、裁兵先废督说、任听自由退伍说、淘汰说、停止招兵说、规定去留标准说、复归运动说、裁兵留官或军官俸给说、限制最低兵额说、改师为军说、组织监视裁兵军队说、解散最多缺额说、循环训练说。见张武《缩小军备问题》，永明印书局，1922，第13～16页。

③ 蒋介石：《废督裁兵议》，秦孝仪主编《先总统蒋公思想言论总集》卷36，第33～34页。

国民党人影响下的南方各省实际上也是混乱分裂，"即在西南，革命年年，一切武力机关，几何曾操于革命党人之手。军规军制，更视为北洋不及。名为革命，实则内容腐败，甚于旧式"。① 孙中山与国民党一方面同北洋军阀斗争，另一方面为统一军政、整合革命阵营内部而殚精竭虑。蒋介石作为国民党阵营的重要成员，对国民党内部的军事整合也提出了各种主张建议，这同样是其早年统一观的重要构成。

其一，蒋介石注意到军阀出现的思想根源。1924 年 12 月 16 日，蒋介石在黄埔军校的训话中指出，"区域观念是封建制度的观念，是崇拜偶像的心理。现在的军阀，就是封建制度的遗孽"。② 1926 年 8 月 14 日，蒋介石在长沙对军事将领的讲话中指出，"从前的军人是没有党没有主义的，是无所依归的，只是听上官的话，盲从上官的命令"，号召国民革命军将领做"有主义、有组织、有人格的军人"。③

其二，蒋介石对推动广州革命政权军政统一的主张与建议。民国以后，孙中山领导的护法、北伐等屡起屡仆，革命阵营自身存在的问题，尤其是军人乱法以及军制弊端无疑是其中的重要原因。因缘际会集结在广州的军队，如粤军、滇军、湘军、川军、桂军、豫军等，其具体情形如蒋介石所言："名为革命，实则内容腐败，甚于旧式。组织编制，虽名目时见更张，然考其实际，兵无实额，枪非实数，队伍零落，系统紊乱，升降不均，赏罚无则，参谋无作战之备，经理无可稽之册。有言称成军者，其额数或仅百人，或尚不及百人，贻人无兵司令之讥。有自称司令者，聚土匪以成军，劫民枪以为械，招摇过市，倘其声势动人，定有收编之望。有专以兼并队伍为事者，苟有可以利用之机，便极其挑拨能事，使人自相残杀，我便从中渔利。以如斯之人，有如斯军队，其心目中几曾有革命意义，一切权利，咸为个

---

① 蒋介石：《建议军事委员会革命六大计划书》，秦孝仪主编《先总统蒋公思想言论总集》卷 36，第 150 页。

② 蒋介石：《带兵办事与用人的要诀》，秦孝仪主编《先总统蒋公思想言论总集》卷 10，第 140～146 页。

③ 蒋介石：《党和主义是军人唯一的保障》，秦孝仪主编《先总统蒋公思想言论总集》卷 10，第 211～217 页。

人，军队为个人而设，事功为个人而图，虚报军额，吞没军饷，强劫税收，庇赌包烟，通盗运私，干涉民政，霸占机关，流弊所及，甚至一官之设，亦必须征其同意，一税之收，亦必须交其经手，财权武力，兼于一身，骄奢专横，相因而至，军官之富者，多积资在万数以上，而兵士则穷至衣不蔽体，至其为害地方，更触处皆是。"①《广州民国日报》也报道了类似情形：

> 任何人皆知广东年来，凡所谓苛捐，所谓占驻民房，所谓包开烟赌，所谓白昼杀人，所谓当街勒诈，所谓明火抢劫，凡一切人民所痛心疾首者，不能一刻安者，均为不肖军队为之厉阶。②

为了整合派系纷繁的军队，1924年，蒋介石建议从训练着手，设立军事训练委员会，统一各军的训练。军事训练委员会下设监察、政治、教授、教练、军需、组织等六部，成员由军队和军校派员，以及孙中山指定具有相当学识、富有训练经验者构成。蒋介石作为黄埔陆军军官学校校长，尤其注重从统一各军校的军事训练入手。为此，蒋介石主张由军事训练委员会统一各军校教育之一切职权。具体而言，在平时，各军校行政、教育等事项由军事训练委员会规定，人事任免由军事训练委员会通过与转呈；在战时，由军事训练委员会统一指挥各校学生作战。③

1925年7月1日，国民党在取得平定商团叛乱、东征陈炯明以及镇压杨希闵与刘震寰叛乱的胜利基础上，将大元帅府改组为国民政府。汪精卫为国民政府主席，胡汉民为外交部部长，廖仲恺为财政部部长，许崇智为军事部部长。7月6日，国民政府成立军事委员会。蒋介石当选为军事委员会委员，提出了进一步整合军队的原则与举措。第一，关于军队组织。军队在精

---

① 蒋介石：《建议军事委员会革命六大计划书》，秦孝仪主编《先总统蒋公思想言论总集》卷36，第145～154页。
② 孚木：《整饬军队之言论界之努力》，《广州民国日报》1925年6月22日，转引自曾庆榴《广州国民政府》，广东人民出版社，1996，第165页。
③ 蒋介石：《上军事委员会条陈军事训练计划意见书》，秦孝仪主编《先总统蒋公思想言论总集》卷36，第118～119页。

不在多，在质不在数，在教不在罚；军队统一服从于军事委员会。第二，关于军队教育。蒋介石认为军队统一的关键在于军事教育的统一。军事委员会统一设置军事院校，各军队不得自行设立。军校应开展严格的、政治的、军事的教育与训练，使军队有主义、有信仰。第三，破除军队陋习。蒋介石对于军队军旗上大书军事将领姓名，体现军队私人色彩的行为尤为反感，"此事虽小，所关甚巨"。建议由军事委员会统一军旗办法，"绘具图式，通令遵行"。第四，关于军队编制。建议废除军长职衔，以师为单位，各师直接隶属于军事委员会；设立由 15 师或 18 师组成的常备军，以及工农团体组织的自卫军；军队数量之多寡应依据财政和军事状况而定。①

蒋介石的积极参与推动了广州国民政府对军队的整合。1925 年 8 月 26 日，广州国民政府议决取消以省籍命名的军队番号，统一称之为国民革命军。其中，黄埔学生军结合部分粤军编为国民革命军第一军，蒋介石任军长；原建国湘军改为国民革命军第二军，谭延闿任军长；原建国滇军改为国民革命军第三军，朱培德为军长；原建国粤军改为国民革命军第四军，李济深为军长。不久，李福林所部之"福军"改为国民革命军第五军，程潜部湘军与吴铁城的一个师合编为国民革命军第六军，李宗仁所部改编为国民革命军第七军。

其三，蒋介石认为财政统一是整合内部、统一军队的关键。早在 1923 年孙中山经历陈炯明叛变后重回广州成立大元帅府时，蒋介石希望孙中山把财政统一作为整合内部的抓手。蒋介石对孙中山以杨西岩为财政厅厅长颇为不满。杨本系香港巨商，因孙科联络，曾资助孙中山巨款以为讨伐陈炯明之需。蒋介石建议整理财政从人事入手，希望以廖仲恺代杨西岩，"政治当以整理财政为先，厅长不速易人，延误大局必非浅显"。"欲行之前，不得不将此等成败关键竭忠尽言，决非有何作用于其间也。""财政如无把握，军事难定计划。"② 1925 年在广州国民政府对军队的整理过程中，蒋介石再度

---

① 蒋介石：《建议军事委员会革命六大计划书》《致许崇智总司令密陈整理军政计划书》《上军事委员会军政建议书》，秦孝仪主编《先总统蒋公思想言论总集》卷 36，第 145～154、155～157、165～169 页。

② 万仁元、方庆秋主编《蒋介石年谱初稿》，第 124 页。

建议重视财政包括军队后勤的统一："应再申严令，限于七月十五日以前，一律将各征收机关交出。并应明白告诫，交换以后，不得稍有干涉行为，即推荐经征及民政人员，以为变相之把持者，亦应在严厉禁止之列。各军高级官长，应切实督饬各部队奉行。其仍有抗不遵令者，应即秉承政府，施以极严重之惩处，不得再稍姑息。"①

综合以上几个方面的讨论，或可看出蒋介石早年统一观的几个特征：第一，在中央集权还是地方分权问题上，蒋介石比较明确地支持中央集权，认为中央集权方能消弭"豆剖瓜分之祸害"。第二，内部的军政统一是消弭外患的重要前提。这一认识可视为蒋介石20世纪30年代前期"攘外必先安内"思想之滥觞。第三，统一财政、统一军事教育与军事训练是军队统一的关键。

二 国民党高层的派系斗争

高层派系政争堪称国民党的结构性顽疾，早在国民党的前身同盟会时代即多有体现。孙中山与章炳麟、孙中山与陶成章乃至孙中山与黄兴之间也是恩恩怨怨、分分合合。极端状况下，政争双方不惜诉诸暗杀。随着同盟会几大元老或离世，或淡出，持续不断高举革命大旗的孙中山在党内的最高地位日趋巩固，高层派系政争一度销声匿迹。1925年孙中山因病去世，国民党内出现权力真空。汪精卫、胡汉民、廖仲恺以及蒋介石之间围绕着最高权力分化组合，几度博弈。蒋介石利用军权，在汪精卫与胡汉民之间，拉拢其中一方，共主中枢，成为"在朝"派。另一方，或是汪精卫，或是胡汉民，成为"在野"派，又往往与地方实力派结合，高举反蒋大旗。持续不断的高层派系政争，给国民政府整合地方实力派带来了不可低估的影响。

在国民党的政治文化中，资历、辈分、籍贯等有着不可低估的影响。所谓"无粤人汪胡即不成党"之说即是这种影响的典型反映。孙中山去世后，早在同盟会时代即追随孙中山的汪精卫、胡汉民等广东人成为"党国先进"，

---

① 蒋介石：《建议军事委员会革命六大计划书》，秦孝仪主编《先总统蒋公思想言论总集》卷36，第145～154页。

成为党统、党权的象征。即使退而在野，仍有许多政治资源可以利用。① 那些手握军权的地方实力派，在反蒋时往往注重对汪精卫或胡汉民进行拉拢，注重对党统的争夺。中原大战阎锡山与汪精卫等改组派的结合以及在电报战中诉诸党统就是典型的例子。那些身在蒋介石阵营的杂牌军将领，或与蒋介石关系密切的地方实力派，在公开地拥蒋挺蒋的同时，暗中亦与胡汉民等人有所往来。其中虽不无敷衍之意，但也反映出胡汉民作为"党国先进"所代表的党统、党权的影响。以拥蒋著称的四川实力派刘湘致电胡汉民称："先生党国先进，薄海倾心，外攘内安，定多成算。兹特托李叔尧同志赴粤，代候兴居，并达悃忱。尚希勿吝教言，俾资循率。"② 云南龙云是另一个典型的例子。在广东与南京对立局面中，龙云多次致电蒋介石表示拥护之意，称粤方"破坏统一，有心图乱"。"在总理生时尚不能辅以统一广东，何能于死后而谋国"，吹捧蒋介石"秉承遗志，卒成未竟之功。比之在粤诸公，优劣如何？"鼓励蒋介石"与其名高蹈以贻国忧，何若再努力以慰民望。贾其余勇，迅筹安内攘外之功"。③ 龙云在肯定蒋介石"比之在粤诸公，优劣如何"的同时，又称作为"在粤诸公"代表的胡汉民是"党国先进，硕果仅存，素性磊落，嫉恶如仇"，"如或有所指导，自当努力从公之后，以图效命于万一"。④

1932 年以后，两广实力派与胡汉民等人依托西南政务委员会、西南执行部两机关，以广东为中心包括广西在内，形成与国民政府相对抗的局面。陈红民认为西南局面是"政客＋军事"的模式，既有实力，也有理论，故得以长期与蒋介石相抗衡。⑤ 从国民政府角度而言，这一结合既影响了其整合方式，也加大了整合的难度。

---

① 相关研究参见陈红民《函电里的人际关系与政治：读哈佛－燕京图书馆藏"胡汉民往来函电稿"》，三联书店，2003。

② 《刘湘致胡汉民函》（1932 年 5 月 1 日），陈红民编注《胡汉民未刊往来函电稿》第 12 册，第 476 页。

③ 周美华编注《蒋中正总统档案·事略稿本》（12），第 472～473 页。

④ 《龙云致胡汉民函》（1934 年 10 月 2 日），陈红民编注《胡汉民未刊往来函电稿》第 13 册，第 527 页。

⑤ 陈红民：《胡汉民·西南政权与广东实力派（1932～1936）》，《浙江大学学报》（人文社会科学版）2007 年第 1 期。

第二章　国民政府对地方实力派的制度整合

国民政府时期的地方实力派并非整体，其内结构复杂，其外与南京中央及蒋介石的关系各具特征。同一个地方实力派既有不同时期的阶段性变化，亦有公开的表态与隐蔽的行为之别。但地方实力派又具有某些共同的特征，都有军队，甚至有固定的地盘，对南京中央保持一定的独立性甚至对立性。故所有的地方实力派成为南京中央推行的国家统一、权威重建的重要阻力和障碍。对此，南京中央一方面针对不同的地方实力派问题做出即时性的策略应对，另一方面试图通过制度从整体与长远角度实现对地方实力派的整合。1928 年北伐完成后，国民政府按照孙中山对政治建设的基本理念与构想，确立了以党治国的训政体制。1928～1937 年国民政府首先是在训政体制框架下对地方实力派进行整合的。在训政体制的基础上，国民政府通过向各种党政军体制安插地方实力派的头面人物，完善军事指挥系统、确立以师为战略单位的军队编制、统一军事教育体制等加强对地方实力派的军队的整合与掌控，划分中央与地方权责等方式将双方关系纳入制度化的框架之中。

第一节　安插地方实力派的中央机构

在整合地方实力派的过程中，如何安插地方实力派既关键又敏感。1929年国民政府召开编遣会议，试图整编裁军以实现对系统庞杂的军事力量的整合。桂系首领李宗仁认为："裁兵不难，裁官难，裁高级军官尤难。"其理由是："师长以上将领就不同了。军人到少将以上，便成为一纯粹的职业军人。正如一只桐油桶，除盛油外，别无他用。如对他们任意裁撤，而不予适当安插，他们兵符在握，必然不肯就范，那就反使中央为难了。"① 李宗仁的"裁将论"固然与其抵制蒋介石"裁兵"立场有关，但在整合系统庞杂的军事力量过程中，适当安插地方实力派并非易事，亦属实情。作为整合军事力量的主要决策者，蒋介石设想过成立名为元勋院或元帅院之类的机构，给予较高待遇来解决这一问题。1934 年 12 月 4 日，蒋介石在日记中记："注意：一、军事善后；二、失业登记；三、元勋院或元帅院之组织，凡已任军长与主席者皆入院，以元勋或元帅待遇。"1935 年 1 月 19 日记："预定：一、元帅与元勋机关；二、退职重要文武之待遇。"② 从"凡已任军长与主席者皆入院""退职重要文武之待遇"等语来看，蒋介石所设想的元勋院或元帅院无疑是对李宗仁所提问题的正面回应。但在国民政府时期，因种种因素，这种机构并未成立，所谓"元帅院""元勋院"仅仅停留在设想层面。当然，国民政府的政治体制中某些机构实际上承担着这种功能。

从地方实力派境况而言，大体上可以将其分为三种类型：得势型、失势型、公开反叛型。对第一种类型，南京中央或为确保中央政权在地方的象征性权威，维持地方稳定，或为应对地方反侧时分化瓦解的需要，不得不有所借重。第二种类型的地方实力派，虽已失去军政实权，但南京中央亦给予一定的安抚。对第三种类型，南京中央常常以开除公职、党职，通缉，逼其出洋为主要手段，但也很少对地方实力派头面人物处以极刑、从肉体上消灭，时过境迁之后，再予以笼络任用。故三种类型并非界限清晰，而是变动不居。地方实力派的类型属性往往随着政治形势以及力量对比的变化而发生改变，比如云南实力派龙云。在国民政府初期，南京中央一方面无力顾及云南，同时又需要借助龙云以反制西南诸省中反对南京中央的势力。1935 年南京中央乘"追剿"红军之机进入西南后，着力经营川黔等省，在同两广争夺黔局、中央军进入滇境"追剿"等问题上都需要龙云的支持与配合。这时的龙云显然属于"得势型"。抗战时期，国民政府重心迁往西南，随着中央政权加强对云南省政的控制以及龙云与汪精卫、龙云与中共之间的关系

---

① 李宗仁口述，唐德刚撰写《李宗仁回忆录》，第 432 页。
② 《蒋介石日记》（手稿本），1934 年 12 月 4 日、1935 年 1 月 19 日。

加强，中央与龙云的矛盾日趋尖锐，最终中央政权解除了龙云在云南的军政实权。龙云由"得势"转向"失势"。国民政府在整合内部的过程中，试图将各种类型的地方实力派纳入南京中央的党政军体制之内。

国民党的党国体制大体上由党、政、军三块构成，中央最高权力机构在法理上分别是国民党全国代表大会及常设机构国民党中央执行委员会、国民政府委员会、国民政府军事委员会。三大委员会成为安置地方实力派的主要机构。1928 年 11 月，国民政府军事委员会一度撤废，军事参议院作为分担其部分职能的中央军事机构在安插地方实力派尤其是"失势型"地方实力派方面发挥着重要作用。

一　军事委员会

国民党军事委员会最初出现在孙中山领导的护法战争时代，是军事幕僚机关。1922 年 1 月通过的《陆海军大元帅大本营条例》规定：军事委员会赞襄联合作战，并任大本营与各省各军之联结。① 军事委员会委员由各省、各军之军事长官委派代表组成，具有统筹联络各军的功能。1925 年 7 月，大元帅府正式改组为国民政府，并成立军事委员会，"受国民党之指导与监督管理，统率国民政府所辖境内海陆军、航空队及一切关于军事各机关"。② 军事委员会开始成为统辖军队的军事行政机关。1927 年 7 月，国民政府对军事委员会组织大纲进行修正，明确军事委员会为"国民政府之最高军事机关"。南京国民政府时期的军事委员会实际上分为两个阶段。第一阶段是自军事委员会成立至 1928 年 11 月撤销，撤销后其所属职能分别移交军政部、参谋部、军事参议院、训练总监部办理。第二阶段是 1931 年九一八事变后，因应对日战事的需要，国民政府再度设立军事委员会。

军事委员会作为国民政府最高军事机关，在整合首先是作为军人的地方实力派方面，具有专业性的优势。蒋介石试图将大多数地方实力派将领安插

---

① 周美华编《国民政府军政组织史料——军事委员会》第 1 册，台北，"国史馆"，1996，第 1～2 页。

② 周美华编《国民政府军政组织史料——军事委员会》第 1 册，第 8 页。

进军事委员会，以实现军事的统一。这种做法在第一阶段的军事委员会中更为明显。

1925 年 7 月公布的《军事委员会组织法令》规定"军事委员会以委员若干人组织之，并于委员中推举一人为主席"，① 选出汪精卫、胡汉民、伍朝枢、廖仲恺、朱培德、谭延闿、许崇智、蒋介石等八人为军事委员会委员。其中朱培德、谭延闿、许崇智、蒋介石四人为军人。许崇智是军事部部长，朱培德是驻粤滇军总司令，谭延闿是驻粤湘军总司令，蒋介石是黄埔军校校长、黄埔学生军的实际负责人、广州卫戍司令。随后，黄埔学生军改编为国民革命第一军，蒋介石为军长。驻粤湘军改编为国民革命军第二军，谭延闿为军长。驻粤滇军改编为国民革命军第三军，朱培德为军长。这是国民革命军最初的三个军。由此来看，广州时代的国民政府军事委员会军人委员是由最高级别的军事将领构成，与最高军事机关的性质相匹配。

1927 年 3 月，国民党在武汉召开二届三中全会。会议虽同意蒋介石继续担任国民革命军总司令，但免去其国民党中央常务委员主席职务，而且通过了《军事委员会组织大纲案》，对军事委员会进行了调整。其第十二条规定："军事委员会由中央执行委员全体会议于最高军官中选出委员九人至十二人，并于不任军职之中央执行委员及候补中央执行委员中选出委员六人，共同组织之。"② 显然，新修正军事委员会委员之组成条款有四点变化：第一，明确由中央执行委员会全体会议选出军人委员；第二，军人委员由最高军官组成；第三，对委员人数有比较明确的规定；第四，明确规定军事委员会须有非军职人员。显然这是国民党为恢复和提高党权、防止个人独裁和军事专制制定的，但仅是"武汉版"的军事委员会条例。

与此同时，蒋介石方面针锋相对，以何应钦、李宗仁、杨源濬、白崇禧、朱绍良、贺耀祖、葛敬恩、陈可钰等清一色的军事将领组成起草委员会，1927 年 4 月出台了"南京版"军事委员会条例。第三条关于军事委员会委员的遴选规定："军事委员会由中央执行委员会遴选，负有军事重责及

---

① 周美华编《国民政府军政组织史料——军事委员会》第 1 册，第 8 页。
② 周美华编《国民政府军政组织史料——军事委员会》第 1 册，第 20 页。

富有军事学识、政治学识经验者若干人，交由国民政府特任之。"① 比较"武汉版"与"南京版"关于军事委员会委员遴选的条款，不难看出区别：第一，"南京版"虽也规定军事委员会委员由中央执行委员会遴选，但删除了关于非军职人员人选的规定；第二，"武汉版"规定军职人员委员由最高军官构成，"南京版"规定由负有军事重责及富有军事学识、政治学识经验者若干人构成，虽两者规定都充满弹性，但相较而言，"南京版"操作空间更大；第三，"南京版"增加了军事委员会委员由中央执行委员会遴选，由"国民政府特任"，在程序上比"武汉版"完整。"南京版"军事委员会条例为蒋介石安插地方实力派进入军事委员会提供了法理上的依据。

在1927年7月中央执行委员会讨论并经国民政府公布的军事委员会委员名单上，一共有46人（见表2－1）。这一数字接近军事委员会最初8人规模的5倍。随着北伐战争的节节胜利，国民政府从广州一隅之地逐渐扩张到长江流域，党政军众多机构因应形势的变化而不断扩大是必然而且必需的。但作为最高军事机关的军事委员会，就发挥效率与彰显权威而言，人数如此大规模地增加是否必要实在是大有疑问。从成员构成看，军事委员会规模的膨胀似乎更多的是招抚、安插地方实力派军人的结果。在北伐战场上，蒋介石不断收编北洋军阀旧部，不仅允其继续领导原有军队，而且将其纳入国民政府最高军事机构军事委员会。以四川为例，1928年2月国民党二届四中全会公布的国民政府委员名单中，四川实力派无人当选。而在1927年7月的军事委员会中，杨森、刘湘、赖心辉、刘成勋、邓锡侯、田颂尧、刘文辉等新老实力派全数入选，甚至非一线的川军将领向傅义也当选。

表 2－1　1927 年 7 月 6 日国民政府公布的军事委员会委员名单

姓名	派系	当选前主要军政职务
胡汉民	非军职　国民党元老	中央执行委员
李烈钧	第一集团军　国民党元老	江西省政府主席

---

① 周美华编《国民政府军政组织史料——军事委员会》第1册，第24页。

续表

姓名	派系		当选前主要军政职务
钮永建	第一集团军	国民党元老	国民政府秘书长、江西省政府主席
柏文蔚	第一集团军	国民党元老	国民革命军第三十三军军长
蒋中正	第一集团军	嫡系	第一集团军总司令
何应钦	第一集团军	嫡系	第一集团军副总司令
李济深	第一集团军	准嫡系	国民革命军第四军军长
李福林	第一集团军	准嫡系	国民革命军第五军军长
朱培德	第一集团军	准嫡系	国民革命军第九军军长
陈铭枢	第一集团军	准嫡系	国民革命军第十一军军长
陈可钰	第一集团军	准嫡系	国民革命军第四军副军长
叶开鑫	第一集团军	准嫡系	国民革命军第四十四军军长
贺耀祖	第一集团军	准嫡系	国民革命军第四十军军长
赖世璜	第一集团军	其他	国民革命军第十四军军长
曹万顺	第一集团军	其他	国民革命军第十七军军长
周凤岐	第一集团军	其他	国民革命军第二十六军军长
陈调元	第一集团军	其他	国民革命军第三十七军军长
陈仪	第一集团军	其他	国民革命军第十九军军长
朱绍良	第一集团军	其他	国民革命军第十军参谋长
冯玉祥	第二集团军		第二集团军总司令
鹿钟麟	第二集团军		第二集团第九方面总指挥
李鸣钟	第二集团军		第二集团军总指挥
张之江	第二集团军		第二集团军北路军总司令
樊钟秀	第二集团军		国民革命军第四十五军军长
阎锡山	第三集团军		第三集团军总司令
温寿泉	第三集团军		不详
商震	第三集团军		国民革命军第三十二军军长
李宗仁	第四集团军		第四集团军总司令
白崇禧	第四集团军		第四集团军副总司令
黄绍竑	第四集团军		广西省政府主席兼军事厅厅长
王普	第四集团军		国民革命军第二十七军军长
杨森	川系		国民革命军第二十军军长
刘湘	川系		国民革命军第二十一军军长
赖心辉	川系		国民革命军第二十二军军长
刘成勋	川系		国民革命军第二十三军军长
邓锡侯	川系		国民革命军第二十八军军长

续表

姓名	派系	当选前主要军政职务
田颂尧	川系	国民革命军第二十九军军长
刘文辉	川系	国民革命军第二十四军军长
向傅义	川系	国民革命军第二十四军副军长
周西成	黔系	国民革命军第二十五军军长
王天培	黔系	国民革命军第十军军长
胡若愚	滇系	国民革命军第三十九军军长
杨树庄	海军	国民革命军海军总司令
陈绍宽	海军	国民革命军海军第二舰队司令
陈季良	海军	国民革命军海军第一舰队司令
李景曦	海军	国民革命军海军练习舰司令

资料来源：周美华编《国民政府军政组织史料——军事委员会》第 2 册，第 2 页；王俯民编注《民国军人志》，中国广播电视出版社，1992。因派系复杂，且在不断分化组合之中，仅为粗略划分，以下各表同。

　　从不断临时新增的军事委员名单中，不难发现这一时期军事委员会开始承担安插地方实力派的功能。1927 年 8 月 6 日，国民政府明令陈训泳、蒋作宾、方声涛、何成濬、孙岳、方本仁为军事委员会委员。其中除陈训泳出自海军系统、蒋作宾出自外交系统外，方声涛、何成濬、孙岳、方本仁等或来自地方实力派系统，或是杂牌军领袖。1927 年 10 月，国民政府明令黄琪翔、徐永昌、刘骥、傅作义为国民政府军事委员会委员。其中，黄琪翔出自粤军系统，1927 年 4 月后任国民革命军第四军军长；徐永昌、傅作义是晋系的高级将领；刘骥则先后混迹于鄂军、滇军与川军中，当选时在川军刘文辉与蒋介石之间居间联络。[①] 至 1928 年 2 月，国民党二届四中全会选出并经国民政府公布的军事委员会委员人数已经扩至 73 人。[②] 新增者除汪精卫、谭延闿、孙科、于右任等国民党元老外，基本上是各派系军事将领。此后人数还在不断增加。1928 年 3 月 9 日，国民政府又公布黄国樑等 24 人为国民政府军事委员会委员。具体名单如下：

① 周美华编《国民政府军政组织史料——军事委员会》第 2 册，第 3、7~8 页。
② 周美华编《国民政府军政组织史料——军事委员会》第 2 册，第 9 页。

黄国樑　谭庆林　井岳秀　孔繁蔚　丰玉玺　朱绶光　张荫梧

孙　楚　赵守钰　曹浩森　孙连仲　刘镇华　高桂滋　任应岐　方鼎英

伊德钦　刘汝明　卫定一　石友三　张维玺　韩复榘　李云龙　方本仁

夏斗寅①

新增委员中，大多数来自冯玉祥系统与阎锡山系统。1928 年 3 月 30 日，国民政府明令李景林、马麒、蒋鸿遇、石敬亭、马鸿宾、马鸿逵、门致中等 7 人为军事委员会委员。其中除李景林来自直鲁联军，当选时赋闲在家外，其余 6 人均是冯玉祥系统的军事将领。1928 年 5 月，先是新增缪培南、傅存怀、郭宗汾、周玳、南桂馨等 5 人为军事委员会委员，除缪培南属粤军系统外，其他均属阎锡山系统；接着又增加李品仙、叶琪、陶钧、魏益三、廖磊、李燊、刘兴、何键等 8 人为军事委员会委员，② 其中李品仙、叶琪、陶钧、廖磊均属桂系。从 1928 年 2 月二届四中全会到 5 月止，国民政府军事委员会人数已达 110 人之多，军事委员会成尾大不掉之势。当选者已不仅有各派系的领袖，也包括各派系第二甚至第三梯队的诸多将领。

1928 年 6 月，国民政府宣告北伐完成，全国统一。11 月 7 日，国民政府颁布裁撤军事委员会令，宣布军事委员会着即裁撤，"所有该管一切事宜限十一月十日以前结束，分别移交军政部、参谋部、军事参议院、训练总监部办理"。③ 论者谓军事委员会的撤销是因为权力过大，并不准确。④ 军事委员会的撤销应与其机构的膨胀有关。军事委员人数增加易，减少难，所以将其裁撤，并将职能移交相应新设各部院，应是与其大规模裁员导致震荡，毋宁全裁、另起炉灶考量之结果。新设立的军事最高咨询建议机关——军事参议院承担了军事委员会安插地方实力派的功能。经统计，自 1928 年 2 月至军事委员会裁撤，其间当选的 110 名军事委员中，共有 25 名军事委员会委

①　周美华编《国民政府军政组织史料——军事委员会》第 2 册，第 14 页。

②　周美华编《国民政府军政组织史料——军事委员会》第 2 册，第 17～23 页。

③　周美华编《国民政府军政组织史料——军事委员会》第 1 册，第 36 页。

④　张宪文等：《中华民国史》第 2 卷，南京大学出版社，2005，第 103 页。

员先后入选军事参议院。其中只有桂系首领李宗仁入选 1932 年后再度设立的军事委员会（见表 2-2）。

表 2-2　前军事委员会委员（1928 年特任）入选军事参议院基本情况

姓名	当选年份	职务	派系
李宗仁	1928	院长	桂　系
谭庆林	1929	参议	晋绥系
樊钟秀	1929	参议	西北军系
魏益三	1930	参议	其　他
张维玺	1930	参议	西北军系
李景曦	1930	参议	海　军
卢师谛	1930	参议	其　他
刘郁芬	1930	参议	西北军系
刘　骥	1930	参议	其　他
方本仁	1931	参议	其　他
金汉鼎	1931	参议	准嫡系
曹万顺	1931	参议	其　他
石敬亭	1932	参议	西北军系
张之江	1932	参议	西北军系
鹿钟麟	1932	参议	西北军系
任应岐	1932	参议	其　他
赖心辉	1932	参议	川　系
陶　钧	1933	参议	桂　系
李云龙	1933	参议	西北军系
陈调元	1934	院长	其　他
鲁涤平	1934	副院长	准嫡系
田颂尧	1936	参议	川　系
李济深	1943	院长	粤　系
龙　云	1945	院长	滇　系
李鸣钟	1946	参议	冯　系

　　资料来源：周美华编《国民政府军政组织史料——军事委员会》第 2 册，第 17～23 页；王俯民编注《民国军人志》。

　　1932 年，为因应对日战争以及整理军队的需要，国民党中央执行委员会通过决议，重新设立军事委员会，作为国民政府最高军政机关。1932 年 3

月5日，国民党四届二中全会通过《国民政府军事委员会暂行组织大纲》，规定军事委员会直属国民政府，为全国最高军事机关。军事委员会设委员长1人，委员7~9人，由中央政治会议选定，国民政府特任之。此外行政院院长、参谋总长、军政部部长、训练总监、海军部部长、军事参议院院长为军事委员会当然委员，并由委员中互推3~5人为常务委员。① 3月7日，中央政治会议选定蒋介石为军事委员会委员长，并推选冯玉祥、阎锡山、张学良、李宗仁、陈铭枢、李烈钧、陈济棠为军事委员会委员。当选者除李烈钧属国民党元老派军人外，其他均是几个大的地方派系的领袖。冯玉祥是原西北军的领袖，阎锡山是晋绥系的领袖，李宗仁是桂系领袖，陈济棠是粤系领袖，陈铭枢是第十九路军的领袖。军事委员会规模大幅缩小，不再承担安插各派系第二甚至第三梯队的军事将领的功能。1935年12月，国民党再度修改军事委员会组织大纲，规定军事委员会除设委员长外，新设副委员长2人，特任冯玉祥、阎锡山为军事委员会副委员长。②

二　军事参议院

军事参议院是国民政府设立的军事最高咨询建议机关，成立于1928年11月，桂系领袖李宗仁为首任院长。1929年2月，国民党中央政治会议第175次会议通过《军事参议院组织条例及编制表》，从制度上规定了军事参议院主要职责、结构等。从隶属关系来看，军事参议院作为主要的军事机关，与参谋总部、训练总监部共同隶属于国民政府。从编制来看，该院最高长官是院长，统理全院事务。设置副院长2人，辅助院长处理院务。设置院长办公厅，设置主任1人，秉承院长、副院长之命，督率全厅职员处理院内一切事务。设置军事参议49~99人，其职责是平时专备咨询建议，并担任点验、校阅、演习及特派事宜，战争时期选任为高级指挥官或其他重要职务；其充任资格是曾任中将以上之重要军职、学识优良、勋望卓著、久在党

---

① 周美华编《国民政府军政组织史料——军事委员会》第1册，第42页。
② 周美华编《国民政府军政组织史料——军事委员会》第1册，第66页。

国服务等。同时设置军事参议院院附，要求是曾任少将以上之军职。[1] 1932年4月，国民政府修正公布新的《军事参议院组织法》，扩大了军事参议院的规模，规定军事参议院设置参议 90～180 人，咨议 60～185 人。[2]

军事参议院实际上是承担着安抚"失势型"地方实力派职能的主要机构。王家烈是西南实力派中另一个典型的例子，而且比龙云更早进入军事参议院。王家烈曾担任贵州省政府主席、第二十五军军长，掌握贵州的军政实权。1935 年中央军进入贵州，国民政府力谋统一贵州，解除了王家烈的军政实权。不久即以王家烈为军事参议院中将参议。四川的田颂尧亦是典型。田颂尧是四川实力派的代表人物，以其所部第二十九军竞逐于四川军政界，曾先后担任四川省政府委员兼民政厅厅长、川陕边区"剿匪"督办、四川"剿匪"总部第二路总指挥等军政职务。1935 年因"剿共"作战不力，被蒋介石下令撤职。不久，国民政府委任田颂尧为军事参议院上将参议。

1934 年初蒋介石对张学良任用的考量也是比较典型的例子。张学良在中原大战后期入关挺蒋，成为蒋介石获得中原大战胜利的重要因素。战后，张学良不仅拥有东北三省，而且进入华北地区，在阎锡山、冯玉祥等实力严重受损后，成为华北地区实际上的主宰，也是蒋介石及其中央政权维持华北地区的权力基础。蒋介石则力捧张学良，使其成为国民政府陆海空军副司令，在军方地位"一人之下万人之上"。但是 1932 年后，蒋张关系因张学良与汪精卫之争开始出现裂痕。在汪张之间，蒋介石虽一度弃汪保张，但在1933 年热河沦陷后，蒋介石最终还是联汪弃张，令张学良下野。[3] 张学良与蒋介石之间芥蒂渐生，张学良多方联络南北各路实力派以谋生存。[4] 蒋介石

[1] 中国第二历史档案馆编《国民党政府政治制度档案史料选编》，安徽教育出版社，1994，第 93 页。

[2] 中国第二历史档案馆编《中华民国史档案资料汇编》第 5 辑第 1 编《军事》，江苏古籍出版社，1998，第 83 页。

[3] 有关蒋介石处理 1932～1933 年汪张交恶的策略，参见段智峰《蒋汪合作研究（1931～1938）》，博士学位论文，浙江大学，2012。

[4] 参见陈红民《胡汉民与张学良关系述论（1931～1936）》，《江苏社会科学》2002 年第 1 期。

则因张学良在内外政策上未能尽如其意，也在重新审视他的作用。① 1934 年初，张学良从欧洲游历归国。对于如何安置张学良，蒋介石经历了反复的考量。蒋介石在 1 月 11 日日记中记："决委汉卿为三省剿匪代总司令。" 1 月 13 日记："对汉卿安顿。" 1 月 14 日记："汉卿位置。" 1 月 18 日记："汉卿位置。" 1 月 20 日记："汉卿位置。" 1 月 21 日记："汉卿位置。" 1 月 23 日记："汉卿位置"，"本日会汉卿……拟任汉卿为军事参议院长"。1 月 26 日记："汉卿位置之研究。" 2 月 4 日记："张汉卿事。"② 透过思考决策的心路历程，拟以张学良为军事参议院院长的选项，表明蒋介石对张学良有警惕之心，有趁机将其调离军队之意。经过反复考量，最终蒋介石还是决定继续借重张学良，令其出任鄂豫皖三省"剿匪"副总司令，并将部分东北军南调"剿共"。

三　国民政府委员会

国民政府是国民党掌理全国政务的机关。1928 年 2 月国民党二届四中全会通过的《中华民国政府组织法》规定，国民政府受中国国民党中央执行委员会之指导及监督，掌理全国政务。国民政府由中央执行委员会推举委员若干人组织之，并推定其中 5～7 人为常务委员，于常务委员中推定 1 人为主席。国民政府委员处理政务，以会议行之；日常政务由常务委员执行之。③ 据此，作为掌理全国政务机关的国民政府以委员组成，但未规定任期，具体人数未明确规定，具有弹性。此后国民政府组织法经多次修订，对委员任期与人数均未具体规定，实际上时有不同，但大体上呈递增趋势。如 1930 年 11 月国民党三届四中全会制定并颁布的《中华民国国民政府组织法（修正案）》规定：国民政府设主席委员 1 人，委员 12～16 人。④ 1931 年 6

---

① 《蒋介石日记》（手稿本），1933 年 2 月 24 日。
② 《蒋介石日记》（手稿本），1934 年 1 月 11 日、1 月 13 日、1 月 14 日、1 月 18 日、1 月 20 日、1 月 21 日、1 月 23 日、1 月 26 日、2 月 4 日。
③ 荣孟源、孙彩霞等主编《中国国民党历次全国代表大会及中央全会资料》（上），第 520 页。
④ 荣孟源、孙彩霞等主编《中国国民党历次全国代表大会及中央全会资料》（上），第 922～926 页。

月，国民党三届五中全会再度制定颁布《中华民国国民政府组织法》，规定国民政府委员以国民政府主席、五院长、副院长为当然委员，并设委员 16～32 人。[1] 据此，国民政府委员人数大幅增加，为安插地方派系提供了便利。国民党三届五中全会产生的国民政府委员成为各派系尤其是拥蒋派系的大杂烩。

先看国民政府委员会的委员构成。国民党三届五中全会修正通过的《中华民国国民政府组织法》，规定国民政府委员，以国民政府主席、五院院长、副院长为当然委员，并设委员 16～32 人。[2] 这次全会将产生新的国民政府委员。全会召开之前，蒋介石在思考具体人选。6 月 9 日，蒋介石初步拟定名单如下：

> 蒋、林、邵、宋、王、张、于、陈、戴、刘、张汉卿、张作相、朱培德、王树翰、杨树庄、张景惠、刘尚清、王正廷、吴铁城、李济深、何应钦、孔祥熙、王伯群、马福祥、钮永建、茹欲立、蔡元培、张人杰、陈铭枢、魏道明。[3]

蒋指蒋介石，林指林森，邵指邵元冲，宋指宋子文，王指王宠惠，张指张继，于指于右任，陈指陈果夫，戴指戴季陶，刘指刘芦隐。其中蒋介石是国民政府主席兼行政院院长，林森是立法院院长，邵元冲是立法院副院长，宋子文是行政院副院长，王宠惠是司法院院长，张继是司法院副院长，于右任是监察院院长，陈果夫是监察院副院长，戴季陶是考试院院长，刘芦隐是考试院副院长。这 10 人属国民政府当然委员，故蒋介石在列具名单时只写姓氏。剩余 20 人中，张学良、张作相、王树翰、张景惠均是东北军高级将领，反映出中原大战后东北军系权倾一时，蒋介石既需借重亦需笼络。剩余 16 人

---

[1] 荣孟源、孙彩霞等主编《中国国民党历次全国代表大会及中央全会资料》（上），第 1000 页。

[2] 荣孟源、孙彩霞等主编《中国国民党历次全国代表大会及中央全会资料》（上），第 1000 页。

[3] 《蒋介石日记》（手稿本），1931 年 6 月 9 日。

中军人主要有朱培德、吴铁城、李济深、何应钦、马福祥、陈铭枢6人，除李济深外，均是蒋介石的嫡系或准嫡系。但是这份名单除东北军系外，尚未容纳其他地方实力派，故蒋介石尚在不断地权衡，"对府委人选踌躇极矣"。①

6月15日，国民党三届五中全会正式选出国民政府委员，其名单如下：

> 蒋中正、林森、邵元冲、宋子文、王宠惠、张继、于右任、陈果夫、戴传贤、刘芦隐、张汉卿、张作相、朱培德、王树翰、杨树庄、张景惠、刘尚清、王正廷、吴铁城、李济深、何应钦、孔祥熙、王伯群、马福祥、蔡元培、张人杰、陈铭枢、胡汉民、丁惟汾、叶楚伧、邵力子、韩复榘、刘峙、何成濬、刘湘、刘瑞恒、龙云、徐永昌、陈调元、何键。②

比较前后两份名单，可得出这样的认识：第一，总人数从30人增至40人。前份30人名单中，除去10名当然委员外，剩下的20人中，地方实力派中仅有权倾一时的东北军系4人。这种单一化的委员结构，显然缺乏协调、整合各方的功能，影响政治的稳定性，所以最终名单扩增至40人。第二，6月15日的最终名单中，减去钮永建、茹欲立、魏道明3人，新增胡汉民等13人。新增13人中，除因约法之争与蒋介石龃龉的胡汉民外，丁惟汾、叶楚伧、邵力子是南京中央党政要员，刘瑞恒出自军医系统；阵容最为庞大的当属军人，且除刘峙属黄埔嫡系外，其余全是非蒋嫡系的地方实力派。6月15日，国民党三届五中全会闭幕。蒋介石在日记中记："今日上午全会闭幕，政府与党部皆已充实，较前当有进步，惟政府委员人数太多，此其缺点，当待全国代表会时改正之。"③ 可见，蒋介石一方面不满于政府委员人数太多，另一方面又需要统筹协调安抚各路豪强，不得不妥协。

再拉长时段，将不同届的国民政府委员名单对比来看，或更能清晰地看

---

① 《蒋介石日记》（手稿本），1931年6月15日。
② 郭廷以主编《中华民国史事日志》第2册，台北，中研院近代史研究所，1984，第45～46页。
③ 《蒋介石日记》（手稿本），1931年6月15日。

出其笼络整合的功能。国民党三届五中全会之前的国民政府委员名单产生于
1928 年 2 月的国民党二届四中全会。名单如下：

> 丁惟汾、于右任、王伯群、王法勤、王宠惠、孔祥熙、古应芬、白
> 崇禧、白云梯、田桐、伍朝枢、朱培德、朱霁青、李宗仁、李烈钧、李
> 济深、汪兆铭、何香凝、何应钦、宋子文、宋渊源、林森、周震鳞、柏
> 文蔚、胡汉民、陈调元、孙科、许崇智、张人杰、张之江、张继、黄
> 郭、黄绍竑、钮永建、程潜、冯玉祥、杨树庄、经亨颐、熊克武、邓泽
> 如、蔡元培、赵戴文、樊钟秀、刘守中、蒋中正、蒋作宾、戴季陶、阎
> 锡山、谭延闿。①

比较二届四中全会与三届五中全会两份国民政府委员名单（以下简称
"二届名单""三届名单"），可得出这样的认知：第一，二届名单中，地方
实力派委员包括桂系三巨头李宗仁、黄绍竑、白崇禧，西北军系的冯玉祥、
张之江、樊钟秀、刘守中，晋绥系的阎锡山、赵戴文，以及掌握军政实权的
李济深、安徽的陈调元等，共计 11 人，含括了当时最大的几个实力派。三
届名单中，地方实力派军人主要是东北军系张学良、张景惠、张作相、王树
翰，川滇实力派刘湘与龙云，山东的韩复榘，山西的徐永昌，湖南的何键，
安徽的陈调元，以及湖北的各路杂牌军领袖何成濬等共 11 人。第二，二届
委员中地方实力派除李济深、陈调元外，均因中原大战反蒋未出现在三届委
员名单中。三届委员名单中地方实力派除徐永昌外，在中原大战均拥蒋挺
蒋。徐永昌之所以出现在委员名单中，是因为他虽然出自晋绥系，但对反蒋
并不赞同，实际上是在晋绥与南京之间居间调和，故能被蒋介石所接受。第
三，三届委员名单中除东北军系外，其他入选者大多数兼职省政府主席，但
刘湘入选显属例外。此时四川省主席是二十四军军长刘文辉，刘湘是二十一
军军长兼四川善后督办。二刘之中，选刘湘未选刘文辉。中原大战之前，南

---

① 荣孟源、孙彩霞等主编《中国国民党历次全国代表大会及中央全会资料》（上），第 527
页。

京中央扶持二刘共同奠定川局。中原大战期间，二刘选边站位，刘湘挺蒋，刘文辉与汪精卫等改组派态度暧昧。中原大战后，南京中央开始比较明确地支持刘湘，刘湘遂得以当选为国民政府委员。由此可见，国民政府委员之授予地方实力派，既是安抚与笼络，亦是奖赏与肯定。第四，三届委员名单中虽然包含了与蒋介石龃龉的胡汉民等人，但总体上讲，具有鲜明的拥蒋色彩，更多体现的是蒋系意志。三届五中全会堪称国民政府委员会安插地方军人的最高峰。

1931 年 11 月，蒋介石与胡汉民之间的约法之争导致的尖锐政潮在救亡图存的背景下暂时得到缓和，政潮各方同意共同召开国民党四届一中全会。全会对国民政府组织法进行了新的修正，并选举产生 33 位国民政府委员。[①] 其具体名单如下：

> 蒋中正、汪精卫、胡汉民、唐绍仪、张人杰、蔡元培、萧佛成、邓泽如、谢持、许崇智、王法勤、邹鲁、邵元冲、陈果夫、叶楚伧、宋子文、王伯群、方振武、熊克武、阎锡山、冯玉祥、赵戴文、王树翰、刘尚清、薛笃弼、柏文蔚、程潜、经亨颐、孔祥熙、杨庶堪、马福祥、恩克巴图。[②]

不难看出，四届委员名单同三届委员名单比较，相差很大。如果说三届委员名单反映的是蒋系的意志，军人色彩浓厚，四届委员名单则是国民党内蒋系、胡系、汪系三种派系博弈的结果，拥蒋阵营遭到打压。与胡汉民、汪精卫等国民党元老关系密切的唐绍仪、萧佛成、邓泽如、谢持、许崇智、王法勤、邹鲁等均当选。三届委员名单中蒋介石选定的地方实力派张学良、张景惠、张作相、王树翰、刘湘、龙云、韩复榘、徐永昌、何键、陈调元、何

---

① 钱端升等：《民国政制史》（上），上海人民出版社，2011，第 216 页。
② 荣孟源、孙彩霞等主编《中国国民党历次全国代表大会及中央全会资料》（下），第 127页。

成濬等 11 人除王树翰外，全部落选。阎锡山、冯玉祥等与蒋介石有隙的老一辈地方实力派再度入选国民政府委员。此后国民政府委员会基本上不再承担安插地方派系军人的功能。

四　中央委员会

国民政府是中国历史上第一个推行党治体制的政权，将地方实力派纳入政党体制是其整合地方实力派的重要手段。国民党在文攻武斗建立政权的过程中，一方面通过军政体制收编地方实力派，另一方面吸纳他们为国民党党员，并通过相应的党治体制进行安置。

如中原大战后将东北军将领整体吸纳为国民党党员是比较典型的实例。1930 年南京中央在张学良的东北军支持之下，取得中原大战的胜利。战争结束后，国民党旋即召开三届四中全会，通过《特许东北有功将领等入党案》，规定东北将领及其他政治工作人员"拥护党国有功，其未取得党籍者，应准特许入党"。并将其全权委托东北军首领张学良负责办理介绍，"转给党证"。① 至于地方实力派的头面人物，更是将其纳入党治体制的最顶端。

20 世纪 20 年代，国民党在孙中山的领导下，以俄为师，建立起了一整套从中央到地方的组织系统。在这套系统中，中央执行委员会是国民党的最高执行机关，中央监察委员会则是相应的最高监察机关。两会合称中央委员会，共同构成了国民党的中央组织系统。1924 年国民党第一次全国代表会选举产生了第一届中央执行委员会和第一届中央监察委员会。其中中央执行委员 24 人，候补委员 17 人。除 10 人为共产党党员外，其余 31 人中大多数为在国民党内有着悠久历史的国民党党员。其中李烈钧、柏文蔚、谭延闿、杨希闵带有军人背景，谭延闿、杨希闵又有派系军头的色彩。中央监察委员 5 人邓泽如、吴稚辉、李石曾、张继、谢持皆是国民党元老。候补监察委员 5 人中，许崇智、刘震寰、樊钟秀带有军人背景，作为建国桂军首领的刘震寰、建国豫军首领的樊钟秀又有派系军头的色彩。总之，在共计 51 人的两会中，军人背景共有 7 人，占 13.7%；4 人带有地方派系军人的背景，占

---

① 荣孟源、孙彩霞等主编《中国国民党历次全国代表大会及中央全会资料》（上），第 917 页。

7.8%。作为旨在夺取全国政权的政党，其最高组织系统中，有适当比例的军人加入实属必需，且加入者仅为广州各派系军队的领袖。从这个层面而言，早期的国民党两会成员构成更多是结构性的需要，其安插派系军人的色彩并不浓厚，这时的国民党还是以文人占据主导性优势的政党。

南京国民政府成立后新一届的中央执行委员会和中央监察委员会产生于1929 年的国民党第三次全国代表大会，共产生中央执行委员 36 人，中央候补执行委员 24 人，中央监察委员 12 人，候补委员 8 人，中央委员共计 80人。其中军人背景者共计 24 人，占 30%；地方派系军人背景者 15 人，占18.75%。同早期相比较，国民党中央委员会军人比例成倍增加，且大多数为带有派系色彩的军人。当时除蒋介石的中央军外，主要的军队派系为冯玉祥的西北军系、阎锡山的晋绥系、李宗仁的新桂系以及张学良的东北军系。国民党第三次全国代表大会召开时，新桂系与南京中央矛盾日趋紧张，战争一触即发，新的中央委员会中新桂系将领无人当选。张学良的东北军系虽已改旗易帜，但在国民党的中央组织系统中尚无体现。故当选的地方派系军人主要是阎锡山的晋绥系和冯玉祥的西北军系，以及如陈济棠、陈铭枢等此时拥护南京中央的准嫡系与何成濬等其他杂牌军领袖（见表 2 - 3、表 2 - 4）。

表 2 - 3　地方实力派当选第三届中央执行委员（含候补）基本情况

姓名	派系	当选类别
阎锡山	晋绥系	中执委
陈铭枢	第十九路军	中执委
何成濬	其他	中执委
赵戴文	晋绥系	中执委
冯玉祥	西北军系	中执委
张贞	闽系	候补中执委
赵丕廉	晋绥系	候补中执委
鲁涤平	准嫡系	候补中执委
鹿钟麟	冯系	候补中执委
黄实	其他	候补中执委
陈策	粤系海军	候补中执委
陈济棠	粤系	候补中执委

资料来源：荣孟源、孙彩霞等主编《中国国民党历次全国代表大会及中央全会资料》（上），第686 ~ 687 页；王俯民编注《民国军人志》。

表 2－4　地方实力派当选第三届国民党中央监察委员（含候补）基本情况

姓名	派系	当选类别
商　震	晋绥系	候补中监委
陈嘉祐	湘　系	候补中监委
林云陔	粤　系	候补中监委

资料来源：荣孟源、孙彩霞等主编《中国国民党历次全国代表大会及中央全会资料》（上），第687页；王俯民编注《民国军人志》。

　　1931 年底，在内忧外患的背景下，国民党接连召开了第四次全国代表大会和四届一中全会，并选举产生了第四届中央委员会。在"促成团结并集中人才起见"的名义下，第四届中央委员会不仅包容了前三届除共产党党员及徐谦、邓演达、刘震寰、杨希闵外的所有中央委员，并新增 66 名委员。① 如此，国民党四届中央委员达到空前规模，共计 178 名。其中中央执行委员 72 人，候补中央执行委员 60 人，中央监察委员 24 人，候补中央监察委员 22 人。其中，中央执行委员（不含候补）中 30 人有军人背景，在中执委中占比高达 41.7%。所有中央委员中有军人背景者共计 57 人，占 32%。显然，同早期的国民党相比，中央组织系统的气质面貌发生了巨大的改变。中央委员军人背景者中共有 30 人属地方派系军人，占 16.85%。其比重相较第三届中央委员略有下降。但若从具体构成来看，安抚拉拢地方派系军人的色彩更趋明显。其一，两广军人的比重增加。陈济棠是这时粤系军人的实际领袖，其本人以及主要部将缪培南、余汉谋、香翰屏、李扬敬等全部当选。加上李济深、张发奎等与粤系颇有渊源的军人，以及粤系海空军将领张惠长与陈策，粤系军人共计 9 人入选，在地方派系军人中占 31%。如果算上此时与粤系关系密切的桂系及陈铭枢，则计有 14 人入选，在地方派系军人中接近半数。这固与两广作为国民党革命的发祥地不无关系，但显然亦与宁粤龃龉的背景下安抚两粤军人的需要有关。其二，地方派系军人涉及面更广。相较第三届多为晋绥系与西北军系的军人入选，第四届还包容了其他地方派系的军人，东北军系的张学良以及滇系的龙云均为首次当选（参见表 2－5、表 2－6）。

---

① 李云汉：《国民党党史述》（第三编），台北，中国国民党中央党史委员会，1994，第 174～179 页。

表2-5 地方实力派当选第四届中央执行委员（含候补）基本情况

姓名	派系	当选类别
陈铭枢	第十九路军	中执委
何成濬	其他	中执委
李济深	粤系	中执委
方振武	西北军系	中执委
阎锡山	晋绥系	中执委
冯玉祥	西北军系	中执委
赵戴文	晋绥系	中执委
熊克武	川系	中执委
张贞	闽系	中执委
夏斗寅	其他	中执委
陈济棠	粤系	中执委
陈策	粤系海军	中执委
白崇禧	桂系	中执委
李扬敬	粤系	中执委
余汉谋	粤系	中执委
林翼中	粤系	中执委
张惠长	粤系海军	中执委
鲁涤平	准嫡系	候补中执委
赵丕廉	晋绥系	候补中执委
鹿钟麟	西北军系	候补中执委
黄旭初	桂系	候补中执委
龙云	滇系	候补中执委
杨爱源	晋绥系	候补中执委

资料来源：荣孟源、孙彩霞等主编《中国国民党历次全国代表大会及中央全会资料》（下），第129~131页；王俯民编注《民国军人志》。

表2-6 地方实力派当选第四届中央监察委员（含候补）基本情况

姓名	派系	当选类别
张学良	东北军系	中监委
李宗仁	桂系	中监委
香翰屏	粤系	中监委
张发奎	粤系	中监委
黄绍竑	桂系	候补中监委

续表

姓名	派系	当选类别
商 震	晋 绥 系	候补中监委
缪培南	粤 系	候补中监委

资料来源：荣孟源、孙彩霞等主编《中国国民党历次全国代表大会及中央全会资料》（下），第129～131页；王俯民编注《民国军人志》。

1935年11月12～22日，国民党第五次全国代表大会两次展期后终于得以召开。国民党五全大会中央执监委员的产生包括大会直接选出与大会推定两种方式，共产生中央执行委员120人，候补中央执行委员60人，中央监察委员50人，候补中央监察委员30人，共计260人。其中具有军人背景者共计97人，在中央委员会中占37.3%；带有地方派系背景的军人共计51人，在中央委员会占19.6%。两个比例均为历史新高。山东韩复榘、湖南何键、湖北徐源泉、绥远傅作义、四川刘湘、陕西杨虎城、华北宋哲元、新疆盛世才、山西徐永昌等各省地方实力派的主要领袖首次当选，加上阎锡山等连续当选的地方实力派，国民党第五届中央委员会几乎囊括了所有的地方实力派的领袖（见表2-7、表2-8）。

表2-7 地方实力派当选第五届中央执行委员（含候补）基本情况

姓名	派系	当选类别
阎锡山	晋 绥 系	直选中执委
冯玉祥	西北军系	直选中执委
何成濬	其 他	直选中执委
张学良	东北军系	直选中执委
白崇禧	桂 系	直选中执委
陈济棠	粤 系	直选中执委
韩复榘	西北军系	直选中执委
何 键	湘 系	直选中执委
陈 策	粤系海军	直选中执委
徐源泉	其 他	直选中执委
赵戴文	晋 绥 系	直选中执委
王以哲	东北军系	直选中执委

续表

姓名	派系	当选类别
余汉谋	粤　系	直选中执委
林翼中	粤　系	直选中执委
傅作义	晋绥系	直选中执委
黄旭初	桂　系	直选中执委
于学忠	东北军系	直选中执委
李生达	晋绥系	直选中执委
陈调元	其　他	直选候补中执委
李品仙	桂　系	直选候补中执委
杨爱源	晋绥系	直选候补中执委
刘建绪	湘　系	直选候补中执委
张　贞	闽　系	直选候补中执委
李扬敬	粤　系	大会推定中执委
缪培南	粤　系	大会推定中执委
夏斗寅	其　他	大会推定中执委
鹿钟麟	西北军系	大会推定中执委
刘　湘	川　系	大会推定中执委
赵丕廉	晋绥系	大会推定候补中执委
区芳浦	粤　系	大会推定候补中执委
石敬亭	西北军系	大会推定候补中执委

　　资料来源：荣孟源、孙彩霞等主编《中国国民党历次全国代表大会及中央全会资料》（下），第331～333页；王俯民编注《民国军人志》。

表 2-8　地方实力派当选第五届中央监察委员（含候补）基本情况

姓名	派系	当选类别
李宗仁	桂　系	直选中监委
杨虎城	西北军系	直选中监委
张发奎	粤　系	直选中监委
香翰屏	粤　系	直选中监委
黄绍竑	桂　系	直选中监委
宋哲元	西北军系	直选中监委
商　震	晋绥系	直选中监委
孙连仲	其　他	直选中监委
龙　云	滇　系	直选中监委
庞炳勋	西北军系	直选中监委

续表

姓名	派系	当选类别
林云陔	粤　　系	直选中监委
谭道源	准　嫡　系	候补中监委
鲁荡平	准　嫡　系	候补中监委
张任民	桂　　系	大会推定中监委
熊克武	川　　系	大会推定中监委
秦德纯	西 北 军 系	大会推定中监委
盛世才	新疆实力派	大会推定中监委
王树翰	东 北 军 系	大会推定中监委
徐永昌	晋　绥　系	大会推定中监委
陈嘉祐	湘　　系	大会推定候补中监委

资料来源：荣孟源、孙彩霞等主编《中国国民党历次全国代表大会及中央全会资料》（下），第331～333页；王俯民编注《民国军人志》。

表 2 - 9　南京国民政府时期军人当选中央委员基本情况

	军人数量	所占比例（%）	地方派系军人数量	所占比例（%）
第三届中央委员会（共80人）	24	30	15	18.75
第四届中央委员会（共178人）	57	32	30	16.85
第五届中央委员会（共260人）	97	37.3	51	19.6

资料来源：根据荣孟源、孙彩霞等主编《中国国民党历次全国代表大会及中央全会资料》（上），第686～687页；（下），第129～131、331～333页；以及表2-3至表2-8结果统计。

第二节　整合地方实力派军队的制度因应

在地方实力派的实力构成中，军队无疑是最重要的因素。国民政府整合地方实力派，实现国家统一，对派系复杂的军事力量进行整合是重中之重。

1928年，国民党二届五中全会通过《整理军事案》，确定了军事整理的若干原则。除第五项原则有关海空军建设外，其余四项均与整合地方派系军队密不可分。其一，军政军令，必须绝对统一。"军队之组织，更必须十分完备，方能使全国军队成为真正之国军；逐渐实行征兵制，以收内安外攘之效；破除旧日一切以地方为依据，以个人为中心之制度及习惯。"其二，全国军队数量，必须于最短期切实收缩。"军费在整个预算上，至多不超过百分之五十；统一确立军队经理制度。"其三，"军事教育之统一，为完成国军之基础"。方案规定公平选拔各系军队中年富力强、学识俱优之精壮士官，调入大学或专门学校，合一炉而冶之，以为整合军队之基础；军事教育由中央统一办理，严禁各军各地私设军校等。其四，裁兵。关于裁余官兵的安置，或化兵为工，或移兵屯垦，等等。[①]《整理军事案》确立的四项原则对于国民政府整合地方实力派具有重要的指导意义。

一 整合地方派系军队的制度因应

1. 军事系统

整合地方派系军队，实现军政军令的绝对统一，有赖于健全完善的军事系统，尤其是中央层面的军事系统。军事委员会、参谋部、军事参议院、训练总监部及军政部构成了南京国民政府中央层面的军事系统。军事委员会最早成立于广州时代。南京国民政府成立后，继续设立军事委员会，并以其为最高军事机关。1928 年南京国民政府一度裁撤军事委员会，分别成立了参谋本部、军事参议院、训练总监部以及军政部，分担军事委员会的各项职能。1931 年军事委员会再度设置后，继续保留参谋本部、军事参议院、训练总监部以及军政部等军事机构。其中，军事参议院、训练总监部、参谋本部仍直隶于国民政府，在法理上是与军事委员会平行的机构，军政部隶属于国民政府行政院。1932 年 3 月 5 日，国民党四届二中全会通过《国民政府军事委员会暂行组织大纲》，规定参谋总长、军政部部长、训练总监、军事参议院院长为军事委员当然委员。[②] 军事参议院、训练总监部、参谋本部以及军政部等与军事相关的各机构与军事委员会有了直接联系，便于军事委员会发挥全国最高军事机关的职能。1935 年，军事委员会在其向国民政府提

---

① 荣孟源、孙彩霞等主编《中国国民党历次全国代表大会及中央全会资料》（上），第 538 ~ 539 页。

② 周美华编《国民政府军政组织史料——军事委员会》第 1 册，第 42 页。

交的军事委员会系统表中，首次将本直隶于国民政府的军事参议院、训练总监部、参谋本部改由其直辖，并最终经中央执行委员会政治会议修正通过。① 军事参议院等军事机关与军事委员会的关系由平行关系演变为隶属关系。

在南京国民政府的军事系统中，军事委员会是最高军事机关，直隶于国民政府。1928 年国民党二届四中全会通过的《国民政府军事委员会组织大纲》规定：军事委员会为国民政府军政最高机关，掌管全国海、陆、空军，负编制、教育、经理、卫生及充实国防之责。军事委员会设常务委员办公厅、参谋处、军政厅、总务厅、经理处、总审计处、军事教育处、政治训练部等机关。各省区行政机关执行与军事有关之事务时，军事委员会有指挥监督之权。② 但此时的军事委员会承担着安插地方实力派以及国民党内资深军人的功能。二届四中全会后共计产生 110 名军事委员会委员，规模异常庞大，使其权威与效率大打折扣，难以承担最高军事机关的功能。1928 年 11月，国民政府宣布裁撤军事委员会，"所有该管一切事宜限十一月十日以前结束，分别移交军政部、参谋部、军事参议院、训练总监部办理"。③ 九一八事变后国民政府以因应对日战事以及整理军队的名义，通过《国民政府军事委员会组织条例》，重新设立军事委员会作为国民政府最高军政机关，掌管全国陆、海、空军一切事宜。其职掌包括：关于国防绥靖之统率事宜；关于军事章制、军事教育方针之最高决定；关于军费支配、军实重要补充之最高审核；关于军事建设、军队编遣之最高决定；关于中将及独立任务少将以上任免之审核。④

参谋本部成立于 1928 年 11 月，直隶于国民政府。初名为参谋部，不久即改称参谋本部。1928 年 11 月，国民政府通过《参谋本部条例》规定：参谋本部掌理国防用兵及陆地测量事宜；设置参谋总长 1 人，参谋总长参划军

---

① 周美华编《国民政府军政组织史料——军事委员会》第 1 册，第 62～64 页。
② 荣孟源、孙彩霞等主编《中国国民党历次全国代表大会及中央全会资料》（上），第 524～525 页。
③ 周美华编《国民政府军政组织史料——军事委员会》第 1 册，第 36 页。
④ 周美华编《国民政府军政组织史料——军事委员会》第 1 册，第 42 页。

机，执掌国防用兵各计划，统理部务，统辖全国参谋人员，并管辖陆军大学及驻外使馆武官及陆地测量；设置参次长辅助总长整理部务；参谋本部设总务及第一、第二、第三、第四厅。①

军事参议院成立于 1928 年 11 月，直隶于国民政府，是国民政府军事最高咨询建议机关。1929 年国民党中央政治会议第 175 次会议通过的《军事参议院组织条例及编制表》规定：军事参议院为军事最高咨询建议机关；设置军事参议院院长 1 人，统理全院事务；设置副院长 2 人，辅助院长处理院务；军事参议院设置军事参议 49～99 人；设院附 15～25 人；设院长办公厅，设置主任 1 人，秉承院长、副院长之命，督率全厅职员处理院内一切事务。

训练总监部成立于 1928 年 12 月，直隶于国民政府，掌管全国军队及其所辖学校教育、国民军事教育。1928 年 11 月国民政府通过的《训练总监部条例》规定：训练总监部设总务厅，步兵、骑兵、炮兵、工兵、辎重兵五监，并设政治训练处、国民军事教育处、军学编译处，于必要时增设特种兵监及海空各兵监等；训练总监部设总监 1 人，统理全部事务；总监以下设副监 2 人、参事若干，协助总监处理部务。②

军政部成立于 1928 年 11 月，直隶于国民政府行政院，负责掌管全国陆海空军行政事宜。1928 年 11 月国民政府通过的《军政部条例》规定：军政部设总务厅、陆军署、航空署、军需署、兵工署、审计处等各厅署处；军政部设部长 1 人，统理全部事务，监督所属各厅、署处一切行政事宜；部长以下设次长 2 人，参事若干，协助处理部务；军政部对于各省区最高行政机关执行与军政有关联之事务时，有监察指导之权；军政部关于主管事务范围以内，对于各省区最高行政长官之命令或处分，认为违背法令或逾越权限时，得胪举事实理由，呈由国民政府停止或撤销。③

---

① 中国第二历史档案馆编《中华民国史档案资料汇编》第 5 辑第 1 编《军事》，第 47 页。
② 中国第二历史档案馆编《中华民国史档案资料汇编》第 5 辑第 1 编《军事》，第 59～60 页。
③ 中国第二历史档案馆编《中华民国史档案资料汇编》第 5 辑第 1 编《军事》，第 49～50 页。

2. 军队编制

军队编制是指依据类别或功能组编军队的方式。军队单位依据兵力大小分为三种：一是战斗单位，如步兵连、骑兵连、炮兵连；二是战术单位，如步兵营、骑兵团（营）、炮兵营；三是战略单位，如师或军团。其中战略单位是"指能于长时日间独立作战，由各兵种编成，得以遂行战略上任务之团队"。[1]军队以师为战略单位还是以军团为单位，从便利战争而言，各有利弊。大体而言，以师为战略单位之利在于："一、近时使用于战场上之兵力，常须转用。而转用之时，又以一师为最便。盖师长不变动位置，常能熟悉战场之地形。如用军团制，则转用之时，必须分割而师之编制亦不完全。二、特种兵在平时配属于师内，故能协同动作，战斗力得以充分增大。如用军团制临时分配，则比较的不充分。三、作战地之道路，如不良好，则用军团制，有行军长径过长之害（1、展开迟缓，甚至后尾部队与先头部队不能同日参加战斗；2、给养困难）。"以师为战略单位之害则在于："一、近时以作战军兵力之增大，若作战地之道路寡少，则用师制不免两单位或数单位共一道路行进，且共一后方联络线，因之展开及退却，均形困难，且给养不便。二、在阵地战时，对于十分纵深之敌阵地，师之战斗力，不免薄弱，常须以数师重叠配备，交相攻击。如用军团制，则共同作战之数师，其团结力较为坚固。三、按统帅学之原则，一指挥官以指挥四五个单位为宜，以八个单位为最大，如用师制，若国军之兵额大，则总司令所指挥之单位势必过多。"因为各有利弊，故两种战略单位各国均有采用者，但相较而言，以师为战略单位利多弊少。故欧战以来，日本与欧洲各国倾向于采用师为战略单位。就政治而言，以军为战略单位，规模庞大，有政治隐患，以师为单位相对安全。[2]以师为战略单位在军事上的便利，在时代潮流上的趋势，加上政治安全的考虑，使南京国民政府在面临外部威胁与内部整合的双重局面下，基本上确定以师为战略单位的编制。

---

[1]　军事委员会政治部编印《军制学摘要》，1938，第36～37页。

[2]　军事委员会政治部编印《军制学摘要》，第37～39页。

1925 年 7 月，即国民革命军成立初期，蒋介石针对广州国民政府统辖下的军队派系林立这一现实，提出整合军队的若干办法。其中关于军队编制，建议废除军长职衔，以师为军队的战略单位，各师直接隶属于军事委员会。① 显然，蒋介石试图取消军的编制，缩小战略单位的规模，以师直属于最高军事机关的方式，加强对军队的统一与掌控。然而广州国民政府因诸种因素并未采纳这一建议，保留军作为战略单位的编制。该设计在南京国民政府时期得以实施。

1928 年 2 月 2～7 日，国民党召开二届四中全会，通过了《改定军事系统案》。该案规定："现时军事系统，暂以军为单位，俟全国军事大定，即以师为单位。在作战期间，为便于统率指挥国民革命军各军队起见，得设总司令、总指挥。"② 根据这一方案，在北伐战事结束，国民政府统一告成之后，取消军职，以师作为军队的最高单位。1928 年 6 月 15 日，国民政府宣告北伐战事结束，国家统一完成。取消军职，以师为单位开始提上议事日程。1929 年 1 月，国民政府召开编遣会议，加强对军队的整合，通过了《陆军编制原则》，规定："陆军以师为最高单位，分为甲、乙、丙三种师，甲种师以步兵 2 个旅、每旅 3 个团为基干；乙种师步兵 3 个旅，每旅 2 个团；丙种师步兵 2 个旅，每旅 2 个团，并配属炮兵营、工兵营及辎重连等兵种。"③ 1930 年底，国民政府公布《民国十九年陆军暂行编制表》，以师为战略单位。④ 1932 年国民政府军事委员会制定《陆军师暂行编制表》，规定师以步兵二旅，每旅两团，骑兵一连，炮兵一团，工兵、通信、辎重兵各一营，卫生队一队及特务连一连编成。⑤ 1933 年通过《陆军步兵师司令部组织条例》，第一条规定："陆军步兵师直隶于国民政府，设师长一人，受中央

---

① 蒋介石：《上军事委员会军政建议书》，秦孝仪主编《先总统蒋公思想言论总集》卷 36，第 165～169 页。

② 荣孟源、孙彩霞等主编《中国国民党历次全国代表大会及中央全会资料》（上），第 524 页。

③ 转引自张宪文等《中华民国史》第 2 卷，第 104 页。

④ 《民国十九年陆军暂行编制表》，转引自陈默《全面抗战前（1928～1937）国民党军队的编制演变》，《军事历史研究》2011 年第 3 期。

⑤ 中国第二历史档案馆编《中华民国史档案资料汇编》第 5 辑第 1 编《军事》，第 147 页。

最高军事长官之命，统率所属部队，综理师司令部一切事务。"第三条规定："师长执行职务，凡关于军政及人事事项，承军政部长之命令；关于动员及作战计划，承参谋总长之命令；关于教育训练，承训练总监之命令。"[1]从制度上明确了作为战略单位之师与国民政府及中央各职能部门的关系。1934 年秋，南京中央筹谋全国范围内的整军。为了整理军队，国民政府军事委员会设立陆军整理处，隶属于委员长行营，以陈诚为陆军整理处处长。此次整军拟将全国陆军逐年分期训练为教导师，在编成教导师以前，先行整编为整理师。[2]

国民政府虽基本上确定了以师为战略单位，但也未完全放弃以军为战略单位的整合作用。1936 年 10 月，中央军重要将领陈诚以"融化次等部队之封建思想，打破其地盘割据观念""监视国内，在我立于主动地位，使其不敢有异动，并不失机宜解决反动武力"为目的，向蒋介石提出《军师编配及其驻地草案》。该整编草案依据将领之资绩能力、部队之历史素质以及驻地之联络便利为基础，提出了混合杂牌与嫡系，编组各师为军的方式：（1）完全以基干部队编成为军，手续简单，整训便利，随时可用；（2）以两个基干部队为主，插入一二个次等部队，整理使用，均属便利；（3）以一个基干部队插入次等部队中，借将领之能力，潜移默化，转移风气。列入计划中的整理部队共计 85 个师、11 个旅，共 399 个团。[3]混编杂牌与嫡系是以往国民政府整合派系军队的常见方式，但如此大规模的在全国范围内实施，且以军为战略单位，并不常见。1937 年国民政府军政部拟定整军五项原则，对以往各种编制进行整合，拟采用甲、乙两种编制，均以师为战略单位。[4]

3. 军队教育体制

军队教育是军事活动的组成部分，是军队建设的中心任务。它既包括培

① 中国第二历史档案馆编《中华民国史档案资料汇编》第 5 辑第 1 编《军事》，第 149 页。
② 中国第二历史档案馆编《中华民国史档案资料汇编》第 5 辑第 1 编《军事》，第 210 页。
③ 陈诚：《签呈试拟军师编配及其驻地草案》（1936 年 10 月 9 日），何智霖编《陈诚先生书信集——与蒋中正先生往来函电》（上），台北，"国史馆"，2007，第 225 页。
④ 《陆军整理报告草案》，中国第二历史档案馆藏，787－02035，转引自陈默《全面抗战前（1928～1937）国民党军队的编制演变》，《军事历史研究》2011 年第 3 期。

养军人思维、运筹能力的理性教育，也包括培养军人和军人群体掌握作战技术的训练养成教育。[①] 民国时期军队派系复杂，军队私有，军人之观念与心理无疑是其中的重要因素。影响军人观念与心理之军事教育亦多掌握在派系军人手中。因此无论是为了建设军队、建设国防、赢得战争，还是为了实现对各派系军队的整合统一，国民政府都需加强对军事教育的统一与管控。

南京国民政府成立后，设立训练总监部，直隶于国民政府，掌管全国军队教育、所辖学校教育以及国民军事教育。训练总监部设总监1人，承国民政府之命统理全部事务，对于全国各军队主管教育长官，有直接指挥监督之权。[②] 同时设立的参谋本部则管辖陆军大学。

在训练总监部以及参谋本部的领导之下，国民政府初步建立了包括陆军教育、海军教育、空军教育等门类齐全的军事教育系统。在众多地方派系中，除陈济棠的粤系、张学良的东北军系等少数地方派系拥有海、空军之外，基本上以陆军为主，故此处主要分析国民政府的陆军军事教育系统。国民政府以中央陆军军官学校和陆军大学为基础建立了常态性的陆军军事教育系统，以庐山军官训练团和峨眉军官训练团等为临时性的陆军军事教育体系。

中央陆军军官学校是初级军官教育的学校，筹备于南京国民政府初期，初名"中央军事政治学校"，1928年3月正式成立，定名为"中央陆军军官学校"，蒋介石任校长，李济深为副校长。1929年，国民政府通过《中央陆军军官学校组织要领及条例》，规定陆军军官学校隶属于训练总监部。[③] 陆军军官学校除南京设本部外，全面抗战前，先后在洛阳、武汉、成都、广州、昆明等地设置分校。[④] 其中成都、广州、昆明分校均在国民政府加强对川、粤、滇等省整合的背景下成立。1935年，南京中央借助西南"追剿"之机开始整合川、滇、黔等省。成都分校于1935年8月成立，1936年4月

---

① 贾若瑜主编《中国军事教育通史》（上），辽宁教育出版社，1997，第3页。

② 中国第二历史档案馆编《中华民国史档案资料汇编》第5辑第1编《军事》，第59~60页。

③ 中国第二历史档案馆编《中华民国史档案资料汇编》第5辑第1编《军事》，第329页。

④ 王玲：《黄埔军校（中央陆军军官学校）分校简介》，《民国档案》1990年第3期。

18 日正式开学。当日蒋介石亲赴成都分校，阅兵训话，其在日记中记："成都分校开学，四川之基础略定。"4 月 20 日再记："四川基础乃由分校成立而定矣。"① 足见蒋介石对军事教育在其整合地方派系军队、完成统一方面的作用的肯定。昆明分校前身是云南讲武堂，1930 年改为滇军军官教导团。1935 年 6 月，国民政府"为使初级军官教育整齐一致起见，特在昆明设立陆军军官学校昆明分校"，直隶于中央陆军军官学校，并受训练总监部之监督指挥。② 广州分校原系广东军事政治学校。1936 年 8 月，国民政府在解决两广事变、统一广东后，将其改名为中央陆军军官学校广州分校，10 月 12 日正式开学，以陈诚兼任分校主任。此外，在统一广西的过程中，取消桂系掌管下的原中央军事政治学校第一分校是南京中央提出统一广西的基本条件。③ 1937 年 11 月，该校改名为中央陆军军官学校第六分校。

　　陆军大学是南京国民政府时期陆军高等军事学府，前身是创立于 1906 年的保定陆军军官学校。1928 年南京国民政府接收后迁往南京，改名陆军大学。1929 年 8 月，国民政府公布《陆军大学组织法》，规定陆军大学为养成军事高等人才，选拔品学优越之青年军官，授以高等用兵学术；陆军大学直属于参谋本部。陆军大学每年考取学员一班，每班至多一百名，修学期间三年。但必要时得设特别班教授。④ 陆军大学除开设战略战术、参谋要务、战史、兵器学等与军事素养、技能相关的课程外，还开设政治训练课，这尤其攸关国民政府对军队的整合。其课程主要有党义（主义、党纲、政纲、历次代表大会决定之政策，及建国方略之心理建设、实业建设等）、国法学、政治学、经济财政学、社会学、各国革命史、世界近代史等。⑤ 除中央陆军军官学校和陆军大学外，国民政府还开设有陆军炮兵学校、陆军装甲兵学校、陆军测量学校、陆军工兵学校、通信兵学校、辎重兵学校、宪兵学

---

① 《蒋介石日记》（手稿本），1936 年 4 月 18 日、4 月 20 日。
② 中国第二历史档案馆编《中华民国史档案资料汇编》第 5 辑第 1 编《军事》，第 347 页。
③ 《蒋介石日记》（手稿本），1936 年 9 月 21 日。
④ 中国第二历史档案馆编《中华民国史档案资料汇编》第 5 辑第 1 编《军事》，第 337～339 页。
⑤ 中国第二历史档案馆编《中华民国史档案资料汇编》第 5 辑第 1 编《军事》，第 356 页。

校、兵工学校、军医学校、兽医学校等专门性军事学校。这些军事学校共同构成了国民政府的常态性陆军军事教育系统，既为国民政府培养了各类军事人才，也是其统一军事教育、加强军队整合的重要举措。

　　庐山军官训练团和峨眉军官训练团是国民政府培养军官的临时性军事教育机构。庐山军官训练团成立于 1933 年 7 月，是在国民政府对中央苏区第四次"围剿"失败的背景下开设的。1934 年，蒋介石召集山西、山东等北方诸省军官赴庐山集训，因此庐山军官训练团亦有整合地方派系军队的考量。[①] 峨眉山军官训练团是在国民政府西南"追剿"、经营四川的大背景下成立的，是整合四川军队、打破地域观念、拥护南京中央的重要举措。该训练团于 1935 年 8 月正式成立，蒋介石亲任团长，陈诚、刘湘分任副团长。峨眉军训团共分两期训练，训练完毕后，蒋介石对军训效果表示满意，视此举为 9 月"最大之成绩"。[②]

二　整合地方派系军队概况

　　国民政府对地方派系军事力量的整合大体有两种情形：一种是对全国范围内地方派系的军队进行全面的整合，一种是对某个派系的军队进行单独的整合。就前者而言，主要有两次，第一次是国民政府初期的编遣裁军，第二次是在江西大规模"剿共"结束后，南京中央筹谋全国范围内的整军计划。就后者而言，主要是指南京中央或是在击败地方实力派的挑战后，或是以武力为后盾推进统一的过程中对单个地方派系军队的整合。

1. 全国范围的整军

　　国民政府在其政权建立初期，召集主要实力派将领召开编遣会议，试图通过编遣裁军，在精简军队的同时，对派系复杂的军事力量进行整合。这次编遣裁军从 1928 年 7 月 11 日北平小汤山会议提出成立编遣会议解决裁军问题始，至 1930 年 12 月编遣委员会宣布结束止，前后凡两年有余，是国民政

---

① 有关华北军官赴庐山受训情形参见《蒋介石日记》（手稿本），1934 年 3 月 17 日、3 月 24 日；《徐永昌日记》，1934 年 6 月 19 日。

② 《蒋介石日记》（手稿本），1935 年 9 月 30 日。

府对地方派系军队进行全面整合的第一次尝试。

1928 年北伐战事结束时，除东北及新疆等地军队外，全国军队总数已达 220 万人，主要分为四个集团军。蒋介石的第一集团军又称中央军，以北伐时期国民革命军第一军为嫡系，以第三军、第四军等为准嫡系，又收编了原北洋军阀残部，主要驻扎在江苏、浙江、安徽、江西、福建等地。冯玉祥的第二集团军骨干部分由北洋时期第十一师逐渐发展扩编而成，北伐完成后，主要驻扎于陕西、甘肃、宁夏、青海、河南和山东西部，辖地广阔。其时，冯玉祥的基本部队已扩大到 10 个军，还收编了杂牌部队 8 个军，实力雄厚。以阎锡山为首的晋阎集团，包括阎锡山在内，其将领多出自山西，故称"晋绥系"。主要驻扎于山西、绥远、河北、察哈尔等地，拥有 8 个军的基本部队以及 4 个军的杂牌部队，时为国民革命军第三集团军。以李宗仁、黄绍竑、白崇禧为首的桂系，其部队称为第四集团军，以国民革命军第七军为主，北伐后扩展为 4 个军，后又收编了唐生智的 5 个军及其他 3 个杂牌军，驻地为广西、两湖以及华北等地。掌控广东的李济深，亦与桂系接近。

1928 年 6 月 24 日，蒋介石向国民政府正式提出设立裁兵善后委员会，"由中央选委重要人员为主任，协同各部及建设委员会，办理裁兵事宜"。[①]7 月 11 日，蒋介石与冯玉祥、阎锡山、李宗仁等在北平小汤山举行善后会议，议决召开编遣会议解决裁军问题。12 月 19 日，国民党中央政治会议通过《全国编遣区组织条例》，就军事编遣会议的职责与职权范围做出界定。

1929 年 1 月 1 日，国民革命军编遣会议在南京正式召开。同日蒋介石发表《关于国军编遣会之希望》，强调建设现代国家，需要建成健全巩固的中央政权，需要集中统一军权。[②]

1 月 5 日，编遣会议举行第一次大会，议决设置经理、编制、遣置、提案、国防各组审查委员会。会议发表《国军编遣委员会宣言》，确定编遣之四项原则："一曰不偏私。……关于国军裁留之标准，乃认全国所有之军，

---

① 蒋介石：《上国民政府请设立裁兵善后委员会电》，秦孝仪主编《先总统蒋公思想言论总集》卷 36，第 440 页。

② 吴淑凤编注《蒋中正总统档案·事略稿本》（15），台北，"国史馆"，2003，第 47 页。

为一整个不可分之单位，整个国军之下，不再认有其他之单位……此次编遣之标准，唯当依于国家实际之需要与国用负担之程度，合全盘以统筹为整个之整理。苟有以集团或地域为单位而倡为均衡裁遣之说者，是在制度上将延长封建制之恶习……""二曰不欺饰。……本会此次集议，务以公开与诚实为标准……依于条例规定之职责，负责施行严格之点验与检查，务使此裁编名实表里相符。""三曰不假借。……对于裁编遣置，决不使有国帑分文之妄费，亦决不使被遣士兵有一人之不得其所。""四曰不中缀。……本会承受中央重大之付托，惟有以志诚奋勇之精神，期全部目的之贯彻，不为难行之提议，亦决不以宣言而自画，且不唯裁遣冗兵、厘定军制而已，尤将财政之统一立建国之基础。"①

从 1 月 1 日正式开幕至 1 月 25 日会议结束，编遣会议一共召开了 5 次大会，通过了一系列重要决议案。1 月 8 日会议通过《国军编遣委员会临时秘书处组织规程》；1 月 11 日通过《明确军事总额实行统一财政办法提案》；1 月 17 日通过《国军编遣委员会进行程序大纲》；1 月 22 日会议通过《国军编遣委员会编制案》，修改通过《编遣委员会服务章程》《编遣区办事处组织大纲》等；1 月 25 日，编遣会议闭幕，决定成立中央和地方编遣机构。中央设立"国军编遣委员会"，地方成立"编遣办事处"等。

对于编遣裁军，地方实力派都高唱入云，极力表示促成。第二集团军总司令冯玉祥声称"全部移归中央节调"。② 编遣会议之前，第三集团军总司令阎锡山在中央宣传部广播无线电台发表演讲，表示"欲图建设，必先裁兵。从积极方面说，训政开始，百端待理，非财力不足以进行，欲整理财政，则须裁兵；从消极说，吾国连年苦兵，民不安生，非裁兵不足以谋促工商，望一致促裁兵实现"。③ 第四集团军的李宗仁、白崇禧也"力促裁兵"，

① 吴淑凤编注《蒋中正总统档案·事略稿本》(15)，第 18~24 页。

② 《冯将二集全部移归中央》，季啸风、沈友益主编《中华民国史料外编——前日本末次研究所情报资料（中文部分）》第 31 册，广西师范大学出版社，1997，第 632 页。

③ 《编遣会议即日开幕》，季啸风、沈友益主编《中华民国史料外编——前日本末次研究所情报资料（中文部分）》第 31 册，第 653 页。

"以中国现在财力而论，决不能够供养如此巨额的军队"。[①] 但实际上都是各有算计，图谋抵制。冯玉祥、李宗仁、阎锡山等人的抵制自不必说，以往论述较多。从蒋介石本人的记录看，李济深对裁军的抵制尤为突出，致其强烈不满。蒋介石日记1月6日记："上午会商后，与景韩兄谈时局，彼谓应注重任潮事，应缩小要求，其言甚是。先从私人接洽，问其希望，言明利害，乃可也。"景韩即陈景韩，任潮即李济深。编遣会议召开后，李济深并未即时入京参会。陈景韩建议蒋介石注重李济深，对其缩小要求，显系蒋李之间分歧所致。1月7日，李济深终于入京参会，"任潮主留部队，不肯多裁，似当分编遣为二法：一、画编遣区；一、画省区大小定师数多寡，但多至七十师为准。余以为先行财政统一，饷项照其发数，由中央担任，而编遣犹在其次也"。1月8日，"今日编遣会，以焕兄报告最实在，任潮最支吾"。焕兄指冯玉祥。冯玉祥与李济深，"实在"与"支吾"，十分明显地表明蒋介石对李济深不满。1月9日，蒋介石对李济深的不满公开爆发，"晚约各总司令会议，惟任潮把持广东，事事反抗，余面斥其为反革命行为"。1月10日，蒋介石写道："彼仍倨傲骄矜，毫无觉悟，不知其何所恃而为此。"1月20日记："任潮心死无望矣。"[②] 据沈成飞研究，李济深在编遣运动中反蒋最早最力，其原因在于低估了蒋介石的裁兵决心，且过于自信。[③] 蒋桂战争前夕，蒋介石诱骗李济深入京并将其扣留，固与拆散李济深与桂系的结合有关，亦与编遣运动中的矛盾不无关系。

　　编遣方案无法满足各方要求，地方实力派视之为"削弱异己"，以反对"独裁"为由进行持续不断的反蒋活动。南京中央则以破坏统一为名，大兴"讨逆"之师。蒋桂战争、蒋冯战争、中原大战遂接踵而起。南京中央凭借战场上的胜利，成功瓦解冯玉祥的第二集团军，将其大部收编，退往山西之余部交由张学良收编，缩编为以宋哲元为军长的第二十九路军、以庞炳勋为

---

① 《白在纪念周谈救国方案》，季啸风、沈友益主编《中华民国史史料外编——前日本末次研究所情报资料（中文部分）》第31册，第657页。

② 《蒋介石日记》（手稿本），1929年1月6日、1月7日、1月9日、1月10日、1月20日。

③ 沈成飞：《试论李济深在编遣裁兵运动中的角色——兼及蒋介石、李济深决裂之影响分析》，《社会科学战线》2016年第11期。

师长的第三十九师和以孙殿英为师长的第四十师。阎锡山的第三集团军缩编为4个军8个师以及正太护路军（6个旅）、骑兵部队（4个旅）、炮兵部队（11个团），失去河北、察哈尔等地盘，退守晋绥等地。桂系军队在战败后失去两湖地盘，退回广西，军队亦遭缩编。南京中央虽然借助战场上的胜利，对几个大的地方实力派的军队进行缩编，但这些军队在本质上仍是地方实力派的私属军队，南京中央对其影响有限。1930年11月，国民政府召开三届四中全会，通过《整理全国陆军案》，宣布取消"国军编遣委员会"，所有陆军整理事宜，由国民政府责成最高军事机关办理。①

　　1932年后，南京中央聚焦于长江流域"剿共"之际，这几个大的地方实力派的军队又有一定的扩张，南京中央仍面临整合派系军队的严峻任务。1932年蒋介石下野再起后的两年多时间，集中精力于长江流域"剿共"的同时，着力对其掌控的中央军进行整顿与训练，对编入中央军名下的杂牌军进行整合，中央军编制以外的地方派系军队基本上处于放任状态。1934年秋，随着江西"剿共"大局初定，南京中央再度筹谋全国范围内的整军。1934年9月30日，蒋介石在日记中记："预定：二、召陈熊商整军计划……与辞修讨论整军计划。"陈与辞修皆指陈诚，熊指熊式辉。10月3日记："本日与熊陈晏等商议整军计划。"晏指晏道刚，时任国民政府军事委员会委员长侍从室第一处主任。10月13日记："审核整军计划。"11月23日记："注意：……五、整军（定裁撤之军队）。"② 陈诚是此次整军计划的重要设计者。11月3日，陈诚就整军计划向蒋介石汇报称："国事日急，外侮益迫。江西剿匪告一段落，部队亟宜着手整理，以应事机。"整军的计划是先造整军舆论，再为研究具体实施方案。就整军舆论而言，"先由各将领，联电呈请钧座，及时整理。钧座再根据此电，以至公至诚之意态，必使全国官长不分畛域，不计出身，皆有所安，士兵皆有所用，不淘汰一部，不废置一人之意旨，制定宣传纲要，分出层次，交中央党部及新闻界发表，以

① 荣孟源、孙彩霞等主编《中国国民党历次全国代表大会及中央全会资料》（上），第975页。
② 《蒋介石日记》（手稿本），1934年9月30日、10月3日、10月13日、11月23日。

便播成风气，促成广泛之觉悟，使不甘冒不韪，独外生成。徐观各部长官之真实态度，以定整理手续。或派妥员分途说明，祛其误会，或更依其态度以征求整理之意见"。12 月 12 日，蒋介石任命陈诚为陆军整理处处长，密令将全国陆军编为教导师与整理师。① 这次全国范围的整军计划虽经蒋介石、陈诚、熊式辉等人反复研讨，但受内外诸多因素的影响，始终处在计划之中，并未真正付诸实施。② 1936 年陈诚坦言自任陆军整理处处长两年以来，"空事计划，百无一成"。③

2. 对单个地方派系军队的整合

南京中央或借助战场上的胜利，或以武力为后盾，在推进统一的过程中，对单个地方派系军队进行了整合。如 1934 年初对第十九路军的整合，1935 年对王家烈第二十五军的整合，1935 年后对四川军队的整编，1936 年对两广军队的整编，1937 年对东北军、杨虎城之西北军的整编是其中的典型。

1934 年初，在迅速平定福建事变后，南京中央着手对第十九路军进行收编整合。1 月 27 日，蒋介石在日记中记："决收编十九路军，撤换其中级官长，委毛维寿、张炎为正副指挥。"④ 这是南京中央整合第十九路军的基本原则。1 月 28 日，第十九路军被改编为第七路军，所属第四九、六十、六一、七八各师均改编为三团制，以归降之毛维寿、张炎为第七路军总副指挥，以陈沛、杨挺亚、伍诚仁、文朝籍为师长，符昭骞、林英等为团长。不久，中央军对改编后的第七路军各部进行缴械，据中央军将领宋希濂报告称，收缴的具体办法为："一、以团为单位，由团长就现地集合，托故架枪，重新编配，临时谕各官长以大义令其将械弹交缴，勿为蠢动而作无谓之牺牲；二、架枪后，将队伍带开，再由两造负责人员，当面点交。三、点交

---

① 中国第二历史档案馆编《中华民国史档案资料汇编》第 5 辑第 1 编《军事》，第 210 页。

② 从蒋介石个人记录来看，蒋介石对此次整军十分重视，多次修改整军方案，视整军为 1935 年度最重要的工作之一，但似乎并未付诸实施。《蒋介石日记》（手稿本），1935 年 1 月 2 日、1 月 20 日、1 月 26 日、2 月 21 日、2 月 23 日、3 月 2 日等。

③ 陈诚：《函呈时弊日亟请迅为根本部署以图挽救危亡》（1936 年 9 月 30 日），何智霖编《陈诚先生书信集——与蒋中正先生往来函电》（上），第 223 页。

④ 《蒋介石日记》（手稿本），1934 年 1 月 27 日。

后，即由接收者派徒手兵搬运至县政府储藏，待命押运行营或军政部。"随后，南京中央命令将第七路军各部调驻河南等地整训，其中第六十师驻开封，第七八师驻归德，第六一师驻蚌埠，第四九师驻武昌。① 2 月 18 日，蒋介石在日记中记："注意：本周：……五、前十九路军改编运豫完毕，惟刘匪桂堂窜河南可虑……"② 通过战场上的胜利，将第十九路军这样一支有着悠久历史和抗日的光辉战绩但又与南京中央有所龃龉的部队收编整合，第十九路军高级将领陈铭枢、蒋光鼐、蔡廷锴、戴戟等则离开军队，流亡海外。

1935 年，南京中央在西南"追剿"红军的背景下，派遣中央军入黔入川，着手对黔川实力派军队进行整编。其中，王家烈部原黔军第一师被改编为第一〇三师，师长何知重；原黔军第二师改编为第一〇二师，师长柏辉章；犹国才部改编为第一二一师，师长吴剑平；蒋在珍部改编为新编第八师，师长蒋在珍；侯之担部改编为新编第二十五师，师长沈久成。改编后的第一〇二师、第一〇师、新编第二十师等原黔军主力先后被调往川鄂等地整训。至此，黔军彻底瓦解，黔系实力派的领袖王家烈离开军队，转任军事参议院参议。

四川的整军情形则更为复杂曲折。南京中央先是在 1935 年对四川军队进行了第一期整编，基本上统一了川军的番号。其中，杨森的第二十军继续保留军的番号，杨森任军长，所属各部统一改编为第一三三师、第一三四师、第一三五师 3 个师。刘湘的第二十一军扩编为第二十一军、第二十三军、第四十四军 3 个军。刘湘兼任第二十一军军长（1935 年 10 月后改为唐式遵），下辖第一师、暂编第二师、第四师 3 个师。第二十三军军长潘文华，下辖第一四四师、第一四八师 2 个师。第四十四军军长王缵绪，下辖第一师、第二师以及暂编第一师 3 个师。刘文辉的第二十四军继续保留军的番号，所属各部统一整编为第一三六师、第一三七师、第一三八师 3 个师。邓锡侯的原第二十八军番号改编为第四十五军，邓锡侯任军长，所属各部统一整编为第一二五师、第一二六师、第一二七师、第一二八师、第一三一师 5

---

① 薛谋成、郑全备选编《"福建事变"资料选编》，江西人民出版社，1984，第 229 页。

② 《蒋介石日记》（手稿本），1934 年 2 月 18 日。

个师。田颂尧原第二十九军改番号为第四十一军，所属各部整编为第一二二师、第一二三师、第一二四师3个师。田颂尧本人则因"剿共不力"遭南京中央撤职查办，不久出任国民政府军事参议院上将参议虚职，寓居成都，逐渐淡出四川军政界。田颂尧的副手、原第二十九军副军长孙震出任第二十九军军长。1937年初，国民政府开始了川军第二期整编，国民政府与刘湘之间围绕川军的控制权展开了新的斗争，双方的矛盾日趋尖锐。南京与刘湘反复磋商博弈，最终在1937年6月达成川军整编的协议。不久，日本制造卢沟桥事变，发起全面侵华战争。国民政府统一四川的进程被打断。

1936年夏，南京中央以武力为后盾，通过金钱收买、分化瓦解等种种权谋，和平解决了两广异动。事后，南京中央着手对两广军队进行整合。其中，陈济棠所属的粤系军队基本上归由倾向南京中央的余汉谋掌控。陈济棠自此离开军队，先是流亡海外，抗战时期出任国民政府委员及国防最高委员、战略委员、中央执行委员等职。桂系军队则进行了较大规模的缩编。缩编前，桂系所属第四集团军统辖廖磊任军长的第七军、李品仙任军长的第八军、夏威任军长的第十五军3个军，每个军辖3个师，以及由总司令部直辖的12个师，共计21个师。缩编后，原第四集团军整合为2个军1个独立师，共计7个师。其中廖磊任军长的第七军辖第十九师、第二十一师、第二十四师3个师，夏威任军长的第十五军辖第四十三师、第四十四师、第四十五师3个师，原第十九路军名将翁照垣任新编独立第一师师长。桂系领袖李宗仁出任广西绥靖主任，白崇禧晋京出任军事委员会常务委员。

1937年初，南京中央在西安事变的善后处置中，将张学良的东北军、杨虎城的第十七路军进行了整合。第十七路军番号撤销，所属部队改编为第三十八军，由孙蔚如任军长，下辖第十七师、第一七七师两个师以及独立第四十六旅、独立第四十七旅两个旅。杨虎城被迫出国学习。南京中央将东北军调至河南、安徽、江苏等地整编为4个军，每个军辖2个师，其主要编制序列为刘多荃任军长的第四十九军、于学忠任军长的第五十一军、万福麟任军长的第五十三军、缪澄流任军长的第五十七军。东北军领袖张学良则长期被软禁。

第三节　划分中央与地方权责的制度设计

国民政府时期，众多地方实力派掌控着省级政权，在辖区内自行其是，自成独立王国，中央与地方关系在失控与失序的泥淖中挣扎。其中原因虽多，但制度的缺失与混乱无疑是重要原因。作为国民政府中枢之蒋介石在处理地方实力派时，也在思考如何从制度建设着手，包括将中央与地方关系纳入法治化的轨道。[①]

蒋介石关于中央与地方关系的制度化研究与思考主要有两个方面。一是关于国家的结构形式。单一制和联邦制是国家结构形式的两种基本类型。陶文钊指出，在单一制中，中央政府享有充分的权力，并在全国范围内贯彻其意志，地方政府的权力或自治权源自中央政府或受制于中央政府。单一制基于是"分工性"还是"分割性"地方分权，又分为中央集权型与地方分权型。联邦制存在两套政府，一套是联邦中央政府，一套是联邦各成员政府，两套政府都不得逾越宪法中规定的权力条款，各成员政府可以在联邦宪法规定的范围内制定成员政府的宪法和法律等。[②] 中国在相当长的时间里属于单一制中央集权型的国家，蒋介石在民国初年有关国家结构形式的讨论中，也倾向于单一制的中央集权。蒋介石在《军政统一问题》一文中，不赞同中国如同联邦制下美国之各州，各省分成半独立国家。[③] 但是国民政府成立后，因各地方实力派自成独立王国，中央政令不出东南数省，蒋介石亦考虑过联邦制。1930 年 3 月 21 日他在日记中记："政治欲求速致，或先联邦，而后统一为得乎？"在单一制下，是中央集权还是地方分权？至少在思考层面，蒋介石似乎不局限在中央集权，对地方分权亦有关注："使国家容易统

[①] 罗敏认为日记反映出蒋介石政治建设方面不再局限于传统的治国之道，而是开始关注并借鉴欧美、日本等先进国家的政治制度，逐渐由"军事领袖"向"政治领袖"转型。见《从军事领袖向政治领袖的转型——以 1930 年代蒋介石对"西南问题"的处置为中心》，《社会科学辑刊》2014 年第 4 期。

[②] 陶文钊：《大国地方：中央与地方关系法治化研究》，中国政法大学出版社，2012，第 3～4 页。

[③] 蒋介石：《军政统一问题》，秦孝仪主编《先总统蒋公思想言论总集》卷 35，第 5～10 页。

一之故，不能不因地制宜，使地方分权以图发展其经济与教育"；"政治宜主张地方分权制"。① 二是关于中央与地方的权责划分。中央与地方关系的实质是权力与责任的分配问题。确定中央与地方权责界限，对于理顺中央与地方关系、调动双方的积极性具有一定的意义。对中央与地方权责划分的思考是蒋介石制度整合地方实力派的重要内容。1929 年 12 月 23 日蒋介石日记记："早醒，欲思改组政府立法、监察制度，并召集临时全国代表大会与宪法会议，确立预算制度与中央地方之权限。"1932 年 8 月 4 日记："于中央与地方权限关系则仿法国制。"② 并于 1934 年先后发表"真电""感电"，试图在中央与地方的权责划分上达成妥协与一致，以改变中央与地方的混乱对立关系，使中央与地方"开诚相与，亲密合作"。③

这一时期国民政府亦制定了相关各种法规、制度，试图将中央与地方关系尤其是双方权力的划分纳入制度化的框架之中，以实现对地方实力派的整合。

1928 年 11 月，国民政府公布了经全国财政会议讨论确定的《划分国家收入和地方收入标准》《划分国家支出和地方支出标准》两个文件，在法理上确定了中央与地方收入与支出的界限。1929 年，国民政府行政院颁布《关于政府与地方政府在税收土地交通公用事业公安五方面权限划分通令》，在税收上延续 1928 年财经会议的决议之外，增加了关于中央与地方政府在土地、交通、公用等领域的权限责任。④ 1931 年 5 月，国民会议通过《国民政府训政时期约法》，设置专章界定中央与地方之权限，规定中央与地方之权限采均权制度，亦规定"各地方于其事权范围内，得制定地方法规。但中央与法规抵触者无效"，"中央与地方课税之划分以法律定之"。这些规定流于原则，并未就具体的权限划分做出明确的规定。⑤ 1934 年 1 月，国民党四届四中全会再次确定中央与地方权限采取均权制度，"凡事务有全国之一

---

① 《蒋介石日记》（手稿本），1930 年 3 月 31 日、1932 年 8 月 5 日、1933 年 8 月 2 日。
② 《蒋介石日记》（手稿本），1929 年 12 月 23 日、1932 年 8 月 4 日。
③ 周美华编注《蒋中正总统档案·事略稿本》（24），台北，"国史馆"，2005，第 388～391 页。
④ 中国第二历史档案馆编《国民党政府政治制度档案史料选编》下册，第 274～275 页。
⑤ 北京大学法律系宪法教研室编《宪法资料选编》，北京大学出版社，1982，第 337 页。

致之性质者，划归中央；有因地制宜之性质者，划归地方"，"不偏重于中央集权与地方分权"。① 国民政府试图在中央集权与地方分权之间找到平衡。1934 年 12 月，国民党四届五中全会在四中全会基础上对"官吏之保荐与任命""官吏之任期与保障""地方行政及经济问题""中央及地方财政问题""关于国防军及地方兵警之问题""关于法制之制定问题"六大方面的中央与地方权责进行了比较明确的界定。② 1935 年，国民政府行政院就四届五中全会通过的《中央与地方权责划分纲要之决议》制定了具体的实施细则。③

如何认识国民政府划分中央与地方权责的制度设计？长期以来的说法是这些规定只是一纸空文，其收获是"颁布了大量的法规"。④ 应该说，这种说法在一定程度上成立，但也失之于简单片面。

其一，从对制度设计效果的认识角度首先应该注意的是，中国在近代内忧外患的背景下，有一个中央政权的存在，即便是形式上的统一，亦优于无中央政府存在，因其可能导致完全混乱的局面。其次，中央政权就中央与地方关系有了相应的制度设计（基本原则与实施细则），实际上对地方政权并非毫无约束。比如 1928 年通过《划分国家收入与地方收入标准》《国家支出与地方支出标准》，厘定了中央与地方收入与支出的界限。理想的中央与地方关系自然依据这些标准征税与支出。南京国民政府时期中央与地方关系与理想型相距甚远，地方实力派掌控的省域截留国税是常态，但这些法规的存在并非毫无作用。1932 年后，两广实力派与胡汉民等元老派结合而成西南半独立局面，其所辖区域属典型的地方实力派掌控省域。1934 初，陈济棠以救济金融为由，打算以广东关税抵借外债。但关税是国税，是南京中央财政收入的重要来源。作为地方实力派的陈济棠并未擅自行动，而是与南京中央交涉，希望得到中央政权的授权同意。1933 年 12 月 5 日，陈济棠致电

① 荣孟源、孙彩霞主编《中国国民党历次全国代表大会及中央全会资料》（下），第 225 页。
② 荣孟源、孙彩霞主编《中国国民党历次全国代表大会及中央全会资料》（下），第 248~252 页。
③ 中国第二历史档案馆编《国民党政府政治制度档案史料选编》下册，第 279~282 页。
④ 代表性著述如李国忠《民国时期中央与地方关系》，天津人民出版社，2004，第 166 页。

国民政府对地方实力派的整合（1928~1937）

蒋介石称：

> 粤省金融牵动，未能计划军事，焦急万分，万乞俯准。如送电请求
> 押借外债，俾便救济金融，计划军事，以中央名义抵押，由中央补助项
> 下，分月拨还。于对外统一既无妨碍，于中央财政，亦无牵动。救急之
> 道，莫善于此。职军维护中央，委曲求全之苦心，早荷谅鉴。如蒙俯
> 允，则请中央授权于职，或广东省府签订借约。职敢负完全责任，决不
> 至于害国害民也。[①]

文中"万乞俯准""请中央授权于职"等语，表明向来自行其是的陈济
棠至少在关税抵押以借外债等特定事项上不得不承认中央权威，需要南京中
央授权。当然，南京中央虽是中央政权，亦不敢高高在上，面对陈济棠这样
的地方实力派，不得不谨慎应付，"自政治关系言之，此次粤省借款，似未
便拒绝。粤允从中央每月协款扣还，亦难驳复"，蒋介石建议"最好中央先
予以原则之决定，而与之磋商其内容条件，然后军事与财政问题同时解决
之"。[②] 陈济棠以广东关税抵借外债个案，表明南京中央有关中央与地方权
责的规章制度并非只是纸上作业。考虑到陈济棠还是与胡汉民等元老派结合
高举反蒋大旗的地方实力派，这应非孤案。

其二，从对制度设计的内在逻辑及其演进角度看，国民政府时期国家并
未在实质上统一，蒋介石与同时期大多数地方实力派一样，具有强烈的以人
身关系为基础的宗法派系意识，嫡系与非嫡系分得相当清楚。故蒋介石掌控
的南京中央与地方实力派掌控的省域带有派系竞逐的色彩。此种格局下，中
央眼中的地方是实力派割据甚至反对中央的凭借，地方眼中的中央是处心积
虑削弱自己的对手。但应该注意的是，在内忧外患的背景下，双方关系在不
断变化之中，呈现出更加复杂的面相。一方面，派系竞逐的一面并未完全消
退；另一方面，中央开始视地方的发展进步为整个国家进步的组成部分，部

① 周美华编注《蒋中正总统档案·事略稿本》（24），第27~28页。
② 周美华编注《蒋中正总统档案·事略稿本》（24），第99页。

分地方实力派亦默认并某种程度上开始尊重南京中央的权威，体认到南京中央虽然有诸多不足，但其存在对内忧外患有积极的意义。

南京中央开始视地方的发展进步为整个国家进步的组成部分，可从蒋介石的认知中略窥一二。向主中央集权的蒋介石在 1932 年后开始关注地方分权问题，关注地方的发展对于国家的意义。1934 年 11 月，蒋介石视察山西，称赞阎锡山治晋有功，"下午一时半到太原，颇有所感，百川规模与经营不能不为远大"。[1] 1935 年初，《大公报》连续报道了广西省建设情形，当时南京中央与两广在争夺贵州控制权问题上剑拔弩张，但蒋介石获悉广西建设情形后，"寸心愉悦，彼虽为统一之梗，然能努力自治，乃为国家之福，当派员视察"，"令各省参阅大公报桂省视察记，令各省民教二厅长赴桂视察"。在此前后，蒋介石也在思考如何促进地方经济发展、充实地方。1935 年 2 月 25 日日记中记："经济方针，当使各省尽量发展，使其能自给自足，与邻省互助协济，不假外求以增加出超，如此则中央关税虽减少，而国基则固也。"关税是南京中央收入大宗，即使关税减少，只要地方经济得以发展亦所不惜。这段话颇能表明蒋介石对中央与地方关系认识的新动向。2 月 26 日记："发展地方经济，乃为次殖民地应急之政策，亦于整军有益也。"2 月 28 日记："发展地方经济，先使各省能自给自足，与互助通惠，不计关税之减少，而中央以统制金融与统一币制为财政之命脉，此策或亦不误也。"[2]

当时国民政府正在着力经营四川，蒋介石强调以经济手段作为四川统一的基础。据学者研究，南京中央在整理四川财政的过程中，主持财政部的孔祥熙与蒋介石之间在具体政策上出现较大的分歧。孔祥熙从南京中央实际财力出发，希望四川体念国家之艰难、市况之凋敝，接受财政部所拟四川善后公债办法。蒋介石从"救川救国"的全局出发，迫使孔祥熙及其财政部接受更符合四川利益的财政整理方案。[3]

1934 年底四届五中全会通过的《中央与地方权责划分纲要之决议》（以

---

① 《蒋介石日记》（手稿本），1934 年 11 月 8 日。

② 《蒋介石日记》（手稿本），1934 年 2 月 25 日、2 月 26 日、2 月 28 日。

③ 方勇：《蒋介石与四川财政之整理》，《西南大学学报》（社会科学版）2012 年第 2 期。

下简称《权责划分纲要》）以及 1935 年国民政府行政院制定的具体实施细则，从制度上反映了国民政府以及蒋介石对中央与地方关系认识的新动向。《权责划分纲要》宣称："查总理《建国大纲》所垂示者，中央与地方采均权制；凡事务有全国一致之性质者，划归中央；有因地制宜之性质者，划归地方；不偏于中央集权，或地方分权；此乃划分中央与地方权责之最高原则。惟于此过渡时期，不能不有斟酌损益，以为应时应地权宜之变通，期臻于统一正轨之大道。"与此前中央与地方权责划分多停留在仅强调最高原则不同，《权责划分纲要》确定了具体标准。第一，关于官吏之保荐与任命，肯定地方"主管长官"，有法定资格自行选择，荐于中央，由中央任命。"统一中央命令权之中，更充分发挥地方主管长官之权责。"第二，关于官吏之任期与保障。强调地方文武官吏规定任期，以三年一任为原则，无故不得撤职，成绩优良者，由中央重加任命。第三，关于地方行政及经济。一方面强调中央统筹兼顾，指挥监督，但规定中央不必遇事干涉，辄令纷更；另一方面肯定地方斟酌实情拟定计划、编制预算等方面的实际权力。第四，关于中央与地方财政。一方面重申凡属全国性质之国家财政，应归中央统收统支，地方不得越权干涉；另一方面规定各地经费确有不足者，中央可以核准补助。第五，关于国防军及地方兵警，一方面肯定中央统一管辖指挥国防军；另一方面亦承认在过渡时期采取过渡时期之办法，对于各地方实力派军队官佐之任免，准由其最高主管长官呈报中央任命。同时对于地方自行购买武器事宜，由中央政府统一购订。第六，关于法制之制定问题，强调中央只定原则大纲，务使富于伸缩力。其一切实施办法与详密条理，应由各地根据原则大纲因地制宜，制定单行法规，呈请中央备案。① 总之，《权责划分纲要》在肯定中央统筹领导的同时，亦承认地方拥有较多因地、因事、因时制宜的自主权。这是南京中央在确认统筹领导之下，促进地方自主发展的重要制度设计。

---

① 荣孟源、孙彩霞主编《中国国民党历次全国代表大会及中央全会资料》（下），第 248～252页。

第三章 国民政府"借师围剿"的不同侧面

1930 年中原大战后，国民政府开始将政策重心转向"剿共"。在这场持续数年、波及中国广大地区的战场上，蒋介石既直接指挥着中央军，也有相当数量名义上隶属于国民政府但实际上处于半独立状态的地方实力派军队。对于蒋介石调动地方实力派军队参与"围剿"，长期以来学界的说法就是蒋介石借机削弱"异己"，在消灭中共的同时，打压地方实力派。对于地方实力派参与"剿共"的态度，多以"抵制"或"顺应形势"等词概括。然而，近年来公布的资料显示，蒋介石与地方实力派在"剿共"场域的互动，其策略与态度充满了多样性与复杂性，并非削弱"异己"所能概括。本章通过对 1931 年国民政府调原西北军孙连仲部赴赣、1932 年调十九路军赴闽、1934 年调晋系李生达部赴赣的考察与分析，说明"剿共"在国民政府整合地方实力派中的作用。

第一节 "借师围剿"的基本情况

一 统筹"围剿"之前

1927 年国共第一次合作破裂后，面对国民政府疯狂的反共"清党"，中国共产党人继续高举革命的大旗，在实践中探索新的革命道路，逐渐将革命重心从城市转向农村。经过艰苦的努力，共产党人在国民政府统治力量薄弱的南方农村山区建立起革命根据地，燃起了革命的星星之火。

最初的红色武装割据主要位于湘赣两省。国民政府则派第三十五军（最初源自谭延闿的湘军，何键任军长）、第三军（源自朱培德的滇军，朱培德任军长）这些在当时被视为杂牌军的军队"剿共"。

朱培德（1889～1937），字益之，云南盐兴县元永井人（现禄丰县黑盐井矿区）。曾历任国民革命军第三军军长、江西省主席、参谋总长、代理总司令、军委办公厅主任等军政要职。朱培德早年在云南陆军讲武堂学习，受反清革命思潮影响加入了同盟会。1914年，在滇军中开始了军旅生涯。后追随孙中山，先后参加了护国战争、护法战争。1925年广州国民政府成立，朱培德所部滇军改编为国民革命军第三军，朱任军长。1927年5月，朱培德所部扩编为第三军及第九军，合组成国民革命军第五路军。朱培德任总指挥，王均任第三军军长，金汉鼎任第九军军长。不久第九军易名为第三十一军。1928年国民革命军实施编遣，第三军与第三十一军分别改编为第七师、第十二师，王均与金汉鼎分任师长。11月4日，蒋介石致电朱培德，催赴"剿共"："赣南、吉安各处共匪，仍甚猖獗"，"应派主力部队积极猛剿"。11月7日，国民政府任命担任江西省政府主席的朱培德兼"湘赣两省剿匪总指挥"。[①] 11月23日，任命王均为"湘赣两省剿匪总副指挥"。1929年6月29日，任命金汉鼎为"粤闽赣三省剿匪总指挥"。

蒋介石以朱培德的杂牌军在红军最为活跃的江西"剿共"，外界当时即有打压朱培德的猜测。中共江西省委对此分析：蒋介石恐朱培德成心腹之患，遂命"江西军队肃清毛朱红军，将嫡系军队完全退出江西"。[②] 中共江西省委的猜测并非无因。朱培德部虽隶属于中央军，为蒋介石所依赖，但毕竟有过反蒋历史，又与汪精卫、胡汉民、李宗仁、白崇禧等人关系密切，所以蒋介石对朱培德颇有戒备之心，处心积虑地削弱其势力。[③] 在反蒋的冯玉祥眼里，朱培德甚至是汪精卫的心腹。[④] 朱培德部一方面要承担"剿共"任务，另一方面本就单薄的力量在编遣中又遭到严重削弱。[⑤] 故借"剿共"削

---

① 韩信夫、姜克夫主编《中华民国大事记》第2册，第908页。

② 沈建华：《江西省委工作报告——江西政治概况与工作概况》（1929年8月21日），江西省档案馆、中共江西省委党校主编《中央革命根据地史料选编》上册，江西人民出版社，1982，第104页。

③ 陈红民等：《朱培德传》，中国青年出版社，2007，第202页。

④ 冯玉祥：《冯玉祥日记》第2册，江苏古籍出版社，1992，第611页。

⑤ 朱培德部在1928年的裁军中共裁去士兵11000人，军官2200人。《朱培德报告赣省裁兵经过》，《民国日报》（上海）1928年12月11日。

弱异己说大体上是成立的。

但问题在于这一说法并不足以概括全部面相。首先，这一时期由杂牌军"剿共"与国民政府对中共红色武装割据的认识有关。杨奎松的研究指出，国民政府因中共红色割据在偏远农村，对其中心城市和交通要道威胁不大，所以并不重视。① 国民政府最初并没有把"剿共"上升到国家统筹层面，而是以"地方事件"处理，② 采取的是"分区剿匪"。主要表现在两个方面。其一，由当地驻军负责清剿。比如在任命"湘赣两省剿匪总指挥"后，1928 年 12 月，国民政府又令中央军蒋鼎文部驻江苏、钱大钧部驻浙江，并分别兼任两省"剿匪司令"。但江浙两省并没有中共的红色武装割据，故蒋鼎文、钱大钧并没有参与实际的"剿共"。其二，当地自筹"剿匪"经费。11 月 18 日，蒋介石致电朱培德称，"各省剿匪经费，应由各该省政府自行筹划，赣省应亦照此办理"。③

其次，杂牌军"剿共"局面的出现也与蒋介石对国民政府的主要矛盾与主要任务的认识有关。因所处地位差异，不同政治力量对国民政府初期面临的主要矛盾、主要任务的认识明显不同。地方实力派出于对蒋介石削弱异己的担心，希望国民政府将主要力量用于对付中共。李宗仁回忆，1928 年他曾两次向蒋介石建议集中力量"剿共"：

> 我们决不可将具有武装的共产党部队与土匪等量齐观。因为他们有共产主义的理想，有铁的纪律，严密的组织，有第三国际做背景，有刻苦冒险耐劳的知识分子领导，岂能目为土匪或乌合之众？蒋先生听了我的话，忽然严肃地说，只要你相信我，服从我，一切都有办法，不必如此焦急。④

蒋介石主政中枢，感受显然不同于李宗仁。国民政府虽宣告统一，但

---

① 杨奎松：《国民党的"联共"与"反共"》，第 274 页。
② 李家白：《反共第一次"围剿"的源头之役》，《文史资料选辑》第 45 辑，文史资料出版社，1964，第 76 ~ 77 页。
③ 周美华编注《蒋中正总统档案·事略稿本》（4），台北，"国史馆"，2003，第 395 页。
④ 李宗仁口述，唐德刚撰写《李宗仁回忆录》，第 439 页。

全国大多数地方被地方实力派掌控，尤其是冯玉祥、阎锡山、李宗仁、李济深等几个大的地方实力派凭借"政治分会"的制度保障，在各自地盘内掌控着政治、军事、财政等大权。一方面自行其是，另一方面对主政中枢的蒋介石形成巨大威胁。因此在当时民族危机尚不严重、中共红色武装割据威胁有限的情况下，蒋介石主要兵力用于防范、应对这几个大的地方实力派的挑战。

再次，在国民政府初期，蒋介石主要面临两种类型的战争，一是应对地方实力派的"讨逆"之战，二是应对中共红色武装割据的"剿匪"之战。两种战场上都有非嫡系的军队参加，却几乎没有蒋介石借"讨逆"削弱中央军阵营中杂牌军的说法。这是一个颇有趣的现象。原因或许有多种，可能与这两种类型战争中杂牌军更愿意"讨逆"有关。红军游击战的特点在于机动灵活，战术多变。对于同红军作战的国民政府军队而言，"剿共"常常是"此剿彼去，兵去匪来"，"一时似已消灭，偶或军队他调，又复啸聚。一波未平，一波复起"。① 陈诚把"剿共"之战称作"如牛捕鼠"。② 由此导致的局面就是"剿共"的杂牌军频繁调动，疲于应付，不易为功，视"剿共"为苦差、畏途，宁可辞职，或申请参与"讨逆"。朱培德部金汉鼎的第十二师是其中比较典型的例子。金汉鼎（1891～1967），字铸九，云南江川人，朱培德部重要将领。1928 年后出任编遣后的第十二师师长，是国民政府初期的"剿共"主力。1929 年 6 月，第十二师奉命"全部集中闽边剿共"。金汉鼎请辞，蒋介石予以慰留，"如剿共各部之长官，能得人人如兄之努力与彻底，则朱毛不足平矣"，"所请辞职一节，着无庸议"。金汉鼎辞职未成，旋以"讨逆"为由，不愿入闽"剿共"。蒋介石不得不多次致电劝慰："志切讨逆，无任欣慰。惟闽赣共匪无人负责，故兄部仍须照预定计划进行剿共。"③

① 转引自杨奎松《国民党的"联共"与"反共"》，第 276 页。
② 林秋敏、叶惠芬、苏圣雄编辑校订《陈诚先生日记》，台北，"国史馆"，中研院近代史研究所，2015，第 7 页。
③ 吴淑凤编注《蒋中正总统档案·事略稿本》（6），台北，"国史馆"，2003，第 27、550、624 页。

二 统筹"围剿"时期

1930年10月，中原大战结束，南京中央面临着新的局面。一方面，虽取得"讨逆"之战的胜利，但仍面临着错综复杂的善后任务；另一方面，中共的红色武装割据不断发展壮大，对南昌、长沙等中心城市形成了直接的威胁。鉴于此，蒋介石的策略是，一方面，将战斗力最强的嫡系部队部署于中原一带，为收编冯玉祥、阎锡山各部保驾护航；另一方面，开始将军事重心转向"剿共"，由国民政府军事委员会武汉行营统筹领导，将隶属于中央军集团的准嫡系及杂牌军投入江西等地，组织对苏区的大规模"围剿"。

1930年11月初，国民政府以此前已活跃于江西"剿共"战场上的第九路军为主力，并调集福建境内的张贞、刘和鼎师组成的第六路军，以及从中原战场上凯旋的第十九路军入赣"助剿"。这即是国民政府对江西苏区的第一次"围剿"部队（详见表3-1）。

表3-1 第一次"围剿"国民政府军队编制序列

第六路军 （总指挥朱绍良）	第八师（毛炳文）
	第二十四师（许克祥）
	第四十九师（张贞）
	第五十六师（刘和鼎）
第九路军 （总指挥鲁涤平）	第十八师（张辉瓒）
	第五十师（谭道源）
	第七十七师（罗霖）
	新编第五师（公秉藩）
	新编第十三师（路孝忱）
	独立第十四旅（刘夷）
第十九路军 （总指挥蒋光鼐）	第六十师（蔡廷锴）
	第六十一师（戴戟）
	第十二师第三十四旅（马崑）

资料来源：王多年主编《国民革命战史》第4部第1卷，台北，黎明文化事业股份有限公司，1982，第197页；中国第二历史档案馆编《中华民国史档案资料汇编》第5辑第1编《军事》，第44~71页。

103

"围剿"主力部队第九路军系从谭延闿部湘军系发展而来。1925年8月，国民政府军事委员会将谭延闿所部湘军改编为国民革命军第二军。鲁涤平任副军长，辖第四、第五、第六师，张辉瓒、谭道源、戴岳分任师长。1926年增设教导师，陈嘉佑任师长。1928年国民革命军第二军缩编为第十八师和第五十师，张辉瓒和谭道源分任师长。1929年国民政府设立国民革命军第九路军，鲁涤平任总指挥，下辖张辉瓒的第十八师、谭道源的第五十师以及路孝忱的第七十九师（后改为新编第十三师）。1930年11月，武汉行营组织第一次"围剿"，第七十七师、新编第五师以及独立第十四旅等部队编入第九路军。朱绍良任总指挥的第六路军则由原湘军以及闽军混编而成。蒋光鼐任总指挥的第十九路军系国民革命军第四军第十师扩编而成。

第一次"围剿"失败后，蒋介石以军政部部长何应钦巡视江西，代行总司令职权，处理湘鄂赣闽四省"剿匪"。何应钦到江西后，进一步调集军队，部署对江西苏区的第二次"围剿"。除蒋光鼐的第十九路军编制不变外，新增了王金钰的第五路军以及孙连仲的第二十六路军，部分军队的隶属关系也有调整。尤其是在第一次"围剿"中遭受重挫的第九路军，仅保留两个师编制。王金钰的第五路军主力多由原孙传芳旧部改编而来，孙连仲的第二十六路军则是冯玉祥的西北军旧部（详见表3-2）。

1931年5月，对江西苏区的第二次"围剿"遭遇重挫。5月18日，第五路军总指挥王金钰向蒋介石报告战斗详情："据第四十七师石营长报称：一、公师长（第二十八师师长公秉藩）本人不明，其马副旅长率兵伏六七百人、枪百余支，退抵直夏；二、唐代师长、冯副军长率第一团向水南背进击，其第二团损失甚巨，第三团全没，朱团长阵亡。"孙连仲的第二十六路军同样遭到重创，"迟旅之杜团，王旅之黄团，施旅之王团均损失殆尽，余亦多有损失。池王两旅之手枪队战死者各在三分之二，约计全师损失人近五千，步枪三千余，机枪廿余挺，迫击炮十余门，阵亡团长二，营长七，下级军官甚多"。①

---

① 转引自杨奎松《国民党的"联共"与"反共"》，第281页。

表 3–2　第二次"围剿"国民政府军队编制序列

第五路军 （总指挥王金钰）	第二十八师（公秉藩）
	第四十三师（郭华宗）
	第四十七师（上官云相）
	第五十四师（郝梦龄）
	第七十七师（罗霖）
第六路军 （总指挥朱绍良）	第五师（胡祖玉）
	第八师（毛炳文）
	第二十四师（许克祥）
	第五十六师（刘和鼎）
	新编第十三师（路孝忱）
第九路军 （总指挥鲁涤平）	第十八师（鲁涤平）
	第五十师（谭道源）
第十九路军 （总指挥蒋光鼐）	第六十师（蔡廷锴）
	第六十一师（戴戟）
	第十二师第三十四旅（马崑）
第二十六路军 （总指挥孙连仲）	第二十五师（孙连仲）
	第二十七师（高树勋）
	骑兵第一师（关树人）

资料来源：王多年主编《国民革命战史》第 4 部第 1 卷，第 197 页；中国第二历史档案馆编《中华民国史档案资料汇编》第 5 辑第 1 编《军事》，第 44～71 页。

　　第二次"围剿"的发生，恰值广东方面因胡汉民被扣酝酿反蒋之时。广东反蒋的主要依据之一就是蒋介石放纵"共匪"。[1] 在反共、"剿共"成为国民政府内政治正确的情况下，指责"纵共"成为打击政敌的重要手段。蒋介石深知"纵共"这顶帽子的分量，本想通过第二次"围剿"的胜利反击粤方的指责，未料第二次"围剿"再遭重挫。蒋介石对当初没有亲临江西指挥颇为懊恼："胡事（指软禁胡汉民）发生后，如果即亲往江西剿共，使陈济棠、古应芬无所借口，则其变或可暂缓。"[2] 面对广东公开成立同南京对抗的政权以及第二次"剿共"失败的双重困境，国民政府如何选择？

---

[1]　《四监委弹劾蒋主席电文》，《大公报》1931 年 5 月 7 日，第 1 张第 3 版。

[2]　《蒋介石日记》（手稿本），1931 年 6 月 10 日。

国民党元老吴稚晖提出的策略是南京对广东不可轻易下讨伐令，"再上老当，暂可放任一下"，通过"剿共"消除粤方的对抗，"叫他们在这剿匪时期良心发现，对不过人民，渐渐的散伙或改正"。① 或许受吴稚晖的影响，本拟只要广东成立政权即予讨伐的蒋介石决定不予讨伐，而是加大"剿共"力度。②

1931 年 6 月，蒋介石部署对江西苏区的第三次"围剿"。蒋介石亲赴江西督师，自兼"围剿"军总司令，何应钦任前敌总司令兼左翼集团军总司令，陈铭枢任右翼集团军总司令，陈诚、卫立煌、蒋鼎文等中央军嫡系部队首次投入江西"剿共"战场。6 月 6 日，蒋介石发布《出发剿匪告全国将士书》，表明"剿共"决心，其消弭粤变的意图跃然纸上。总之，国民政府在消弭粤变以及担心红军坐大的双重考量下，继续加码"剿共"，中央军嫡系部队首次投入江西"剿共"战场，改变了单纯借助杂牌军"剿共"的局面。

1931 年 9 月 18 日，日本发动侵略东北的九一八事变。国民政府中断了正在进行的第三次"围剿"。1932 年下野复职后，蒋介石以"攘外必先安内"作为应对内外危局的总体策略，"剿共"在"安内"中居于优先地位。如何"剿共"？蒋介石的策略是亲自督导"剿共"，以嫡系部队为"围剿"主力，同时借"剿共"进一步培植嫡系、巩固基本势力。"中心势力""基本军队""中心区域"成为这一时期蒋介石日记中的高频词。1932 年初，蒋介石在日记中记："对内，以政治建设为目的，不主张内战，亦不参加。树立中心势力，巩固七省基础。""第一步肃清赤匪，整理政治，以巩固基本势力、保全中心区域。"1932 年底，蒋介石对这一策略做了更明确的表述："今日谋国之道，外交固为重要，然而内政不固，则外交难言。而内政又非巩固基本地区与增强基本军队不可。故以后未至最后时期，决不放弃基本，以顾其他。无论其为南为北，对内对外，总以剿除长江流域赤匪，整理势力范围内之政治为中心。"③

---

① 《吴铁城关于广东反蒋事件答记者问》，中国历史第二档案馆编《中华民国史档案资料汇编》第 5 辑第 1 编《军事》，第 749 页。
② 《蒋介石日记》（手稿本），1931 年 5 月 15 日、5 月 16 日、5 月 28 日。
③ 《蒋介石日记》（手稿本），1932 年 1 月 1 日、12 月 9 日。

在这一基本策略的指导下，1932～1934 年，国民政府组织了对江西中央苏区的第四次、第五次"围剿"。"围剿"军队是包括黄埔嫡系在内的中央军。同时由于地缘政治的因素以及笼络粤桂闽湘等实力派的需要，蒋介石令这些省份的军队在"围剿"中扮演重要角色（蒋介石与两广实力派在"剿共"场域中的互动详见第五章）。1934 年初，蒋介石以张学良为"鄂豫皖三省剿匪副司令"，部分东北军南下"助剿"。1934 年 8 月，国民政府征调山西阎锡山和山东韩复榘的部分军队南下"助剿"。

第二节　1931 年第二十六路军调赣

在蒋介石征调地方实力派军队参与"剿共"的事例中，1931 年孙连仲部赴赣是较早的一个。早在事发不久，反蒋舆论即将蒋介石此举视为削弱异己之阴谋，"驱异己军队进剿，兔死狗烹，一举两得"。"除将长江流域各异己军队，尽使剿匪之外；并且连北方冯系孙连仲的队伍也抽来了……"[①] 本节拟利用新近公开的相关资料，试图重构蒋介石调孙连仲第二十六路军赴赣的前因后果，以期深化对国民政府在"剿共"场域整合地方实力派策略的认识。

孙连仲（1893～1990），字仿鲁，河北雄县人。1912 年入伍从军，编入陆建章统领的左路备补军，为备补军前营营长冯玉祥所赏识。1918 年冯玉祥任湘西镇守使，其陆军第十六混成旅驻防湖南常德，孙连仲升任炮兵营营长，与韩复榘、石友三、孙良诚等人并称冯军的"十三太保"。[②] 1924 年冯玉祥发动"北京政变"，孙连仲因表现英勇先后调任国民军第一军炮兵旅旅长、骑兵第二师师长。1926 年北伐战争后，孙连仲先后被任命为东路第二军司令官、第十二师师长、全军总执法等。1927 年冯玉祥所部改为国民革命军第二集团军，孙连仲又先后出任第九方面军总指挥兼第十四军军长、第

① 愤：《剿共》，《南华评论》第 1 卷第 8 期，1931 年。
② 类似的还有"五虎将"之说。参见韩了华《西北军中的"十二太保"与"五虎将"》，《文史精华》1997 年第 12 期；李友唐：《冯玉祥的十三太保》，《档案天地》2008 年第 9 期。

二方面军总指挥。1928 年北伐胜利后，孙连仲先后进驻青海、甘肃等省，1929 年一度出任甘肃省主席。1930 年东调被任命为冯部第八路军总指挥，参与反蒋的"中原大战"。战败后，孙连仲所部接受蒋介石收编，改为第二十六路军，孙连仲为总指挥。

出身于冯玉祥西北军系统的孙连仲，最为世人所知的事件应是全面抗战初期顽强坚守台儿庄击退强敌的壮举。实际上早在 1932 年，孙连仲就因其所部一万七千名官兵在赵博生、董振堂等人的领导下发动了"宁都起义"而具有相当的知名度。[①] 本节考察的 1931 年孙连仲部调赣，在很大程度上是宁都起义的背景。

一　调孙连仲部赴赣背景与动机

1927 年国共第一次合作破裂后，共产党人面对国民党疯狂的反共"清党"，在长江流域举起了武装反抗的大旗，重新燃起了革命的星星之火。蒋介石在 1930 年 10 月取得中原大战的决定性胜利后，逐渐关注军事"剿共"，并着手相应准备与部署。12 月 5～26 日，蒋介石亲至江西、湖北筹谋"剿共"，并组织了对中央苏区的第一次"围剿"。因此，在这样的背景下，征调孙连仲部到"剿共"前线的江西，当然有"剿共"的目的。国民党的官方媒体《中央日报》连续关注孙连仲部赴赣，也主要是基于"剿共"角度。[②]

然而，更值得注意的是，蒋介石虽然在中原大战结束后关注"剿共"，并有切实准备与部署，但对红军崛起的认识并不充分，甚至不乏轻视之意。

[①] 曾任孙连仲部第二十六路军第二十五师七十三旅旅长的董振堂在宁都起义后，投奔苏区，所部编为中国工农红军第五军团。1933 年后董振堂出任第五军团军团长，成为与时任红一军团军团长林彪、红三军团军团长彭德怀比肩的著名红军将领。曾任第二十六路军七十四旅军医的姬鹏飞在宁都起义加入苏区后，任红五军团卫生部部长，新中国成立后，先后担任外交部部长、国务院副总理、中顾委常委等职。

[②] 仅从《中央日报》所用标题即可窥见一斑：《赣省匪共一鼓可平，孙连仲部即将开赴协剿》（1931 年 1 月 19 日）、《孙连仲部入赣协剿，廿七师高树勋部先输送》（1931 年 2 月 5 日）、《孙连仲部南开剿共》（1931 年 2 月 19 日）、《孙连仲昨宴各要人，改定今日率部入赣督剿》（1931 年 3 月 9 日）。

1930 年 12 月，蒋介石亲赴赣鄂等地进行了三个星期的巡视，自信满满地声称所谓三个月肃清"共匪"，"一定没有什么问题"。在行动上，当时负责江西"剿匪"的鲁涤平多次致电蒋介石要求增兵，均遭蒋拒绝。12 月 1 日，蒋介石致电鲁涤平称，江西"剿共"，兵力甚多，不必等待友军到齐，要求鲁涤平"严令各部猛进"，务必于一个半月内"将江西所失各县收复，不得延误"。不久，蒋介石再次致电鲁涤平，要求后者"严督各部，如期清剿，请勿推诿"，"所请增兵，应毋庸议"。① 既如此，蒋介石调孙连仲部赴赣或许另有隐情。

实际上，弄清楚蒋介石调孙连仲部赴赣之隐情，需从其在中原大战后的善后策略考察。蒋介石虽然取得了中原大战的最终胜利，但妥善处置实力尚存的地方实力派军队，防范其东山再起，并非易事。蒋介石对此高度警惕，时刻戒备，"广西之桂军……山西之叛部，山东之冯部，四川之劣军，皆须处置妥备。不使生变，牵一发而全身动，可不慎欤？"②

对地方实力派的头面人物与其所属军队区别处理，是蒋介石惯用的策略。对地方实力派的头面人物，蒋介石往往以迫其下野、离开所属军队为主要手段。为此，1930 年 10 月中原大战结束后，蒋介石致电国民政府，对于所有政治上与军事上的罪犯，一概予以赦免，取消通缉，复其自由，甚至仍得"享受一般公民应有之权利"。蒋介石对中原大战中高举反蒋大旗的阎锡山，虽咬牙切齿、不许特赦，但最终也只是以促阎下野离开山西告终。其他参与反蒋的头面人物，如冯玉祥、李宗仁、白崇禧等，同样如此。如对桂系，只希望解散张发奎部，李宗仁、白崇禧离开广西，"则可安置矣"。③ 蒋介石对地方实力派头面人物的这种有限惩罚，除因其实力受限外，是否与国民党的政治文化有关，也是值得探讨的问题。

对于地方实力派所属军队，蒋介石以裁编招抚为主。1930 年 8 月 22 日，蒋介石致电国民政府，声称如果阎锡山、冯玉祥能够引咎远去，对于

---

① 周秀环编注《蒋中正总统档案·事略稿本》（9），第 230～231、177、178 页。
② 《蒋介石日记》（手稿本），1931 年 1 月 27 日。
③ 《蒋介石日记》（手稿本），1931 年 1 月 27 日。

其部下，"概许自新"。① 10 月 4 日，蒋介石对"逆军官兵"的"剀切告谕"可视为其招抚地方实力派所属军队的范文。其"招抚"逻辑分为四个层次：

其一，肯定"逆军官兵"的光荣历史。蒋介石颇带感情地说，你们原来都是"中央的军队"，都是"本总司令的旧部"，过去也曾为"国民革命出了不少死力"，"这是你们的光荣"，也是"本总司令所最不能忘情的"。

其二，参与反蒋叛乱在性质上是遭受威胁后"误入歧途"。蒋介石把这种行为比作良家子弟在偶遭匪类诱惑后抛家不顾之举。

其三，"逆军官兵"是继续"附逆"还是"去逆效顺"，命运相差悬殊。苟不觉悟，继续"附逆"，是"自寻死路""万无生理"；对审时度势迷途知返者，"必如父兄之待子弟"。

其四，对归顺的不同层次明码标价。"官长带队来归者，升一级，所部发饷一月"；"士兵带枪来归者，赏洋二十元"；"士兵徒手来归者，发饷一月"；"官兵带机关枪来归者，赏洋五百元，带炮一门，赏洋一千元"。②

蒋介石对不同的地方实力派所属军队，处置亦大有差异。对阎锡山的晋军，蒋介石令张学良整体收编，结果被编为 4 个军 8 个师以及正太护路军（6 个旅）、骑兵部队（4 个旅）、炮兵部队（11 个团）（其具体编制序列参见表 3－3）。晋军数十将领以山西境内难以承担巨额军费，主动请求南下"剿共"。③ 蒋介石并未乘机征调晋军南下进行分化，反令吴铁城设法转请张学良辟谣，所谓征调晋军南下"剿共"之说，绝无其事，"显系造谣之徒，淆惑听闻"。④ 在此后数年内，蒋介石也并未征调晋军助"剿"。如此，晋军虽经缩编，实力受损，但作为整体得以保存。

---

① 郭廷以编《中华民国史事日志》第 2 册，第 611 页。
② 周秀环编注《蒋中正总统档案·事略稿本》（9），第 22～24 页。
③ 韩信夫、姜克夫主编《中华民国大事记》第 3 册，第 164 页。
④ 高素兰编注《蒋中正总统档案·事略稿本》（10），第 255 页。

表 3 - 3 中原大战后晋绥军缩编后编制序列

第三十二军(商震)	第六十六师(杨效欧)
	第六十七师(冯鹏翥)
第三十三军(徐永昌)	第六十八师(李服膺)
	第六十九师(杨澄源)
第三十四军(杨爱源)	第七十师(王靖国)
	第七十一师(杨耀芳)
第三十五军(傅作义)	第七十二师(李生达)
	第七十三师(傅作义)
正太护路军(赵承绶)	第一旅(孟宪吉)
	第二旅(陶振武)
	第三旅(马延守)
	独立第一旅(杜春沂)
	独立第二旅(周原健)
	独立第三旅(丰玉玺)
骑兵部队(赵承绶)	第一旅(孙长胜)
	第二旅(吕汝骥)
	第三旅(彭毓斌)
	第四旅(郭凤山)
炮兵部队(周玳)	第二十一团(李伯庆)
	第二十二团(施国藩)
	第二十三团(李锡九)
	第二十四团(郝庆隆)
	第二十五团(张映启)
	第二十六团(周勃)
	第二十七团(赵忠保)
	第二十八团(童村勋)
	第二十九团(张大华)
	第三十团(刘彭祖)
	第三十一团(董泽善)

资料来源：张明金、刘立勤主编《中华民国历史上的 20 大派系军阀》，第 262 页。

蒋介石对西北军的策略则是化整为零。这或与西北军的自身状态密切相关。据顾关林的研究，冯玉祥对西北军的支配主要还是私人依附性质与父家长式的支配。这种支配类型有赖领导者必须不断地在挑战中取得成功，从而证明其领导资格。一旦失败，其团体就面临解体的局面。[1] 由于西北军在对蒋斗争中不断失利，西北军实际上处于分崩离析的状态。中原大战之前，韩复榘、石友三、马鸿逵、刘镇华先后叛冯投蒋。中原大战后期，随着战场上的逐渐失利，西北军更呈土崩瓦解之势，接连倒戈投蒋。西北军的瓦解为蒋介石对其进行化整为零提供了可能。蒋介石明确指示何应钦收编西北军的策略：如其各个来接洽者，"请切实进行收容"；若整个来接洽者，"拒绝之"。[2] 吉鸿昌、梁冠英、孙连仲在战争后期倒戈投蒋者编入蒋军序列。西北军大部战败后退入山西者交由张学良收编，缩编为以宋哲元为军长的第二十九路军、以庞炳勋为师长的第三十九师、以孙殿英为师长的第四十师（中原大战后期原西北军编制详见表3-4、表3-5）。至此，西北军作为一个整体的存在成为历史。

表3-4　中原大战后期西北军投蒋部队改编序列

第二十二路军(总指挥吉鸿昌)	第三十师[师长吉鸿昌(兼)]
	第三十一师(师长张印湘)
	第三十三师(师长葛运隆)
第二十五路军(总指挥梁冠英)	第三十二师[师长梁冠英(兼)]
	骑兵三师(师长张占魁)
	独立五旅(旅长郑廷珍)
第二十六路军(总指挥孙连仲)	第二十五师[师长孙连仲(兼)]
	第二十七师(师长高树勋)
	骑兵一师(师长张华堂)

资料来源：杨保森、任方明《西北军将领录》，中国广播电视出版社，2004，第18～22页。

---

[1]　顾关林：《论西北军的瓦解》，《近代史研究》1990年第3期。
[2]　《蒋介石日记》（手稿本），1931年3月4日。

表 3-5　中原大战后西北军战败部队改编序列

第二十九军（军长宋哲元）	第三十七师（师长冯治安）
	第三十八师（师长张自忠）
	暂编第二师（师长刘汝明）
第三十九师（师长庞炳勋）	第一一五旅（旅长刘世荣）
	第一一六旅（旅长陈春荣）
第四十师（师长孙殿英）	第一一七旅（旅长丁□庭）
	第一一八旅（旅长刘月亭）
	第一一九旅（旅长刑预筹）

资料来源：杨保森、任方明《西北军将领录》，第 18~22 页。

对蒋介石而言，改编后的西北军各部驻扎北方各地，仍是潜在威胁，以"剿共"之名将西北军分调南方各省遂成为其合乎逻辑的策略选择。1930 年10 月 23 日，蒋介石任命吉鸿昌为"鄂豫皖边防剿匪副司令"，其部第二十二路军调至湖北"剿共"。梁冠英部先调至江苏，随后调至安徽"剿共"。[①] 至于宋哲元部，蒋介石亦一度准备将其调至湖南，终因宁粤对峙局势紧张、无暇顾及才作罢。[②]

1931 年孙连仲第二十六路军南调江西"剿共"就是中原大战后蒋介石对西北军分化策略的具体实施。其直接诱因则是蒋介石防范西北军在韩复榘的旗帜下进行新的抱团。

中原大战后，冯玉祥通电下野，其所属庞大的西北军面临着分崩离析的危险。早在 1929 年即投靠蒋介石的韩复榘因据有山东省固定地盘而可能成为西北军再度结合的中心。据孙连仲参谋赵大璞回忆，中原大战结束不久，孙连仲即派参议屈益斋、参谋李汉辉向韩复榘请求接济、协商出路，想与韩复榘、石友三两部联合，"形成一个能以存在的力量"。韩复榘有野心，想乘孙连仲处境困难之际，使孙部听其指挥，借此扩大实力。[③] 意在将西北军

① 梁冠英：《二十五路军受蒋介石收编和被消灭的经过》，《文史资料选辑》第 52 辑，文史资料出版社，1964，第 174~175 页。

② 《蒋介石日记》（手稿本），1931 年 3 月 13 日。

③ 赵大璞：《孙连仲投蒋和在江西与红军作战失败的经过》，《文史资料选辑》第 45 辑，第100 页。

化整为零的蒋介石对于西北军可能的新的抱团十分警惕与防范。蒋介石在指示何应钦安排归降的梁冠英部驻地时，特别强调："不宜使其与山东部队相联也，请注意之。"①

1931 年初，蒋介石先是得悉石友三与韩复榘在济南会面，认为二人"将有联合，以图抗拒"。② 随后《中央日报》又传出孙连仲与韩复榘、石友三会面的消息，更令蒋心忧不已。③ 更何况，在此之前，同属原西北军系统的孙连仲与石友三在新乡辉县有过一次联合军事行动，企图将准备归顺于蒋介石的刘春荣部缴械。④

为防备韩复榘、石友三、孙连仲新的抱团，蒋介石决定对三人采取不同策略。石友三多次附蒋叛蒋，反复无常，且无固定地盘。⑤ 因此，对于石友三，蒋介石认为若不除去，"国家不能安定"，⑥ 决定万不得已时，"以全力解决石部而除后患"。⑦ 对于拥有固定地盘的韩复榘，在时机尚不成熟的情况下，蒋介石并不打算轻易动韩。例如，中原大战结束后，韩复榘曾主动电蒋，表示愿意"屯垦甘肃"，将山东交予蒋介石的亲信"顾军长祝同治理，以奖有功"。对于此类试探性表态，蒋介石并未顺水推舟，反而去电安抚，称：其一，论才，山东地位重要，"正赖长才坐镇，幸勿稍存谦抑"；其二，论功，韩复榘"守正不阿""苦战奋斗""有裨大局"，不在顾祝同之下。⑧ 蒋介石期待其"明白事理"，不做任何处置。⑨

---

① 周秀环编注《蒋中正总统档案·事略稿本》（9），第 45~46 页。
② 《蒋介石日记》（手稿本），1931 年 1 月 9 日。
③ 《中央日报》1931 年 1 月 14 日第 1 张第 3 版以《石、孙、马三将领由济各返原防》为题，报道了会面情形："兹闻孙连仲亦于昨日（1 月 9 日）早六点由济宁乘车到济，韩（复榘）、石（友三）、马（鸿逵）及各要人等，均到站欢迎，下车后即赴省府，韩当于上午十时在珍珠泉设宴，为孙（连仲）、石、马三氏洗尘，杯觞交错，极为欢洽。"
④ 周秀环编注《蒋中正总统档案·事略稿本》（9），第 111 页。
⑤ 黄广源：《反复无常的石友三》，《文史资料选辑》第 52 辑，第 210 页。
⑥ 《蒋中正电请宋子文介入，力使石友三安心俾不为乱》（1931 年 1 月 10 日），《蒋中正总统文物档案·筹笔》，台北"国史馆"藏，典藏号：002-010200-00055-001。
⑦ 《蒋介石日记》（手稿本），1931 年 1 月 13 日。
⑧ 周秀环编注《蒋中正总统档案·事略稿本》（9），第 519 页。
⑨ 《蒋介石日记》（手稿本），1931 年 1 月 13 日。

相较于石友三的反复无常,蒋介石认为孙连仲"诚实可靠",[①] 因此将其调离较为可能,也可借此削弱韩复榘、石友三声势。蒋介石在其日记中多次强调调孙连仲赴赣的重要性。1月9日记:"石友三、韩复榘将有联合,希图抗拒,此时孙连仲部如能开至江西,则统一即可实现矣。"2月21日记:"孙连仲部逐渐南下,余计其将实行,则统一实现,更有把握。孙部南移与否,实为统一成败之大关键也。"[②] 不难看出,对于调孙连仲部赴赣,蒋介石强调的关键词是"统一",而不是"剿共"。

二 调孙连仲部赴赣经过

为了促成孙连仲部离开北方而南下赴赣,蒋介石颇费周折。从其曲折过程中或可窥探蒋介石与地方实力派打交道的方式方法。

首先,蒋介石充分运用经济资源笼络孙连仲部。

蒋介石在其日记中记载了接待孙连仲及其部将的情形。1月16日,"晚宴孙仿鲁"。1月20日,会见"孙部各官长"。1月22日,"对来京之师旅长各别交谈,高树勋似有感化,而季振同则为各旅长中之佼佼者也"。2月5日,"令经理准备款项,待孙连仲部到浦口时,各兵每名发二元,官发十元,点名发给"。[③]

相较日记的记载,相关亲历者的回忆可见更多细节。赵大璞回忆:"我跟孙同车到了浦口,受到蒋介石和高级文武官员的热烈欢迎。听说蒋对部下是从没有这样客气过的。""我们到了南京,蒋安排招待的住处是南京最好的中央饭店和安乐饭店,吃的餐餐是盛宴。""此外,蒋还不时请孙去他家

---

① 蒋介石在指示何应钦、朱培德处置孙连仲部时,曾用"诚实可靠"一词评价孙连仲。见周秀环编注《蒋中正总统档案·事略稿本》(9),第98~99页。

② 《蒋介石日记》(手稿本),1931年1月9日、2月21日。

③ 《蒋介石日记》(手稿本),1931年1月16日、1月20日、1月22日、2月5日。高树勋(1898~1972年),字健侯。孙连仲部南调赴赣时任第二十六路军第二十七师师长。1945年10月,在国共全面内战爆发前,高树勋率其部在邯郸起义,成为内战前后第一位起义的国民党高级将领。季振同(1901~1934),号异之,河北沧州人。孙连仲部南调赴赣时任第二十六路军第七十四旅旅长,后参与著名的宁都起义。惜1934年红军长征前夕在江西瑞金被错杀。

中共进晚餐，白天浏览名胜古迹，晚上看戏。"①

对于南京方面热情款待情形，《中央日报》也有详细报道。当孙连仲部抵达南京浦口时，"陆海空军总司令部，已指派励志社干事三人，预在浦口恭候，并携有电影，准备在浦口十二号货栈内映演，以娱兵士"。"更备有毛巾、食品等八十大箱，分发全部士兵，用示慰劳之忱。"② 比较赵大璞的回忆与《中央日报》的报道，两者同样渲染了热情的招待，但高级文武官员尤其是蒋介石是否亲自到浦口迎接，似可存疑。

其次，蒋介石极力容忍孙连仲部的拖延、违纪等行为。

蒋介石明令孙连仲部调赣后，孙连仲部迟迟未有行动，一再改期，一度引起外界猜测，甚至传出孙连仲部改派豫西之说。③ 对于孙连仲部的拖延，蒋介石极力容忍，只要2月15日能集中南浔路，则输送日期，"可由仿鲁兄自定之"；"如有不得已之情形，也可延期至2月25日集中南浔路"。④ 就在孙连仲部即将南下之际，因受韩复榘之煽动，第二十六路军第二十五师七十三旅一营自由行动，使孙连仲部南下再度生变。蒋介石一方面自称要"忍耐"，不予追究；另一方面宽慰孙连仲，"此乃少数不明是非，罔知利害之官兵，受人煽惑所致"，"而我高级官长皆深明大义"。⑤

再次，蒋介石妥善处理突发事件，排除各种干扰。

蒋介石对于可能影响孙连仲部南下赴赣的突发事件，要求迅速、秘密处理，以免成为孙连仲部拒绝南下的借口。2月初，驻扎于陇海、津浦线附近的第十二师第六十九团、第七十团发生兵变。津浦线是南北要道，是孙连仲部南下赴赣的必经之道。兵变发生后，蒋介石十分担心孙连仲部借此"延不开赣"。⑥ 为此，蒋介石一再电令时任津浦路守备司令王均等人"严守秘密""勿使声张"，"从速进兵，限三日内平定"。经蒋介石亲自过问，此次

---

① 赵大璞：《孙连仲投蒋和在江西与红军作战失败的经过》，《文史资料选辑》第45辑，第101页。

② 《孙连仲部入赣协剿》，《中央日报》1932年2月4日，第1张第4版。

③ 《孙部开拔尚未实现又有奉命赴豫西之讯》，《大公报》1931年2月9日，第1张第3版。

④ 周秀环编注《蒋中正总统档案·事略稿本》(9)，第517～518页。

⑤ 高素兰编注《蒋中正总统档案·事略稿本》(10)，第21～22页。

⑥ 《蒋介石日记》（手稿本），1931年2月3日。

兵变很快平定。就在孙连仲部南下之际，鲁西一带连降大雨，影响孙连仲部兵运。蒋介石获悉后，一方面准予稍延日期，另一方面派人准备雨伞帐幕运至鲁西。[①]

孙连仲部调赣最主要的干扰还是来自韩复榘。时在北方参与善后的宋子文告诫蒋介石，"韩（复榘）畏仿鲁他调，组新团结"，在方针决定前，"请设法勿令仿鲁离京为佳"。[②] 韩复榘之所以阻挠调孙连仲部南下赴赣，原因在于一方面韩复榘对驻扎于鲁西济宁的孙连仲部有染指之意，希望与孙部联合扩大势力；另一方面也担心所部步孙连仲之后尘，被征调南下"剿共"，若能滞留孙连仲部，或可增强抵制声势。

蒋介石拟调孙连仲部赴赣后，判断韩复榘可能从中作梗、有意阻挠。1931 年 1 月 13 日，蒋介石记："闻韩复榘以调孙连仲部赴赣而起疑惧，小人难养至于如此，堪叹也。"[③] 在孙连仲自南京向蒋介石"请训"返回济宁后，韩复榘即以孙连仲"目疾"为由，前往济宁谒孙。[④] 韩复榘与孙连仲相见后，蒋介石即接韩复榘电，告知孙连仲部不宜调赣。2 月初，韩复榘又在暗中制造事端，致使张华棠的骑兵师"受韩之煽惑，竟中途生变，不能开赣"。[⑤] 对于韩复榘的阻挠与抵制，蒋介石内心深处难抑气愤，在日记中以"小人难养至于如此""狼子野心殊不可驯"问候；在实际处理中则理智谨慎，尽力安抚。针对韩复榘对南下赴赣的忧虑，蒋介石明确告知"仅调第廿六路仿鲁兄部赴赣，已足清剿"，至于韩复榘部，"有在鲁震慑之必要，不宜调动"，"不惟山东，即北方全局，亦甚重要"。即使孙部南调，因为"皆系旧属，自能尊重兄意"，"听兄劝导，完成其使命"。[⑥] 在韩复榘未能

---

① 高素兰编注《蒋中正总统档案·事略稿本》（10），第 12、16～17 页。

② 《蒋中正电宋子文谓石友三、孙殿英二人不除，国无宁日，请商张学良速行之》（1931 年 1 月 13 日），《蒋中正总统文物档案·特交文卷》，台北"国史馆"藏，典藏号：002 - 070100 - 00017 - 012。

③ 《蒋介石日记》（手稿本），1931 年 1 月 13 日。

④ 《韩乘专车赴济宁谒孙》，《中央日报》1931 年 1 月 24 日，第 1 张第 3 版。

⑤ 《蒋介石日记》（手稿本），1931 年 2 月 6 日。

⑥ 周秀环编注《蒋中正总统档案·事略稿本》（9），第 489～490、第 552 页。

阻止孙连仲部调赣而牢骚满腹时，蒋介石"恐其恼羞成怒"，"故善意劝诫之"。① 同时对于韩复榘部的军饷亦给予优待，"本月份饷当先发清，其余欠款亦命令经理处陆续发还也"。②

纵观蒋介石征调第二十六路军赴赣的背景、经过，或可得出以下两点认识。第一，蒋介石征调地方军队"剿共"，长期以来有蒋介石借"剿共"削弱异己的说法。就征调第二十六路军而言，总体上讲是成立的。蒋介石并不讳言，"冯部之孙仿鲁军能遵命开至江西，则共匪与冯部可以妥帖"。③ 第二，蒋介石在中原大战后的军事重心逐渐转向"剿共"。但所谓的"讨逆"之战并未能真正解决地方实力派问题，妥善善后、防范地方实力派在蒋介石的决策中仍占据重要位置。蒋介石调第二十六路军赴赣，最主要的目的无疑是分化西北军，防范西北军新的抱团。

第三节　1932 年第十九路军调闽

一　蒋介石与陈铭枢及其所部的"蜜月"史

国民革命军第十九路军及其头面人物陈铭枢、蒋光鼐、蔡廷锴等均以"反蒋""抗日"著称。然而，在陈铭枢及其第十九路军与蒋介石决裂之前，双方曾有一段密切合作的历史。在宁汉对峙、蒋桂战争、中原大战等国民党内的派系竞争中，陈铭枢及其所部均予蒋介石以实力支持，是"拥蒋"阵营的重要力量，而蒋介石对陈铭枢等人也是十分依赖，视同亲信，是时人认知中的准嫡系。④ 与陈铭枢多有往来的陈公博对蒋介石与陈铭枢密切合作的"蜜月"史曾有精彩描述：

在蒋先生眼中，真如是一个有力和有识的军人，真如在广东当师长

① 《蒋介石日记》（手稿本），1931 年 1 月 18 日。
② 高素兰编注《蒋中正总统档案·事略稿本》（10），第 174 页。
③ 《蒋介石日记》（手稿本），1931 年 1 月 27 日。
④ 郭汝瑰：《郭汝瑰回忆录》，第 68 页。

时，蒋先生就有许多事托他主办。他赶走汝为（许崇智），事前和他商量。招致唐孟潇（唐生智）加入国民革命军，派他当代表。囚胡展堂（胡汉民），使他安定广东。而真如呢，的确也替蒋先生卖尽许多气力，宁汉分裂，真如宁可放弃了他的军队，也不赞成武汉而走南京，张桂军围攻广州之役，完全靠他十九路军之力，才反败为胜。蒋先生在扩大会议之时，真是筋疲力尽，也全凭十九路军恢复济南，才重安北方之局。①

陈公博有关蒋介石与陈铭枢密切合作、互相信任的记录在蒋方资料中亦可得到印证。第十九路军最早可追溯至邓铿任师长的粤军第一师的第四团。陈铭枢为该团团长，蒋光鼐、蔡廷锴、戴戟等第十九路军将领也出自此团。其后第四团编成粤军第一旅。1925 年 6 月，广州国民政府为巩固新生的革命政权，以黄埔学生军和粤军为主力，平定滇军杨希闵、桂军刘震寰的叛乱。粤军第一旅隶属于蒋介石指挥。从这时起，蒋陈之间有了正式的隶属关系。蒋介石对陈铭枢的最初印象颇佳，其 6 月 12 日日记中记："向炮兵阵地前进，恐左翼兵力不足，又恐警卫军不能作战，故急令陈旅（指陈铭枢所在的粤军第一旅）增加一营，而陈旅已派一团进攻，知之甚为感佩。真如实为粤军中第一将领也。"蒋介石早年在粤军中从事中下级幕僚工作，对粤军将领印象不佳。此番称赞陈铭枢为"粤军中第一将领"，与其说是对陈铭枢的客观描述，毋宁说是蒋介石表达自身的一种主观喜好与情感。6 月 27 日，蒋介石又在日记中记："陈真如旅长来谈，甚洽意也。"②

不久，广州国民政府为统一军政，将其辖下的各地方军队名目取消，统一更名为国民革命军。粤军主力改编为国民革命军第四军，粤军第一旅扩编为第四军第十师，以陈铭枢为师长，蒋光鼐为副师长，蔡廷锴为第二十八团团长。北伐战争中第四军第十师又扩编成第十一军，陈铭枢任军长。

随着北伐战事的推进，南方革命阵营内部矛盾重重，斗争激烈。拥蒋还

① 陈公博：《苦笑录》，现代史料编刊社，1981，第 208～209 页。
② 《蒋介石日记》（手稿本），1925 年 6 月 12 日、6 月 27 日。

是反蒋是这场斗争的重要表征。1927年3月，时任武汉卫戍司令的陈铭枢力挺蒋介石，离开武汉投奔南京，出任南京方面政治部副主任。这次离开武汉，是陈铭枢在国民党的政争中拥蒋的开始。陈铭枢在回忆录中承认："从此以后，我就公开站在蒋介石一边，与武汉方面处于对立面了。这是我历史上的一个转折点。"① 陈铭枢所部在北伐战争中战功赫赫，先后参与汀泗桥、贺胜桥等著名的北伐攻坚战。陈铭枢的出走为蒋介石"清党"提供了重要口实。蒋介石认为陈铭枢离开武汉，是武汉方面的鲍罗廷及共产党逼迫所致。4月13日，也就是"四一二"反共"清党"的第二天，蒋介石在其《告国民党同志书》中称"第十一军军长陈铭枢转战湘鄂，底定武汉，劳苦功高"，而武汉方面"竟迫令宵夜出走，反散布谣言，谓中正令其捕拿中央执行委员，不愿违心，遂行辞职"。"陈君犹在，电文可查。"② 4月20日，蒋介石在南京国立东南大学召开黄埔同学会，再次借陈铭枢离开武汉事件大做文章。蒋介石称"武汉这个地方，是我们第十一军军长陈铭枢和一般国民革命军将士流了许多血换得来的"，陈铭枢"眼见他们横行跋扈，实在看不过去，要想制止他们，就给他们马上赶走，并且不许我们忠实的国民党员在武汉立足"。③

　　1927年夏，蒋介石在国民党内宁汉政争中面临着被逼下野困境。在蒋介石处境艰难之时，陈铭枢为蒋介石的去向出谋划策，蒋介石则视陈铭枢为亲信，常常与之共商大计。8月3日，蒋介石与陈铭枢等人讨论去留问题，"金谓公不可去"。④ 当时南京方面为了应付武汉方面的东征，将北伐主力南撤，遂予奉鲁联军以可乘之机，使苏北重镇徐州得而复失。蒋介石试图集结兵力反攻，收复苏北失地，以缓和宁汉之争，但结果惨败。南京内部以桂系李宗仁为首的实力派也主张蒋介石下野，以与武汉妥协。在内外夹攻之下，蒋介石下野离职势不可免。陈铭枢转而建议蒋介石"出洋为是"。蒋介石认为"甚有见解"，采纳了陈铭枢的意见。蒋介石下野后抵达日本，陈铭枢亦

①　陈铭枢：《陈铭枢回忆录》，中国文史出版社，2012，第66页。
②　王正华编注《蒋中正总统档案·事略稿本》（1），台北，"国史馆"，2003，第189页。
③　王正华编注《蒋中正总统档案·事略稿本》（1），第340～341页。
④　王正华编注《蒋中正总统档案·事略稿本》（1），第639页。

跟随前往。① 在日期间，蒋介石与陈铭枢数度会商出处。蒋介石在 10 月 16 日日记中记："由芦之湖起程，往汤本访真如。"10 月 21 日记："与真如商议大局。"②

　　1927 年 11 月，陈铭枢紧随蒋介石回国后，前往第十一军驻地福州，重掌兵符，指挥第十一军从闽回粤。时蒋光鼐任第十一军副军长，蔡廷锴为第十师师长，黄质胜为第二十四师师长，戴戟为第二十六师师长。不久，陈铭枢的第十一军与张发奎的第四军因驻粤之争发生恶战。蒋介石担心第十一军不敌，叮嘱钱大钧"密为晓谕"，让陈铭枢保全实力为上，"速将所部开来长江"。③ 但陈铭枢回粤意坚，且得桂系黄绍竑部支持，最终击败了张发奎的第四军，赢得驻粤之争。1928 年底，陈铭枢出任广东省政府主席，陈济棠出任第八路军总指挥，二陈分掌广东军政。

　　二期北伐结束不久，国民政府形式上统一中国。蒋介石试图通过编遣裁军缩减军队、整合军权。陈铭枢于琼州通电全国军人，拥护蒋介石的编遣裁军，力主军权回归中央，并试图游说桂系将领李宗仁、白崇禧力行编遣，遭李宗仁讥讽。④ 1929 年初，陈铭枢所属的第十一军三个师，缩编为广东编遣区第三师和独立第二旅。蒋光鼐任第三师师长，蔡廷锴任独立第二旅旅长。8 月，广东编遣区第三师采用中央军番号，改编为陆军第六十一师，蒋光鼐仍任师长，独立第二旅改编为第六十师，蔡廷锴为师长。

　　编遣会议失败后，国民党内反蒋与拥蒋军政集团之间数度爆发大规模混战。陈铭枢及其所部第十一军始终支持蒋介石，为蒋介石赢得派系之争冲锋陷阵，立下战功。

　　1929 年 3 月，蒋桂战争爆发。蒋介石在广东陈铭枢、陈济棠等人的帮助下得以打败桂系。在论功行赏时，蒋介石对陈铭枢的功劳予以充分肯定：

---

① 陈铭枢：《陈铭枢回忆录》，第 74 页。

② 《蒋介石日记》（手稿本），1927 年 10 月 16 日、10 月 21 日。

③ 周美华编注《蒋中正总统档案·事略稿本》（2），台北，"国史馆"，2003，第 256 ～ 257 页。

④ 陈铭枢：《陈铭枢回忆录》，第 79 页。

"此次讨逆，各方响应，而以粤省关系最大。"[1]

1930 年 5 月，蒋介石与冯玉祥、阎锡山、李宗仁逐鹿中原。大战伊始，陈铭枢向蒋介石表示："蒋、蔡两师已做好准备，随时可听候调遣。"[2] 蒋介石即令蒋、蔡两师"可集中韶关，以备速出长江"。[3] 中原大战后，张（发奎）桂（系）军乘机再起，直入湖南，威胁武汉。蒋光鼐、蔡廷锴率部在衡阳等地重创张桂联军，"全线击溃，俘虏五千，缴械四千，逆军师长梁某阵亡，张（张发奎）、白（白崇禧）落荒，此部殆已完全解决"。时值中央军在中原战场上胶着苦战，湘南大捷消息传来，蒋介石大受鼓舞，兴奋表示，"得此大捷，不惟湘、鄂、粤、桂可以无忧，即中原战事亦得转机"，"殊勋伟绩，欣慰实深"，并令蒋、蔡两师再接再厉，"即集中株洲北来会战，共同歼灭阎冯，澄清中原"。[4] 湘南战事后，蒋、蔡两师先后转战津浦线、平汉线等中原战场。为了表彰蒋、蔡两师力战之功，蒋介石先是将其扩编为第十九路军，以蒋光鼐为总指挥，蔡廷锴为军长，接着又在军费上给予优待，"特别费每月增加二万元"。[5] 这一时期，蒋介石对于陈铭枢所推荐之人，也予以优先考虑。如 1930 年 12 月，陈铭枢以彭一湖"意志忠纯""守正不阿"向蒋介石推荐。蒋介石即电告陈立夫，令推彭一湖为监察委员。[6]

1931 年，蒋介石与国民党元老胡汉民因是否制定训政时期约法发生冲突，蒋将胡软禁于汤山。蒋介石的鲁莽行事再次引发国民党内巨大的反蒋浪潮，尤其是与胡汉民关系密切的广东方面紧锣密鼓筹划军事倒蒋。时任广东省政府主席的陈铭枢并不认同，"以中央扣留一二大员，就要兴师动众、分裂对立，这种想法在我脑子里是不存在的"。其部下蒋光鼐、蔡廷锴等

① 《蒋介石日记》（手稿本），1929 年 4 月 5 日。

② 陈铭枢：《陈铭枢回忆录》，第 80 页。

③ 吴淑凤编注《蒋中正总统档案·事略稿本》（8），台北，"国史馆"，2003，第 157 页。

④ 吴淑凤编注《蒋中正总统档案·事略稿本》（8），第 300 页。

⑤ 周秀环编注《蒋中正总统档案·事略稿本》（9），第 574 页。

⑥ 周秀环编注《蒋中正总统档案·事略稿本》（9），第 207 页。彭一湖（1887～1958），名蠡，字忠恕，湖南岳阳人。与陈铭枢关系密切。1927 年受陈铭枢邀请加入国民党，1933 年参加陈铭枢领导的福建事变，1945 年与黄炎培等人发起筹建中国民主建国会。中华人民共和国成立后，曾任政协全国委员会委员、中国民主建国会中央常务委员。

人亦与陈铭枢步调一致，主张拥护统一、反对内战，支持南京方面解决宁粤纷争的方案。[①] 为助蒋介石消弭粤局，陈铭枢致电，称"不图变乱至此"，故准备离开广东前往香港，"或可挽回危局"。[②] 陈铭枢离开广州，"客观上又是一种拥蒋的表现"。[③] 蒋介石对此非常满意，"真（指陈铭枢）既到港，则公私皆得转危为安，表示粤中内部不一致，则伯南（陈济棠）当亦不能附和叛逆也"，并致电陈铭枢，"嘱其在港与伯南交涉，促其反省"。[④]

陈铭枢离开广州前往香港后，旋经日本短暂之行又秘密回到上海。蒋介石知悉后，立电邀约相见。6月5日，陈铭枢进京晤谈，蒋介石欢喜异常，在当天日记中记："真如来京面谈甚欢"，"晚与真如长谈，彼规我在客观上注重与思想上领导，甚有理也"。[⑤] 情至深处，蒋介石甚至要与陈铭枢结拜为异姓兄弟。[⑥] 南京会晤后，陈铭枢奉命前往赣州"剿共"前线。到赣州后，陈铭枢公开发表拥蒋通电，并责问广东方面，如果蒋介石下野，"公等以何术统一时局，消弭祸乱？"[⑦] 陈铭枢的拥蒋挺蒋，使得蒋介石"见真如通电，颇足自慰"，"托人不负我也"。"阅真如、宜生（傅作义）函电，乃知人心向异，国人之心未死，国事犹可为也。" 蒋介石在军政事务上，亦主动征询陈铭枢的意见，"对军队区分事须问真如"。随后，蒋介石亦亲至江西"剿共"，与陈铭枢多次商讨时局。6月24日，"回城与真如、天翼、敬之决定方略"。7月27日，"九时由樟树乘飞机到吉安，与真如、秉藩等相见甚欢"。[⑧]

二　从"托人不负我"到"知人不明"

九一八事变后，面对日趋严重的民族危机，宁粤双方试图和谈以解决政

---

①　陈铭枢：《陈铭枢回忆录》，第82~84页。

②　《蒋介石日记》（手稿本），1931年4月29日。

③　许锡清：《福建人民政府》，《广州文史资料》第15辑，广州文史资料研究委员会，1965，第103页。

④　《蒋介石日记》（手稿本），1931年4月29日。

⑤　《蒋介石日记》（手稿本），1931年6月5日。

⑥　陈铭枢：《陈铭枢回忆录》，第86页。

⑦　《陈铭枢电汪精卫等》，《中央日报》1931年6月14日，第1张第3版。

⑧　《蒋介石日记》（手稿本），1931年6月12日、6月14日、6月24日、7月27日。

争。粤方为确保和谈安全，要求更换京沪卫戍警备组织，"俾粤方诸同志可以安心来京"，"决议统一政府办法"。① 蒋介石随即同意粤方所请，以与粤方渊源颇深的第十九路军拱卫京师。9月30日，国民政府任命陈铭枢为京沪卫戍总司令官，兼代淞沪警备司令。② 随着第十九路军移师京沪，陈铭枢从"剿共"右翼军团总指挥调任京沪卫戍总司令，并在蒋介石下野后的南京中枢扮演重要角色。蒋介石与陈铭枢及其第十九路军之间的关系开始发生变化，猜忌、矛盾从此产生。

在第十九路军调动之初双方即生嫌隙。当时第十九路军在赣南负责"剿共"，根据宁粤双方约定，第十九路军开赴京沪线，拱卫京师，赣南移防后的空缺由粤方派军接防。在第十九路军开拔数天后，粤军并未如约接防。蒋介石判断如果第十九路军全部离开赣州，"则伯南必不派队来赣南接防"，如此必将波及"剿共"大局。基于这一判断，蒋介石对第十九路军做如下布置：一部留在赣南等待粤军接防部队，"第六十一师与第七十八师，非候陈济棠正式部队二十团来接防，不可先开"，"如第六十一师未开动更好，否则仍须速回赣州"；一部东调移防京沪线，"第六十师速调南京"。对于蒋介石此举，"好事者即以此为分割之意"。③ 第十九路军将领亦颇有疑虑，蔡廷锴接到命令后，"心颇抑郁，盖不知本军如何分割也"。④ 蒋介石不得不再度去电解释，"全部调京，早已预定，何有问题？""惟赣南防地空虚，须俟伯南派正式队伍接防。"⑤ 经过几番曲折周旋，最终粤军派队接防赣州，蒋介石亦令第十九路军整体调往京沪。⑥

综合蒋介石与蔡廷锴双方资料来看，蒋介石最初要求第十九路军一部留赣，一部调往京沪，其原因确实如其所言，即粤军未能接防，影响"剿共"，并非有意拆分第十九路军。粤军接防后，蒋介石亦以第十九路军整体调往京

① 陈铭枢：《陈铭枢回忆录》，第92页。
② 韩信夫、姜克夫编《中华民国大事记》第3册，第245页。
③ 周美华编注《蒋中正总统档案·事略稿本》（12），第185、191～193页。
④ 蔡廷锴：《蔡廷锴自传》，第260页。
⑤ 周美华编注《蒋中正总统档案·事略稿本》（12），第191～193页。
⑥ 蔡廷锴：《蔡廷锴自传》，第261页。

沪。对于第十九路军而言，在宁粤之争中其态度是"非粤拥蒋"。蔡廷锴曾说："那时，粤当局似仍是向南京讲价还价，京中元老见国难当头，亦诸多迁就，经过多方责难，粤方始稍有合作表示。"[1] 言辞之间应可见其政治态度。但是经过此番周折，双方开始互生芥蒂。蒋介石认为第十九路军不愿分驻赣南与京沪线，是对其不够信任所致，故颇有微词："今伯南之电，只言须俟和议有成，派队接防，则其无诚意接防可知。且何日来接，所派何部，及兵力几何，皆未订明。""乃信伯南为必可奉命接防，疑上官为有意陷害，是可信者而不信，不可信者而信之，是非不明，轻重倒置，此乃革命所以不成也。"第十九路军将领则认为作为整体之第十九路军分驻两地，是蒋介石不够体谅"十九路军内部之关系"。[2] 再有外界"分割"传闻，不免心生疑虑。

随着第十九路军以宁粤双方都认可的军队进入京沪线，陈铭枢亦开始积极调停宁粤之争。但是陈铭枢在蒋介石个人去留以及蒋介石下野后内外政策的主张两个问题上的态度，令蒋介石极度不满。如果说第十九路军调动过程中出现的波折，蒋介石还只是定性为"是非不明""轻重倒置"的话，那么随后陈铭枢在调停宁粤之争中的表现，已经让蒋介石觉得是"居间渔利""别有用心"了。

在蒋介石个人去留问题上，陈铭枢支持粤方主张。在1931年九一八事变后的宁粤和谈中，粤方坚持和谈的前提是蒋介石必须下野。居间调停的陈铭枢附和这一主张。陈铭枢对蒋介石如是说："胡汉民、孙科等必欲钧座辞职始快"，"钧座似亦暂避为宜"。[3] 陈铭枢在蒋介石个人去留问题上的态度，亦见于蔡廷锴的回忆。蔡廷锴认为粤方条件过于苛刻，不同意蒋介石下野；否则，必然导致分裂。陈铭枢则"微笑不答"。[4] 所谓微笑不答，其意不难揣测。蒋介石本不欲下野，其提出解决时局的方针中，虽亦表示"如粤中能负全责，则在中央同人尽可退让一切，请在粤中同志整个的迁来首都改组政府，至中正个人下野，更无问题"，但蒋介石更希望的局面则是"如果各方合作，则中

---

① 蔡廷锴：《蔡廷锴自传》，第260页。
② 周美华编注《蒋中正总统档案·事略稿本》（12），第191~193页。
③ 周美华编注《蒋中正总统档案·事略稿本》（12），第455页。
④ 蔡廷锴：《蔡廷锴自传》，第262页。

正更为欢迎"。① 为避免下野，蒋介石一度打算"带兵北上抗日，表示对内退让之决心"，借对外来消弭内部矛盾。② 当蒋介石得知陈铭枢的态度后十分不满，怀疑陈铭枢借调停之机居间渔利，"真如亦受若辈之迷乎？抑其利用若辈以期得渔利乎？"当然，虽然蒋介石这时对陈铭枢有所怀疑，但在语气上还是将其视为"自己人"："以余之干部，乃亦动以退让为得计，内部之心不一，领袖之志难行，国家之生命其亦难存乎？"③

1931年12月15日，蒋介石在内外困境下，不得不辞去国民政府主席兼行政院院长职，宣告第二次下野。当天，国民党中央常务委员会临时会议推林森代理主席，陈铭枢暂代行政院院长。12月28日，国民党四届一中全会正式选举林森为国民政府主席，孙科则成立"看守内阁"，担任行政院院长，陈铭枢副之。在国民党蒋介石、胡汉民、汪精卫三巨头拒不合作的情况下，孙科内阁举步维艰，尤感棘手的是财政和对日外交。孙科内阁提出的应对之策是，在财政上，提用公债基金，暂行停付内债本息；至于对日外交，主张对日绝交。④ 蒋介石很快得到情报，"孙科在京召集各委员讨论组织特别委员会，主张对日绝交与停付公债本息"，其中"陈铭枢主张尤烈"。⑤ 以"提用公债基金，暂行停付内债本息"的方式解决财政被蒋介石视为"倒行逆施"，"最低限度必欲捣毁长江财政"；在外交上，蒋介石这时开始逐步确立"一面抵抗，一面交涉"的外交方针，对日绝交则成为"破坏全国外交之举"。在蒋介石看来，这些政策的目的就是使其"不能继起收拾。"⑥

而原本是"自己人"的陈铭枢"主张尤烈"，必然引起蒋介石的反感。蒋介石在复职后，在汤山召见陈铭枢，针对其在孙科"看守内阁"时期的表现发出警告："国家大事，当彻底细思，实事求是"，"非粗疏贪躁者所能一蹴而几也"。蒋介石在愤怒之下，用排比句"使政治无状至此，使官兵伙

---

① 周美华编注《蒋中正总统档案·事略稿本》（12），第127页。
② 《蒋介石日记》（手稿本），1931年11月17日。
③ 周美华编注《蒋中正总统档案·事略稿本》（12），第455页。
④ 陈铭枢：《陈铭枢回忆录》，2012，第107～111页。
⑤ 周美华编注《蒋中正总统档案·事略稿本》（13），台北，"国史馆"，2004，第36页。
⑥ 《蒋介石日记》（手稿本），1932年1月13日。

食不继，使余爱国计划遭此失败"，把自己面临的这些困境，统统说成是"陈铭枢一人有以误之也"。①

如果说蒋介石在早期称赞陈铭枢为"粤军中第一将领"，表达的是对其欣赏与喜欢的一种主观情感，那么所谓"陈铭枢一人有以误之"实际上也是表达一种主观情感，是极端愤怒情绪的宣泄。由此似可见蒋介石性格中有易冲动、走极端的一面。蒋介石这种在日记中表达对某人的极端愤怒情绪并不只此一端。1931 年，蒋介石因胡汉民反对制定约法，对其极端不满，将国民政府面临的一切问题统统归咎于胡汉民。2 月 14 日日记中记："自彼（指胡汉民）加入政府以后，政府即行不安，党部因之内讧。二年来，内战不息者，其原因固不一端，而推究总因，实在其政客私心自用，排除异己之所致。"② 这种极端愤怒情绪的结果就是蒋介石强行扣押胡汉民，以强力方式解决政争。那么，蒋介石是否会以同样的方式对待陈铭枢？当时第十九路军卫戍京沪线，蒋介石通过约法之争及其后果，也意识到强力解决政争的负面后果，故不大可能用对胡汉民的方式对待陈铭枢。但通过对这段时间陈铭枢参与高层决策种种表现的观察，蒋介石对陈铭枢不可能再有"托人不负我"之欣慰，而是哀叹"知人不明"，对其所属的第十九路军驻扎京沪也很难放心。对于陈铭枢而言，对蒋介石对自己的愤怒情绪不可能毫无觉察，并且鉴于蒋介石强力解决政争的历史表现，不可能毫无防范与警惕。

三　蒋介石与陈铭枢抗战观念的冲突

九一八事变后，日本为了掩护炮制伪满洲国的阴谋、转移国际视听，在上海制造事端，史称"一·二八"事变。中日民族矛盾的恶化本应使蒋介石与陈铭枢弥合分歧、共度时艰，结果却是蒋介石对陈铭枢及第十九路军的恶感进一步加深。

客观地讲，与九一八事变期间的"不抵抗主义"相比，"一·二八"事变中蒋介石的对日态度与政策还是有较大区别。"一·二八"事变后不久，

---

① 周美华编注《蒋中正总统档案·事略稿本》(13)，第 66、81 页。
② 《蒋介石日记》（手稿本），1931 年 2 月 14 日。

蒋介石发表《告全国将士通电》，要求"全国革命将士处此国亡种灭，祸迫燃眉之时，皆应为国家争人格，为民族求生存，为革命尽责任"，要以"宁为玉碎，毋为瓦全"之决心，"与此破坏和平、蔑弃信义之暴日相周旋"。与此同时，蒋介石命令京沪、京杭线上的中央军第八十七师、第八十八师开赴上海，支援第十九路军抗战。蒋介石甚至一度命令负责江西"剿共"前线将领熊式辉、朱绍良等人抽调"剿共"军队开赴浙西，以便随时进援上海，并称如果局势紧张"或不能不放弃剿匪计划"。① 当然，蒋介石这时并没有下定彻底抵抗的决心，并没有做好与日本决裂的准备，而是以"一面抵抗、一面交涉"为应对方针，在抵抗程度上，强调既要有一定程度的抵抗，又要"适可而止""勿使扩大"。

　　相比之下，陈铭枢与第十九路军将士无论在态度上还是行动上都更为坚决，故与蒋介石及国民政府的步调并不完全一致。这在蒋介石看来无疑是不服军令之举。1月27日，淞沪抗战前夕，上海市市长兼淞沪警备司令吴铁城访晤蒋光鼐、蔡廷锴，认为蒋、蔡二人"极愿不惜牺牲"，"十九路军极激昂"，遂电告蒋介石，担心"随时有发生冲突之虞"。② 随着淞沪抗战的进行，蒋介石越来越担心第十九路军坚决抗战的态度会导致战事扩大，甚至引起中日全面战争而无法收拾。为此，2月13日，蒋介石命令何应钦、陈铭枢致电蒋光鼐、蔡廷锴、戴戟等第十九路军将领：

　　　　蒋介公之意，我军进攻无论如何牺牲，亦不能达到任何目的，在全般计划未定以前，仍以攻势防御为要等语。特此电达，希查照。③

　　所谓攻势防御重点在不在于攻，而在于防。蒋介石基于对日抗战"适可而止"的态度而对第十九路军抗战行为设限，自然很难令陈铭枢、蒋光鼐、蔡廷锴等人接受。2月24日，蒋介石获悉国联方面尚未能积极，而日

---

① 周美华编注《蒋中正总统档案·事略稿本》（13），第101～102、222～223页。
② 周美华编注《蒋中正总统档案·事略稿本》（13），第82页。
③ 周美华编注《蒋中正总统档案·事略稿本》（13），第200页。

本"阁议闻为战费不能决定大出师援",认为在这种情势下中方应该坚持原定方针,"一面交涉,一面抵抗"。蒋介石并就后续如何操作这一方针向李济深、陈铭枢等人做出解释:

> 抵抗得有胜利稍稍退后,即以交涉途径进行交涉;不得胜利乃再力与决战。是交涉之时,即为我秘密准备抗战之时机也。不过在此时间不可不少示退让,以表我确有和平之诚意耳,而我之根本计划则准备抵抗到底也。①

而陈铭枢、李济深对此表示反对,蒋介石十分不满:"若辈诚亡国而恤,只图一己之权利与虚荣,可叹。"② 陈公博在回忆中亦提到蒋介石在与汪精卫谈话时"说了许多埋怨十九路军的话"。③

4月2日,蒋介石在军事会议上总结淞沪战事教训,认为军队缺乏整理,军事统一最为重要。"由于上海战事的教训,更加可以证明,我们军队平时组织的缺乏","几年以来,我作最高军事长官,如果早能将军队整理得好,相信这次和日本作战,不致弄成目前的状况","无论那一个国家的革命,都是要先整理军队,先求军事的统一与进步"。"军队不能整理,军事不能统一,革命必不能够成功。"④ 蒋介石虽未点明第十九路军,但参与淞沪抗战的军队除了临时组编的中央军第五军外,就是陈铭枢的第十九路军,其对第十九路军不服从统一指挥的不满之意已很明显。

值得注意的是,第十九路军在淞沪抗战中的积极抗战与英勇表现为其赢得了抗日英雄之声誉。蒋光鼐、蔡廷锴、戴戟、翁照垣、徐名鸿等人迅速成为广为人知的民族英雄。甚至"各人只知有十九路军,而不知有黄埔,只赞扬陈真如,而不赞扬蒋先生。因此,连参加沪战第五军的张治中的黄埔军

---

① 周美华编注《蒋中正总统档案·事略稿本》(13),第284~285页。

② 《蒋介石日记》(手稿本),1932年2月24日。

③ 陈公博:《苦笑录》,第197页。

④ 蒋介石:《整理军队、统一军事》,秦孝仪主编《先总统蒋公思想言论总集》卷10,第484~485页。

队也被埋没了功勋"。①

蒋介石对此不可能毫无介怀。在淞沪抗战期间，中国军队曾在庙行镇奋战三昼夜，多次击退日军进攻，歼敌三千余人，史称"庙行大捷"。蒋介石获悉"庙行大捷"后，特别强调其嫡系部队之战功，"我第八十八师以新练之兵竟能耐此重大之损失，固守不退，拼死反攻"，对于第十九路军则称其"只一味自夸其勇，是武人好胜之通病"。虽然自称对此"又何必怪之哉"，但强调"不怪"恰恰暴露了其内心深处的想法。② 中央军第八十七师、第八十八师驻师常熟期间，何香凝前去慰问，对中央军抗战表现颇有好评，第五军军长张治中即向蒋介石转达：

> 何香凝委员来职军抚慰，认职军之损失较十九路军为大，甚称职军勇于抗战，外面谣言始知不确。③

中央军将领向蒋介石汇报外界对中央军的观感，某种程度上也折射出蒋介石不可能毫不在意第十九路军的抗战声誉。

如果说蒋介石对陈铭枢及第十九路军将领在淞沪抗战中的表现还只是不满，对第十九路军将领抗战声誉或许也可以容忍，但当发觉陈铭枢参与旨在推翻国民党统治的第三党活动时，就足够感到恐惧，进而怀疑陈铭枢将成为第二个陈炯明。这很可能是蒋介石将第十九路军调离京沪线最重要的原因。

四 蒋介石忧虑陈铭枢成为"陈炯明之第二"

陈炯明（1878～1933），字竞存，广东海丰人。粤系军事将领，曾参与孙中山领导的革命活动。后因主张"联省自治"，与孙中山的革命旨趣产生冲突，反对孙中山以广东为基地的北伐，并举兵反叛孙中山。在蒋介石及国民党官方历史书写中，陈炯明几乎就是反叛领袖的代名词。蒋介石忧虑陈铭

---

① 陈公博：《苦笑录》，第 209 页。
② 周美华编注《蒋中正总统档案·事略稿本》（13），第 280～281 页。
③ 周美华编注《蒋中正总统档案·事略稿本》（13），第 361 页。

枢成为"陈炯明之第二"并非无因。

陈公博曾如是分析陈铭枢：

> 真如的个性，志大而才疏，好高而骛远，他原是一个好好的军人，但因为志大才疏，以为天下事不足平，中国的政治非他出来治理没有办法，因为好高骛远，于是许多共产党和第三党失败下来的人物，一时麋集其门，时时拿理论去煽动他，拿领袖去引诱他，于是真如很想取蒋而代，甚至乎以为国民党的政纲和政策还不够。①

陈公博的分析难免有主观偏见，但因与陈铭枢多有接触，其观察亦有所见。比如志向远大、取蒋而代，也可以在陈铭枢的资料中找到若干佐证。1931 年夏，陈铭枢曾计划依托蔡元培的政治威望、邓演达的群众基础以及自己的军事力量，三人合作，"另开一新局面"。②

在 1932 年前后，所谓"另开新局面"主要是指陈铭枢参与第三党的活动。第三党，一般是指 1930 年 8 月国民党内左派在上海创建的中国国民党临时行动委员会，当时被称为"第三党"，也就是后来中国农工民主党的前身。与陈铭枢关系密切的邓演达是第三党的主要创建者。其基本主张是继续贯彻孙中山的"联俄""联共""扶助农工"的三大政策，进行平民革命，推翻南京政府的统治，建立"平民政权"的国家。

陈铭枢的"异志"很难逃过蒋介石的情报网。据陈铭枢回忆，自己与邓演达常有联系。当陈铭枢到江西任"剿共"右翼军总司令时，陈铭枢与邓演达交换对时局意见，"希望彼此能进一步合作"，"另开局面"。双方通过密信联络，虽皆用暗语，却都是亲笔所写。1931 年 8 月，邓演达在上海被捕。第三党友人曾告诉陈铭枢，蒋介石的特务搜获了陈铭枢致邓演达的密信。陈铭枢则推测此信可能是邓演达被捕后若干时间才被蒋介石发现。③ 根据蒋介石方

---

① 陈公博：《苦笑录》，第 208 页
② 陈铭枢：《陈铭枢回忆录》，第 89 页。
③ 陈铭枢：《陈铭枢回忆录》，第 99 页。

面资料，蒋介石发现陈铭枢参与第三党活动很可能是在淞沪战事后不久。1932年3月4日，蒋介石在日记中记："沪上反动之言，陈真如闻之毫不动声色，可谓无血心之人也。"3月5日记："下午会客，陈真如来见，但有伤心而已。"3月7日，蒋介石日记中清楚说明对陈铭枢"伤心"之原因：

> 上午会客，看书，真如之愚庸则我所知，真如之奸鬼则我所不知，而真如之能为陈炯明第二，是又我所万万不及料者也。余诚妄人，自以为是，所以至于今日也。真如之被第三党诱引为首领，为傀儡，而彼愚奸为人利用而不自知，可叹。①

至此，蒋介石已将陈铭枢等同于曾经反叛孙中山的陈炯明，如何防范"中央陈炯明第二或为反动派所煽惑亦随之叛变"就成为其重点防范之事，"如不预防，必有近忧，何以防之？"②

除了发觉陈铭枢参与第三党活动，蒋介石还获悉第十九路军将领与其他反蒋派系有联系。1932年2月4日，蒋介石获悉，"沪上某某中委等竟多方怂恿"蒋光鼐成立军政府，"并谓中央不顾十九路军孤立牺牲，不如早自为谋"。2月16日，蒋介石又自香港方面获悉，"粤桂拟从速成立西南军事分会，由粤中执行部电告散处各地中委会集广州，召开救国会议"。"一面以实力援助十九路军，一面招陈铭枢返粤，仍为省主席。"③

五　蒋介石调第十九路军入闽与陈铭枢主动请求入闽

从蒋介石调第十九路军赴闽"剿共"而言，或可以从以下五个层面理解。

其一，第十九路军之所以从赣南"剿共"调驻京沪线，拱卫京师，是宁粤之争中双方和谈需要这一特殊情境下才出现的非常态局面。又因宁粤和谈后淞沪战事发生，继续留守京沪。一旦中日战事结束，第十九路军必然调

---

① 《蒋介石日记》（手稿本），1932年3月4日、3月5日、3月7日。

② 《蒋介石日记》（手稿本），1932年4月14日。

③ 周美华编注《蒋中正总统档案·事略稿本》（13），第142～143、220～221页。

离京沪，回到"剿共"前线是合乎逻辑的结果。

其二，自陈铭枢及第十九路军因介入宁粤之争而调驻京沪线，双方开始出现信任危机。肖如平对双方之间信任的流失有详细的梳理。[①] 肖自力则从第十九路军角度对这种不信任的原因进行了进一步解读，认为尽管第十九路军与蒋介石有过长期的结合，但因个人关系纽带先天欠缺，基础并不牢靠。[②] 这种因个人关系欠缺产生信任危机同样适合于蒋介石。蒋介石虽一方面身为国家统帅、政府首脑，不乏国家意识与全局观念，但另一方面又是派系领袖，派系与嫡系观念仍很强烈，对嫡系存在特殊感情。1931 年初，蒋介石因调非嫡系的孙连仲部赴赣"剿共"一波三折，"当此险难之时，惟见直属师旅团长之整齐，聊足以自慰解闷耳，其他几无乐趣也"。[③] 其折射出的正是蒋介石的派系感情与派系观念。第十九路军虽然曾长期拥蒋，但毕竟非蒋嫡系，因拥蒋获得的信任难经考验。以第十九路军调动过程中蒋介石安排一部先调京沪，一部继续留守赣南等待粤军接防为例，蒋介石的逻辑是，自己作为统帅，应该能够掌控军队如何调动，如何分配，军队将领以服从为天职，何况这种分配本就事出有因。但第十九路军将领居然怀疑背后有拆分之意而不愿遵令，这引起蒋介石的反感，并强化其本就有的派系观念——第十九路军毕竟不是自己的嫡系部队。蒋介石在获悉第十九路军不愿分割部队后，感到"疑信参半者不可用也"即是这一逻辑的结果。[④] 虽事实上不可能完全不用，但若用于长期拱卫京沪，则是不可想象。

其三，以孙中山继承人自居的蒋介石，对孙中山遭到陈炯明的背叛印象深刻。现在居然发现陈铭枢有可能成为第二个陈炯明，不能不令他感到忧虑与恐惧，进而采取防范措施。当蒋介石发现陈铭枢对当时的"沪上反动之言"无动于衷后，又试图以直接告诉蒋光鼐的方式，消弭陈铭枢成为"陈炯明第二"的可能。1932 年 4 月 20 日，蒋介石在日记中记："下午蒋光鼐

---

① 肖如平：《信任的流失：一二八事变前后的陈铭枢与蒋介石》，《民国档案》2012 年第 2 期。

② 肖自力：《十九路军从拥蒋到反蒋的转变》，《历史研究》2010 年第 4 期。

③ 《蒋介石日记》（手稿本），1931 年 2 月 5 日。

④ 《蒋介石日记》（手稿本），1931 年 10 月 21 日。

来见，余以陈铭枢环境恐为炯明之续之意直告之。"[1] 称陈铭枢因客观环境而不讲主观意愿，所谓"直告"，实则还是比较含蓄，有所保留。但从结果来看，并不理想。蒋介石又注意到蒋光鼐、蔡廷锴与陈铭枢之间的差异与区别，进而注重扶持蒋光鼐与蔡廷锴等人，以削弱陈铭枢运动第十九路军反蒋的可能。[2]

其四，调第十九路军赴闽"剿共"还有来自福建的诉求。1932 年 3 月下旬，江西苏区根据闽西地区敌我形势和漳州易攻难守的地理特征，为打击福建国民党军以及巩固闽西革命根据地和筹措经费的需要，令毛泽东率东路军进攻漳州。东路军接连占领漳平、龙岩、南靖、漳州等地，重创国民党军"剿共"部队张贞第四十九师，史称"漳州战役"。据时任福建省政府秘书长的林知渊回忆，此役使福建当局为之震动。福建省政府方声涛、林知渊等人请求国民政府速调第十九路军赴闽。[3] 故当淞沪停战后，蒋介石即打算将第十九路军调至福建"剿共"。4 月 23 日，蒋介石在其日记中记："蒋部赴闽。"[4] 表明此时蒋介石已有意调第十九路军赴闽。5 月 1 日，何应钦抵达南昌，主持赣粤闽湘"剿共"，计划分作九路共 40 余师"清剿"。其中第四路负责"清剿"闽西，司令官为蔡廷锴。[5]

其五，在当时南方各省几乎都面临"剿共"的形势下，蒋介石将第十九路军作为一支以广东人为主体、主要活跃于南方，且在 1927 年驻扎过福建的军队，再度调至福建，任命蒋光鼐为福建省政府主席兼绥靖主任。在当时的政治形势下，对第十九路军而言，这实际上是一个不错的出路。

以往分析第十九路军赴闽时，多强调蒋介石的调派，而较忽视陈铭枢及

① 《蒋介石日记》（手稿本），1932 年 4 月 20 日。

② 蒋介石日记 1932 年 5 月 3 日记："对蔡，应使之诚感也。"8 月 14 日记："对憬然可扶翼之。"8 月 29 日记："蔡廷锴表示对陈铭枢不满之意，是实情也。"

③ 林知渊：《政坛浮生录》，《福建文史资料》第 22 辑，福建省政协文史资料委员会，1989，第 50 页。

④ 《蒋介石日记》（手稿本），1932 年 4 月 23 日。

⑤ "何应钦将军九五纪事长编编辑委员会编"《何应钦将军九五纪事长编》上册，台北，黎明文化事业有限公司，1984，第 266 页；郭廷以编《中华民国史事日志》，1932 年 5 月 1 日条，台北，中研院近代史研究所，1984。

第十九路军主动请调的一面。就在蒋介石筹谋调离第十九路军赴闽、何应钦制定第十九路军负责闽西"剿共"计划时，陈济棠在广东强行收编广东的海空军，使蒋介石担心第十九路军介入广东内争而对其调闽颇有顾虑。

1931年宁粤之争后，反蒋各派在广州集结，将广东的陆海空军进行整编。其中陈济棠的第八路军改称第一集团军，陈策的海军第四舰队改第一舰队，以张惠长为总司令，掌管广东的空军。陈济棠虽实力占优，"对海空军却指挥不灵"，"广东形成了三军对立的局面"。陈济棠为独揽广东军政大权，试图统一陆海空军。1932年5月，陈济棠先是撤换张惠长的空军司令职务，改以黄光锐代理空军总司令。接着他试图文武并用收编陈策的空军，遭到陈策的反对，双方发生激战。①

粤海风潮引起蒋介石的关注，"陈济棠免张惠长、陈策职，将广东海空军统辖于其所谓第一集团总司令部，从此粤又多事乎？"同时，蒋介石发现陈铭枢对陈济棠强行统一海空军十分不满，"陈济棠来电请求海军赴粤协助，解决陈策，而陈铭枢以张惠长撤职之故，急求赴闽报复"。对于陈铭枢急求赴闽之举，蒋介石称之为"小孩作法"："此等小孩作法，何能成事可笑亦可痛也。粤人非幼稚，即顽固，而贪污则其普通心理也。"② 蒋介石本已计划第十九路军赴闽"剿共"，但陈铭枢"急求赴闽"，反使蒋介石对调十九路军赴闽颇有顾虑。5月16日，蒋介石致电何应钦称：

> 寒申电悉，为中未令第十九路军赴闽事，真如乃误会，以为不许其赴闽，故赌气离京。对于十九路军赴闽，并非不肯下令。只因此时不能不有二点顾虑：一、是否引起广东内部冲突？二、是否阻碍剿匪进行？此二事皆于中央与国家有大不利者。如果无此顾虑，真如又能明白此义，则可准予下令，使彼赴闽也。③

① 高晓星、时平：《民国海军的兴衰》，中国文史出版社，1989，第145~146页。有关陈济棠收编张惠长、陈策陆海空军的专题研究参见张金超《陈济棠、陈策与1932年粤海风潮》，《学术研究》2014年第6期。
② 《蒋介石日记》（手稿本），1932年5月3日、5月9日。
③ 吴淑风编注《蒋中正总统档案·事略稿本》（14），第328~329页。

所谓是否引起广东内部冲突，陈铭枢、陈济棠渊源颇深，早期均同属粤军系统，北伐时期皆隶属于李济深的第四军，但后来为争夺粤省控制权而有过节。[①] 如果调第十九路军赴闽，是否会引起陈济棠不满，导致新的军事冲突，进而影响闽粤两省的"剿共"？地方军事冲突既损害南京中央的威信，也影响国民政府在国际上的政治形象。更为严重的是，日本侵华理由之一是中国并非现代意义上的民族国家，地方军事冲突不利于中国以民族国家的名义应对日本的侵略，故"此二事皆于中央与国家有大不利者"。为尽可能避免这两件事情的发生，蒋介石一方面要求何应钦间接将其顾虑透过汪精卫、李济深等人向陈铭枢"解释"；另一方面也转告陈济棠，"使其不生疑虑，以免与第十九路军隔阂"，"电约伯南在赣南一晤更好，否则以慰劳余军名义赴赣南一晤幄奇（余汉谋）亦好"，但须"先与伯南说明，作事宜周到为妙，如何希酌"。[②]

在蒋介石看来，陈铭枢急求赴闽是为了报复陈济棠。不过，陈铭枢之所以急求赴闽，更主要是担心蒋介石对第十九路军不利，故第十九路军"已不敢再卫戍京沪，亟谋脱离京沪范围，极力运动往福建驻屯"。陈铭枢在酝酿第十九路军赴闽时，曾告诉陈公博，"现在包围于十九路左右的已有六师人，只在一夜间，便会全部解决"。[③]

综合上述对蒋介石和陈铭枢双方的分析，就蒋介石调第十九路军赴闽"剿共"而言，借"剿共"而削弱异己的做法并不明显。[④] 经过陈铭枢及第十九路军进入京沪、介入宁粤调停后的种种表现，无论是在宁粤之争中的行为、孙科"看守内阁"时期的政治主张，还是淞沪抗战中的不服从命令，蒋介石都对第十九路军失去信任，而且颇为不满。蒋介石发觉陈铭枢参与第三党，且与陈铭枢相关的"反动新闻"频传，对陈铭枢成为"陈炯明第二"

---

① 陈铭枢：《陈铭枢回忆录》，第78～81页。
② 吴淑凤编注《蒋中正总统档案·事略稿本》（14），第329页。
③ 陈公博：《苦笑录》，第210页。
④ 陈铭枢指称蒋介石调第十九路军"剿共"，借以实现使第十九路军与红军两败俱伤的阴谋（陈铭枢：《陈铭枢回忆录》，第209页）。肖自力的研究亦指出蒋介石与第十九路军的矛盾中，"打压异己之举并不明显"。肖自力：《十九路军从拥蒋到反蒋的转变》，《历史研究》2010年第4期。

深感忧虑与恐惧后，对第十九路军产生警惕与防范，并试图削弱陈铭枢与第十九路军的关系，扶持蒋光鼐与蔡廷锴。这些共同构成了蒋介石调第十九路赴闽"剿共"的原因。退一步讲，即使没有这些不满、忧虑与恐惧，在"攘外必先安内"政策的主导下，第十九路军这样一支能征善战的军队继续回到"剿共"前线也是必然。总之，就资料所反映的史事而言，蒋介石调第十九路军赴闽"剿共"，借以削弱异己并不明显，试图分化陈铭枢与第十九路军的联系则属实情。

就陈铭枢而言，其在相当长时期内助蒋拥蒋，第十九路军为蒋介石在派系斗争中冲锋陷阵，没有产生蒋介石借派系斗争削弱异己的感受。但当与蒋介石之间出现分歧、隔阂甚至对抗性矛盾时，陈铭枢不得不对蒋介石可能的报复产生担忧。何况蒋介石本身的派系观念与曾经扣留李济深、胡汉民的强弓硬拉的做派，都不能不令陈铭枢以放大镜的方式观察蒋介石的一举一动，进而把调第十九路军赴闽"剿共"视为削弱异己之举。[1]

第四节　1934 年晋军李生达部调赣

在 20 世纪 30 年代初期国民党对红色政权的"围剿"行动中，除了在北伐战争中收编的张宗昌余部徐源泉、郭松龄余部郝梦龄、孙传芳余部上官云相，以及中原大战后西北军旧部如孙连仲、梁冠英、吉鸿昌等参与南方"围剿"外，北方地方实力派军队在相当长的时间内远离大规模的"剿共"。以晋绥系为例，中原大战后，阎锡山被迫下野，晋军被改编为四个军。在改编之时，一度传言国民政府乘机征调晋军南下"剿共"。蒋介石为稳定北方局势，明确表示无意征调晋军南下，设法辟谣，"免滋误会"。[2] 1932 年蒋

----

① 陈公博在其回忆录中对陈铭枢及第十九路军的心理感受有详细描述："沪战停止后，蒋先生和蔡廷锴谈过一次话，暗示蔡廷锴要脱离陈真如，蒋先生这个手法不独使真如感受彷徨，整个十九路也起了恐怖。兼之蒋先生的嫡系部队，逐渐向南京附近集中，这或者为拱卫首都，或者为便于训练。但军人的感觉究竟和文人不同，十九路已不敢再卫戍京沪。"陈公博：《苦笑录》，第 209 页。

② 高素兰编注《蒋中正总统档案·事略稿本》（10），台北"国史馆"，2004，第 255 页。

介石下野复职后，以"攘外必先安内"作为应对内外危局的总体方略，"安内"又以优先"剿共"为主，先后组织了第四次、第五次"围剿"。但晋绥系基本上得以置身事外，这种局面直到 1934 年才开始打破。1934 年 8 月，蒋介石拟调晋鲁军南下"参剿"。最终晋绥系以李生达为军长率部南下"助剿"。本节利用《徐永昌日记》《蒋介石日记》《蒋中正总统文物档案》等相关第一手资料，通过重建史实，对长期以来在李生达部赴赣问题上的相关说法加以厘清，以图对蒋介石与地方实力派在"剿共"场域互动的多样性与复杂性有更为全面的认知。

一　蒋介石"借师"动机分析

1. 兵力不足，"借师助剿"

1934 年，蒋介石在迅速平定福建事变后，集中力量对江西苏区进行第五次"围剿"。在总体上占据优势的情况下，国民党的"围剿"逐渐取得重要进展。[①] 4 月 28 日，中央军陈诚部经过两日剧战，攻占江西苏区核心区域第一县城——广昌，打开了通往苏区的门户。

随着"围剿"的不断深入，蒋介石深感兵力不足，早在福建事变平定不久，他就致电何应钦称中共已是"强弩之末"，"趁机利用，全力进剿"，要求从第二师与第二十五师各一旅中"抽足五团运赣增剿"。[②] 6 月，蒋介石又要求"鄂豫皖三省剿匪副总司令"张学良、湖北绥靖主任何成濬从湖北将第五十一师"调至江西进剿"。[③] 8 月，蒋介石再次致电张学良、唐生智、曹浩森、刘峙等人，要求从湖北、河南、江苏等地抽调第四十九师、第

---

① 黄道炫的研究指出，相较前几次"围剿"，第五次"围剿"国民党作战方针发生了显著变化，作战基础得以加强，内外环境也对其有利，故在国共两党的对决中取得优势。参见黄道炫《第五次反"围剿"失败原因探析——不以中共军事政策为主线》，《近代史研究》2003 年第 5 期。

② 《蒋中正电示何应钦抽第二师第二十五师各一旅运赣增剿》（1934 年 2 月 24 日），《蒋中正总统文物档案·筹笔（统一时期）》，台北"国史馆"藏，典藏号：00201020000106009。

③ 高素兰编注《蒋中正总统档案·事略稿本》（26），台北，"国史馆"，2006，第 246 页。

七十八师以及河南第一支队或保安团赴闽增防，并要求"愈快愈好"。[①] 8 月 18 日，蒋介石预定"拟调晋、鲁军各一师参剿"。[②] 9 月 17 日，蒋介石在催促山东韩复榘派军南下时称红军罗炳辉部"近由闽北窜"，"致后方不安"，希望韩复榘所部"协助清剿，以固后方"。[③] 在"围剿"的关键时刻，"剿共"兵力捉襟见肘之际，从各地调兵至南方，加强兵力用于"剿共"无疑是题中应有之义。

2. 投石问路，试探北方实力派与南京中央的关系

那么，蒋介石调晋军南下除"助剿"外，是否还有其他作用？这需要从中原大战后北方实力派与国民政府的关系说起。

南北之分是中国人自我辨识的一种方式，但南与北又是一个颇有争议而没有明确界限的概念。南北划分的形成与地理、气候、文化等区域差异有关，同时带有历史上的政治分隔，一般以秦岭、淮河为界。关注南北之分的学者常在不同层面使用这一概念。研究军阀政治的陈志让分军阀为南北。其中"北"包括东三省、直隶、河南、山东、江苏、浙江、安徽、陕西的北部和中部、湖北的东部和中部、江西的北部和中部、福建的东北和中部，"南"则仅指广西、云南、贵州。[④] 显然，这里的"南""北"并非根据军阀掌控区域在地理上的方位，而是根据军阀的出处划分。罗志田关注民国时期地缘文化层面的南北之别，"时人虽无十分严格的界说，但大体以长江流域及以南的稻产区为南方的范围"。[⑤] 对国民政府时期的地方实力派，学界亦有将其分为南北。[⑥] 本书的"北方实力派"，主要包括山西的阎锡山，绥远的傅作义，冯玉祥的西北军旧部如韩复榘、宋哲元、孙殿英、石友三、杨虎城、邓宝珊等，西北的马鸿逵、马鸿宾、马步芳、马步清、马守援，新疆

① 高素兰编注《蒋中正总统档案·事略稿本》（27），台北，"国史馆"，2007，第 209~210 页。
② 高素兰编注《蒋中正总统档案·事略稿本》（27），第 325 页。
③ 《蒋中正电韩复榘罗匪北窜即日出发协助清剿以固后方》（1934 年 9 月 17 日），《蒋中正总统文物档案·筹笔（统一时期）》，台北"国史馆"藏，典藏号：00201020000119003。
④ 陈志让：《军绅政权：近代中国的军阀时期》，广西师范大学出版社，2008，第 30 页。
⑤ 罗志田：《南北新旧与北伐成功的再诠释》，《开放时代》2000 年第 9 期。
⑥ 谢本书、牛鸿宾：《蒋介石和西南地方实力派》，第 4 页。

的盛世才等，以及九一八事变后由东北退入关内的东北军张学良。

中原大战以后，以冯玉祥、阎锡山为代表的北方实力派实力大减，基本上失去了与蒋介石逐鹿中原的机会。但冯、阎两个集团的处境和命运不尽相同。阎锡山虽一度被逼下野，却很快借助蒋介石处于内外交困的境地，重返太原，出任山西绥靖主任，掌控晋绥两省。冯玉祥则基本丧失对西北军的掌控权，原西北军分化为几个地方实力派，韩复榘、宋哲元是其中代表。张学良的东北系集团则在九一八事变后进入华北，一度成为北方最具实力者。1932 年后由于内外情势的变化，北方实力派整体上处于退守与自保、较少挑战蒋介石中央权威的态势。对于这种状态，可以从两个方面略做说明。

一个方面是北方实力派对反蒋的态度。1932 年以后国民党内继续公开举起反蒋旗帜并有所行动的，主要以两广为大本营，还有与两广关系密切的陈铭枢、蒋光鼐与蔡廷锴的第十九路军。北方实力派虽也与南方的反蒋多有接触，但除了那些缺乏固定地盘的冯玉祥旧部有实际行动外，其他则态度暧昧。陈红民依据哈佛燕京学社所藏"胡汉民往来函电稿"，发现诸如阎锡山、韩复榘这些北方实力派虽也加入南方胡汉民秘密组织的"新国民党"，实则观望投机。①《徐永昌日记》中也有许多北方实力派与南方往来的记录，但并没有实质进展。时任山西省政府主席的徐永昌甚至认为反蒋无非争权而已，两广反蒋、福建反蒋，"亦谋上台及争权而已"。"吾人谋于不倒任何人之情况下，谋一出路。只要公认其人在六十分上者皆容留之。只求一较善制度，各不侵犯。在现状下大家裁兵，各自休养生息，以求进步可也。""西南时时鼓动北方捣乱者，有的为反蒋，有的为自主，甚至有鼓动人家乱起来，他们才可乘机要地盘、要钱。这虽说的过甚一点，但他们真不配说爱国也。"②徐永昌的这些言论反映了 1932 年以后，面对南京政权的日趋巩固，面对内忧外患的局面，地方实力派的内部渴望维护稳定、反对反蒋的声音的存在。

---

① 陈红民：《从"胡汉民往来函电稿"看"新国民党"在北方的活动》，《安徽史学》2003 年第 6 期。

② 徐永昌：《徐永昌日记》第 3 册，第 46 页。

　　另一个方面是拥有固定地盘的地方实力派在这一时期较多关注所在区域的建设。阎锡山制定了《山西省政十年计划案》，对农业、交通、工矿、教育等都有较长远的计划，在这些领域也都取得了较为显著的成就。[①] 韩复榘自 1930 年 9 月担任山东省政府主席后，为巩固对山东的统治，提出了"澄清吏治""根本清乡""严禁毒品""普及教育"四大行政纲领。同时，韩复榘比较注意发展山东经济，对山东工业、农业以及金融的发展均采取了一些措施，力图把山东打造成"一个独立的经济体系"。[②]

　　当北方实力派处于退守与自保状态、努力巩固既得利益时，蒋介石对北方实力派的政策也发生了变化。与国民政府初期强弓硬拉、武力统一相较，1932 年以后蒋介石对北方实力派以怀柔、放任为主。1932 年初，蒋介石在其拟定的基本政策中，对北方是"亲善、放任"。1933 年 8 月，蒋介石对地方实力派计划如下：

　　　　一、张（张学良）来中央；二、刘湘扶助；三、对冯（冯玉祥）限制；四、对阎（阎锡山）放任；五、对孙（孙殿英）联络；六、对杨（杨虎城）领导；七、对韩（韩复榘）督查；八、对于（于学忠）培植；九、对商（商震）、庞（庞炳勋）、傅（傅作义）提携。[③]

　　除对无地盘又失去军队领导权的冯玉祥采取限制外，对其他地方实力派或培植，或放任，或提携。计划中所列除刘湘是西南实力派外，其他都是北方实力派。1934 年初蒋介石在其计划的"统一运动"中，含有"改良中央""建设东南""怀柔华北""平定两广"等内容。[④] 其中对华北"怀柔"一词，基本上能反映这一时期蒋介石对北方实力派的整体策略。如果对比其

①　参见景占魁《简论阎锡山在山西的经济建设》，《晋阳学刊》1994 年第 3 期。

②　何思源：《我与韩复榘共事八年的经历和见闻》，《文史资料选辑》第 37 辑，文史资料出版社，1963，第 209 页。

③　《蒋介石日记》（手稿本），1933 年 8 月 26 日。

④　《蒋介石日记》（手稿本），1934 年卷首，转引自杨天石《卢沟桥事变前蒋介石的对日谋略——以蒋氏日记为中心所做的考察》，《近代史研究》2001 年第 2 期。

对两广实力派的态度（详见第五章），蒋介石即使在私下里也少见对北方实力派武力讨伐的情绪宣泄。

蒋介石之所以对北方实力派怀柔与放任，或与以下几个因素有关。首先是共同对日的需要。为了应对日本对华北的蚕食，蒋介石在与熊式辉、杨杰等人研究对策时，担心北方割据情形为日本所利用，导致局面崩溃，提出"由中央派人缓和，为掩护革命之进行"。[①] 其中"缓和"一词，其意应不难揣测。其次，南京中央实力有限，蒋介石在第二次复职后主要致力于经营长江流域的基本省份，以之为应对内外危局的基础。因实力有限，蒋介石的北方政策难以取舍。其1932年6月27日日记中反映的就是这种情形：

> 汪（精卫）等反对汉卿（张学良）懦弱，北方事必紧张，应速定方略。如管理则时间不许，实力亦差，而与缩小范围之旨相反。如放任则又恐变为东北第二，不能不管。如能假我三月至半年时间，则事可为也。[②]

最后，北方实力派退守与自保，更多关注自身内部利益，对反蒋多采取务实态度，也为蒋介石对北方实力派的怀柔提供了客观条件。

当然，怀柔与放任并不意味着完全不管，"如放任则又恐变为东北第二"，其所采取的是一种相较柔性的手段。1934年，蒋介石大规模调集北方将领到江西听训，参观"剿共"军事与地方建设，并亲自予以接见。[③] 在集训完将领后，蒋介石又进一步以"剿共"名义征调北方实力派军队南下。蒋介石试图通过集训将领以及征调军队，加强同北方实力派的联系，试探北方实力派与国民政府的关系。1934年7月，蒋介石通过核心幕僚杨永泰询问徐永昌如何加强山西与南京中央的关系。徐永昌在日记中对此有详细

---

① 高明芳编注《蒋中正总统档案·事略稿本》（19），台北，"国史馆"，2005，第461页。
② 《蒋介石日记》（手稿本），1932年6月27日。
③ 《蒋介石日记》（手稿本），1934年3月17日、3月24日、4月7日。

记载：

> 畅卿言蒋先生意山西与中央隔阂已消。惟党务也，财政也，军事
> 也，仍自落落。以后如能做进一步解决？盼有以见教。当答以余对党素
> 不接近，尤其是党的人事，简直避之惟恐不及，所以党务问题余实在谈
> 不出多少；财政则此次庸之到河边或有切实商榷；至军事则一切惟蒋先
> 生意见为归。①

文中畅卿指杨永泰；蒋先生即蒋介石；庸之指孔祥熙，时任财政部部
长；河边，指阎锡山老家五台县河边村。因此，若能在集训北方将领后征调
晋军南下，虽未必意味着山西军事"惟蒋先生意见为归"，但也表明国民政
府在军事上对北方某种程度的统一。

3. 旁敲侧击，借机震慑两广

1932 年后，广东、广西实力派陈济棠、李宗仁、白崇禧与国民党元老
胡汉民等人结合而成的西南半独立局面，是蒋介石整合地方实力派、实现统
一的最主要阻力。蒋介石拟调山西军队南下"助剿"前后，正是两广与南
京日趋紧张之时。福建事变平定后，蒋介石设立东路军"剿匪"总司令部，
以蒋鼎文为东路军总司令，中央军也随之进入闽南地区。两广与南京双方军
队已失去缓冲地带。与此同时，两广方面对蒋介石在"剿共"成功之后的
下一步行动颇为顾忌与忧虑，因而多方谋划。8 月，两广方面借国民党第五
次全国代表大会召开问题杯葛寻衅，先后发出"齐电"（8 月 8 日）与"有
电"（8 月 10 日），反对由南京中央主导召开的第五次全国代表大会。为此
两广积极联络各方，邀约海内外反蒋人士集结广州，筹划另开第五次全国代
表大会，扬言另组政府。② 晋绥系作为北方主要的实力派，向为两广积极联
络的重要对象，"今后南北两方应各求事实方面之相互促进"。为此，胡汉

---

① 徐永昌：《徐永昌日记》第 3 册，145～146 页。
② 两广反对召开第五次全国代表大会的相关情形参见陈红民、张玲、郭昌文《冲突与折衷：
　 国民党五全大会延期召开原因探讨》，《民国档案》2009 年第 1 期。

民曾委托原西北军将领方振武秘密从事争取北方实力派的工作。[①] 广西方面也多次派黄建平到山西联络。[②] 蒋介石对南北双方的联络似有所闻，他曾对徐永昌说：

> 两广仍不放心中央，观其对中央方面做工事即是一有形之证。此其错误特甚者。盖两广认为剿匪肃清后中央即要对西南用兵。中央对山西如何？军政财三者有何干涉？如西南有人到晋，或见着西南人时，盼以中央与山西相安情形告知。[③]

显然，蒋介石的山西策略中含有对两广考量的因素。蒋介石试图借助山西与南京的"相安"情形向两广释放北方主要实力派拥蒋信号，借此消除两广联络山西等北方实力派反蒋的可能。为此，与其寄希望于徐永昌去转告山西与南京中央的"相安"情形，毋宁通过调遣山西军队南下"助剿"的实例来印证。

1934年10月，李生达率部抵赣，山东韩复榘也有部分军队南下，蒋介石视之为"统一之佳音"。[④] 由此可见，蒋介石调晋鲁军入赣，目的不仅是"助剿"，还带有对地方实力派的"统一"的考量。

二 晋方内部协商与晋蒋交涉

参与"剿共"也是地方实力派与蒋介石及南京中央互动的重要内容，以往论及地方实力派参与"剿共"的态度，多以消极抵制或积极响应等语概括。比如把李生达部赴赣视为阎锡山认真执行蒋介石的"攘外必先安内"政策，积极参加对红军的"围剿"。[⑤] 若仔细梳理晋方与南京交涉过程，则

① 参见陈红民《从"胡汉民往来函电稿"看"新国民党"在北方的活动》，《安徽史学》2003年第6期。
② 徐永昌：《徐永昌日记》第3册，第46、225、294页。
③ 徐永昌：《徐永昌日记》第3册，第149页。
④ 《蒋介石日记》（手稿本），1934年10月30日。
⑤ 张明金、刘立勤主编《中华民国历史上的20大派系军阀》，第263页。

不难发现晋方"助剿"很难用"认真""积极"等词概括，实有更为复杂的面相。

时任山西省政府主席的徐永昌全程参与并在日记中详细记载了李生达部赴赣的决策过程。1934 年 8 月 18 日，蒋介石开始有征调晋鲁军入赣的打算。徐永昌在 8 月 23 日日记中记："昨闻蒋有电调晋军。"徐永昌当时正在北平，最早是在 8 月 22 日获悉此事。8 月 24 日，徐永昌从太原到北平的李鸿文处获得更准确的消息，"太原接江西电，调晋军六团或八团入赣助剿匪，候余返并商，应付甚急"。并，太原简称。但徐永昌并未速回太原。直到 9 月 4 日，也就是在耽搁十余天后，徐永昌才终于从北平返回太原。9 月 5 日，徐永昌前往绥靖公署，商议出兵江西问题，但并未做出决策，"须往河边一行"，即要请阎锡山拍板定夺。①

9 月 7 日，徐永昌偕第三十四军军长杨爱源奔赴河边晋谒阎锡山，商讨出兵"助剿"。阎锡山的最初态度是"极作难"，"以为派去必为中央吞编"。担心出兵有去无回，被蒋介石吞编。阎锡山的态度是地方实力派的习惯性思维。但徐永昌提供了另一种思路，山西财力有限需要裁兵，到江西"助剿""强于养不起自家裁并"，而且蒋介石"正谋树信统一，不见得以小害大"。经徐永昌开导，阎锡山同意出兵，前提是"如中央对开去部队发饷，则开八团，只要他不吞编我们的"。经过讨论，晋绥系内部就出兵江西初步达成一致意见：出兵"助剿"，军饷由南京中央承担。9 月 8 日，徐永昌将山西出兵"助剿"意见"请煜如拟复熊杨电"。② 煜如，贾景德，山西绥靖公署秘书长；熊杨，指熊式辉与杨永泰。

山西的如意算盘显然难被蒋介石全盘接受，于是山西与南昌行营之间开始了多回合的讨价还价。9 月 12 日，牯岭复电表示，对南开八团尽力筹措，"只能补助饷项半数"。山西要全额，南昌行营只同意半数。9 月 14 日，山西军需处核算八团军饷及给养费共计 17 万元。徐永昌提议中央承担四分之三，山西承担四分之一，但阎锡山仍坚持中央全额承担，"对南开八团饷非

---

① 徐永昌：《徐永昌日记》第 3 册，第 157、158～159、165 页。
② 徐永昌：《徐永昌日记》第 3 册，第 166 页。

中央全数担负不可"。阎锡山"铁公鸡"式的态度引起山西内部不满，不知如何回复南昌行营。杨爱源"托病不到"，贾景德"亦烦不代拟电"，徐永昌感叹"阎公甚矣哉"。由于山西坚持索要全额，南昌行营为促成山西出兵，遂做出些许让步，"所开八团中央每月勉助十万元"。中央支助饷额接近六成。在南昌行营做出让步、晋方内部也同意出兵的情况下，阎锡山并未继续固执，"河边对牯岭电已无问题"。① 可以说，双方类似于商贩的市侩的讨价还价所反映的恰恰就是当时中央与地方实力派之间的真实面相。

双方就军饷达成一致后，剩下的问题是领兵将领的选择。关于这个问题有两个似是而非的说法有必要澄清。

第一个说法是李生达赴赣是蒋介石点名要求的结果。李生达（1890～1936），字舒民，山西晋城人。早年在保定军校学习，参与了山西的辛亥革命。1918 年阎锡山在太原开办干部培训班，李生达出任干部培训班副队长。1926 年因战功擢升至山西陆军第十五师师长，从此进入晋系的高级将领行列。中原大战后晋军缩编，李生达任第七十二师师长。为什么是李生达而不是其他山西将领领兵赴赣？根据一些回忆录的说法，这是一起蒋介石"挖墙角"的典型案例。其理由是李生达通过 CC 系的苗培成已与蒋介石勾结。② 据蒋介石方的资料显示，李生达确实有通过苗培成向蒋介石传递消息的情况。在 1933 年底 1934 年初的孙殿英事件中，在阎锡山对孙殿英态度暧昧的情形下，李生达向蒋介石通报消息，联络人正是苗培成。1933 年 12 月 25日蒋介石发给朱绍良的电文显示："顷接苗培成敬电，据李生达自石家庄电称，孙（孙殿英）军定本月养日潜行西进……果有精兵一二师，预据险要截击之，则可一战而击溃云云。"③ 对于蒋介石而言，李生达提供的情报颇具军事价值。这样的军事将领若继续留在北方实际上远比征调南下应更具价值。据《徐永昌日记》，蒋介石并未指定领兵将领，李生达部赴赣纯属晋绥

① 徐永昌：《徐永昌日记》第 3 册，第 166～177 页。

② 陶振武：《我所知道的死于阎锡山手下的晋绥军将领》；刘冠儒等：《阎锡山杀害李生达的前前后后》；陈长捷：《关于李生达之死》，《文史资料存稿选编·军事派系》（上），中国文史出版社，2002，第 672～688 页。

③ 周美华编注《蒋中正总统档案·事略稿本》（24），第 125 页。

系内部将领博弈的结果。

先看晋绥系当时的编制序列。中原大战后，晋军被缩编为4个正规军和正太护路军以及若干骑兵部队和炮兵部队，每军2师，每师3旅，每旅2团（参见表3-3）。1931年蒋介石命令第三十二军军长商震率第六十七师前往河北截击石友三，自此彻底脱离了晋绥系。晋绥系剩下3个军合计7个师。1934年正太护路军改称第一〇一师，晋绥系又恢复至8个师的编制。师长分别为第六十六师杨效欧、第六十八师李服膺、第六十九师杨澄源、第七十师王靖国、第七十一师杨耀芳、第七十二师李生达、第七十三师傅作义（兼）、第一〇一师孙楚。① 从军队编制看，晋军"助剿"兵力是8个团，统兵将领需要从这8个师长当中挑选。

当得知需要抽调晋军南下"助剿"后，晋军将领似乎都不愿意去。第七十一师师长杨耀芳"再三言不愿往江西"；第六十八师师长李服膺以家有老人明确拒绝，"出兵江西，请勿遣渠"。徐永昌于是向阎锡山建议在第一〇一师师长孙楚与第七十二师师长李生达二人中选择，阎锡山拟令孙楚"率部南开"。但孙楚闻知后，也不愿意去，托贾景德疏通，推李生达去。最终，晋军由李生达率领8团兵力南下"助剿"，"庚日开始出动，删日前后可运毕"。② 庚日即10月8日，删日即10月15日。徐永昌有关李生达领兵赴赣并非蒋介石指定，而是山西将领均不愿意去的记录，也可从李维岳的回忆中得到印证：

> 阎锡山召集其高级将领研究，先征求第六十八师师长李服膺的意见，李服膺表示不愿去。会后李服膺对人说："薪饷不多一个，到江西去卖命，谁也不乐意去。"阎又征求第一零一师师长孙楚意见，孙也拒绝。最后征求李生达的意见，李说："他们既都不愿去，总司令如派我去，只有服从。"阎即决定派李率第七十二师及独立第二旅周原健部开往江西。③

---

① 文闻编《晋绥军集团军政秘档》，中国文史出版社，2009，第46~47页。

② 徐永昌：《徐永昌日记》第3册，第178、183页。

③ 李维岳、娄福生、杨雨霖：《李生达与阎锡山的矛盾及李生达被暗杀真相》，《山西文史资料》第15辑，1964，第93页。

第二个说法是李生达赴赣被任命为第十九军军长是蒋介石有意笼络的结果。① 实际上，这应该是山西方面的要求。9 月 26 日，山西方面在确定李生达领兵赴赣后，以徐永昌、杨爱源的名义致电南昌行营，要求给李生达以军长名义，"以壮声势，便利统帅"。② 蒋介石则同意山西方面所请，遂以李生达为第十九军军长。

三　晋方"助剿"动机考察

1. 避免裁军与减轻山西财政负担

在一般认知中，军队是地方实力派的命根子。因此，地方实力派必然千方百计地招兵买马，扩大军队。这种观点大体是成立的。但值得注意的是，军队的生存需要军饷，军队越多，所需军饷越多。如果地方实力派不能购筹措军饷，过多的军队反而成了沉重的负担，轻则闹饷哗变，重则倒戈相向，甚至威胁到地方实力派头面人物的生存。因此，如何筹措军饷始终是地方实力派面临的严峻任务。对于那些没有固定地盘的实力派而言，这一问题的解决大多依靠劫掠骚扰。但对于有固定地盘的而言，为了长久维持对地盘的统治，就不得不有所顾虑，但凡稍有远见者不至于走上焚林为田、竭泽而渔这一步。因此，地方实力派有时也会主动裁军。当 1934 年蒋介石征调晋军南下"助剿"时，山西正面临着需要主动裁军的局面。

法理上，根据国民政府关于中央与地方财政划分，陆海军及航空费属于中央政府支出项目，中央政府依靠国税收入支付军费。③ 但是现实中，地方实力派牢牢掌握所在省份的财政实权，截留除关税以外的国税收入作为其军费的主要来源。④ 南京中央也并不直接支付地方实力派的军费。比如，阎锡山 1932 年曾以山西军饷"每月不敷四十万"为由，请求南京中央"每月助

---

① 陈长捷：《关于李生达之死》，《文史资料存稿选编·军事派系》（上），第 682 页。
② 《徐永昌杨爱源电杨永泰熊式辉转蒋中正请任李生达为军长以壮声势便利统帅并饬拨临时费》（1934 年 9 月 26 日），《蒋中正总统文物档案·一般资料》，台北"国史馆"藏，典藏号：00208020000183009。
③ 李权时：《国地财政划分问题》，世界书局，1929，第 51 页。
④ 张连红：《整合与互动：民国时期中央与地方财政关系研究（1927~1937）》，第 152 页。

若干"。结果南京中央告知"财政困难，对晋绝难补助"。[①] 由于军队数量庞大，除了广东等少数富裕省份，地方实力派的军费往往入不敷出。就阎锡山掌控的山西、绥远而言，全年国税收入计 686 万元、特税计 160 万元、中央统税补助费 314 万元、特别建设补助费 360 万元，合计共 1520 万元。但两省军费每月共计 172 万元，全年合计 2064 万元，军费不敷 540 多万元。[②]

　　长期巨大的军费开销，也必然影响地方建设，并不利于地方实力派的长治久安。徐永昌承认："省库收入，仅用以维持政费而已。一切大规模之建设事业，则难兴办。现在正在举行办理者，仅由大同至蒲州之铁路。"[③] 徐永昌所言，或许有向南京中央叫苦的成分，但山西为巨额军费所累亦是不争的事实。1932 年阎锡山就一度收缩军队，组织裁汰的老弱、闲散官兵开赴绥西屯垦。1934 年，晋绥系准备再度裁军。6～7 月，《申报》《大公报》等陆续报道晋军缩编情形。[④] 7 月，徐永昌南下，公开宣称晋绥裁军之意："最近经两省军事长官开编遣会议，研究裁汰办法。"甚至披露了具体的裁减方法：每个营裁减一连，八个师共裁去士兵两万余人，官长一千余人，如此每月可节约军费二十万元。[⑤] 但实则并不愿意裁减。徐永昌私下与杨永泰讲："余个人意见，晋绥军人确能爱国，何时国家不需要，何时皆可编遣之。但就今日状况言，对外则晋绥几如边地，而中央尚在准备抗日。若豫陕鄂等

① 《蒋中正电蒋伯诚中央财政困难对晋绝难补助》（1932 年 4 月 27 日），《蒋中正总统文物档案·特交文件》，台北"国史馆"藏，典藏号：00207010000024054。

② 转引自张连红《整合与互动：民国时期中央与地方财政关系研究（1927～1937）》，第 152 页。

③ 《徐永昌等昨抵京向政府报告晋省军政近情》，《中央日报》1934 年 7 月 9 日，第 1 张第 2 版。

④ 有关晋绥军缩编的报道参见《晋绥军将再度缩编》，《申报》1934 年 6 月 20 日，第 3 张第 8 版；《晋绥署召开军缩会议》，《申报》1934 年 6 月 26 日，第 1 张第 3 版；《晋绥署开军缩会议》，《申报》1934 年 6 月 27 日，第 2 张第 6 版；《晋绥裁兵方案》，《申报》1934 年 7 月 1 日，第 3 张第 9 版；《晋军裁兵计划》，《申报》1934 年 7 月 2 日，第 3 张第 9 版；《晋绥各军三次缩编方案》，《申报》1934 年 7 月 6 日，第 3 张第 9 版；《晋绥军缩编约十余团》，《申报》1934 年 7 月 10 日，第 1 张第 3 版；《晋绥军缩编各将领昨在太原会商》，《大公报》1934 年 6 月 27 日，第 1 张第 3 版；《晋绥军缩编》，《大公报》1934 年 6 月 28 日，第 1 张第 4 版。

⑤ 《徐永昌等昨抵京向政府报告晋省军政近情》，《中央日报》1934 年 7 月 9 日，第 1 张第 2 版。

地，土匪遍地，共党四伏，似又不能先裁此项军队。"① "抗日"与"剿匪需要"是山西不愿意裁军的公开挡箭牌。实际上，对于地方实力派而言，根据财力需要裁却又不能裁的更重要理由是需要"防蒋"。徐永昌、韩复榘、于学忠等北方主要实力派将领就裁兵问题有过讨论。徐永昌1933年10月18日在日记中写道：

> 十二时半到怀仁堂何敬之之约，饭后谈话极久。韩向方颇谈不裁兵终不得了。谈话间向方、孝侯均及中央兵亦太多，而尚大行招募中。敬之谓因剿共军伤亡太多实亦无法。②

何敬之指何应钦，韩向方指韩复榘，孝侯指于学忠。这段谈话颇能表明地方实力派对裁兵一般心态。不裁，财力不许；若裁，则顾忌日渐增加的中央军队。裁与不裁均难，如何破局？徐永昌曾设想：只求一较善制度，各不侵犯。在现状下大家裁兵，各自休养生息，以求进步可也。③ 但问题在于，虽未必有现实的侵犯存在，但中央与地方之间的猜忌、防范之心难以消除。徐永昌自然知道"在现状下大家裁兵"只是一种理想化局面，所以提出晋绥军出兵江西"助剿"、军饷由南京中央负担的方案，并主动向南京中央推销，"盖凭余良心，觉晋绥军人实优于他省也"。④ 所谓晋绥军人优于他省，未免有王婆卖瓜之嫌，实际则是既需要避免裁军，又要减轻山西财政负担。最终南京中央同意月支付10万元军饷，晋绥军则以李生达率领8个团南下"助剿"。

南京每月10万元军饷的补助，对于捉襟见肘的山西财政而言，是一个不小的补充。阎锡山认识到"借师助剿"的好处后，在这条路上走得更远。在江西"剿共"结束后，阎锡山希望李生达部继续在江西"助剿"，不必返回山西。有回忆录称，1935年阎锡山担心李生达部脱离山西，与蒋介石勾

---

① 徐永昌：《徐永昌日记》第3册，第145～146页。
② 徐永昌：《徐永昌日记》第3册，第26页。
③ 徐永昌：《徐永昌日记》第3册，第46页。
④ 徐永昌：《徐永昌日记》第3册，第146页。

结，强烈要求将李生达部调回。① 这种说法描述了地方实力派在与蒋介石互动过程中的常见思维，但徐永昌的记录则显示双方的互动还有其他的可能性。江西"剿共"结束后，关于李生达部动向，徐永昌在 1935 年 5 月 25 日日记中写道：

> 一月前中央将入赣之李生达部协饷十万停止。当以晋省财政困难请仍续发。昨接蒋先生由贵阳回电，谓已令该部移驻徐蚌，可随时开回晋省，协饷再发两月，即七月一日停止。今日阎锡山商余再去电请无须开回，以晋省财政实力无力担任，即开回亦须编遣也云云。②

这则日记显示，"剿共"结束，"借师"任务完成，蒋介石告知山西可将李生达部调回。阎锡山的态度呢？并没有因为李生达部未被"吞编"，能够返回山西而高兴，反而希望继续留在江西"助剿"，无须开回。与此同时，阎锡山因无协饷，严词拒绝"助剿"与山西接壤的陕北红军：

> 胪初云中央对李部等的协济饷十万，阎锡山即设法阻他们不要回晋。陕北闹匪，何敬之几次求山西再派两旅兵协剿，阎锡山因无协饷，即严词拒绝。国家何贵乎山西有军队，阎先生亦不思甚矣。③

胪初，即黄胪初，徐永昌部将。因有协饷，阎锡山同意出兵江西"助剿"；没有协饷，哪怕是地近山西的"陕北闹匪"，阎锡山也拒绝中央所请。这就是阎锡山在帮助蒋介石"剿共"问题上的态度。显然，这种态度若用积极响应蒋介石的"剿共"政策概括是不合实际的。因有无协饷决定是否响应"助剿"的态度很难称得上是积极因应蒋介石的"剿共"政策，这种

---

① 陶振武：《我所知道的死于阎锡山手下的晋绥军将领》；刘冠儒等：《阎锡山杀害李生达的前前后后》；陈长捷：《关于李生达之死》，《文史资料存稿选编·军事派系》（上），第 672 ~ 688 页。
② 徐永昌：《徐永昌日记》第 3 册，第 263 页。
③ 徐永昌：《徐永昌日记》第 3 册，第 264 页。

建立在利益交换基础上的互动也折射出彼时中央与地方关系的实质内容。

2. 徐永昌主动"助剿"分析

徐永昌名义上是晋绥系的二号人物。在是否出兵江西"助剿"问题上，他的态度较为主动、积极。对此应该如何理解，似有进一步分析的必要。

徐永昌，字次辰，山西崞县（现原平市）人。早年投身于宋庆的武卫左军，先后在武卫左军随营学堂、陆军部将校讲习所、陆军大学等校求学。1917年徐永昌受陆军大学同学孙岳邀请，出任创办于廊坊的军官教育团教育长。此后十余年间，徐永昌与孙岳一直并肩作战。1924年孙岳所部编为国民第三军，徐永昌出任第三军第一混成旅旅长。1925年孙岳就任"豫陕甘三省剿匪总司令"，徐永昌兼任第三军第一路总指挥。此后，徐永昌因桑梓情怀以及对冯玉祥亲近苏联的不满，逐渐与晋绥系靠近。1927年，徐永昌率国民军第三军入晋，接受阎锡山的津贴，自此徐永昌成为晋绥主将，为阎锡山出谋划策，与赵戴文并称为阎锡山的左右手。

中原大战以后，徐永昌主政山西，一方面筹谋策划阎锡山复出，是阎锡山在1932年出任太原绥靖公署主任、重掌晋绥军政的重要推手。另一方面，徐永昌又并不认同包括山西在内的反蒋活动，成为蒋介石拉拢的重要对象。① 在徐永昌而言，自己是既关怀晋绥的集团利益，也不反蒋，主张拥护中央。主动向南昌行营提出调晋军外出做事就是徐永昌这一双重政治态度的反映。

值得注意的是，徐永昌虽主动请调晋军，但对助力江西"围剿"本身并不十分在意。徐永昌在获悉南昌行营征调晋军南下消息后的十余天时间里继续留在北平，虽自称"有事耽搁"，但其所记活动内容来看，似乎优哉游哉。无非"往后海看种树情形"，"往天桥购一文具盒"，"出城稍游"，"往海王村游览"，购置"体仁堂款的花盆""假曼生壶"等古董，"游中央公园"，约集友人"吃爆羊肉""饮酒甚欢，后同出城游"，购买"哔叽袍料""苏州布袄料"，"出城洗澡"，"照不少电影"，"北海散步"，"游隆福寺"

---

① 据徐永昌自述，在上海时蒋介石曾亲赠其6万元。徐永昌：《徐永昌日记》第3册，第55页。

等种种琐事。一方面是军情紧急，一方面是吃喝玩乐。即使从对南京颇有好感的徐永昌这里，也看不出积极响应"助剿"之意。

实际上，徐永昌还是非常认同"攘外必先安内"政策，认同"剿共"，却又对蒋介石亲自主持的江西"围剿"颇有微词。首先，徐永昌认为蒋介石主导的"围剿"在军事上虽有办法，在政治上却比较糟糕："军事上有办法尚不能认为完全，必须人事有办法（左右上下）、政治上有办法（如对难民对其余不安分分子），尤其长官对士兵能甘苦，地方官对人民能抚辑。"其次，徐永昌对蒋介石借助"围剿"大力培植嫡系势力可能引发的恶性循环颇为担忧，甚至主张江西之红军不必由蒋介石亲"剿"。其逻辑一是蒋介石借"围剿"培植嫡系，引起地方实力派恐慌，导致与苏区地缘接近的省份地方实力派对"围剿"消极观望：

> 蒋先生一意要造成完全的黄埔系师长，以为如此才算自己的势力，才能救国，才能有为，因之非嫡系的剿匪军队，皆从旁观望。其接近一层的军队，若闽粤桂等省，见蒋先生之日增势力也，不唯不助其剿匪，且恐匪灭后将渐及于彼，乃亦各固其一己之势力。谁复为国家为社会再打算一点？

二是认为"江南较江北富庶，匪之滋生力不强"。鉴于此，徐永昌的结论是："蒋若不积极（剿共），则他省必积极，蒋不厚势力，他省亦敢于剿匪矣，且不绝对的造嫡系，而外系亦可努力矣。既可息人言，亦可苏财力。"[1] 对照 1935 年后对"剿灭"陕北红军的态度，可知徐永昌并非立场上反对"剿共"，仅仅是对由蒋介石主导的江西"围剿"不满而已。

因此，徐永昌积极、主动出兵江西"助剿"，其直接目的不在"助剿"本身，而主要是通过出兵来沟通山西与南京中央的关系。就地方而言，减轻财政困难，避免裁军；就中央而言，尊奉中央军令出兵"助剿"，维护了中

---

[1]　徐永昌：《徐永昌日记》第 3 册，第 32 页。

央的权威，减轻蒋介石对山西的疑忌。① 故徐永昌更看重的是晋军调动本身。只要晋军调动、南京支付军饷，其主要目的实已达到。至于时间早晚几天无关大局。

在中央与地方并非统一的状态下，徐永昌身在地方，关怀地方，同时尊重中央，两面逢源。这既可能在两方面均颇受重视，但也不乏两面均受误解之情形。在以地方为重者，对徐永昌颇有怀疑，以致其不得不多次剖白，表明心迹。1934年初，山西讨论是否出兵帮助南京中央解决孙殿英时，徐永昌同意出兵，"以为山西的利害要紧"，但贾景德"颇不乐"，"谓孙从阎作战，而又置之晋南几年，今一定叫晋军消灭他，真把姓阎的抹画的不成人"，阎锡山"亦多负气话"。贾、阎不仅不同意出兵，且迁怒于主张出兵的徐永昌，甚至怀疑徐永昌"为中央太努力"。对于贾、阎的怀疑，徐永昌愤懑不平，"夜间亦未能睡稳"，打算质问贾景德与阎锡山：

> 余与孙有仇耶？余为蒋利用耶？素知我者似皆不至以此疑我也，然则何以为此等颜色相向！要知余最小限亦为晋绥人民计，且不止此也。②

类似的例子很多。阎锡山又说："我今日尚能反蒋欤？即徐主席与赵先生亦不答应。我年过五十，国家至此，只好过一天算一天。"徐主席即徐永昌，赵先生指赵戴文。徐永昌则解释："四年以来，余主张拥护中央，助蒋剿匪，其目的在安定国家安定山西及进行建设，非徒以拥护中央助蒋为目的也。希望主任以目的为前提，不必以私人为前提。"主任指太原绥靖公署主任，即阎锡山。③ 以维护中央为重者，则认为徐永昌关怀地方利益，失去国家观念。黄庐初曾提醒徐永昌为阎锡山所利用，"拒何请求对陕北不出兵是君出名，请留李部不回晋亦是君出名，阎先生遇事利用君，

---

① 徐永昌在建议南昌行营征调晋军后，特在日记中记"如此亦可免中央之疾晋"，并用括号圈注。徐永昌：《徐永昌日记》第3册，第146页。
② 徐永昌：《徐永昌日记》第3册，第55页。
③ 徐永昌：《徐永昌日记》第3册，第277页。

一任其自然。君独不畏人言乎？"何指何应钦，李部指李生达部。李石曾亦批评过徐永昌"有时因情感对国家几失正确观念"。①

　　民国时期的中国正处于从传统向现代转型的新旧交替时代，各种矛盾交织。一方面，伴随着外来文明的启示，现代化因素不断滋长，新的民族国家观念逐渐形成，个人（包括军人）与国家的权利义务关系逐渐被接受；另一方面，新的民族国家尚未真正建立，以儒家为核心的传统价值观念虽整体上失去对社会的整合功能，但建立在农业文明基础上的宗法血缘、地缘等传统人身依附观念仍在人际互动中发挥着重要作用。徐永昌的政治选择及困境背后带有这种新旧交替的时代痕迹。一方面，受时代的影响，徐永昌身上有了现代民族国家的观念，他对蒋介石的拥护与支持，有把国民政府当成中央政权、把蒋介石当成国民政府象征的内涵；另一方面，从传统时代走过来的徐永昌身在地方，作为晋绥系的关键成员，加上代表国家的南京中央又有太多难以令人满意之处，难免有乡土情怀甚至晋绥系的团体意识。徐永昌的诸多政治主张，包括出兵江西"助剿"，都可从这个层面去理解。

---

① 　徐永昌：《徐永昌日记》第 3 册，第 264 页。

第四章 蒋介石"放水"红军长征说考辨

　　1934 年夏秋，南京方面对中央苏区的第五次"围剿"取得重要进展，迫使红军进行战略转移。蒋介石是否为了解决当时比较棘手的两广以及为了经营四川为抗战大后方而有意"放水"红军，是近年来颇受关注的话题。学界对蒋介石是否"放水"红军长征亦持有不同看法。笔者较早关注这一话题，在博士学位论文中对红军西撤前后蒋介石的军事部署进行了分析，并提出两个观点。第一，由于两广对蒋方军队在两广边界一举一动十分敏感，蒋介石在西南方向增兵防堵实际上缺乏可操作性。在此背景下，为防范红军西撤，蒋介石严令西路军和南路军构筑碉堡，建立纵深防线几乎是唯一能做的。第二，蒋介石在"凡可以增益剿匪效率者，自不妨尽量运用"的指导下，接受了另一个大胆的计划，即与其进攻苏区处处攻坚，损失惨重，不如利用红军西撤心理，驱其"离巢"，在离开苏区的过程中予以歼灭。国民党方面最早明确提出此种策略的是罗卓英，并得到蒋介石的认同。[①] 此后亦有学者参与这一话题的讨论，有更为成熟的论述与精到的分析。卢毅对"驱其离巢"说进行了更为全面的论证，批评"放水"说只见"驱其离巢"未见"远处张网"，有失偏颇。[②] 杨奎松指出西南两线的薄弱实际上是与国民党内各派力量利益格局及矛盾冲突有关，至少目前没有任何史料链足以证明西南防线薄弱是蒋介石刻意设计造成的。[③] 为保持论述的完整性，更为全面地反映笔者对"放水"说的认识，下文仍将前述两个观点列入，并就目前学者尚未关注的面相做进一步阐述。

---

① 郭昌文：《蒋介石对地方实力派的策略研究（1928～1936）：以"剿共"为主要视角》，第 151～157 页。

② 卢毅：《蒋介石"放水"长征说辨正》，《历史研究》2016 年第 4 期。

③ 杨奎松：《对蒋介石"放水红军长征路"一说若干史实的考析》，《史林》2017 年第 1 期。

第一节　"放水"红军长征说之缘起

"放水"说最初来自国民党内。国民政府时期以西南为代表的反蒋派抨击蒋介石"剿共"不力，纵共削弱异己。这种"放水"说主要是反蒋策略的需要，更多的是基于立场与主观意图的猜测。

1927 年国共合作破裂后，反共成为国民党内的政治正确。此前反对国民党联俄联共政策的西山会议派重新恢复党籍，汪精卫等改组派则因"分共"迟缓、反共不力在国民党政争中一度处于不利地位。在这种政治气候下，指责"纵共""放水"成为国民党人频繁使用的打击政敌的手段。1931年初蒋介石因约法之争扣留胡汉民，酿成西南与南京对抗的局面。西南方面的邓泽如、林森、萧佛成、古应芬 4 人以国民党中央监察委员名义通电弹劾蒋介石，其主要借口之一是蒋介石"养兵自重"，致使中共的红色武装割据成燎原之势，将红军的发展壮大归罪于蒋介石的"纵共"。这可能是最早版本的蒋介石"放水"红军说。

中国共产党在大革命失败后，再度高举反对国民党统治的大旗，在南方山区建立了众多的红色政权，燃起革命的星星之火。毛泽东在《中国的红色政权为什么能够存在?》一文中指出，政治经济发展的不平衡以及帝国主义分而治之的政策造成白色政权之间长期的分裂和战争是红色政权能够存在的重要原因。[①] 换言之，红色政权的发展壮大与蒋介石同各派系之间的角逐不无关系。但这并不意味着蒋介石"放水"红军说的成立。国民政府初期蒋介石之所以将政策重心用于应对国民党内各派系的挑战，主要是这一时期中共虽然建立起了众多的红色政权，但对中心城市和交通要道威胁不大。[②]而与红色政权相较，国民党各派系的挑战足以威胁其政权的生存。故南京国民政府初期蒋介石是将地方实力派当作主要矛盾来处理的。但即使是在对地方实力派大加挞伐的时期，蒋介石对"剿共"仍有清醒认知，对"剿共"

① 毛泽东:《中国的红色政权为什么能够存在?》,《毛泽东选集》第 1 卷，第 49 页。
② 参见杨奎松《国民党的"联共"与"反共"》，第 274 页。

与讨伐地方实力派做过这样的比较："对叛军仍以威武与怀柔并举，使其能服从中央而已，对土匪则害民，故非急剿之不可也。"① 对"剿共"策略亦进行过探索："剿匪部队之官长，必使其实施保甲法，促进地方自治，则剿匪方得有效。"②

面对西南的"纵共"指责，蒋介石以约法之争后未能亲赴前线"剿共"为憾："胡事发生后，如果即亲往剿共，使陈济棠、古应芬无所借口，则其变或可暂缓。"③ 但当 1931 年 7 月蒋介石调集中央军嫡系部队陈诚、蒋鼎文、卫立煌等部参与对江西苏区的第三次"围剿"并亲往南昌指挥时，西南旋即指责蒋介石此举意在"借剿共而图寇粤"，"现在蒋介石居然到江西去了，口里依然嚷着剿共，但谁都知道他是借剿共而寇粤"；"他现在计划，以共匪为先锋，蒋军尾其后，直捣潮汕，而窥广州。若此阴谋实现，则粤省人民必将尽死于蒋氏之手了"。"且又有一证明：当张辉瓒惨败，头流赣江之时，不见蒋氏亲剿；长沙攻陷，杀人盈城之际，亦不见蒋氏督师，今独于两广反蒋之日，突然勇气百倍，亲自出马，其用心如何，不待智者而后明也。"④ 这可能是最早版本的蒋介石"放水"红军统一两广说。总之，在西南看来，蒋介石"剿共"不力是"拥兵自重"，"剿共"用力则是"借剿共图寇粤"。无论哪种情况，都难逃"纵共"之嫌。

当指责蒋介石"放水""纵共"成为一种反蒋策略后，此说是否为真并不那么重要。代表西南舆论的《南华评论》如是说："我们不看见蒋介石于三年前就大谈剿共了吗？然而实际上怎样呢？一方面借剿共之名，刮了大批金钱，寄到美国去，以作他年失败之后，做海外寓公之预备；另一方面捏词假众，屠戮了无数的中国国民党的忠实同志，而暗中却派邵力子潜与共匪干部联络，订定'分治合作'之密约：'共匪统治乡村，阿拉统治城市'，利益并无冲突，何妨互为狼狈？"⑤ 蒋介石是否借"剿共"刮钱寄到美国以作

---

① 吴淑凤编注《蒋中正总统档案·事略稿本》（8），第 46 页。
② 吴淑凤编注《蒋中正总统档案·事略稿本》（7），台北，"国史馆"，2003，第 583 页。
③ 《蒋介石日记》（手稿本），1931 年 6 月 10 日。
④ 《剿共与纵共》，《南华评论》第 1 卷第 8 期，1931 年。
⑤ 《剿共与纵共》，《南华评论》第 1 卷第 8 期，1931 年。

他日海外寓公之论不在本书讨论之列，姑且搁置，至于屠杀了中国国民党忠实同志，却属事实。据王奇生的研究，由于共产党在国民党内的党团活动是秘密进行的，在国民党的"清党""分共"过程中，难以分辨谁是共产党。这使得"清党"中被杀戮的人士中非共产党党员人数远超过共产党党员人数，其中国民党党员占有相当大的比例。① 至于蒋介石派邵力子与中共联络、订立分治合作则纯属臆造。西南指责蒋介石"纵共"之际，蒋介石本人则大喊冤枉："闻粤伪府已下令讨伐，谓余联共，谓余剿匪不力。呜呼，天下尚有此忍心之叛徒，以诬陷人过至此者乎！"②

作为西南反蒋派的精神领袖，胡汉民亲自操刀撰写《纵共政策及其危机》一文，对蒋介石的"纵共"进行归纳与总结。文中胡汉民历数蒋介石"纵共"之表现："在一九三一年九月十八日以前其政策在借剿赤为消灭异己部队之工具，在一九三一年九月十八日以后则在借剿赤以遮蔽其迁移日本投降之错误，并利用'抗日必先剿共'之口号，谋保持国民对彼之信任与谅解。同时仍实行其消弭异己之政策，希图树立其私人本位之嫡系武力。""纵共"的理由是蒋介石高喊"剿共"，而"赤军之形势如旧"。③ 此文中胡汉民注意到"剿共"作为手段的一面，无论是掩护对外之错误，还是对内之借此培植嫡系，都颇有所见，却忽略"剿共"本身也是蒋介石的目的一面。责蒋"纵共"之逻辑则是倒果为因。有学者曾指出胡汉民为西南制定了对中央行为均表反对的基本策略，几乎在一切方面都与蒋介石对着干，这种为反对而反对是典型的在野派思维。在分析西南对蒋介石"纵共"指责时亦应考虑到此种在野派思维的作用。冯玉祥读到此文之后，在日记中写道："《三民主义月刊》，读了胡先生最近的文章，关于蒋的送红军西去，是很好很痛快的东西。"④ 冯玉祥与胡汉民在反蒋立场上是一致的，故能够分享这篇批评蒋介石的文章所带来的情绪上的痛快，并不纠结所言事实是否

---

① 王奇生：《党员、党权与党争——1924～1949 年中国国民党的组织形态》，华文出版社，2010，第 142～146 页。
② 《蒋介石日记》（手稿本），1931 年 8 月 8 日。
③ 胡汉民：《纵共政策及其危机》，《三民主义月刊》第 4 卷第 6 期。
④ 冯玉祥：《冯玉祥日记》第 4 册，第 469 页。

为真。

第五次"围剿"与反"围剿"期间，西南方面十分警惕地关注着南京与红军的一举一动，担心"剿共"背后的阴谋算计，尤其担心蒋介石有意逼迫红军西撤，中央乘机入粤入桂。元老派萧佛成向陈济棠指出："蒋氏倾国之兵于南方，名为剿共，而使共军得突围西窜。当共军率其精锐分道袭击我军之时，不闻所谓中央以一兵一卒加于共军之老巢，以收夹攻之效。则蒋之用心，尤益明显。""所应最注意者，须防蒋军借追击共军为名，乘机跟踪而来，使我猝不及备。"① 萧佛成的说法是西南—南京对峙下对蒋介石意图的主观猜测与疑惧。这种猜测在西南内部比较普遍，但正因为是猜测，常出现自相矛盾之处。李济深说："中央原欲驱共入两粤，以计不得逞，现改取长期包围式，但吾人总有善法应付。"② 李宗仁则称："就战略的原则来说，中央自应四方筑碉，重重围困，庶几使共军逃窜无路，整个就地消灭。……但此次中央的战略部署却将缺口开向西南，压迫共军西窜。"二李均指责蒋介石有意驱共入两粤，似可互相参证。但李宗仁在回忆录中还说："中央当局拟借刀杀人，故任由共军进入广西，并未跟踪追击"，"如不得已要网开一面，也应将缺口开向闽粤两省，把共军驱至沿海一带，加以消灭，如民国十六年贺、叶南窜，终于在潮汕一带为李济深、黄绍竑所击败，便是一绝好的例证"。③ 贺、叶指贺龙与叶挺。1927 年 10 月，贺龙与叶挺率领南昌起义部队南下，在潮汕一带遭遇狙击，大部溃散。引用材料完整后，不难发现二李说法其实自相矛盾。李济深判断蒋介石的意图是驱共入两粤，李宗仁则认为蒋介石本应驱共入粤，却驱共入桂。

与西南反蒋派责蒋"纵共""放水"不同，蒋纬国等人则将"放水"红军长征说描述成蒋介石经营四川为抗战大后方有意而为的"英明"策略。蒋纬国在其自传中称："从整体来看，当时与其说是没有包围成功而被中共

---

① 《萧佛成致胡汉民函》，陈红民辑注《胡汉民未刊往来函电稿》第 10 册，第 284 页。

② 《陈其尤电蒋中正李济深昨来港见胡汉民并嘲讽中央欲驱共入两粤失败改取军事长期包围》（1935 年 1 月 7 日），《蒋中正总统文物档案·一般资料》，台北"国史馆"藏，典藏号：002 - 080200 - 00199 - 168。

③ 李宗仁口述，唐德刚撰写《李宗仁回忆录》下卷，第 477、488 页。

突围，不如说是我们放水"，"假如不从整体来看，也没有办法体会我们为何放水。凡是研究历史的人都懂得战略，懂得战略的人更能体会历史"。蒋纬国口中的战略是指南京中央势力"随着共军进入云贵川，使中国达成真正的统一"。"以当时的情况来说，这是一个非常成功的政治战略。"①

无论是 30 年代国民党内的反蒋派责蒋"纵共""放水"，还是蒋纬国等有关蒋介石"放水"红军经营四川为抗战大后方的种种说法，② 均非严格意义上的学术观点，所言均带有某种功利性的意图。随着相关档案资料，尤其是与蒋介石相关的日记、档案资料的开放与查阅的日趋便利，学术研究可能出现新进展。从这些资料来看，蒋介石的某些言行也确实有不少疑点。从所言来看，蒋介石日记中，1934 年 10 月 30 日记："本月经过：甲、兴国宁都石城完全克复；乙、遍历甘宁陕豫冀鲁各省；丙、匪向西窜；丁、大会展期；戊、本身康健体验无恙，是先天与上帝之所赐也；己、晋鲁军调赣；庚、川事渐稳；辛、新疆通车。此皆统一之佳音也。"文中将红军西撤亦视为统一之佳音。12 月 29 日记："若为对倭计，以剿匪为掩护抗日之原则言之，避免内战，使倭无隙可乘，并可得众同情，乃仍以亲剿川黔残匪以为经营西南根据地之张本，亦未始非策也。"此则日记最容易令人把"放水"红军西撤与经营四川抗战大后方联系起来。③ 从蒋介石的行为来看，疑点如东西南北"围剿"布局中，西南两线薄弱；"围剿"关键时刻蒋介石离开江西开启月余的西北之行；等等。一些学者根据这些疑点，结合其他相关资料，也认为蒋介石有"放水"红军之嫌。④

---

① 蒋纬国口述，刘凤翰整理《蒋纬国口述自传》，中国大百科全书出版社，2008，第 6～7 页。
② 另有蒋介石"放水"红军长征讨好苏俄以换回蒋经国的说法，笔者 2011 年撰文指出："至于所谓蒋纵共以讨好苏俄，以换回蒋经国，则是一些论者对蒋主观意图的大胆想象，并不符合蒋的处事逻辑。毕竟 1931 年当宋庆龄建议释放牛兰夫妇以遣返蒋经国时，蒋都坚决回绝，'余宁使经儿不还，或任被苏俄残杀，决不愿以害国之罪犯而换我亲子也。'何况是以牺牲整个'剿共'前途为代价。"参见郭昌文《蒋介石"剿共"态度之研究（1932～1936）——以处理"剿共"与平定粤桂关系为中心》，《民国档案》2011 年第 2 期。此后卢毅在《蒋介石"放水"长征说辨正》（《历史研究》2016 年第 4 期）一文中亦做类似论述。
③ 《蒋介石日记》（手稿本），1934 年 10 月 30 日、12 月 29 日。
④ 黄道炫《中共、粤系、蒋介石：1934 年秋的博弈》（《近代史研究》2011 年第 1 期）是其中最具代表性的成果。

第二节　红军西撤前后蒋介石的军事部署

1933 年秋，国民党开始了对中央苏区的第五次大规模"围剿"。1934
年初迅速平定福建事变后，中央军进入闽南地区，组建以中央军将领蒋鼎文
为总司令的"东路剿匪军"。加上此前已经组建的以中央军将领顾祝同为总
司令的"北路剿匪军"、以湖南实力派何键为总司令的"西路剿匪军"、以
粤系实力派陈济棠为总司令的"南路剿匪军"，形成了东西南北四面合围之
势。随着第五次"围剿"的逐渐推进，苏区逐渐缩小，红军生存日艰。红
军不得不进行战略转移成为国民党方面近乎一致的判断。1934 年 4 月，湖
北绥靖主任何成濬在江西晋谒蒋介石后，声称江西"剿共"进展甚速，"现
有匪县仅余六七，残匪势将出窜"。① 《大公报》以《剿匪已到最后阶段》
为题，报道了国民党方面对红军动向的判断："近来赤匪内部分为两派，甲
派主张趁着力量尚未消灭的时候，大举窜出，乙派则不舍经营多年的老巢。
现在是乙派的主张得了胜利。不过国军方面，相信在最近的将来，匪军中将
要掉转一个方向采用甲派的方略。如果这猜想是对的，预料匪军的路线，必
经湘入川。"②

对于红军终将向西战略转移，作为"围剿"的最高决策者蒋介石亦有
准确的判断。

1934 年 4 月 3 日，蒋介石致电湖南省政府主席何键，要求后者扫除
"遂永莲宁茶区内勿使其有股匪存留"，以便"五六月间即朱匪西窜亦易为
力"。③ 遂永莲宁茶分别指遂川、永兴、莲花、宁乡、茶陵，是湘赣边界区
域，属西路军防线范围。9 月 28 日，蒋介石在日记中记："匪将西窜乎?"④
据参与第五次"围剿"的黄埔嫡系将领、时任第三十六师师长兼抚州警备
司令宋希濂回忆，时任"北路剿匪军总司令"顾祝同曾与其谈及蒋介石对

---

① 《江西残匪势将他窜》，《大公报》1934 年 4 月 13 日，第 1 张第 3 版。
② 《剿匪已到最后阶段》，《大公报》1934 年 6 月 9 日，第 1 张第 2 版。
③ 周美华编注《蒋中正总统档案·事略稿本》（25），第 404～405 页。
④ 《蒋介石日记》（手稿本），1934 年 9 月 28 日。

"剿共"形势的判断,"委员长估计共军真正能作战的兵力,约为十五万人到二十万人"。"如我军不再失利,他们一定不能持久下去。""委员长过去所最担心的,是怕共军由闽北窜到浙江、安徽、江苏一带去。"随着福建事变后中央军进入闽西,设置"东路剿匪军",东北两路联成一气,"共军窜往皖浙苏的可能性减少了"。①

为防范红军经湘入川,在西南两路方面蒋介石要求构筑碉堡,建立纵深防线。1934年3月16日,蒋介石在日记中记:"湘东南、桂东、汝城与道川防务。"31日记:"令修汝城、桂东碉堡。"② 5月18日,蒋介石致电西路军总司令何键、南路军总司令陈济棠,就西南两线修筑碉堡做出明确指示:"鄞县、桂东、汝城、仁化、始兴一线碉堡及工事,务请组织西南两路参谋团着手设计。一面准备部队,一面先征集民工就地构筑碉堡为第一线。其次郴州、宜章、乐昌、曲江乃至英德为第二线,先待第一线工作完成。再修第二线,总期于此两个月内,第一线碉堡设法赶成,以为一劳永逸之计。"③

相较东、北两路而言,西、南两路固然薄弱,但在西、南两路尤其是南路增加兵力在当时的实际情形下缺乏可操作性。自以两广为核心的西南半独立局面形成以来,西南方面对蒋介石在两广边界的一举一动都十分敏感。前述1931年夏蒋介石调集中央军精锐对江西苏区进行"围剿",西南旋即指责蒋介石此举意在"借剿共而图寇粤"就是最典型的例子。1932年后,蒋介石长期置中央军主力于江西"剿共",更为西南元老派胡汉民等人所忌,成为鼓动陈济棠反蒋的主要证据。④ 第五次"围剿"期间,尤其是1934年福建事变结束后,西南对蒋介石更是十分警惕。1934年夏,何键到江西晋谒蒋介石,即有传言何键将要调任。⑤ 传言的来源正是两广。李宗仁对萧佛成说:"已得消息,门神对湘、云更动事即有发表,闻是调云为沪宁警备司

① 宋希濂:《鹰犬将军:宋希濂自述》,第95页。

② 《蒋介石日记》(手稿本),1934年3月16日、3月31日。

③ 高素兰编注《蒋中正总统档案·事略稿本》(26),第133~134页。

④ 《萧佛成致胡汉民函》,陈红民辑注《胡汉民未刊往来函电稿》第10册,第278页。

⑤ 《剿匪已到最后阶段》,《大公报》1934年6月9日,第1张第2版。

令，湘则仍系刘小虎来也。"① 文中"门神"指蒋介石，"湘"指湖南省政府主席何键，"云"指云南省政府主席龙云，"刘小虎"指黄埔嫡系将领刘峙。

顾忌两广之态度，以蒋介石此时的行事方式不大可能贸然在西、南两路靠近两广边境增兵。蒋介石深知，在靠近地方实力派掌握的省域"剿共"，没有地方实力派的配合是不可想象的。为了争取地方实力派的合作，蒋介石在涉及可能引起地方实力派敏感的区域"剿共"时，一般都比较尊重地方实力派的利益，顾忌地方实力派的态度。1933年初，蒋介石最初计划让尾随红四方面军的胡宗南第一师直入陕南川北"追剿"，但中央军到达陕南后引起川陕各军疑惧，转令陕军孙蔚如部"回汉中驻防陕南"，胡宗南部入川遂作罢。② 1934年初蒋介石在考虑中央军是否乘平定福建事变之机进入靠近粤北的闽南时，心态亦属这方面情形。1月3日，蒋介石在日记中记："我军进占闽南，是否受匪与粤三面环攻，抑以进占后，闽南交给粤方以安其心也。"1月4日记："进取闽南利害之研究与直攻省城之研究。"1月7日记："昨日既克水口，则卫五纵队（指卫立煌部）挺进闽南计划是否实施，当慎虑之。"③ 此外，蒋介石极力拉拢两广参与"围剿"，避免刺激两广撤去"围剿"之师，不惜在内外政策上进行妥协沟通（详见第五章）。

在军事"剿共"的同时，蒋介石并未放弃以其他方式"解决中共"的可能。在"凡可以增益剿匪效率者，自不妨尽量运用"的思想指导之下，蒋介石这时已接受了一个颇为大胆的计划。与其进攻苏区处处攻坚，毋宁利用红军西撤心理，驱其"离巢"，"远处张网"，在红军离开苏区的过程中予以歼灭。在江西"剿共"前线的第十八军副军长罗卓英可能是最早提出这一策略的人。1934年6月10日，罗卓英致电陈诚称：

匪主力在广昌、龙岗间地区，日前判断弃巢西窜实过早也。职意拟

---

① 《陈融致胡汉民函》，陈红民辑注《胡汉民未刊往来函电稿》第10册，第178页。
② 高明芳编注《蒋中正总统档案·事略稿本》（18），台北，"国史馆"，2005，第20、77～78、314～315页。
③ 《蒋介石日记》（手稿本），1934年1月3日、1月4日、1月7日。

不筑南建公路，此公路短时间内决难充分使用。而以罗、樊、汤全力协筑广昌、石城碉堡公路。嗣后以樊、汤两部向宁化与连城，李部对筑碉堡。关于全局计划，职意利用赤匪最后西窜之心理与趋势，对北东南三面以摇撼其政治中枢，驱其离巢之目的，逐步紧迫，会捣瑞金长汀，而于西面则远处张网。

罗指罗卓英，樊指樊松甫，汤指汤恩伯。陈诚将此电向蒋介石汇报，蒋介石批示："查所具各项意见颇有见地，谨电鉴核。"① 无独有偶，曾服务于西北军中，又担任北平市市长的何其巩亦有类似建议："赣匪倘能在赣州以东，合围而聚歼之，固为上策。否则有计划的网开一面，迫其出窜，然后在追剿中予以节节之击灭，似亦不失为上策中之中策也。"②

从第五次"围剿"后期的军事部署来看，蒋介石接受了罗卓英、何其巩等人的建议。1934 年 10 月 9 日，蒋介石致电陈诚称："欲促进战局之从早结束，则东路应增加兵力，如能将第四与八十九两师由汤（汤恩伯）带领东移，则东路即可单独向长汀、瑞金发展，一面北路军占领宁都，与薛路会合后，即可由宁都与东路军由长汀会占瑞金，可免石城与长汀线兵力与时间也。"③ 在红军准备西撤，且国民党方面对此已有判断的情形下，蒋介石在东路增兵，其意图不难想象。陈诚指出："为求歼匪于赣南计，我军重点应偏于西翼地区，使东路军不必急进，免迫匪西窜。"④

如果说东线增兵是驱其"离巢"，则湘江以东修筑的三道防线就是"远处张网"。这三道防线分别是：第一线，沿赣江至信丰、安远；第二线，宁

---

① 《蒋中正电熊式辉等对匪西窜所提各项意见请核议》（1934 年 6 月 13 日），《蒋中正总统文物档案·特交文件》，台北"国史馆"藏，典藏号：00207010000034034。

② 周美华编注《蒋中正总统档案·事略稿本》（28），台北，"国史馆"，2006，第 508 ~ 513 页。

③ 周美华编注《蒋中正总统档案·事略稿本》（28），第 256 ~ 257 页。黄道炫最早指出蒋介石的这一部署含有逼迫红军西撤的意图。

④ 《陈诚电蒋中正据各方情报赤匪欲牵制我主力以西窜及我东南西北各路部队进剿部署情形》（1934 年 10 月 15 日），《蒋中正总统文物档案·武装叛国》，台北"国史馆"藏，典藏号：00209030000090032。

冈、桂东、汝城、仁北、曲江；第三线，湘江、漓江。这三道防线充分利用当地的地形地貌节节阻击。这一部署实际上也为湖南、广西等实力派所赞成。①

从获悉红军长征后的军事布局来看，蒋介石显然希望在网的终端也就是湘江、漓江一带消灭红军。江西红军在10月中旬开始向西突围。南京行营以及蒋介石在10月下旬获悉红军突围的准确情报。② 蒋介石立即做出军事部署。一是部署中央军"追剿"部队。10月27日，蒋介石致电熊式辉、贺国光称："如赣南匪主力果逾赣州、信丰之线时，应即以周纵队取直径向郴州、莱阳之线。薛纵队向宝庆、永州之线进出。先将行军日程与运输计划详细规定，以免临时仓皇。"③ 周纵队指中央军周浑元部，薛纵队指中央军薛岳部。11月9日，蒋介石在日记中记："不可错过剿匪成功之大好机会。"④11月12日，蒋介石告诫陈诚："吾人当前最急之务为湘边追击及赣南清剿，必须用其全力先完成此种任务。"⑤ "最急""全力"等字眼不难看出蒋介石欲"歼灭"中共的意图。11月14日，蒋介石特地嘱托薛岳"途中不可为散匪牵制，应不顾一切，取直径从速到达永州，并限先头部队于笴日前到永州"。⑥ 二是对湖南实力派何键进行激励与笼络。蒋介石深知在湘江以东"歼灭"红军，何键态度颇为关键。蒋介石先是委托与何键私交不错的刘文岛赴湘，向何键传达务必在湘境"歼灭"红军。11月4日，蒋介石致电刘文岛称："兄赴湘一晤云樵至佳。现赣匪主力溃围西窜，将达湘边，已至最后之关头。吾人应运其全力，不惜牺牲，务于湘江以东歼灭之。故湘中部署不可备广力分，专以消极的防匪保境为目的，应多留活动力，与赣中追击部队积极同负进击与兜剿之责，而以纵匪过境以邻为壑为奇耻。桂军方面尤宜

① 《贺国光电蒋中正据各方情报判断江西共军似有西窜企图请准拨款修筑湘赣桂边区碉堡封锁线并派马吉第或聂洸前往督察工程并与桂方接洽》（1934年9月29日），《蒋中正总统文物档案·武装叛国》，台北"国史馆"藏，典藏号：00209030000083152。
② 陈诚：《陈诚先生回忆录·国共战争》，东方出版社，2009，第58页。
③ 周美华编注《蒋中正总统档案·事略稿本》（28），第366页。
④ 《蒋介石日记》（手稿本），1934年11月9日。
⑤ 周美华编注《蒋中正总统档案·事略稿本》（28），第442页。
⑥ 周美华编注《蒋中正总统档案·事略稿本》（28），第445页。

切实与之联系，泯其畛域，释其疑虑，使湘桂与中央之合作关系，从此愈臻圆满。凡此均为云樵兄所应特别努力者，中亦期待甚殷。尚盼相与透切言之。失今不图，不特匪势坐大，湘桂川黔受其威胁，永无宁日。且党国前途，实亦不堪设想矣。"①11月13日，蒋介石任命何键为"追剿军总司令"，薛岳、周浑元均归其节制，"期歼灭于湘、漓水以东地区"。②蒋介石在湘漓线歼灭红军企图未能得逞。红军在付出惨痛代价后，12月初渡过湘江，闯关成功。

总之，从第五次"围剿"后期的军事部署来看，蒋介石虽有逼迫红军离开苏区的考量与运作，但主要是出于加快"剿共"进程的军事目的，利用红军的西撤心理"逼其离巢"，通过"张网"的部署在湘江以东消灭红军。

第三节　驱共西撤与解决两广无关

国民政府初期，在中共于南方山区燃起的革命星星之火对交通要道与中心城市威胁不大，且外患尚不急迫的情境下，国民党内地方实力派对南京中央形成巨大威胁，蒋介石选择优先解决反蒋派系。在这些斗争中，蒋介石虽取得了军事上的胜利，但仍未能实现真正的统一。蒋介石在中原大战尤其是1932年下野再起后，以"攘外必先安内"作为应对内外危局的总体政策，把中共定性为"腹心之患"。1932年6月18日，蒋介石在"鄂豫皖湘赣五省清剿会议"上说："长江一带，中枢各省，遭此匪患，正是国家腹心之患。"③1933年5月8日，蒋介石又公开宣讲："只要能够正本清源，先将这个心腹之患彻底消除，那末外面的皮肤小病，一定不成问题，现在剿匪就是

---

① 周美华编注《蒋中正总统档案·事略稿本》(28)，第409页。
② 郭廷以编《中华民国史事日志》第2册，第413页。
③ 蒋介石：《清剿共匪与修明政治之道》(1932年6月18日)，秦孝仪主编《先总统蒋公思想言论总集》卷10，第620~621页。

要来治疗心腹之患"。① 1934 年 3 月 1 日，蒋介石告诫中央军将领刘峙："目下心腹之病仍属匪患。"句中"仍"字，说出了中共是"腹心之患"的时间性特征。无论是函电往来，还是公开演讲，蒋介石均视中共为"腹心之患"。何谓"腹心之患"？类似这种用身体部位形容祸患及其严重程度的词还有"癣疾（皮肤）之患""肢体之患""肘腋之患"等。由于身体不同部位对健康危害程度有别，用以形容祸患的程度就有轻重之分，在处理时便有缓急先后。相较肘腋与肢体，腹心显然对生命的影响更大。故以之形容的祸患往往被置于优先处理的位置。晚清时期恭亲王奕䜣对其时面临的内忧外患的分析广为人知。奕䜣称："发捻交乘，心腹之害也；俄国址地相接，有蚕食上国之志，肘腋之忧也；英国志在通商，暴虐无人理，不为限制，则无以自立，肢体之患也。"故在应对处理上"灭发捻为先，治俄次之，治英又次之"。② 蒋介石将中共视为"心腹之患"，意味着在处理上居于优先位置。在日记中，蒋介石反复提醒自己对国民党内的地方实力派皆取守势与忍辱负重，以全力"剿共"。③ 在面对两广杯葛寻衅时优先"剿共"自是题中应有之义。

但是在近年来新发现的资料中，南京内部某些优先解决两广的说法容易引起揣摩与想象。比如黄道炫在其研究中引用陈诚的说法："广东一隅，为国防剿匪两大决策之先决问题，长此模棱两可，形成半独立之局势，国防剿匪，均被牵掣。似应乘此时机，以较强硬之态度，促其听命，作进一步较彻底之解决，以除患肘腋。"④ 这类广东为"剿共"先决问题的说法成为判断蒋介石"放水"红军解决两广之重要证据。其间的逻辑可能是既然两广为

---

① 蒋介石：《革命军的责任是安内与攘外》（1933 年 5 月 8 日），秦孝仪主编《先总统蒋公思想言论总集》卷 11，第 66～67 页。

② 《咸丰十年十二月初三日恭亲王奕䜣等奏》，《续修四库全书》卷四一八《筹办夷务始末（咸丰朝）》卷七十一，上海古籍出版社，2002，第 318 页。

③ 《蒋介石日记》（手稿本），1933 年 7 月 25 日。

④ 《电呈十八军久战残破请准积极整顿并对广东问题敬陈所见》（1934 年 11 月 4 日），何智霖编《陈诚先生书信集——与蒋中正先生往来函电》（上），第 143～144 页。该则电报亦收录于台北"国史馆"藏《陈诚副总统文物·文电甲类》（典藏号：002－080200－00150－088），其电报名为《电呈委员长蒋中正以十八军久战残破请准积极整顿并对广东问题敬陈所见》。

先决问题,"放水"红军向西突围以为解决两广创造有利条件就是可能的选项。

实际上,反映南京内部有优先解决两广考量的材料并不鲜见。在两广半独立局面形成后,原桂系巨头之一黄绍竑可能是最早建言蒋介石优先解决两广的。黄绍竑(1895~1966),字季宽,广西容县人,新桂系创始人之一,与李宗仁、白崇禧合称"桂系三巨头"。中原大战后黄绍竑离开桂系投入南京中央,支持蒋介石,与拥蒋派系政学系关系密切。[①] 1933 年初,黄绍竑奉命赴广东商讨宁粤合作"剿共",结果让其"很失望""很懊丧"。[②] 黄绍竑于是向蒋介石建言:"先收拾岭南。"[③] 岭南是南方五岭以南地区的简称,五岭具体由大庾岭、骑田岭、萌渚岭、都庞岭、越城岭组成,分布于广东、广西、湖南、江西等数省交界处。岭南一般代指两广。南京方面潜伏于广东、香港等地的情报搜集者亦积极建议武力征伐两广。1934 年初,时任香港天南日报社社长的罗伟疆向蒋介石建言,称广东是统一最大之障碍,非速解决不可,福建事变平定后中央军得以进入闽南,"此际实为平粤最好之机会"。[④] 中央军将领刘峙认为广东"兵强财足,隐然敌国,不无可虑",建议蒋介石"密定平乱计划","对各基本部队予以更番休息整理,勿完全使用尽净,以免均致疲惫"。[⑤] 黄绍竑、罗伟疆、刘峙实际上与陈诚分享着两广为统一之障碍、优先解决两广之认知。且刘峙所谓为解决广东,对基本部队予以轮番休息,以免疲惫之建议简直就是"放水"红军的另一种表述。

但问题在于,对于两广长期的寻衅杯葛,南京内部实际上有不同的主

---

① 近年来金以林对政学系阵营进行了比较翔实的考证,指出黄绍竑虽未被视为政学系成员,但与政学系关系颇为密切。金以林:《蒋介石与政学系》,《近代史研究》2014 年第 6 期。

② 黄绍竑:《五十回忆》,上海书店,1945,第 242 页。

③ 王正华编注《蒋中正总统档案·事略稿本》(20),第 650 页。

④ 《罗伟疆电蒋中正近传我军入粤消息人心浮动纸币大跌胡汉民召各方代表拟组府粤民盼中央统一》(1934 年 2 月 11 日),《蒋中正总统文物档案·一般资料》,台北"国史馆"藏,典藏号:002-080200-00147-048。

⑤ 《刘峙电蒋中正请予基本部队以更番休息整理密定平乱计划于各要点密为预备以便进行全国统一大业》(1934 年 2 月 27 日),《蒋中正总统文物档案·一般资料》,台北"国史馆"藏,典藏号:002-080200-00150-088。

张，对两广愤懑不平进而磨刀霍霍、主张优先解决只是其中的一种主张。如果把坚持此种主张者称为"急进派"，那么在对待两广问题上南京还有与之对应的"缓进派"。"缓进派"认为面对内忧外患，对包括两广在内的国民党内部矛盾应大度宽容，优先解决才是根本的原则。比如，1932年6月，国民政府内政部常务次长罗贡华提交了一份应对内外危局的详细计划，提到国民政府同时面临着日本、中共、地方实力派三大敌人，既然不能同时并进根本解决，应确立集中力量优先"剿共"的根本原则，俟"剿共"完毕后，再考虑其他两大敌人。在"剿共"期间"其它恶势力无论如何牵制阻挠剿匪计划决不可因之而动摇，此对剿匪之先决问题不可不预为解决者一"。① 何谓"其它恶势力"？罗贡华虽未具体所指，但两广作为国民党内主要的在野反对派，亦应在内。比较罗贡华与陈诚的主张，两者分享共同的逻辑，即"剿共"有先决问题需要解决；区别在于对先决问题有迥然不同之主张。无独有偶，时任北平政务整理委员会委员长黄郛亦极力主张对两广包容大度，指出"剿共"才是蒋介石事业成功的关键。为此，黄郛提醒蒋介石："此时对各方应大度包容，对匪应专力并进。果能在最短期内肃清闽赣残匪，则吾弟之一切大业或即由此收功业。"②

因此，南京内部在对待两广问题上有两种不同之主张，那么在判断南京方面之意图时，若仅采信其有关优先解决两广问题的说法，忽视与之相反的说法，从研究方法上讲，似有偏信之嫌。

当然，在国民党党国体制中，由于蒋介石之特殊地位，其个人往往能够操纵国民政府的决策。尤其在军事问题上，依靠军队崛起为国民政府的领袖，又牢牢掌控国民党内最强大武力的蒋介石基本上占据主导地位。优先"剿共"还是优先解决两广最主要的还是军事层面的问题，蒋介石本人如何取舍抉择无疑具有决定性。

近年公开的相关资料显示，蒋介石在"剿共"过程中常常流露出防粤、

---

① 吴淑凤编注《蒋中正总统档案·事略稿本》（15），第228～229页。

② 《黄郛电蒋中正闽局定后应全力剿匪并限期肃清闽赣残匪等》（1934年2月12日），《蒋中正总统文物档案·一般资料》，台北"国史馆"藏，典藏号：002－080200－00147－084。

谋粤之意，有时甚至十分强烈、迫切。这种对两广的防谋之意似乎有悖优先"剿共"的基本原则，进而容易被视作"放水"红军解决两广证据链的重要一环。比如，黄文如是说："由于当事者的讳莫如深，可以直接证明这种企图的材料很难出现，但蒋方防粤、谋粤的用心还是常常可以看到的。"其所引用材料是蒋介石 1934 年 7 月 10 日的日记："以后每日以平粤计划与首都防御二者，列入注意栏内。"①

以常情度之，两广长期高举反蒋大旗，即使蒋介石未在日记中记录，也很难相信其没有防谋之心。换言之，仅从主观意愿上讲，蒋介石"防粤""谋粤"之心几乎是不证自明、不言而喻的。问题在于，什么时机谋粤？怎样谋粤？在南京内部已经判断红军在第五次"围剿"重挫后终将西撤的背景下，蒋介石日记中"谋粤"之意是否可以理解为即将实施的行动？是否可以把"谋粤"与红军即将西撤联系起来？实际上，只要更为全面地注意到蒋介石的有关记录，不难发现答案。蒋介石为什么在 1934 年 7 月 10 日将"平粤计划""列入注意栏内"？7 月 6 日，蒋介石有这样的记载："何键自粤来报告，余知粤已绝望，当速进行，乃预定对粤计划。"7 月 7 日记"粤非速征不可"，7 月 11 日记"平粤准备"，7 月 18 日记"对粤准备"。② 从"绝望""当速进行""非速征不可"这些语句来看，似乎南京对两广的一场狂风暴雨即将来临。但蒋介石在私下记录中的"速征"，是否意味着付诸行动？观其具体语境，蒋介石是在"何键自粤来报告"后而对广东绝望的。1934 年 6 月，湖南实力派、湖南省政府主席何键奉命赴广州。对于何键此行赴粤，舆论期待颇高。《国闻周报》称："仅就剿匪工作言，无请何入粤面洽之必要。意者何氏此行，与整个的统一问题有关乎？此国人一致之希望也，愿两粤负责当局，其深念之！"③ 但结果似不理想，使蒋介石失望，所谓"绝望""当速进行""非速征不可"便是这种情绪的反

① 《蒋介石日记》（手稿本），1934 年 7 月 10 日。

② 《蒋介石日记》（手稿本），1934 年 7 月 6 日、7 月 7 日、7 月 11 日、7 月 18 日。

③ 《何键赴粤》，《国闻周报》第 21 卷第 25 期。有关何键赴粤的研究，参见罗敏《从对立走向交涉：福建事变前后的西南与中央》，《历史研究》2006 年第 2 期；肖自力：《南京政府前期地方实力派的政治生存——以何键为中心》，《历史研究》2014 年第 3 期。

映与宣泄。蒋介石 7 月 30 日又记："对粤桂方针，急者缓之，擒者纵之。示之以威，感之以德，动之以诚，待内部整顿妥适而彼仍不感悟，则再加讨伐，则水到渠成或易为力乎？对粤方针，应分大小先后，而重在基本之是否稳定，若问罪与其时间则尚在其次。然粤不平定，则军事无从整理也。"①显然，蒋介石经过半月余的平复，失望、愤怒情绪宣泄完毕，便从"速征"回到"示之以威，感之以德，动之以诚"，"问罪与其时间则尚在其次"。当然，两广问题终归需解决，"然粤不平定，则军事无从整理也"。蒋介石这种因某事刺激对两广流露出的愤怒之情与急求解决之意，在其日记中并不鲜见。1932 年 4 月 2 日，蒋介石考虑国防计划时要修建粤汉与同成二铁路，"故急思统一广东"。② 1934 年 9 月 4 日，蒋介石在得知白崇禧秘密巡视赣南桂系"剿共"部队后，在日记中记："白逆巡视赣南，煽动军队，此逆不除，民族不安。非先平两粤，无以定国安民。"③ 从表面看，所谓"非先平两粤，无以定国安民"，类同前引陈诚所言"广东一隅，为国防剿匪两大决策之先决问题"，但实际上存在区别。陈诚等人是建议付诸行动，作为最终决策者尤其是后果承担者的蒋介石则主要是情绪的宣泄。或许对于志在实现真正统一的蒋介石而言，两广的半独立状态本就令其不快，再受刺激在行动上却也只能隐忍，实在需要通过这种私人记录宣泄情绪。与之对应的是，在未受刺激之时，蒋介石对两广的态度又是另一番景象。比如 1933 年 2 月 7 日记："西南之事，一时只可听之，以力所不及，时有所未至，强之无益，更无所用其忿怒。"④ 因此，在判断蒋介石的真正意图时，只见其日记中颇为急切的谋粤之意，而未结合其具体语境进行分析，易有误信之弊。

之所以称蒋介石急于图粤之意是情绪的宣泄，更为重要的理由在于蒋介石对持续不断的优先解决两广问题的建议其实都有明确无误的指示。对于黄绍竑"先收拾岭南"的建议，蒋介石回复称："为党国计，万不可乱此步骤。""若此时急进，徒与共匪以良机，而岭南决无法收拾，兄等共为党国

---

① 《蒋介石日记》（手稿本），1934 年 7 月 30 日。
② 《蒋介石日记》（手稿本），1932 年 4 月 2 日。
③ 《蒋介石日记》（手稿本），1934 年 9 月 4 日。
④ 《蒋介石日记》（手稿本），1933 年 2 月 7 日。

之罪人而已。故此时应力劝各方，合力剿匪，去其共同之害，方能成其各别之利。"① 对于亲信刘峙近乎"放水"红军解决两广之建议，蒋介石一方面对其鼓励，称"卓见甚佩"；另一方面提醒"目下心腹之病仍属匪患，吾人应并力急趋于此，倘匪能肃清，则国家统一民族复兴均可迎刃而解"。② 至于黄文认为需要"细细琢磨"的陈诚的建议，蒋介石实际上也有明确指示："为湘边追击及赣南清剿，必须用其全力先完成此种任务。"③ 此中"全力"一词足见其态度。因此，在判断南京方面的意图时，若只注意到南京内部优先解决西南问题说法的材料，对蒋介石实际上已经做出的明确指示视而不见，易有偏信之弊。

总之，蒋介石在国民政府初期优先解决国民党内反蒋实力派受挫后，面对"安内""攘外"之多重危局，以优先"剿共"作为应对之基本原则。"缓进派"劝导蒋介石不受"恶势力"牵制阻挠，集中力量全力"剿共"。但对于两广的杯葛寻衅，蒋介石难免有情绪上的起伏波动，反映在私人记录中，就是与"急进派"共同分享着"非先平两粤，不足以定国安民"的认知；实际行动上，则明确告诫"急进派"，呼应"缓进派"全力"剿共"的主张。

第四节　刘湘"剿共"失败对于南京经营四川的影响

相较"放水"红军长征解决粤桂的说法，"放水"红军长征建设四川大后方说更受关注。从严格的逻辑上讲，"放水"红军建设四川大后方说需以两个判断的成立为前提。第一个判断，蒋介石有意建设四川，却苦于没有一个名正言顺的借口进入四川，"放水"红一方面军西撤正是为了创造这样一个借口；第二个判断，蒋介石在江西"剿共"结束前已确定经营四川为国防大后方的战略，"放水"就是创造条件实施这一战略。考析这两个判断的

---

① 王正华编注《蒋中正总统档案·事略稿本》（20），第 650 页
② 周美华编注《蒋中正总统档案·事略稿本》（25），第 4 页。
③ 周美华编注《蒋中正总统档案·事略稿本》（28），第 442 页。

意义在于，虽不能说判断成立，即可断定蒋介石为建设四川大后方而"放水"红军长征，但若两个判断根本就是似是而非，则应能从源头上否定这一说法。因此，这两个判断也是辨析"放水"说的重要视角。

与两个判断相关的问题是：南京国民政府成立后一段时间里，蒋介石没有派中央军入川是没有借口还是其他原因？1934 年夏，刘湘对早就活跃于川北的红四方面军"剿共"的崩盘及其向蒋介石请援，对中央军入川起到怎样的作用？江西"剿共"结束前后蒋介石建设四川大后方的种种构想是不是已经确定只待实施的选项？蒋介石是什么时候确定建设四川大后方的？本节就以上两个判断及相应问题略做考析。

一　1934 年前蒋介石未派中央军入川的原因

"放水"说的逻辑是，蒋介石要经营远在西南又长期被地方实力派掌控的四川，缺乏一个名正言顺的借口，故设计布局、逼迫红一方面军西撤，以便南京势力借口"剿共"乘机入川。但是，只要对这段历史稍加掌握便不难发现，蒋介石其实并不缺乏进入四川的借口。

比如四川内乱。四川地方实力派为争夺地盘，长期内乱不已。据统计，自民国肇建，川中共起战乱 478 次，平均每月两战。[1] 其中，1932～1933 年刘湘与刘文辉之间爆发的"二刘大战"是规模最大的一次。类似的地方内乱既影响南京中央的权威，也为日本正在进行的侵略提供某种口实。日本侵略中国的理由之一是中国内乱不断，并非现代意义上的民族国家。地方内乱所造成的这种负面影响，被舆论批评，"应受日本政府最高之奖章，因日本借此可昭示国际，谓中国事实上并未统一"，[2] "自戕国脉，贻笑世界"。[3]南京中央若以平乱入川实乃名正言顺。《大公报》称："如川战者，应由中央派兵入川干涉，劝优击劣，顷刻扫荡。"[4]《时事新报》认为："在今日求国内和平，必政府诛伐好乱之军阀"，甚至提出"宁可暂忍一时之痛苦，不

---

① 《论川战》，《申报》1932 年 11 月 16 日，第 1 张第 3 版。
② 王正华编注《蒋中正总统档案·事略稿本》（17），第 47～49 页。
③ 荣孟源、章伯锋编《近代稗海》第 8 辑，四川人民出版社，1987，第 375 页。
④ 《呼吁息战无效以后》，《大公报》1932 年 10 月 20 日，第 1 张第 2 版。

惜以武力制裁"。① 最终蒋介石并未派军入川,仅居间调解。蒋介石指示何应钦:"川中各方酝酿愈急,益显严重,而中央一时亦不得宜有效制止之办法,且不可有袒护而援助一方之明显表示。如兄有与甫澄、自乾两方各个接近之人,不妨各使分工,加紧接近,借以明了两方之真相,及其对于中央之希望,然后静观其进展趋势,再作最后之决定可也。"② 调解无果后,蒋介石态度更趋消极,"说必无效,川事只有让其自乱而已"。③

甚至在 1934 年秋红一方面军长征前,蒋介石也不缺以"剿共"派军入川的借口。1932 年 7 月,蒋对鄂豫皖苏区进行第四次"围剿",迫使红军三大主力之一的红四方面军战略转移。红四方面军越过平汉路,转战鄂豫陕川。1932 年底先后占领川北通江、南江、巴中等县,在通江成立"川陕苏维埃政府"。红四方面军转战川陕,已为蒋介石提供了"剿共"入川的借口。

进一步考察则可发现蒋介石最初实有派中央军入川"追剿"的打算。1932 年 12 月 28 日,蒋介石在日记中记:"令各师直追赤匪入川。"④ 1933 年 1 月 3 日,蒋介石指示何应钦部署"第一师第四十师各派三团兵力与一部分有力部队协同入川紧迫,其余主力暂驻陕南防匪回窜"。第一师师长为胡宗南,第四十师师长为刘茂恩。其中,由黄埔学生军发展而来的第一师是中央军主力。但胡宗南到汉中后引起川陕各军疑惧,加上"入川则山高雪深,输送无法,指挥不能统一,并缺乏地图,凭空揣测","难收功效",蒋介石转而决定依重地方实力派负责川陕"剿共",除任命以川北为防区的田颂尧为"川陕边区剿匪督办"外,令陕军孙蔚如部"回汉中驻防陕南",由田、孙两部合力"围剿"红四方面军。胡宗南师改驻甘肃南部天水、碧口,在甘川陕外围警戒、防堵红四方面军。⑤

1933 年 6 月,四川"剿共"波澜再起。"川中徐匪势愈猖獗",当川陕

---

① 荣孟源、章伯锋编《近代稗海》第 8 辑,第 402、417 页。
② 王正华编注《蒋中正总统档案·事略稿本》(17),第 176~177 页。
③ 王正华编注《蒋中正总统档案·事略稿本》(20),第 669 页。
④ 《蒋介石日记》(手稿本),1932 年 12 月 28 日。
⑤ 高明芳编注《蒋中正总统档案·事略稿本》(18),第 20、77~78、314~315 页。

甘要冲之广元"亦已失守"，驻广元之陕军"王志远旅不战而退"，川北"田颂尧部惨败，竭蹶不振，退守嘉陵江沿线"，杨森、刘存厚"虽报称派兵协助，而实未出击"，南京方面不得不紧急磋商川省"剿共"。湖北绥靖主任何成濬向蒋介石献计，"欲平徐匪，惟有大举进攻，应由中央另调三四师入陕川边区，特派大员督剿；或责成甫澄就全蜀兵力，统筹抽调，令授以全权，除二者择一而外，别无良法"。蒋介石权衡后，认为目前中央派军"为事势所不容许"，最终还是责成川省最大的实力派刘湘统筹负责。[1]

可见，或平乱，或"剿共"，南京中央并不缺少进入四川的借口。但蒋介石并没有派军大举入川，更没有乘机经营四川，原因何在？

首先，对蒋介石而言，四川固然重要，但在相当长时间内，有比经营四川更重要的战略选择。南京国民政府初期，蒋介石的主要精力用于应对西北系、晋系、桂系等主要实力派对其中央政权的挑战，先后发生蒋桂战争、蒋冯战争、蒋唐战争、中原大战等大规模军事冲突。蒋介石虽取得战场上的胜利，但实际成果有限，很大程度上仍是"五省联军总司令"。与此同时，借力国民党内部混战之机，中国共产党的苏维埃革命逐渐崛起于长江中下游，威胁着蒋介石对其基本区域的统治。因此，中原大战结束后，蒋介石逐渐将重心移至"剿共"。1932年后，经历下野再起的蒋介石面对内外困局，以"攘外必先安内"作为总体应对方略，继续明确以"剿共"为"安内"重心，并赋予其"消灭中共"以外新的内涵，即通过"剿除"活跃在长江中下游的红色割据，经营统治的基本区域。基于此种战略选择，蒋介石先是重兵"围剿"鄂豫皖苏区，接着又集中力量对赣闽苏区发动第四次、第五次"围剿"。至少在基本区域的"剿共"取得重大进展之前，蒋介石不会轻易派兵大举入川。因此，"二刘大战"时，面对舆论入川的鼓噪，蒋介石提醒自己，"西南封建争斗正未有艾，国事至此，除建立基本区域外，岂有他术乎哉？"[2] 对于四川"剿共"，蒋虽明知"明令甫澄负责，以川情复杂，尔

---

① 王正华编注《蒋中正总统档案·事略稿本》（20），第635～637页。
② 《蒋介石日记》（手稿本），1932年1月1日、5月13日、11月27日。

诈我虞,是否能和衷合作,听命勠力,亦尚难料",但也别无选择。①

其次,四川实力派的态度是蒋介石不得不顾忌的因素。蒋深知,在地方实力派所掌控的省份"剿共",没有地方实力派的配合是不可想象的。如果地方实力派担心"客军宰割",对中央军充满猜忌,必然影响"剿共"效果。为了争取地方实力派的合作,在涉及可能引起地方实力派敏感的区域"剿共"时,蒋介石一般都比较尊重地方实力派的利益,顾忌地方实力派的态度。蒋介石取消胡宗南师、刘茂恩师入川计划,且叮嘱胡宗南"对各友军须和衷共济,勿生误会为要",反映的就是这种情形。② 当然,前提是四川实力派能够"剿共",一旦地方实力派"剿共"崩盘且不得不向南京求助,还是需要中央军入川。

最后,蒋介石对南京中央介入四川的谨慎态度,或许也有基于历史教训的考量。蒋介石曾阅读太平天国著名将领石达开的日记,对其败于四川"感慨不置",认为石达开"不急入川,则东南各省,如赣、如浙、如皖、如鄂亦必能得地固守,称雄一方",入川后"卒为岛山隘路所困,而不能达其定川之目的,可不叹哉!""由此可知,边陲僻径为出奇要道,然而辎重不济,土寇为患,道途险恶,时期难定,皆足制其死命。""石公之败,足为吾人之一大教训也。"③ 石达开在江西、湖北等地数次挫败蒋介石非常推崇的曾国藩,却又惨败于四川。这样深刻的历史教训,可能也使蒋介石在派中央军入川问题上谨慎从事。

二 1934 年 8 月刘湘"剿共"失败对于南京经营四川的作用

"放水"论者不仅未注意到1934年前蒋介石不缺介入四川的借口,更未注意到1934年8月刘湘对红四方面军"剿共"失败以及11月赴京请援对于南京中央介入四川的实际作用。

1933年6月,"川陕边区剿匪督办"田颂尧指挥的川北"剿共"失败。

---

① 王正华编注《蒋中正总统档案·事略稿本》(20),第635~637页。
② 高明芳编注《蒋中正总统档案·事略稿本》(18),第314~315页。
③ 《蒋介石日记》(手稿本),1922年9月1日。

蒋介石任命刘湘为"四川剿匪总司令"，统筹负责四川"剿共"。10月4日，刘湘正式就职。为了消灭红四方面军，刘湘组织了六路大军，几乎囊括了所有四川实力派军队，向川陕根据地发动进攻。① 刘湘的军事"剿共"初期似乎颇见成效，很快重占嘉陵江东岸，收复杨森和刘存厚的失地。但由于川军内部矛盾重重，"综观今日川军实力，刘湘盖巍然首列，各军暗怀鸟尽弓藏之虑，因忌生畏，时有谣言发生"，"剿共"战事急转直下。1934年7月，川军唐式遵部在万源遭受重挫，伤亡万人左右。8月，刘湘指挥的六路"剿共"大军更是全线溃退。四川"剿共"再次失败以及迅速蔓延的社会和经济危机，② 促使社会各方再次将目光聚焦四川，并大力呼吁南京中央介入川局。

川籍乡绅、京官是呼吁南京中央介入川局的重要力量。据报道，"成都耆宿张澜、尹昌衡、徐孝刚等数十人，联名电中央，电中有云：'四川为中国之四川，赤祸非一省之赤祸……或派劲旅入川以围剿，或派大员夹辅以督率……'又五老七贤中如曾鉴、方旭、徐炯、刘咸荣、尹昌龄等，再电中央，仍请派大员，督同协剿，其电略云：'剿匪为中央整个计划，似不能置四川而不顾，川军主持无人，立见鱼烂瓦解，赤匪动作甚速，万一窜据夔巫，下窥武汉……当此万分危迫之际，惟望中央急定有效办法，义同善举，拯救川人，并望迅查前电，简派知兵大员，飞率善战而有纪律之师，来川协剿。'"③ 川籍京官则在南京集议川事，"请中央派兵入川剿匪"。④ 为了敦促南京中央派兵入川，川人又组织请愿代表东下谒见南京军政要人。⑤

部分四川将领因担心四川东北两路门户为红四方面军封锁，致使四川与外界隔绝，也希望中央军入川。9月4日，黄隐致电邓锡侯，建议转请蒋介石"速令调驻湖北中央军数师，先行屯驻宜昌、沙市，令天水胡宗南师大

---

① 六路大军指第一路军邓锡侯、第二路军田颂尧、第三路军李家钰、第四路军杨森、第五路军范绍增、第六路军刘文辉。参见王多年主编《国民革命战史》第4部第5卷，第10页。
② 〔美〕罗伯特·A. 柯白：《四川军阀与国民政府》，第112页。
③ 《成都各名宿再电中央，促派兵入川协剿》，《大公报》1934年9月11日，第3张第9版。
④ 《川籍京官请求派兵入川》，《大公报》1934年9月15日，第1张第3版。
⑤ 《川省请愿代表赴赣谒蒋》，《大公报》1934年9月27日，第1张第3版。

部移驻武都、碧口。一遇开县、开江吃紧,宜沙之师即用兵轮运屯夔、万,南江有警,胡师即开赴广元"。①

以《大公报》为代表的报纸也纷纷吁请南京中央及早介入。9 月 2 日,《大公报》发表题为《川局何以善后》的社评,声称"为今之计,中央一面责成刘湘奋发图功,并为之劝导诸将,勖以和衷共济,而政府更当勉为其难,于无可设法之中,予以财政军实之协济,使其了解中央德意,尽力补赎前愆。同时宜以精兵三师开入川省,坐镇后方,激励诸将,免川军之猜嫌,士皆宿练,更可示新军之模范,有裨军事实行"。②

尤为值得注意的是,国民党内主要的反蒋派两广也有意促成中央军入川"剿共"。1932 年以后国民党元老派胡汉民南下联合两广实力派,举起反蒋大旗,以"西南"为招牌,以两广为基础,同时积极联络真正地理上的四川、云南、贵州等西南诸省,以形成名副其实的西南局面。本来胡汉民等人应是极力反对中央军入川,以确保川省半独立局面,但实际情形恰恰相反。其原因在于,彼时南京方面正紧锣密鼓筹备已延期一年的国民党第五次全国代表大会(以下简称"五全大会"),"西南"认定蒋介石必将借此修改国民党党纲,博取总理地位,并利用大会决议取消西南两机关,建立独裁统治,故极力反对由蒋介石主导召开的五全大会。"西南"认为,不妨有意促成中央军入川"剿共",一来可以使蒋介石的注意力集中于川省,继续延期召开五全大会;二来也可造成反蒋机会。陈济棠直言:"门一打四川,即是我们好机会,且此机会万万不可放失。"③ 为了促成中央军入川,9 月 26 日,"西南执行部"召开例会时提出了甲、乙、丙三项策略:"甲、由川籍中委在五中全会提请宁方移兵,专办川匪";"乙、造成内外川人请愿运动,其办法则以非正式之方法出之";"丙、应把握全国商人、工业家、银行家畏共与不愿内战心理,在津、沪各地造成请移剿川共及防止内战运动,以督促

---

① 高素兰编注《蒋中正总统档案·事略稿本》(27),第 403~404 页。

② 《川局何以善后》,《大公报》1934 年 9 月 2 日,第 1 张第 2 版。

③ 《陈融致胡汉民函》,陈红民辑注《胡汉民未刊往来函电稿》第 10 册,第 235 页。

宁方移兵剿办川共"。① 为了防止蒋介石因顾虑两广而停止入川，"西南"元老派甚至同意陈济棠出面与蒋介石在五全大会问题上进行敷衍，萧佛成致电陈济棠，建议后者"在此时期不妨应蒋氏之召，遣使与之敷衍五全会开会问题，使其不疑，得一意攻川"。②

1934年夏刘湘对红四方面军"剿共"的失败，以及由此引发的要求南京中央介入四川的呼吁，促使蒋介石再次筹谋四川"剿共"策略。需要指出的是，与1933年夏田颂尧"剿共"失败相较，1934年夏刘湘失败时蒋介石面临的局面至少有两点变化。其一，田颂尧基本上是以"川陕边区剿匪督办"名义督导其所部"剿共"，田颂尧的失败，某种程度上是局部的挫折；刘湘则以"四川剿匪总司令"统筹全川实力派军队，分六路大军"剿共"，刘湘的失败，意味着仅靠四川地方实力派"剿共"的崩盘。"川陕边区剿匪督办"失败，还有"四川剿匪总司令"；"四川剿匪总司令"失败了呢？显然，随着刘湘的失败，为了对付"猖獗"的"徐匪"，蒋介石对四川的策略面临再次调整的重要关口。其二，1933年夏田颂尧失败时，蒋介石对江西红军的第四次"围剿"遭遇重挫，正集中力量组织第五次"围剿"，但前途未卜，局势不明。1934年夏刘湘失败时，第五次"围剿"已取得重要进展，胜利可期。

由于刘湘"剿共"的崩盘，南京方面的军事将领认定"经此挫败后，川匪须俟中央派队，方能剿灭，已无疑义"。蒋介石本人也同意这一判断，"川匪极可虑，最后非赖中央加兵，恐不能安定"。但"赣乱未平"，以及刘湘"迄无请援之表示"，"川军内部复杂，对于中央军之入川，不但意见分歧，各有怀抱，且恐一迎一拒之间彼辈反借此而引起川局本身问题之纠纷，而置剿匪于不顾"，所以中央目前"既不能抽派多兵，少数又不足挽回败局"。当然，江西"剿共"已到"浮屠合尖"之际，入川准备可以着手进行，"今只能做准备工作或于宜昌鄂北之间，控置相当部队，以备万一"。

---

① 《陈融致胡汉民函》（1934年9月26日），陈红民辑注《胡汉民未刊往来函电稿》第10册，第242页。

② 《萧佛成致陈济棠函》，陈红民辑注《胡汉民未刊往来函电稿》第10册，第305～306页。

"陕陇公路迭经督责赶办，除西安至汉中者即待兴工外，复规定汉中白河一线，亦正在测量中，以期与业已通车之鄂郧白段相衔接，至添造汉渝航轮及航空测量川北地图，自属要着，当令主管机关筹办。"① 蒋介石并亲自督导相关准备。1934 年 10 月，蒋介石催促胡宗南赶修甘川公路，"马鹿镇至天水公路究有几里？""最快何时开通？""应组织石工队，以工兵队官长为主，挑选各团官兵共三十人，学习石工桥工，以为入川开路之预备。"②

　　1934 年 11 月，江西大规模军事"剿共"已告结束。刘湘也首次离渝，到南京请援。有记者曾问刘湘"此来曾否向中央请求派兵入川剿匪"，刘湘答复"此本系商洽剿匪计划中之一部分也"。③ 至此，蒋介石对中央军入川的两大顾虑——江西"剿共"及四川实力派的态度均已消除。蒋介石遂令贺国光率领军事委员会委员长行营参谋团入川，并令中央军自川北和川东两地大举入川。在川北，胡宗南的第一师自甘南进入川北昭化、广元接防。④胡宗南初仅以独立旅丁德隆部三团进驻广昭，遭蒋介石痛斥，"广昭两城仅派三团兵力接防，未面疏懈太甚"，"至前电令六团以上兵力，再三思索，犹恐太少，无济于事，故不如将其可调者尽数出动"，"后方只留少数部队"。⑤ 在川东，徐源泉部进驻川黔边界，负责"沿涪陵、江口、彭水、黔水、龙山之线"，上官云相所部"移驻夔万"。⑥

　　至此，似可清晰地勾勒出中央军大举入川的因果关系链。因为 1934 年 8 月刘湘对红四方面军的"剿共"失败，蒋介石已认定"剿灭"四川红四方面军，需要中央军入川。因江西"剿共"尚未结束，先从入川准备工作着手。到 11 月，江西大规模的军事"剿共"已告结束，刘湘也因"剿共"失败不得不首次离渝赴京请援，蒋介石遂派参谋团以及中央军入川。虽然在

① 高素兰编注《蒋中正总统档案·事略稿本》（27），第 530 ~ 531 页。

② 周美华编注《蒋中正总统档案·事略稿本》（28），第 272 页。

③ 《刘湘在京会商川政》，《国闻周报》第 11 卷第 48 期。

④ 中国第二历史档案馆编《国民党追堵红军长征档案史料选编（中央部分）》（上），档案出版社，1987，第 547 页。

⑤ 高明芳编注《蒋中正总统档案·事略稿本》（29），台北，"国史馆"，2007，第 119 ~ 120 页。

⑥ 高明芳编注《蒋中正总统档案·事略稿本》（29），第 28 ~ 29 页。

1934 年底 1935 年初进入四川的参谋团和中央军，也肩负围堵这时已经转移至西南的红一方面军的任务，但是并不能将围堵红一方面军视为参谋团和中央军入川的原因。而且，基于对红军几大主力在西南会合的忧虑，对蒋介石而言，在第五次"围剿"中彻底消灭红一方面军方为上策。至于中央军薛岳与吴奇伟部尾随红一方面军长征而进入西南，实在只是上策未遂的结果。总之，蒋介石根本不必画蛇添足般"放水"红一方面军西撤，就能够将中央军打入四川。实际上，无论是进驻川北的胡宗南部，还是进驻川东的徐源泉部、上官云相部，均是因此而入川。

第五节　蒋介石确定四川大后方战略的历程

1935 年在西南"剿共"的大背景下，在近半年的时间里，蒋介石亲自坐镇西南，着力经营四川。此举实际上意味着四川从一隅问题上升至国家战略。这是江西"剿共"结束后蒋介石做出的重大战略抉择。那么，蒋介石是如何做出抉择的？

他本人事后的两个说法都不可忽视。第一个说法是抗战胜利后的 1946 年 4 月 27 日，蒋介石在离开四川的公开演讲中讲道："若能以四川为革命的根据地，就更能使革命早日成功，这是我民初以来未到四川以前始终一贯的理想。"[①] 从对四川战略地位的构想而言，蒋介石的这一说法是有根据的。

早在追随孙中山的革命时代，蒋介石就多次设想以四川为重心谋划国防。这种设想最早似可追溯至民国元年，蒋介石在《革命战后军政之经营》一文中称，"由国防之大势而论，自亦不能不以西北部为重也"，"川甘为西北之要枢"。[②] 1921 年，蒋介石在与陈炯明探讨革命方略时，指出"以地势论，则当先图蜀而后可以统一长江"，"若为根本解决中国计，尤当以西北

---

① 蒋介石：《告别四川同胞书》，秦孝仪主编《先总统蒋公思想言论总集》卷32，第147页。
② 蒋介石：《革命战后军政之经营》，秦孝仪主编《先总统蒋公思想言论总集》卷35，第33页。

为根据，四川为西北与西南之重心，更不可不急"。① 1925 年 7 月，蒋介石
向军事委员会建议，国民革命的理想途径，是先占包括四川在内的西南，使
之成为第二革命根据地，"由西南延长至西北，据此大陆，以与帝国主义者
在东南沿海、沿江、沿铁路而至之侵略形势相抗拒，造成中国大革命之决战
场"。②

南京国民政府成立后，蒋介石也多次流露出经营四川的意图。1928 年 3
月 12 日日记中记："滇事与川事，应速进行，不可以其边远而忽之也。"11
月 25 日记："川黔为国防要区，余必竭力为西南安定而建设之也。"③

九一八事变后，中国面临严重的民族危机，蒋介石有关经营四川的构想
不再仅仅是一般意义上的国防设计而更具针对性。1933 年 8 月 17 日，蒋介
石在日记中记："大战未起以前，如何掩护准备，使敌不甚注意，其惟经营
西北与四川乎？"9 月 11 日记："我之有形军备，是否积极进行为宜？抑除
整理内政，寄军令于内政之外，不在江海作军备，积极整顿陕川，以作最后
复兴之基乎？"④

但是，对四川战略地位的种种构想，仅停留在思考层面，即使是江西
"剿共"结束前后经营四川与抗日结合起来的诸多考量，也并非已经确定只
待实施的决策。1934 年 11 月 13 日，蒋介石在日记中记："本日研究政治全
部之设计与方针，粤桂川湘黔蒙，华北与倭俄诸关系及中央之改造与本身之
行动尚未深思入微，故难决策也。""尚未深思入微""难决策也"等语表明
江西"剿共"结束后，蒋介石仍在权衡思考，并未做出选择。11 月 23 日
记："如经营四川应注重驻地，以对倭寇，与对倭寇与两广皆有能顾到为
要。"再往后，12 月 29 日记："若为对倭计，以剿匪为掩护抗日之原则言
之，避免内战，使倭寇无隙可乘，并可得众同情，乃仍以亲剿川黔残匪以为

---

① 蒋介石：《致陈炯明纵论全局战略书》，秦孝仪主编《先总统蒋公思想言论总集》卷 36，第
57 页。

② 蒋介石：《建议军事委员会革命六大计划书》，秦孝仪主编《先总统蒋公思想言论总集》卷
36，第 145～154 页。

③ 周美华编注《蒋中正总统档案·事略稿本》（2），第 509 页。

④ 《蒋介石日记》（手稿本），1933 年 8 月 17 日、9 月 11 日。

经营西南根据地之张本，亦未始非策也。"此句常被用以证明蒋介石确定建设四川大后方。请注意，蒋介石还有一句话，"当再熟筹之"，也就是仍未定夺。① 蒋介石事后的第二个说法对此讲得更清楚。1937 年 11 月，蒋介石在正式宣告迁都重庆的公开演讲中自陈，"自从九一八经过一二八以至于长城战役"，"苦心焦虑，都不能定出一个妥当的方案来执行抗日之战"，"总想不出一个比较可行的办法"。"因为对外作战，首先要有后方根据地"，直到 1935 年进入四川，"这才找到了真正可以持久抗战的后方"。②

以后见之明，蒋介石 1935 年的抉择为四川在抗战时期成为国防大后方奠定了坚实的基础，是中央政权始终能够坚持抗战直至最终胜利的重要因素。但蒋介石当初为什么难以决策，为什么"苦心焦虑，都不能定出一个妥当的方案来执行抗日之战"？全面梳理江西"剿共"结束前后蒋的思考，或可窥见端倪。

首先，蒋介石反复权衡先收西南还是先定四川。这里"西南"是指政治上的西南。1932 年后，两广实力派和国民党元老胡汉民结合而成的西南长期高举反蒋大旗，是蒋介石"安内""攘外"的主要障碍。南京军政高层摩拳擦掌，欲解决西南而后快。红军西撤后，陈诚建言："广东一隅，为国防剿匪两大决策之先决问题，长此模棱两可，形成半独立之局势，国防剿匪，均被牵掣。似应乘此时机，以较强硬之态度，促其听命，作进一步较彻底之解决，以除患肘腋。"蒋介石本人虽亦时有"非先平两粤，无以定国安民"的情绪，但在先收西南还是先定四川间，还是反复权衡，并未轻易定夺。1934 年 5 月 29 日，蒋介石于日记中记："可否先安西南而后定川湘？" 11 月 17 日记："经营西南，再定川湘乎？"③

其次，蒋介石对经营大后方等有形的国防建设能否起到应有作用心存疑虑。面对日本的步步紧逼，蒋介石一方面确实有关于抗战大后方的诸多思考，认为强敌作战，需要有后方根据地；另一方面基于中日双方的差距以及

---

① 《蒋介石日记》（手稿本），1934 年 11 月 13 日、11 月 23 日、12 月 29 日。
② 蒋介石：《国府迁渝与抗战前途》，秦孝仪主编《先总统蒋公思想言论总集》卷 14，第 654～658 页。
③ 《蒋介石日记》（手稿本），1934 年 5 月 29 日、11 月 17 日。

日本对中国国防建设的干扰，又怀疑大后方战略的实际作用，甚至批评过日本不能打到西南腹地的说法，认为"我们有什么方法可以抵御外侮，复兴民族？""我们要战胜敌人，不在武器，不在物质，而在我们的精神！"①

再次，蒋介石在大后方的不同选项中也有纠结。在对大后方战略的思考中，除四川外，蒋介石至少还考虑过两个地方。一是湖南。1932年8月，何浩若建议"以湖南为抗日与革命之根据"，蒋介石"甚表赞同"。11月，蒋介石视察湖南，"精神颇佳，感想亦好"，"湖南倚衡岳而临长江，湘水贯注，原野肥沃，且有曾胡遗风，确属有为之地"，表示"必于此早为之，所以为复兴之基"。② 红一方面军西撤后，蒋介石一度考虑对湖南"根本解决"，将何键调离湖南。③ 二是西北。西北是蒋介石考虑较多的选项。九一八事变后，蒋介石曾"决心移首都于西北，集中主力于陇海路"。④ 1933年初蒋介石调胡宗南第一师进驻甘南，"以为经营西北基础"。1933年8月，蒋介石与戴季陶讨论国是，戴提出因应将来国际变局，"惟有中央准备迁都西安，树立中心旗帜，而沿海各省，任其自谋保存之道"。蒋介石表示完全赞同。1933年底，蒋在日记中记："以东南为经济之基础，以西北为立国保种之根据。"⑤ 1934年10月，蒋介石巡视西北，颇有所感："黄河形势雄壮，西北物产之丰，倭俄虽侵略备至，如我能自强则无如我何也，极思经营西北，以为复兴之基地。"⑥

最后，蒋介石对四川能否承受抗战大后方之重不无顾虑。当时的四川，如蒋介石所言，"四川同胞的生活确实痛苦到了极点"，至于"鸦片满野，莦苻塞途的情势犹在其次"；若再提到军事和政治环境，"则当时各军各自割据一方，即所谓'防区制'，在区内各征田赋，各取税收，漫无限制"；至于交通，"除了蓉渝公路之外，与四面邻省完全隔绝，形同封闭"。四川

---

① 蒋介石：《抵御外侮与复兴民族（上）》，秦孝仪主编《先总统蒋公思想言论总集》卷12，第313页。

② 王正华编注《蒋中正总统档案·事略稿本》（17），第318~319页。

③ 《蒋介石日记》（手稿本），1934年11月20日。

④ 《蒋介石日记》（手稿本），1931年9月26日。

⑤ 《蒋介石日记》（手稿本），1933年2月8日、8月5日、12月31日。

⑥ 《蒋介石日记》（手稿本），1934年10月17日。

的这种现实，使当时许多人认为"决不能以四川作抗战根据地的"。蒋介石最后自吹力排众议选定四川，但面对四川种种困难复杂情形，不可能没有犹疑与顾虑。[①]

综合上述讨论，应该可以发现，"放水"论所需之两个判断均难成立。

第一个判断，蒋介石有意建设四川，却苦于没有一个名正言顺的借口进入四川，"放水"红一方面军长征正是为了创造这样一个借口。实际情况是在国民政府成立后的一段时间里，蒋介石完全有借口，甚至是以"剿共"为借口进入四川，只是基于长江中下游的"剿共"优先、经营基本区域的战略选择，加上顾忌四川实力派的态度而没有派军入川。在1934年底1935年初参谋团和中央军入川前，有两条线索几乎同时发生。一是刘湘对红四方面军"剿共"的崩盘及赴京请援，二是红一方面军长征。但实际上是第一条线索直接促成了参谋团和胡宗南、徐源泉、上官云相等中央军入川。

第二个判断，蒋介石在江西"剿共"结束前已确定经营四川为国防大后方的战略，"放水"就是创造条件实施这一战略。蒋介石固然早就重视四川的战略地位，九一八事变后更是多次考虑过建设四川为大后方，但是这仅停留在思考层面。即使是江西"剿共"结束前后经营四川与抗日结合起来的考量，也仅是选项之一，而非已经确定只待实施的决策。蒋介石是在包括建设四川为大后方在内的诸多选项中反复权衡纠结，直到1935年进入四川后才确定建设四川抗战大后方。

总之，所谓蒋介石建设四川大后方而"放水"红军长征的说法，并非史实，难经推敲考证。

①　蒋介石：《告别四川同胞书》，秦孝仪主编《先总统蒋公思想言论总集》卷32，第147～148页。

第五章　国民政府对两广实力派的整合

"两广"即广东与广西两地之合称。1932 年后，两广实力派与胡汉民等元老派结合，依托国民党西南执行部、国民政府西南政务委员会两机构，形成喧嚣一时的西南半独立局面。两广成为 30 年代国民政府谋求统一、整合内部的重要阻力。国民政府及蒋介石在整合两广过程中，诸种权谋并用，较能反映其整合地方实力派的策略特征。故两广是探讨国民政府整合地方实力派策略难以回避的个案。又因如此，有关国民政府及蒋介石与两广实力派关系的相关研究颇为学界关注，相关成果较为丰硕。[①] 本章主要从既往研究中较少关注的面相、较少使用的资料的层面进行分析探讨。

第一节　内外政策上沟通妥协

两广实力派与胡汉民结合的西南以"抗日""倒蒋""剿共"为主要政治主张，这也是国民党内反蒋派系普遍接受的主张。[②] 针对西南的三项主张，国民政府及蒋介石亦有相应之对策。对于西南的"抗日"主张，南京中央及蒋介石对日以妥协为主，但注重与西南进行沟通解释，希望得到谅解。西南以不满南京内外政策进行反蒋，南京中央及蒋介石则在可能之情况下，做出一定的妥协让步。在内外政策沟通妥协的同时，蒋介石极力拉拢两广参与南京中央组织的"围剿"体系。

[①] 邓正兵《广东地方实力派与地方主义》（广西师范大学出版社，2008）、陈红民《函电里的人际关系与政治：读哈佛 – 燕京图书馆藏"胡汉民往来函电稿"》、罗敏《走向统一：西南与中央关系研究（1931～1936）》是这方面最具代表性的成果。

[②] 陈红民：《胡汉民·西南政权与广东实力派（1932～1936）》，《浙江大学学报》（人文社会科学版）2007 年第 1 期。

1932 年，国民政府基于阻止苏联亲日疏华及承认"满洲国"的考量，与苏联正式复交。① 随着中苏复交，国民政府对共产党的政策是否因之改弦更张颇为各方关注。两广实力派反蒋的重要理由是蒋介石"纵共"。为避免中苏复交成为两广再度反蒋之口实，蒋介石致电陈济棠对此进行解释："对俄复交事以兄意度之，吾辈有否容共之理。至复交内容，除发表之文件外，绝无任何条件，请兄勿为好谣者所惑也。"②

1933 年 9 月，两广地方实力派领袖陈济棠、李宗仁以及福建第十九路军将领蔡廷锴联名致电蒋介石、汪精卫，要求南京中央："（一）停止召集五全代会；（二）公开厘定棉麦借款用途，必须用于生产事业；（三）公布《塘沽协定》全案；（四）维持察省抗日部队，停止中央部队前进压迫。"③针对陈济棠等人的要求，蒋介石一一做出解释。

第一，关于五全大会停止召集问题。蒋介石答复称："依照党章，五全大会固须于今年十一月（指 1933 年 11 月）召集，惟党章亦有规定，如有不得已之理由，可延期召集一年，故关于第一项之主张，可作为伯南、德邻两兄以中央委员资格，向中央常会提议，以符手续，弟等对此并无成见，俟中央会议议决之结果，再行另达。"最终，南京中央在五全大会召开问题上做出让步，同意展期召开。

第二，关于棉麦借款用途问题。1933 年 6 月 16 日，国民党中央政治委员会通过决议，确认借款用途"限于下列生产事业，不得移充任何对内用兵或其他消费之用。甲、创办及发展基本工业，乙、复兴农村经济，丙、兴办水利，丁、发展交通事业"。④ 两广实力派再度就此话题质问南京中央。蒋介石对此解释："棉麦借款用途，中央政治会议早已决定，用于生产事业，弟等七月俭日通电，曾申述此意，并郑重声明，决定公布，与来电主张

---

① 有关南京国民政府对苏联复交的决策过程及其考量参见鹿锡俊《1932 年中国对苏复交的决策过程》，《近代史研究》2001 年第 1 期。

② 王正华编注《蒋中正总统档案·事略稿本》（17），第 621 页。

③ 韩信夫、姜克夫编《中华民国大事记》第 3 册，第 550 页。

④ 季啸风、沈友益主编《中华民国史史料外编——前日本末次研究所情报资料（中文部分）》第 87 册，第 363 页。

不谋而合，一切必可公开。"

第三，关于公布《塘沽协定》全案问题。蒋介石称："塘沽协定全案，早已尽行公布，此外绝无秘而不宣之何等附件，万勿轻信谣言，自滋疑惑。去岁淞沪停战协定成立，外间亦有此等谣言，不久即归消灭。盖谣言本身绝无持久性也。"

第四，关于维持察省抗日部队，停止中央部队前进压迫问题。蒋介石解释道："省部队迭经何部长（何应钦）、宋主席（宋哲元）等开诚商榷，最近已处理就绪。据东电报告，已收编者邓文旧部檀自新为暂编骑兵第十师师长，李忠义为暂编骑兵第二十四旅旅长，张仁杰为暂编第三师师长，刘桂堂为察东游击司令，黄守中为游击第一支队，阮玄武为商都警备司令，姚景川为宝昌警备司令，张允荣为张北警备司令，以雷中田、高树勋、柳庭、张凌云、乜玉领及唐聚五、刘震东等部属之，以上各将领尚能仰体时艰，共维边局，均已呈报就职。"①

除关于五全大会展期外，其他答复虽然未必能令两广实力派满意，但蒋介石向地方大员解释内外政策，本身即反映了彼时中央与地方关系的某种面相，同时，这也是蒋介石对两广实力派的策略运用。

南京中央的对日政策最易给两广以杯葛寻衅之口实。因此，蒋介石在与日交涉妥协时小心谨慎，尤其注重时机的选择。1934年5月，在华北负责对日交涉的北平政务整理委员会委员长黄郛同日方达成华北与伪满洲国通邮通车协定，通车日期为7月1日。就通车通邮问题本身而言，蒋介石在原则上已经同意，并要求早日决定具体方案："华北停战，瞬届一年，以通邮通车问题不决，致撤兵迁延，交通梗塞，始终保持战时之状态。不特战区善后要政，无从进行，而社会不安，人心不定，尤足深虑。""通车问题我国独当其冲，自属无可避免，且敌焰因此益张，与其坐待强迫，不可收拾而后为之，不如即速自定方针，自动主办之为愈。"② 但7月1日的通车时间让蒋

① 高素兰编注《蒋中正总统档案·事略稿本》（22），台北，"国史馆"，2005，第248~250页。

② 《蒋介石呈中央政治会议订华北通车通邮方针电》（1934年5月27日），秦孝仪主编《先总统蒋公思想言论总集》卷30，第97页。

介石深感忧虑，要求黄郛设法与日方协商延缓通车日期，"能展至八九月间为宜，恐太早则汀州与瑞金未占时，粤军借故撤兵，致兹功亏一篑，不无可虑耳"。[1] 南京方面就华北与伪满洲国通车通邮难避承认伪满洲国之嫌疑，最少也容易被理解为承认伪满洲国之先兆。两广可能借此寻衅，蒋介石要求推迟通车时间，以待有两广参与的"围剿"顺利结束。通车日期终未因此展缓，但过程折射出蒋介石的忧思所在。

在内政党务上，亦不乏类似例子。最具典型的是南京方面在国民党第五次全国代表大会延期召开问题上的让步。根据国民党党章规定，全国代表大会须每两年举行一次。在特殊情况下经过中央执行委员会批准后方可展期一年，但最多不得超过一年。国民党第四次全国代表大会于 1931 年 11 月在南京、上海、广州三地分别召开。国民党第五次全国代表大会本应于 1933 年底召开，但在两广反对之下已展期一年。因此，1934 年下半年，南京方面开始紧锣密鼓筹备第五次全国代表大会，并公布了大会会期与议题。但是，南京方面主导召开的五全大会再度遭到两广的强烈反对。两广地方实力派陈济棠、李宗仁、白崇禧与胡汉民、萧佛成、邓泽如等元老派 9 月发出"齐电"，提出补充第五次全国代表大会提案 4 项："纠问军政当局责任；整饬政治风纪，严惩一切淆乱社会危害党国案；确立外交方针；确定最低限度生产计划。"[2] 两广方面以"纠问军政当局责任"等不可能被南京方面接受的提案作为杯葛策略，甚至打算自行召开第五次全国代表大会。[3]

面对两广方面的反对声浪，南京方面一度希望利用两广内部实力派与元老派的矛盾进行分化瓦解。蒋介石在与陈济棠交涉时，陈述第五次全国代表大会不得再度展期之理由："会期宜于改缓，中（蒋自称）初亦同此主张。第格于党章，无可如何，前电已为兄言之。凡党章所规定者，非大会无权变更，则吾辈自不便再持异议。"[4] 希望陈济棠理解南京不得不为之苦衷。当

---

[1] 高素兰编注《蒋中正总统档案·事略稿本》（26），第 168 页。

[2] 郭廷以编《中华民国史事日志》第 3 册，第 396 页。

[3] 陈红民、张玲、郭昌文：《冲突与折衷：国民党五全大会延期召开原因探讨》，《民国档案》2009 年第 1 期。

[4] 高素兰编注《蒋中正总统档案·事略稿本》（27），第 381～382 页。

时传言蒋介石有意通过第五次全国代表大会"造成新局",解决总统问题。对此,蒋介石一方面严令国民党内负责宣传大计的叶楚伧严格处分相关责任人宣传不当;[①] 另一方面希望陈济棠慎思明辨,"为党国稍存公义与正气"。[②] 在西南内部,陈济棠虽与胡汉民等元老派存有分歧与矛盾,但利用胡汉民与南京中央及蒋介石的矛盾,"以冀从中取利"是其主要的生存策略。[③] 陈济棠在第五次全国代表大会问题上虽与胡汉民等人态度有别,但也并不希望蒋介石顺利召开。1934 年 9 月 30 日,陈济棠向蒋介石提出,"据观察各方所得,若未有具体之解决方法,而遽开五全大会,不特意见歧分,无补时艰,恐将内部分裂",希望第五次全国代表大会展期。[④]

　　分化之计未果,蒋介石选择退让,决定第五次全国代表大会展期。蒋介石致电汪精卫称,在"剿共""浮屠合尖之际,苟粤方暂能相安,则对其大会展期之请求,似不妨再为让步"。[⑤]

　　虽然陈济棠在参与"围剿"问题上长期态度模糊,致使南路进展有限,但在解决两广时机未至、西南方向布置中央重兵尚无可能的情况下,蒋介石在西南方向的"围剿"也只能借重两广。因此,在"剿共"关键之际,在消极层面为避免以两广杯葛寻衅之口实,在积极层面希望两广参与"围剿",蒋介石在第五次全国代表大会展期问题上妥协是合乎其逻辑的考量。"剿共"问题不仅是大会展期之合理借口,而且是其重要目的。

　　总之,蒋介石在处理与两广关系时,在内外政策上能妥协者尽力妥协,不能妥协者则予以解释不得不如是之苦衷,以免予两广挑衅口实,尤其担心两广借此撤去西南方向的"围剿"军队,影响"剿共"进程。

---

①　高素兰编注《蒋中正总统档案·事略稿本》(27),第 381 页。

②　高素兰编注《蒋中正总统档案·事略稿本》(27),第 553～554 页。

③　周美华编注《蒋中正总统档案·事略稿本》(28),第 201～203 页。

④　《陈济棠致蒋介石电》(1934 年 9 月 30 日),《蒋中正总统文物档案·特交档案》,台北"国史馆"藏,转引自陈红民、张玲、郭昌文《冲突与折衷:国民党五全大会延期召开原因探讨》,《民国档案》2009 年第 1 期。

⑤　周美华编注《蒋中正总统档案·事略稿本》(28),第 201～203 页。

第二节　将两广纳入南京中央"围剿"体系

1932 年后，"攘外必先安内"成为国民政府应对内外危局的总体政策，①"剿共"成为优先选择。两广虽以反蒋为旨，但在理念上亦主张"剿共"。1927 年第一次国共合作分裂后，"剿共"几乎成为国民政府话语体系中与抗日同等的政治正确。蒋介石与地方实力派虽存在矛盾与斗争，但这种矛盾"通常并不是政治观点非常不同的结果"，②双方的政治主张与意识形态并没有实质差别。在国民党高举"剿共"大旗的 30 年代前期，南京中央与地方实力派均将"剿共"不力甚至"纵共"视作对方之罪恶而肆意攻击。这既是双方的斗争策略之需，也反映出双方至少对"剿共"在主张层面并无差别。桂系李宗仁、白崇禧早在 1927 年"清共"之际便极力怂恿蒋介石"以快刀斩乱麻的方式清党"。1928 年国民政府北伐完成后，李宗仁力主"剿共"，告诫蒋介石称共产党有理想，有纪律，有组织，有共产国际的背景，有刻苦耐劳的知识分子领导，"决不可将具有武装的共产党部队与土匪等量齐观"，③代表广东军队集体意志而作的《剿共随军日记》，极力妖魔化共产党及其军队，污称他们是"盗贼""土匪"，制造社会恐怖。④在"剿共"行动上，广东实力派陈济棠极力清除共产党在其地盘之内的大南山、海南等根据地。至 1932 年，陈济棠基本上将广东范围内的红色武装消灭。最能体现双方对共产党相同主张的例子是他们对待福建事变的态度。两广与第十九路军将领本是"处境相近的盟友"，却因后者"背叛主义，结纳匪

---

① 有关"攘外必先安内"政策参见黄道炫《蒋介石"攘外必先安内"方针研究》，《抗日战争研究》2000 年第 2 期。

② 〔美〕易劳逸：《流产的革命——1927～1937 年国民党统治下的中国》，陈谦平、陈红民等译，中国青年出版社，1992，第 374 页。

③ 李宗仁口述，唐德刚撰写《李宗仁回忆录》，第 337、438～439 页。

④ 曾业英：《历史当事人的记述与历史真实——新见〈剿共随军日记〉解读》，《近代史研究》2008 年第 3 期。

党，以组织工农政府相号召"而"化友为敌"。正因为两广在"剿共"问题上有同样的主张，故蒋介石除调整"剿共"策略、调集中央军主力"剿共"外，还极力拉拢在政治地缘上与苏区接壤的两广参与"围剿"，将两广纳入南京中央的"围剿"体系。在"剿共"的同时，试图借此加强与两广的联系与合作。

时任南昌行营参谋长、江西省政府主席的熊式辉比较早地建议"围剿"须与两广尤其是广东建立合作关系，"长江交通如不能自由，最近将来赣省盐荒必甚……故赣粤两省军事与交通应从速联络一气，以期互助"。蒋介石完全同意熊式辉的建议，并指示熊式辉以个人名义通电或派员与陈济棠联络感情，"然后再与之在公务上进行合作"。先谈感情，再谈合作，这是蒋介石与地方实力派交涉时常用之手段。熊式辉奉令后即与陈济棠联系："吾侪允宜抛弃从前一切政治上异同之意见，同心协力，抗日剿共，庶几有济。粤赣之间，关系尤为密切。在目前虽似赣省当冲，粤尚无事，但使赤白二祸真可亡赣，则唇亡齿寒，粤省不能独存。""请尊处速派大兵进驻赣州，便与在赣剿匪军联成一气。至关军事、交通、政治、经济等事。两省应如何通力合作，请兄慎密筹划，遇必要时，敝处拟派员前赴尊处详细商洽，并请尊处亦随时派员惠临指教。"与此同时，第十八军军长陈诚以其所部第十一师参谋长邹洪前往广东联络，亦获得蒋介石的同意。

随着红军经营赣南、闽南等地，仅通过熊式辉与陈济棠以私人名义进行沟通联络难以满足"围剿"之需。1932年3月底，部分红军进攻闽南地区，试图攻取厦门、漳州等地，又有部分红军进攻赣江西岸，试图占领湘粤赣边区。为了遏制红军的发展势头，蒋介石需要广东在粤赣、粤闽等地承担防堵重责，准备授予陈济棠"剿共"的正式名义，将其纳入南京统一组织的

---

① 有关两广与第十九路军之间的关系参见陈红民《两广与福建事变关系述论》，《近代史研究》2001年第4期。

② 周美华编注《蒋中正总统档案·事略稿本》（13），第122页。

③ 熊式辉：《海桑集——熊式辉回忆录（1907~1949）》，台北，明镜出版社，2008，第124页。

④ 周美华编注《蒋中正总统档案·事略稿本》（13），第147~148页。

"剿共"体制。[①] 4 月 19 日，蒋介石以何应钦为"赣粤闽边区剿匪总司令"，陈济棠为副司令，"漳州之事决付济棠处理"。[②] "剿共"虽亦是两广实力派的政治诉求，但江西苏区的存在在客观上成为两广安全之屏障。两广对于蒋介石将其纳入南京中央的"剿共"体系态度模棱两可，对"剿共"并不积极。此种态度难逃外界之观察，《大公报》直言广东实力派"剿共"不力："民国二十一年何应钦与陈济棠同拜湘粤赣剿匪之命，实出陈氏所请，乃结果亦仅自固边圉为止。并就职之公式表示，且避忌不遑，此固党争政潮为祟。然陈氏本人之无剿匪诚意，要不可恕也。"[③]

当闽南"剿共"交与陈济棠处理之际，陈铭枢及第十九路军亦在运作调往福建。蒋介石对第十九路军调闽态度的变化颇能说明其拉拢广东参与"围剿"的用心。1932 年"一·二八"抗战期间，蒋介石与陈铭枢及第十九路军关系趋于紧张，拟在战事结束后将其调至福建"剿共"。5 月 1 日，何应钦奉命抵达南昌负责赣粤闽湘四省"剿共"，在制定计划时，以第十九路军军长蔡廷锴为第四路司令官，负责"清剿"闽西南及闽境其他各区之红军。[④] 5 月 5 日，国民政府代表郭泰祺与日本代表重光葵等在上海签订《中日上海停战及日方撤军协定》，中日上海战事结束，[⑤] 将第十九路军调至福建已无障碍。但此时广东陈济棠与陈策之间因争夺海空军控制权而爆发冲突。蒋介石注意到粤变引发各方关注，"伯南撤换惠长（张惠长，粤系空军司令），陈策（粤系海军司令）恐亦不保，伯南欲将广东海空军统辖于其所谓第一集团总司令部，故在京粤友亦多不满伯南所为，恐粤中从此又多事"。[⑥] 陈铭枢即是关注粤变的"在京粤友"之一。蒋介石注意到在南京中央拟以第十九路军调往福建之际，陈铭枢亦在积极运作将第十九路军速调福建，判断陈铭枢此举有借机报复陈济棠之可能，"陈铭枢以张惠长撤职之

① 《蒋介石日记》（手稿本），1932 年 4 月 10 日。
② 《蒋介石日记》（手稿本），1932 年 5 月 5 日。
③ 《社评：望军人努力剿匪》，《大公报》1934 年 2 月 10 日，第 1 张第 2 版。
④ "何应钦将军九五纪事长编编辑委员会"编《何应钦将军九五纪事长编》上册，第 266 页。
⑤ 韩信夫、姜克夫编《中华民国大事记》第 3 册，第 365 页。
⑥ 吴淑凤编注《蒋中正总统档案·事略稿本》（14），第 230 页。

故，急求赴闽报复。此等小孩作法，何能成事，可笑亦可痛也"。① 此时国民政府已任命陈济棠为"赣粤闽边区剿匪副司令"，蒋介石担忧第十九路军赴闽可能会破坏广东与南京合作"围剿"的局面，故对调第十九路军赴闽一时难以定夺。为此，蒋介石曾考虑派前线"剿共"将领罗卓英前往赣南，与广东将领余汉谋解释，旨在挽留"余部在赣南完成剿匪使命"，但又顾忌直接拜见余汉谋可能引起陈济棠之误会，建议何应钦直接邀约陈济棠在赣州会晤更好。如若不能，拜见余汉谋"须先与伯南说明，作事宜周到为妙"。又嘱咐何应钦以此意转告与粤方关系密切的汪精卫、李济深等人，"属其转为解释"。总之，目的是希望调第十九路军赴闽不致引起陈济棠疑虑，"以免与十九路军隔阂"。② 此后，第十九路军调至福建"剿共"，陈济棠虽在赣南"剿共"并不积极，但也并非因受第十九路军赴闽影响。第十九路军调至福建后，与广东实力派陈济棠之间更多的是"处境相近的盟友"。蒋介石的担忧虽未为真，但对于观察其两广策略不无助益。

　　1932 年底，蒋介石在摧毁鄂豫皖苏区与湘鄂西苏区后，集结兵力于江西"剿共"。当蒋介石以优势兵力对江西苏区发动第四次"围剿"之际，日本突袭山海关，在长城沿线燃起战火。南方"剿共"，还是北方抗战？蒋介石焦头烂额，忙于应付。③ 在两难局面下，蒋介石希望两广承担起江西"剿共"重任。为此，蒋介石致电陈济棠称："请兄负剿赤全责，希即详定一切。电告东江部队，尤盼早日推进为要。北方军情连日冷口失守，滦东告急，中不能留赣久住，极愿赣中会剿计划，早见实行，使无后顾之忧。三省援热之师，能即北上相助，国所企愿。惟赣匪殊不可轻视，似不如先其所急，分工合作。南中倾全力以剿共，华北负专责以御侮。心一专志，使短期之剿共，早告段落，则长期之抗日，更易收功矣。"④

　　对于蒋介石分工合作、两广负责"剿共"的建议，两广内部实力派与

① 《蒋介石日记》（手稿本），1932 年 5 月 9 日。

② 吴淑凤编注《蒋中正总统档案·事略稿本》（14），第 328 ~ 329 页。

③ 有关蒋介石在"剿共"与抗日之间的取舍两难参见刘大禹《抗日与"剿共"：蒋介石的两难选择——以 1933 年的热河危机为中心》，《历史教学》2008 年第 12 期。

④ 高明芳编注《蒋中正总统档案·事略稿本》（19），第 426 ~ 427 页。

元老派之间存在分歧。陈红民在其研究中指出，胡汉民是"典型的中央型政治人物"，旨在反蒋取得中央政权。① 在胡汉民等元老派看来，蒋介石陷入"剿共"与抗日两难局面恰恰是两广出兵反蒋之良机，故极力反对两广加入南京主导的"剿共"体系，与广东实力派陈济棠产生分歧，并以元老派全体离开广东威胁陈济棠。② 面对南京中央与胡汉民等元老派的双重压力，陈济棠玩起平衡术，既接受南京中央关于"剿共"职务的任命，对元老派亦予敷衍。③ 具体策略是：第一，反对胡汉民等人的出兵讨蒋主张，认为广东"财力、兵力均无反蒋可能"，④ 尤其反对成立带有削弱其自主权性质的统一的军事经济机关；⑤ 第二，同意加入南京中央主导的"围剿"体系，但在就职形式上偷梁换柱，安抚元老派。蒋介石对江西苏区的第四次"围剿"在"剿共"与抗日的两难困境下遭遇重挫。蒋介石重新组建"围剿"体系，在两广只愿承担南路"剿共"的背景下，设置了北路、西路与南路"剿匪"总司令部。以中央军将领顾祝同为北路军总司令，湖南地方实力派何键为西路军总司令，南路总司令则是陈济棠。据陈融向胡汉民汇报，对于南京中央的任命，陈济棠拟好两封就职通电，"一对门神就职电（只言六月一日就职而不行礼），一彼等总司令等之通电"。元老派认为，"此两电如发出，大约我辈可收拾包袱矣"。在元老派的强烈反对下，陈济棠同意调整："一、对门神只言遵命出兵，不提就职字样，电文前衔署政委会；二、政委会同时发出派状（即照门神之某为总司令，某为副司令，某为总指挥一样）；三、政委会同时发表出兵训令。"⑥ "门神"指蒋介石，"政委会"指国民政府西南政务委员会。6月1日，陈济棠在广州通电就南

---

① 陈红民：《胡汉民·西南政权与广东实力派（1932～1936）》，《浙江大学学报》（人文社会科学版）2007年第1期。

② 《吴铁城致汪精卫电》（1933年4月26日），中国第二历史档案馆编《吴铁城关于西南政局及实力派倒蒋活动密电选》，《民国档案》1996年第3期。

③ 《吴铁城致汪精卫电》（1933年5月4日），中国第二历史档案馆编《吴铁城关于西南政局及实力派倒蒋活动密电选》，《民国档案》1996年第3期。

④ 《吴铁城致汪精卫电》（1933年6月22日），中国第二历史档案馆编《吴铁城关于西南政局及实力派倒蒋活动密电选》，《民国档案》1996年第3期。

⑤ 《陈融致胡汉民函》，陈红民辑注《胡汉民未刊往来函电稿》第10册，第140页。

⑥ 《陈融致胡汉民函》，陈红民辑注《胡汉民未刊往来函电稿》第10册，第28页。

路军总司令职。如此，陈济棠名义上加入了南京中央主导的"剿共"体系。蒋介石为此致电陈济棠予以肯定嘉奖："今露布登坛，挥戈急指，微特会剿计划，将以克期实现，且合作开诚。国际观感亦必肃然丕变，党国利赖，宁有加诸，南望岭云，相期努力。"对陈济棠加入"围剿"体系深表"欣慰"。①同时，由体现西南合法性的国民政府西南政务委员会授权"围剿"，也维护了胡汉民等人元老派的面子，表面上成为三方满意之局。

　　福建事变爆发前，驻扎于福建的第十九路军辖六个师一个旅，主力扼守邵武、将乐、顺昌、延平、沙县、永安、龙岩各地区，防止红军东进，是国民政府"围剿"体系中的重要一环。②福建事变后，第十九路军将领离职下野，国民政府收编第十九路军并将其主力调至河南等地整顿。蒋介石重组东线"剿共"体系，设置东路军总司令部，以中央军将领蒋鼎文为东路军总司令。蒋介石担心中央军进驻闽南后镇守南路之陈济棠产生疑惧，为使其继续留在"剿共"体系内，令蒋鼎文前往广东拜谒。1934年2月10日，蒋介石致电蒋鼎文称："最好兄先赴粤一行，与伯南面商进剿闽西与赣南赤匪办法，决定一切计划，俾得共同一致。"在具体计划制定上，蒋介石叮嘱蒋鼎文，"所有计划，由其先提，再来电呈核。我方不必有方案，如其能担任由龙岩入汀州占瑞金更好，否则我方亦可担任"。③"龙岩、汀洲、瑞金要中央担任进剿，则会昌、于都与兴国三县，必须由粤军负责进剿，并请其规定各期进度之地区与时日、兵力、部队、番号，列成方案。俾可照此方案，彼此遵守实行也。但须于本年五月以前进至瑞金、会昌、于都之线。"④蒋介石担心蒋鼎文以中央将领自居，影响两广"围剿"态度，提醒蒋鼎文降低姿态："兄如到粤，对伯南需谦和，并可声明东南两路地区虽分，而进剿任务如一，并受伯南指挥之意言之，则彼此更可团结也。"⑤陈济棠是"南路剿

---

①　《蒋再电粤奖陈济棠》，《大公报》1933年6月8日，第1张第3版；韩信夫、姜克夫编《中华民国大事记》第3册，第365页。

②　王多年主编《国民革命战史》第4部第4卷，第15页。

③　周美华编注《蒋中正总统档案·事略稿本》（24），第380页。

④　周美华编注《蒋中正总统档案·事略稿本》（24），第425～426页。

⑤　周美华编注《蒋中正总统档案·事略稿本》（24），第438～439页。

匪军总司令"，蒋鼎文是"东路剿匪军总司令"。从职务上讲，二人平级，并无隶属关系，但蒋介石要求蒋鼎文受陈济棠指挥。实际上，蒋介石不仅从态度上、面子上满足陈济棠，也给予实际利益。他将福建事变后新成立的省政府财政厅厅长一职安排给与陈济棠关系密切的孙家哲，以使"中央与粤日臻团结"，"以为双方互助之基"。① 从以上诸种情形看，蒋介石对两广参与"围剿"有三个特征：第一，将两广留在"剿共"体系内，这是基本原则；第二，两广自定"剿共"计划，自选"剿共"路线，给予两广实际利益与尊重，这是照顾优待；第三，两广的"剿共"计划要落到实处，避免空洞，这是基本要求。

　　1932～1934年的江西"围剿"时期，蒋介石极力将两广尤其是广东纳入南京中央主导的"围剿"体系。一方面，"围剿"战略需要自是题中应有之义。江西、福建、湖南等红军活跃区域地近两广，需要两广的合作。另一方面，亦具有某种"统战"功能。其一，两广加入南京中央主导的"围剿"体系，某种程度上即意味着对南京中央的承认，影响内外观感。故当陈济棠就职"南路剿匪军总司令"职务之际，蒋介石深表"欣慰"，称此举必将使"国际观感亦必肃然丕变，党国利赖，宁有加诸，南望岭云，相期努力"。坚决反蒋的胡汉民等元老派则认为可以卷起铺盖走人。其二，两广本以"剿共"为重要政治主张，且时常指责蒋介石"剿共"不力。蒋介石集中力量"剿共"，将两广纳入"围剿"体系，要堵住两广反对之口实。其三，借助"剿共"问题上的合作，加强与两广之沟通联络。两广与南京中央对峙期间，双方之间时有人员往来，进行沟通交涉。② 这些对话与交涉往往极为机密，具体情形难以尽知。唯衡以实情，南京中央希望者不外乎两个方面：第一，促使两广积极"剿共"，加强"剿共"问题的配合；第二，消弭两广的反蒋行为。相较而言，"剿共"是双方共同认可的政治诉求，这方面至少表面上容易达成一致。至于消弭反蒋行为，则充满了不确定性。因此，那些

---

① 周美华编注《蒋中正总统档案·事略稿本》（24），第145～146页。
② 有关双方之间的沟通交涉过程参见罗敏《从对立走向交涉：福建事变前后的西南与中央》，《历史研究》2006年第2期。

奉命赴粤沟通联络的大员，尤其是军事将领，本来肩负双重使命，但对外多强调协商"剿共"事宜，以掩盖消弭反蒋行为之事实。1934年夏湖南地方实力派何键赴粤即是典型例子。何键对外声称，赴粤之行系奉命而行，与陈济棠、李宗仁、白崇禧等两广实力派共商"剿共"大计。① 言下之意，只谈合作"剿共"，不谈政治统一。实际上外界已经洞察到何键赴粤不只谈"剿共"，"试看他由广州到香港，谒见胡汉民，就可知此行会有很大的政治意味"。② 《国闻周报》则称："仅就剿匪工作言，无请何入粤面洽之必要。意者何氏此行，与整个的统一问题有关乎，此国人一致之希望也，愿两粤负责当局，其深念之！"③ 果然，当何键结束使命后承认此行一为破除外间谣言，解释误会；二为与南路"剿匪"部队谋取密切联络。至于所达成的两广方面不再以西南政务委员会和西南执行部两机关对国际发通电事，何键解释称："以私人意见述及西南向国外发表宣言之类，有损中央威信，诸将领深明大义，允负责向在粤诸中委劝告，以后不再向国际有所表示。"④ 从蒋介石的反映来看，其对何键此行结果并不满意。7月6日，蒋介石在日记中记："何键自粤来报告，余知粤已绝望，当速进行，乃预定对粤计划。"⑤

第三节　以利相交

张连红在研究民国时期中央与地方关系时发现，南京给各省地方的临时补助费，主要是为了各省地方贯彻中央政策，如1931年裁厘、实施统税政策、收回盐附税，甚至如"剿匪"等。⑥ 国民政府将两广纳入南京中央主导的"围剿"体系的同时，即可名正言顺地给予其"剿匪"协饷或临时补助费，在推动两广"剿共"的同时，亦有借此笼络之意。在蒋介石看来，两

---

① 《广州会谈经过良好》，《大公报》1934年6月24日，第1张第3版。

② 《短评：何键到港谒胡》，《大公报》1934年6月30日，第1张第4版。

③ 《何键赴粤》，《国闻周报》第11卷第25期。

④ 《何键昨抵京谒蒋，报告赴粤接洽经过》，《大公报》1934年7月7日，第1张第3版。

⑤ 《蒋介石日记》（手稿本），1934年7月6日。

⑥ 张连红：《整合与互动：民国时期中央与地方财政关系研究（1927～1937年）》，第53页。

广"非病幼稚，即病顽固，非病顽固，即病贪污"。联系具体语境，"幼稚病"似主要指陈铭枢。如前所述，"一·二八"抗战后，陈铭枢积极运作将第十九路军调至福建，蒋介石认为陈铭枢是因为陈济棠强行收编粤系海空军而急欲报复，遂嗤之为"小孩斗气做法"，即幼稚病也。"顽固病"似指胡汉民等国民党元老矢志反蒋，冥顽不灵。"贪污病"应指广东实力派陈济棠。陈济棠时常向蒋介石索取"剿匪"补助款项。正因为陈济棠之"贪"，蒋介石以利拉拢之才有可能。

1932 年 4 月，蒋介石致电时任财政部部长宋子文，对两广之补助费做出指示："对于粤方协饷，除原拨三十万元外，增加二十万元，另拨桂方二十万元。中央每月共拨粤桂七十万元各节，兄可直电汪院长（指时任行政院长汪精卫）与中，中自当与之协商妥筹也。"① 此后南京中央即按月 70 万元补助两广军费。当时南京中央财政并不宽裕，军费常受牵累，不得不提倡撙节以渡难关。1934 年迅速平定福建事变后，蒋介石向军事机构、高级将领等通报财政紧张、军费积欠之情形："自国难以来，财政日趋竭蹶，积欠军费截至本年二月底止，已达三千万元以上，而去年冬季服装费亦尚积欠四百余万元，牵萝补屋，早已捉襟见肘，调度为艰。"当时国民政府每月军费各项收入合计 1870 万元，每月支出需 2300 余万元，军费赤字较为严重。故蒋介石提出各项支出费用需要酌减甚至停发，其中"一切特别补助费业已规定有案者，俱按七成支给"。② 据此，南京中央对两广之特别补助费本亦打七折发放，即发放 50 万元。后提出只减 10 万元，按 60 万元发放。但两广仍要求"维持原数"。蒋介石希望两广"深体苦况"，否则"他方咸有借口，将牵动全盘计划"。③ 最终，在两广一再要求之下，蒋介石"准由四月起照拨"。④

在南京中央财政"日趋竭蹶"之背景下，蒋介石仍照拨两广军费补助，其不得不为之用意，在发给汪精卫的电报中讲得很清楚："弟非不知全盘财

---

① 吴淑凤编注《蒋中正总统档案·事略稿本》（14），第 84 页。
② 周美华编注《蒋中正总统档案·事略稿本》（25），第 22～25 页。
③ 周美华编注《蒋中正总统档案·事略稿本》（25），第 235～236 页。
④ 《西南两机关即撤销，中央继续补助粤省剿赤军费》，《大公报》1934 年 4 月 5 日，第 1 张第 3 版。

政计划，本已出入不敷。第为增厚剿匪兵力，并使两粤渐趋合作计，只得承允，再为妥筹。"① 显然，为使两粤与南京中央合作是蒋介石给予两广补助费之重要考量。

南京中央及蒋介石试图对两广以利相交，以使两广与中央渐渐合作，不仅体现在已经给予的实际利益，还反映在当两广提出明显有损南京中央内外形象的利益需求时，南京中央还不得不小心应对。1934 年初陈济棠以救济金融为由，要求以广东关税抵借外债就是其中典型的例子。南京国民政府成立后，一方面划分国家收入和地方收入标准，明确规定海关关税是国家收入；另一方面在对外力求关税自主权基础上，对关税行政进行改革，将关税行政集中于海关，统一管理。关税是南京中央财政收入的重要来源，② 南京中央统一处置关税既关乎其国家的收入，亦关乎其作为中央政权的内外形象，这本是根本原则不容轻易变更。1934 年初，南京中央为了迅速彻底地平定福建事变，需要地缘上与闽南接壤的广东协助配合，希望陈济棠出兵粤东闽南等地。陈济棠致电蒋介石称："金融牵动，未能计划军事，焦急万分。"要求南京中央以广东关税为抵押，对外借款 1500 万元。此举无疑给南京中央出了一道难题：为使陈济棠与中央合作，此项要求"自难坚拒"；同意借款，"第款额达千五百万之巨，如得款后，不与中央切实合作，亦极可虑"；"且关税向为整个之担保，如开分割抵借之端，恐华北鲁川纷起效尤，则对外对内均无法应付"。总之，借与不借均难。为化解两难局面，蒋介石致电财政部部长孔祥熙，原则上同意抵借，"鄙意中央可恳切委婉复之，粤与中央，利害同体，愿助其借款成功，以救粤之金融"，但为了维护中央内外形象，需以南京中央名义办理。且"担保财源及偿还方法之规定，应加详商。请其介绍商人开具条款，与财政部直接商洽，以免发生误会。至其借款详细之用途，暂时不必并提。俟事已垂成再说"。③

---

① 王正华编注《蒋中正总统档案·事略稿本》（20），第 7~8 页。

② 有关国民政府关税自主与行政改革参见张宪文等《中华民国史》第 2 卷，第 153~159 页。

③ 周美华编注《蒋中正总统档案·事略稿本》（24），第 20-21 页。

第四节　分化瓦解

1932～1936 年，两广实力派与胡汉民等国民党元老派结合成西南半独立局面。西南内部一方面有着共同的反蒋旨趣，另一方面其内部亦充满着错综复杂的矛盾，"西南文武意见各殊"，"粤桂亦利害互异"。[①] 西南内部错综复杂的关系很难不进入南京中央视野。当时，南京方面的情报人员在广东、香港等地极为活跃，为南京中央制定西南政策搜集情报、献计献策。其中王叔陶对西南内部各种力量的分析最为全面，可为了解西南内部情形之参考：

西南现状约可分元老、实力。广西主张，元老派之惟一目的为开府广东，对粤陈之犹豫态度极多不满。最近其新党之活动，亦异寻常。华北、川、黔、滇、桂约有若辈之足迹。月前有向法国大借款及利用桂系以逼陈粤开府之企图，足见其野心之不死也。实力派以陈氏为领袖，分文武两方面，又有新旧两系之分。旧系为香翰屏、张政新等，新系则为旧四军将领缪培南、邓龙光等，新旧两系斗争颇剧。陈氏尝思利用对外关系而调和之，而立于两系之间。几为陈氏所指挥不到者则为余汉谋氏。三系对时局之主张，除旧系略带反抗中央外，余均取稳健之态度。文方面则有林翼中之民训派及区芳浦之训政派，然两派并无甚冲突。特与元老派之斗争则剧烈耳。对外亦持暂不轻动主义，然非绝不动也。桂系除李济深氏外，可分三部，对外活动由李宗仁主之，内部实力，纯操诸白氏手上。至于主席之黄旭初则为黄绍竑部之硕果仅存者，黄氏现虽服从中央，但无支配李白之能力，而李白两氏则无时不思驰驱于中原也。结合现势以观，元老派则利用李白以威胁粤陈，利用粤陈及西南名义以向各省号召及向外活动。实力派则利用元老派以向中央示威，复利用中央以向元老自重，既获取中央实际上之种种利益，又得元老之撑门面，以保持独立之状态。至一切反中央者均由元老出头，现在表面上实

---

① 高素兰编注《蒋中正总统档案·事略稿本》（22），第 203～204 页。

力派虽似与元老有些疏离，实质上乃最后之关键上，则必与元老合作而反叛中央，以保其割据之局面。至广西方面，则元老认为未来之发动力而竭力拉拢。固然广西叛乱，使不得广东之助，则必不惟反之。广东有不轨之行为，使不得广西之同意，则必不敢动，两者实有依存之关系在焉。广西缺乏政治人物，故常与各方之党棍政客接近。总之，未来叛乱之危机，实日紧一日，大有盘马弯弓之势也。①

由王叔陶的分析不难得出以下认知。首先，西南内部存有不同层次派系分野。元老派与实力派之争是西南内部最顶层的派系分野。广东与广西，陈济棠与李宗仁、白崇禧之间又构成了地方实力派内部的顶层派系分野。在两广实力派的内部，亦有派系区隔。其中，广东内部有新旧之别、文武之分，派系角逐较为剧烈，粤军将领中地位与作用仅次于陈济棠的余汉谋似居于超然地位，陈济棠亦难以指挥如意。至于广西内部，不似广东内部派系角逐剧烈，但亦有不同力量、不同分工之别。其次，各派系政治态度存在分歧。胡汉民等元老派与广西实力派反蒋意愿强烈，都希望早日开府广东，另立局面；广东实力派则做犹豫状，对反蒋不主张轻易发动。再次，各派系之间相互借重、相互利用。最后，各派系之间虽存有分歧，在反蒋问题上有急缓之别，但抱团取暖、唇亡齿寒的利害关系使各方大体上维持合作局面。

西南内部的广东实力派，亦称粤系。粤系军队源自孙中山时代的建国粤军第一师。北伐前夕，发展为国民革命军第四军，李济深任军长。几经演变，形成陈济棠所部粤军、陈铭枢所部粤军（即第十九路军）等。在南京国民政府初期的派系战争中，粤军拥蒋挺蒋，堪称蒋介石的准嫡系。1931 年宁粤之争后，陈济棠所部粤军改编为国民革命军第一集团军，高举反蒋大旗；陈铭枢则居间调停宁粤之争。九一八事变后，宁粤和解，广州国民政府取消。南京国民政府表面上复归统一，但两广仍维持半独立局面。胡汉民南下后，与两广实力

---

① 《王叔陶呈蒋中正建议若中央推之以诚或许可归附并分析西南现状概要及其与各方关系》（1934 年 5 月 5 日），《蒋中正总统文物档案·粤桂政潮二》，台北"国史馆"藏，典藏号：002 - 080101 - 00033 - 001。

派结合，以国民党西南执行部和国民政府西南政务委员会为基础，高举反蒋大旗。两广之中，广西实力派在中原大战后实力大减，且相较贫瘠。故两广之中，陈济棠之资望虽不及李宗仁、白崇禧，却因以广东为地盘，更具实力，在两广结合中，地位反居桂系之上。但陈济棠反蒋态度相较元老派与广西实力派而言，却颇多犹豫，更多的是在元老派与南京中央之间居间取利。故笼络陈济棠在相当长时间里是南京中央及蒋介石分化西南内部的主要着力点。

1932 年 3 月，蒋介石致电何应钦称，陈济棠"对中央亦无二意，不再受政客挑拨，意志已坚决，同舟相济为国。其名义或为广州绥靖主任，兄与之切实商定可也"。① 试图将陈济棠纳入南京中央主导的"剿共"体系。当蒋介石对陈济棠有不满之时，亦多提醒自己不能放弃，促其觉悟。如 1932 年 4 月 24 日日记中记："与邓龙光谈粤事，始知陈济棠确有步枪十万杆，是诚好大喜功之论哉也。割据现象断不可使见于现代国家，余当力促伯南醒悟焉。"② 蒋介石在与杨永泰等人商议对粤态度时，指示处理的基本原则："粤与中央及伯南与中正实无二致，一切均宜相互倚重。凡力所能及者，应当相助，如力所不及者，亦不能相强以难。"③ 南京中央及蒋介石积极拉拢陈济棠产生了怎样的作用？一方面，应该看到，从 1932 年西南局面形成至 1936 年两广事变前长达 4 年多的时间里，西南方面虽在内外政策上对南京中央不断杯葛寻衅，并秘密酝酿武力讨蒋，但并未走向决裂，在广东开府另立局面之事亦未发生，这不能说与南京中央及蒋介石对陈济棠的拉拢毫无关联。但另一方面，亦不能高估这种拉拢的作用。西南反蒋之所以长期"只打雷不下雨"，与陈济棠对利害关系及其局势的判断有关。对此，陈红民的分析颇有见地。陈红民认为，胡汉民等元老派是"中央型人物"，旨在权力中枢，拼死一搏亦所不惜。而陈济棠作为地方实力派虽因反蒋博得名声，但并无逐鹿中枢的实力与资格，满足于经营广东，武力反蒋长期停留在纸上谈兵。④

---

① 周美华编注《蒋中正总统档案·事略稿本》（13），第 456 页。

② 《蒋介石日记》（手稿本），1932 年 4 月 24 日。

③ 周美华编注《蒋中正总统档案·事略稿本》（24），第 145～146 页。

④ 陈红民：《胡汉民·西南政权与广东实力派（1932～1936）》，《浙江大学学报》（人文社会科学版）2007 年第 1 期。

陈济棠游移于元老派与南京中央之间，利用元老派向南京中央示威，利用南京中央向元老派自重，既获取南京中央之种种利益，又得元老派支撑门面。这种居间取利成为陈济棠合乎逻辑的生存策略。但是 1936 年 5 月胡汉民突发脑出血去世，元老派顿失重心，陈济棠失去居间取利的条件，遂厉兵秣马准备武力反蒋。这进一步表明蒋介石对陈济棠拉拢的效果是比较有限的。广东实力派内部在陈济棠以下又存在新旧、文武派系，其中余汉谋更是居于超然地位，非陈济棠所能掌控。南京中央及蒋介石对陈济棠的拉拢不算成功，却最终通过分化其内部，拉拢余汉谋等人，和平解决了广东事件。

两广之广西实力派，俗称桂系。自北伐战争起即与占据中央的蒋介石龃龉不断。1927 年 9 月，处于宁粤对峙风口浪尖的蒋介石因李宗仁、白崇禧的逼宫被迫第一次下野。蒋桂自此结怨。蒋介石虽很快复职，但余怒难消，称白崇禧 "阳奉阴违，逆迹昭著，以后革命当先消除内部之叛逆也"。[①] 1929 年 3 月，蒋桂之间爆发战争，蒋介石凭借实力优势与军事谋略赢得胜利。[②] 蒋介石本欲借此彻底消灭桂系，令已倾向于南京中央的桂系巨头黄绍竑将李宗仁与白崇禧押送南京。李宗仁、白崇禧愤怒异常，视为 "欺人太甚"。[③] 1930 年中原大战中蒋桂再度恶战，结果仍是桂败蒋胜，蒋介石以李宗仁、白崇禧下野为广西善后之前提。[④] 经过中原大战，桂系实力削弱，只能局促于广西。1931 年蒋介石因约法问题强行扣留胡汉民，引起宁粤对峙。广西亦参与其事，所部改编为国民革命军第四集团军，与粤系联合形成再度反蒋之势。广西实力派虽在实力上不及广东，但因为有过主持中央特委会、参与全国事务的经历，亦属于 "中央型人物"，且与蒋介石矛盾甚深，反蒋态度较陈济棠更趋坚决果敢，"无时不思驰驱于中原"。桂系虽然是多巨头体制，李宗仁对外，白崇禧主内，但更多的是分工合作，故南京中央及蒋介石的西南策略中，对桂系实力派的笼络远不及对广东实力派。

但蒋介石并非没有尝试过。1934 年初，种种情报显示，桂系因不满于

---

① 《蒋介石日记》（手稿本），1928 年 3 月 9 日。

② 曾业英：《蒋介石 1929 年讨桂战争中的军事谋略》，《近代史研究》2000 年第 2 期。

③ 李宗仁口述，唐德刚撰写《李宗仁回忆录》，第 449～450 页。

④ 《蒋介石日记》（手稿本），1931 年 1 月 31 日。

粤系陈济棠，有意拥护南京中央。1月19日，汤斐予致电蒋介石称："李白埋头广西建设，确实无他野心。谓将徐图转移西南整个环境促成统一。此时决不附和任何方面别生枝节。李返桂，粤方迭催动下，皆不理。甚望委座（指蒋介石）实际扶持。黄旭初出席全会与职同船，日可赴沪，拟会毕赴赣谒见委座，如何乞复。"① 1月20～25日，国民党召开四届四中全会，广西省政府主席黄旭初代表桂系参会。黄旭初返回广西后，亦致电蒋介石示好，"前月在京两承训诲，感佩之至"，并称李宗仁、白崇禧对"中央与地方推诚相与之意，尤极敬佩"，"内忧外患日趋严重，切盼中央与地方此后彼此永能互谅共信，一致尽力贡献国家"。② 1月24日，南京阵营中与两广颇有历史渊源的吴铁城向蒋介石报告称桂系有意拥护中央："德邻对伯南意见甚深，认为始终受其愚弄。现决改变方针，拥护中央，宁牺牲个人地位，前因闽变作军事准备刻亦停止。"③ 中央军嫡系将领刘峙亦获得类似情报："至粤桂亲交，尤于中央不利，宜先设法分离之，职前道沪张伯璇曾言桂对钧座近颇倾向，对粤恶感甚深，似此节亦非不能做到也。"④ 多种渠道均显示桂系不满于粤，有倾向南京中央之意，使蒋介石对桂系态度亦有松动，准备策动桂系。3月9日，蒋介石与汪精卫协商西南策略时指出："粤桂应分别运用，而侧重于桂，黄旭初所商之四项办法，尤应先促其实现。伯南优柔寡断而好狡狯，倘桂能先有表示，则粤之就范亦自易易矣。请兄默运而善图之。"⑤ 3月25日，蒋介石在日记中记："策动桂系。"⑥

① 《汤斐予电蒋中正请扶助广西建设及李宗仁并无野心与黄旭初拟赴赣谒见》（1934年1月19日），《蒋中正总统文物档案·一般资料》，台北"国史馆"藏，典藏号：00208020000145089。

② 《黄旭初电蒋中正李宗仁白崇禧赞同黄绍竑向钧座所陈四项办法并对十一日通电中央与地方推诚相与感敬佩》（1934年2月24日），《蒋中正总统文物档案·一般资料》，台北"国史馆"藏，典藏号：00208020000149117。

③ 《吴铁城电蒋中正港讯李宗仁对陈济棠有意见决定拥护中央》（1934年1月24日），《蒋中正总统文物档案·一般资料》，台北"国史馆"藏，典藏号：00208020000145097。

④ 《刘峙电蒋中正请予基本部队以更番休息整理密定平乱计划于各要点密为预备以便进行全国统一大业》（1934年1月27日），《蒋中正总统文物档案·一般资料》，台北"国史馆"藏，典藏号：00208020000150088。

⑤ 《蒋介石复汪精卫电》（1934年3月9日），《蒋中正总统文物档案·一般资料》，台北"国史馆"藏，典藏号：00208020000153042。

⑥ 《蒋介石日记》（手稿本），1934年3月25日。

　　1932 年以后，笼络广东实力派陈济棠是南京中央西南策略的重要内容，策动桂系显示出西南策略的某种变化。但是南京中央策动桂系的策略很快落空，进一步的情报显示，广西亲近南京中央仅仅是一时策略之需。4 月 2 日，吴铁城电蒋介石称：“现陈李密定对中央表面拥护，对政客相当敷衍，团结粤桂实力固守地盘。”① 不久，蒋介石即放弃了策动桂系的幻想。4 月 9 日，蒋介石日记中记：“对粤惟有运用其内部，运桂不如运湘也。”② 此后不断有人建议策动桂系，但蒋介石认为“桂方无论如何运用尤不易圆满解决也”。③

---

① 《吴铁城电蒋中正据报李宗仁陈济棠表面拥护中央敷衍胡汉民等政客团结粤桂实力派并在问题未妥定前南路剿共军暂守原防不动》（1934 年 4 月 2 日），《蒋中正总统文物档案·一般资料》，台北“国史馆”藏，典藏号：00208020000158052。
② 《蒋介石日记》（手稿本），1934 年 4 月 9 日。
③ 《蒋介石复孔祥熙电》（1935 年 6 月 9 日），《蒋中正总统文物档案·粤桂政潮二》，台北“国史馆”藏，典藏号：00208010100034003。

第六章　九一八事变后国民政府
对地方军事冲突的应对

1928 年国民政府通过二期北伐形式上完成了对中国的统一，但中国实际上仍处于混乱与分裂状态。这种局面不仅体现在地方实力派的自行其是、自成独立王国，甚至挑战中央权威，还体现在各省内部也存在错综复杂、持续不断的派系之争，甚至出现严重的地方内战。1931 年九一八事变后，中国面临日本的步步侵略，而地方内战一度出现爆发之势。先是广东因争夺海空军控制权而引发二陈之争（陈济棠与陈策），接着山东爆发韩刘之争（韩复榘与刘珍年）、四川爆发二刘之争（刘湘与刘文辉），贵州则有王犹之争（王家烈与犹国才）。这些地方政争及其引发的激烈军事冲突，既不利于中国以民族国家名义应对日本的挑战，也严重影响中国在国际上的政治形象，几被国内舆论一致声讨。面对接踵发生、持续不断的地方军事冲突，国民政府是如何应对的？对地方军事冲突的处理无疑也是国民政府整合地方实力派策略的重要方面，本章试图以国民政府对山东韩刘之争、贵州王犹之争、四川二刘之争的处理为例进行分析。

第一节　对山东韩刘之争的应对

韩复榘（1891～1938），字向方，河北霸州人。1910 年投效军营，因作战勇敢、兼通文墨，为冯玉祥所赏识。此后长期追随冯玉祥，是冯部"十三太保"和"五虎将"的重要成员。先后参加过 1924 年的北京政变、北伐战争。1929 年因与冯玉祥龃龉，韩复榘背冯投蒋。1930 年中原大战时，韩复榘任蒋方"讨逆军"第三路军总指挥，率部进驻山东，不久出任山东省政府主席。刘珍年（1897～1935），字儒席，河北南宫人。初隶奉系李景林部，后投奔张宗昌直鲁联军，属张敬尧部。1928 年，北伐军攻至济南，刘珍年统率鲁军残部开往胶东，开始自立门户，自称军长。不久，刘珍年在胶东改旗易帜，接受国民革命军暂编第一军番号，任军长兼第一师师长。不久又改编为第二十一师，有时亦以第十七军自称。驻地在烟台及胶东蓬莱、福山、黄县、招远、栖霞、文登、掖县、莱阳、牟平、海阳、荣城、平度等 12 县，在财政、军政等方面自行其是，是地地道道的"胶东王"。"山东王"韩复榘视山东为势力范围，在反制南京中央渗透控制的同时，力图统一山东。韩复榘在成功驱逐东北军在青岛的势力后，与刘珍年矛盾渐趋尖锐。1932 年 8 月，韩复榘挥师东进，向刘珍年部发动进攻。9 月 17 日，双方激战于昌邑、掖县、平度等地，韩刘之战正式爆发。

国民政府获悉韩复榘军事行动后，最初态度颇为强硬。蒋介石告知何应钦，如韩复榘一意孤行，"决从严制止，不必顾虑也"。同时，令戴笠、徐恩曾迅速收集情报，"对德州至临城一带布置情形详报并令全力活动"，"速派鲁籍人员密赴济南、兖州、泰安、临城、临沂、曹州、潍县各处详查驻军队番号与兵力"；令蒋鼎文集中第九师，"应即集中，对德州以南，平浦路各要点须多派员查察兵力，并速准备，以备万一"；拟以朱培德、沈鸿烈、张苇村等人为查办大员，"以彻底查办为宜，以戒悍将骄横，稍树中央威声"。①

态度强硬是国民政府对韩复榘无视中央权威的本能反应。一旦有和平解决之可能，国民政府迅速从强硬态度后退。1932 年 9 月 25 日，蒋介石致电蒋鼎文："鲁事决和平解决。"所谓和平解决，就是作为中央政权的国民政府以中间人身份居间调解。当日，国民政府提出解决方案："第一步撤退两方部队调回原防，恢复原状"；"请中央就近派员赴掖，严令刘师长（指刘珍年）静候中央之处理，对第三路（指韩复榘部）撤防时不得前进冲突"；"另派公正同志如张苇村兄等前往监察后再定第二步之处理"。②

---

① 王正华编注《蒋中正总统档案·事略稿本》（16），台北，"国史馆"，2005，第 535、496、513 页。

② 王正华编注《蒋中正总统档案·事略稿本》（16），第 542、536～537 页。

战争双方韩复榘、刘珍年虽均同意南京中央居间调解，但并非无条件接受其命令，而是希望以南京中央的名义实现自己的意图。韩复榘的目标是赶走刘珍年，"已下去刘万分决心，不半途中止"，希望南京中央明令调离刘珍年。韩复榘的要求看似简单，但南京中央调离刘珍年并非易事。① 以往研究认为国民政府之所以不调离刘珍年，是蒋介石以刘制韩，是两种实力对峙与牵制策略的一贯运用。② 在蒋介石的权术中，这种策略使用并不显见，但并非所有两种实力对峙都是这一策略的结果。实际上，国民政府虽是名义上的中央政权，对于地方实力派却缺乏有效的约束力。对于盘踞胶东多年的刘珍年，国民政府并不能以中央一纸电令即可轻易调离。故蒋介石对于韩复榘所请，反复强调"必须当事者确有接受命令之诚意而愿切实奉行之，方克有济"，否则"不惟增当地之困难，或且涉及中央之威信"。并不无嘲讽地对韩复榘说："设身处地，当能计虑及之。"③ 强调刘珍年未必奉行中央命令并非蒋介石之托词。蒋介石在指示何应钦处理鲁案时指出："调刘珍年部队离鲁，中本有此意，但刘此时是否愿意他调，尚不可知，且调至江西，刘必更不从命，如令出不行，则中央不惟失声威于天下，而且失信于部下"，调刘珍年离开山东可以"设法进行"，但不能"贸然下令"，④ "电询其对方刘珍年之意见，乃可决定"。这实际上是代表中央的蒋介石与代表地方的实力派打交道遵奉的游戏规则：先私下征询意见，取得同意，再以中央通过程序下达命令，"盖为使命令有效及维护中央威信，计不能不经此一番手续"。⑤

在韩刘之争中，刘珍年的诉求则是南京中央对韩复榘进行制裁，以确保其胶东地盘，并以韩复榘军事行动有冯玉祥与广东的背景来促使蒋介石采取行动。⑥ 熟稔地方实力派行事规则的蒋介石明白韩复榘更不容易对付，"对韩复榘严重制止，已非一次派员调解，几无效验，姑待韩以后动作能否尊重

① 《鲁韩决心去刘》，《国闻周报》第9卷第41期，1932年10月17日。
② 参见吕伟俊《韩复榘》，山东人民出版社，1985，第95页；郭绪印：《国民党派系斗争史》，第506页。
③ 王正华编注《蒋中正总统档案·事略稿本》（17），第46～47页。
④ 王正华编注《蒋中正总统档案·事略稿本》（16），第528～529页。
⑤ 王正华编注《蒋中正总统档案·事略稿本》（17），第74～75页。
⑥ 王正华编注《蒋中正总统档案·事略稿本》（17），第22页。

中央命令，再定办法"。①

在国民政府处理韩刘之争的过程中，"皓电"是一个关节点。透过"皓电"引发的争端，可进一步窥视国民政府对于地方军事冲突的态度。1932年10月18日，在山东代表国民政府调停韩刘之争的蒋伯诚致电蒋介石称："拟请调令韩部撤退至潍河以西，令刘部暂驻某某县，其中间之某处某县暂由地方团警维持治安，双方静候中央处理。""韩表示如此项第一步做到，则第二步处愿与刘同时调离山东。"蒋伯诚电表明，所拟四项调解方案是韩复榘同意之结果。10月19日，根据蒋伯诚电，国民政府以军政部部长何应钦的名义发布"皓电"，提出四项解决方案。其内容如下：

（一）第三路（韩复榘部）驻胶东部队及由胶东以外所调民团，自即日起撤回潍河以西原驻地，限俭日（10月28日）以前撤完；

（二）第廿一师（刘珍年部）暂驻福山、掖县、莱阳、栖霞、牟平等五县及龙口；

（三）第廿一师原驻之蓬莱、招远、黄县、荣城、文登、海阳、平度等七县，由各该地方原有团警维持治安，暂不驻军；

（四）移防后应各整饬军纪，静候中央处置。②

然而，"皓电"发出后，韩复榘并未遵照行事，发出"皓西电"称："原拟号日（10月20日）开始撤退，无如胶东人民自动驱刘，文登城处相继为人民占领。刘军只守莱掖两城，十日内必自哗变，为防地方糜烂，是以未敢即行撤退。"③ 在以"人民自动驱刘"名义攻取胶东的同时，韩复榘又玩起辞职策略，以退为进。10月21日，韩复榘发出"马电"，声称"果尚有一线可行之路，决不作无端烦渎之辞"，"仰恳准辞山东省政府主席本职"。④

---

① 王正华编注《蒋中正总统档案·事略稿本》（17），第28页。
② 王正华编注《蒋中正总统档案·事略稿本》（17），第187～188页。
③ 王正华编注《蒋中正总统档案·事略稿本》（17），第175页。
④ 转引自吕伟俊《韩复榘》，第98页。

对于韩复榘的抗令不遵，国民政府又如何应对呢？蒋介石最初极为愤懑，10月20日，在其日记中记："韩复榘不惟逆命，而且食言，非惩罚不可也。"① 认为韩刘之争的性质已从地方内部之争变为地方对抗中央，② 并计划委任蒋鼎文为"查办鲁案大员"，命商震"准备入鲁"，调韩复榘"离鲁"。情绪发泄后，蒋介石又强调"小不忍而乱大谋"，"对鲁事决放任，则以后不顾一切，竭力忍受以达剿赤目的"。③

韩刘之争的最终解决实际上取决于韩复榘与刘珍年战场上的较量。10月25日，刘珍年在遭遇重挫后，电呈南京，请将其部调离山东。④ 至此，调离刘珍年的障碍已经消除，国民政府同意所请，将其部调至浙江温州。韩复榘驱逐刘珍年的目的已经达到，也见好即收，电请南京中央派张钫赴山东协商善后事宜。鲁案以后，韩复榘终于统一山东，成为名副其实的"山东王"。国民政府默认韩复榘通过武力改变的山东政治格局，蒋介石致电韩复榘称："胶东之事既已转祸成祥，实为国家之福。我辈此后唯有益相奋勉，协力挽救，以期早纾国难，想兄于此亦必有同感也。"⑤

第二节　对贵州王犹之争的应对

贵州简称黔或贵，地处西南腹地，北接四川、重庆，南临滇桂，东部与湖南接壤。贵州自明朝永乐年间设置布政使司，开始成为省级行政单位。自民国肇建，贵州长期为地方实力派掌控，一方面对中央政权长期保持半独立状态，另一方面为争夺控制权内争频仍。北洋政府时期，刘显世与戴堪之争，刘显世与王文华、王伯群之争，袁祖铭与王文华、王伯群之争接连发生。1926年，国民政府北伐，贵州实力派陆续加入国民革命军。其中彭汉章为第九军军长，王天培为第十军军长，袁祖铭为第十一军军长，李燊为暂

---

① 《蒋介石日记》（手稿本），1932年10月20日。
② 王正华编注《蒋中正总统档案·事略稿本》（17），第218页。
③ 《蒋介石日记》（手稿本），1932年10月24日、10月25日。
④ 韩信夫、姜克夫主编《中华民国大事记》第3册，第425页。
⑤ 王正华编注《蒋中正总统档案·事略稿本》（17），第322页。

编第七军军长，后改任第四十三军军长，周西成任第二十五军军长兼贵州省省长。1928 年底，周西成的桐梓系与受云南实力派支持的李燊为争夺贵州控制权而发生周李之争。1929 年 4 月，李燊在龙云的支持下轻取盘县、普安，与周西成战于镇宁，周西成死于流弹。5 月，李燊率部进驻贵阳，国民政府承认李燊为贵州省政府主席。6 月，周西成旧部毛光翔、犹国才、王家烈联合向李燊发动进攻，迫使李燊退出贵阳，远走云南。周西成旧部驱李成功后，内部又为争夺贵州长期纷争不已。1932 年以王家烈为一方，以犹国才、毛光翔、蒋在珍为另一方，爆发了激烈的王犹之争。

对于贵州内争，国民政府的态度有一个变化过程。国民政府最初积极介入贵州内争，姿态颇为高调。周西成与李燊之争爆发后，蒋介石基于稳定西南大局需要，出面调和，制止战争。蒋介石一面表彰贵州省政府主席周西成"治黔亦有成绩"，对于李燊借助龙云势力攻黔，"甚不谓然，黔已进入建设程序，不宜破坏"，而且编遣会议召开在即，"岂容一隅之争牵误大局"，要求李燊部"停止前进，听候解决"；一面令周西成每月接济李燊部伙食。当李燊部违背南京意志继续进攻后，蒋介石电令其限期撤离，"否则以抗令论罪"。① 国民政府一纸电令无力阻止地方实力派的自行其是，周李之争继续上演。

周李之争后，国民政府为改造贵州政局，试图以亲近南京的贵州籍文职人员担任省政府主席。国民政府最初拟以王伯群主政贵州，结果贵州"多有异议"。接着又以毛光翔主政与"编遣议决案"相违为由，计划以李仲公主政贵州。② 最终是毛光翔依据周西成确定的"群绍佩用"（毛光翔字群麟，王家烈字绍武，江国璠字佩舆，犹国才字用侬）顺序得以主政贵州。国民政府的中央政令对地处西南腹地的贵州并无有效约束。

1932 年 3 月，国民党在洛阳召开四届二中全会，确认军人不得兼任政务官的基本原则。国民政府试图依据这一原则更换贵州省政府主席。何雪松

---

① 周美华编注《蒋中正总统档案·事略稿本》（4），第 425、396、595～597、424、370～371、426 页。

② 吴淑凤编注《蒋中正总统档案·事略稿本》（6），第 476 页。

保荐牟琳，张群推荐王伯群，蒋介石亦主张以王伯群为宜，[1] 但终因政局复杂，王伯群"改任滇黔视察专使，兼查察川康事宜"，[2] 对贵州"以维持原状为妥"。[3]

国民政府无力阻止贵州周李之争，二度改造贵州省政未果，使国民政府深刻体认到在中央势力进入西南以前，即使在比较贫弱的贵州，亦难有所作为，只得接受现实，采取更为务实的策略。1932年底，当王家烈与犹国才之间发生军事冲突时，国民政府静观其变，并未轻易以中央命令行事，拒绝有关高调介入、彻底解决贵州纷争的建议。国民政府时期，蒋介石为同地方实力派保持沟通联络，也为搜集情报之需，常派联络员进驻相关省份。这种联络员多由该省黄埔学生担任。地方实力派为寻求南京中央的支持，亦常予接纳，但不授予核心或机密职务，并多有防范。宋思一是南京方面派往贵州的联络员。宋思一（1894～1984），原名中渑，贵定县人。早年留学日本，1924年进入黄埔军校一期学习，毕业后在蒋介石的嫡系部队任职。宋思一到贵州后，试图加强贵州与南京的关系。为此，宋思一与王家烈反复磋商，计划筹办军事教育团，终因与贵州利害攸关的桂系反对，王家烈反悔而未果。[4] 此外，宋思一积极联络西南各方，搜集情报。在贵州王犹之争问题上，宋思一建议将犹国才等人调离贵州以彻底解决。从理论上讲，这自然是制止贵州纷争的最理想方式。但在长期与地方实力派打交道的蒋介石看来，即使在素称贫弱的贵州，也不易为之，"犹（犹国才）驻近滇，蒋（蒋在珍）驻近川，岂易东调洪江？""岂一纸电令而能责其听调耶？"要求宋思一"仍以因势利导，各驻现地，暂求相安为善"。[5]

贵州王犹军事冲突的结束，也同山东类似，都是地方实力派实力较量之结果。随之国民政府羁縻默认地方实力派以武力所改变的地方政治格局，即

---

① 周美华编注《蒋中正总统档案·事略稿本》（13），第 456 页。
② 吴淑凤编注《蒋中正总统档案·事略稿本》（14），第 275 页。
③ 吴淑凤编注《蒋中正总统档案·事略稿本》（15），第 261 页。
④ 《宋思一电蒋中正与王家烈商如何不受桂方限制推动筹办军事教育团》（1933 年 12 月 31 日），《蒋中正总统文物档案·一般资料》，台北"国史馆"藏，典藏号：00208020000143006。
⑤ 王正华编注《蒋中正总统档案·事略稿本》（20），第 208～209 页。

"苟有能力以维持其地治安者，即予以名义，使得效命中央"。① 羁縻默认是国民政府对地方实力派采取的一种较为务实的政策，但实则颇多尴尬与无奈。蒋介石的智囊、政学系重要成员杨永泰就如何"熟察趋势"、羁縻默认地方实力派建议：

> 处置过早则趋势不明，诚恐不协机宜，徒损威信之虑；过迟则趋势已定，等于事后追认，无权操自上恩。中央驾驭边省，每因驾驭坐昧时机，先后失当。赏不怀德，罚不畏威，酿成不关痛痒之局。欲矫此失，则善后处置，固不宜失之过早，尤不宜失之过迟，是在熟察趋势，当机立断，使扶植者感恩，使失势者亦不敢抗命。②

杨永泰"熟察趋势，当机立断"之论堪称机智。但地方实力派此起彼伏、此消彼长，所谓"熟察趋势"，"不宜失之过早""不宜失之过迟"，实际操作上并非易事。1932 年上半年，王家烈初步赢得贵州之争，取代毛光翔成为贵州省主席。南京中央在以王伯群主贵未果后，转而对王家烈予以支持。蒋介石致电王家烈称："兄主贵州，地关重要，望兄力持正义，捍党卫国，凡有困难，无凡入告，中必尽力相助，不使兄独为难。"③ 然而王家烈并未完全掌控局面。1932 年底，毛光翔、犹国才、蒋在珍等联合攻占贵阳，王家烈败走榕江。杨永泰"熟察趋势"，认为"黔事较为简单"，王家烈失败后，"实力亦多消衄"，"毛（毛光翔）犹（犹国才）统制黔局之形势已渐形成"，建议此后处置贵州政局以毛光翔、犹国才为重心，对王家烈"无可再事敷衍"，并断言据此即可消弭贵州长期混乱局面。④ 国民政府遂承认毛光翔、犹国才控制贵州政局，以犹国才为贵州代主席，对毛光翔进行肯定、安抚，"吾兄谦逊和爱，安定黔局，令人佩慰不置"。⑤ 但是，贵州政局

---

① 荣孟源、章伯锋主编《近代稗海》第 8 辑，第 394 页。
② 王正华编注《蒋中正总统档案·事略稿本》（17），第 675 ~ 678 页。
③ 吴淑凤编注《蒋中正总统档案·事略稿本》（15），第 17 ~ 18 页。
④ 王正华编注《蒋中正总统档案·事略稿本》（17），第 678 页。
⑤ 王正华编注《蒋中正总统档案·事略稿本》（17），第 709 页。

变幻莫测，杨永泰者亦难以"熟察趋势"。1933 年初，王家烈率其所部又成功杀回贵阳，驱逐毛光翔与犹国才。2 月 5 日，王家烈致电蒋介石称："毛（毛光翔）犹（犹国才）蒋（蒋在珍）诸人已退出遵义，经松坎赴川。烈部侯副旅长之玺同日入城，并派队进驻桐梓、松坎等处，西路亦正收抚溃部，办理善后，全局不日即可安定。"国民政府旋即又承认王家烈继续主政贵州，"继续负责，免致省政中断"。①

面对地方军事冲突，国民政府事前处置，"不协机宜，徒损威信"，事后追认，"无权操自上恩"，而更为机智的"熟察趋势"、把握时机、事中预判，在面对变化频仍的地方政局时，也同样难避尴尬和无奈。

第三节　对四川二刘之争的应对

四川简称川或蜀，地处中国西南腹地，东有三峡之险，西临青藏高原，南接云贵高原，北有秦岭阻隔。帝制时代，川省与外界交通不便，又因成都盆地而资源丰富，称"天府之国"，足以自给自足，颇易形成地方割据，故有"天下未乱蜀先乱，天下未治蜀先治"之谚语。可见中央政权治川之难。辛亥鼎革，民国易清，四川长期为地方实力派掌控。1918 年，四川靖国军总司令熊克武决定在川省按各军驻防地区划拨地方税款，由各军自行向各县征收局提用，作为军饷之需。四川由此形成了独具特色的防区制度，一个防区就是一个独立王国，防区之间战争频仍。据统计，自 1912 年民国建立至1932 年，四川各防区之间战争共计 478 次，平均每月 2 次。② 其中，1932～1933 年刘湘与刘文辉之间的二刘之争规模最大。

刘湘（1888～1938），字甫澄。刘文辉（1895～1976），字自乾。二人同为四川大邑人，且系堂叔侄关系。刘文辉为叔，刘湘为侄，但刘湘长于刘文辉。刘湘早年就读于四川陆军速成学堂，在川系军队中属于"速成系"。刘文辉毕业于保定军校，属"保定系"。在四川内争中，刘湘与刘文辉在相

---

① 高明芳编注《蒋中正总统档案·事略稿本》（18），第 298～299 页。
② 《论川战》，《申报》1932 年 11 月 16 日，第 1 张第 3 版。

当长的时间里携手合作，相互支持。1926 年北伐军兴，刘湘与刘文辉都加入北伐大军。刘湘出任国民革命军第二十一军军长，兼川康绥抚委员；刘文辉则是第二十四军军长。1928 年，新四川省政府成立，刘文辉出任四川省政府主席，刘湘为川康裁边军队委员会委员长，四川形成二刘共同掌控的格局。在二刘合作压倒四川其他地方实力派的同时，二人之间互争雄长，矛盾渐生，最终酿成民国时期四川最大规模的内战。

对于四川内争，国民政府的态度有一个从高调介入到低调务实的转变过程。1927 年 4 月，南京国民政府甫告成立，蒋介石设想过整合四川的五项计划：

　　一、由宋部长（财政部长宋子文）筹划统一财政；二、军民财政均归绥抚委员会决议施行，由中央派员指导之，委员会地点设于重庆；三、派向育人筹备团务事宜，设立团务委员会，其条例由向与李仲公处长起草；四、派向育人、李汉群为中央党部四川省党务特派员；五、由总司令部派员组织中央政治学校四川分校。①

这些计划涉及财政、军政、党务等诸多方面，反映出国民政府在其初期即试图全方面将派系林立、内争频仍的四川纳入中央统一结构之下的意图。然而，因种种困难，国民政府经营四川心有余而力不足，故采取较为务实的羁縻之策，试图通过羁縻地方实力派中的强力人物，让其与南京国民政府合作，维持中央政权在四川的象征性权威。

国民政府初期，一些老牌实力派如熊克武、刘存厚、杨森等人或遭严重削弱，或失败下野，一些新晋实力派如田颂尧、邓锡侯等又实力不足，刘湘与刘文辉在四川实力派内争中脱颖而出，实力最强。故支持二刘共同奠定川局成为国民政府整合四川的重要策略。为此，蒋介石明确表示："二刘共同奠定川局，中极赞成，望其能负责办理，中央自当补助其不足。"②

① 　王正华编注《蒋中正总统档案·事略稿本》（1），第 372 页。
② 　吴淑凤编注《蒋中正总统档案·事略稿本》（6），第 570～571 页。

这种支持突出表现在两个方面。其一，约束南京中央驻川代表在川省行动。1928 年初，南京代表杜文渊在万县召集川军会议，此举引起刘湘不满。蒋介石为此致电张群，要求查询确证后，向刘湘声明此举仅系杜文渊个人行为，并"令文渊回宁，另派代表赴川"。①

其二，在川省内争中选边站位，明确支持二刘。1928 年 10 月，刘存厚、杨森、邓锡侯、赖心辉、郭汝栋、李家钰、罗泽州、陈鼎勋等实力派在遂宁成立"国民革命军四川同盟各军军事委员会"，酝酿反对二刘。1929 年 4 月，同盟军对二刘发动进攻。蒋介石明确支持刘湘反击，同盟军"如其必欲与兄为难，则请兄全力应战"。蒋介石要求借此解散杨森和罗泽州部，彻底解决反对二刘的势力，"不可再言调解二字，以误革命前途者误国"。②

中原大战后，国民政府的四川策略从扶持二刘转向重点支持刘湘。其原因或与二刘在中原大战中的不同选择有关。中原大战期间，刘文辉一度附和汪精卫等反蒋势力，刘湘则派其代表刘航琛赴南京寻求支持。刘航琛向蒋介石提出国民政府四川策略的两个选项，一是羁縻，二是使用。并指出当前形势下只宜使用，刘湘未曾背叛，始终忠于蒋介石，因此刘湘是支撑国民政府四川策略的最佳人选。③ 中原大战后，国民政府在四川的代表曾扩情提出整合四川应以刘湘的第二十一军为基干，"并暂设机关，或派员驻渝，督促进行"。蒋介石表示同意，希望刘湘亲到武汉详谈。④ 1931 年 6 月 15 日召开的国民党三届五中全会上，刘湘与韩复榘、龙云、何键、徐永昌等地方实力派头面人物共同入选国民政府委员。

国民政府重点支持刘湘是否就意味着支持其发动四川内战？长期以来有一种观点认为，刘湘发动针对刘文辉的"安川"之战背后有南京中央与蒋介石的支持。较为流行的说法是：

在战事发生以前，刘湘曾经由曾扩情向蒋介石密陈消灭刘文辉的计

---

① 周美华编注《蒋中正总统档案·事略稿本》（2），第 515 页。
② 吴淑凤编注《蒋中正总统档案·事略稿本》（5），第 365、479 页。
③ 沈云龙、张朋园、刘凤翰访问纪录《刘航琛先生访问纪录》，第 36～37 页。
④ 周秀环编注《蒋中正总统档案·事略稿本》（9），第 185 页。

划，并说必须先打垮刘文辉，安定川局以后，他才能出兵帮助蒋介石反共。同时蒋亦因刘文辉曾参加过反蒋的扩大会议活动，怀恨在心，想假手刘湘以消灭之。刘湘得蒋默许后，才敢于大举向刘文辉进攻。①

这种说法其实恰恰源自曾扩情本人。曾扩情（1894～1983），原名朝笏，又名慕沂，四川威远人。黄埔陆军军官学校第一期毕业，孙文主义学会骨干成员。曾任国民革命军教导师政治部主任。1927年调任国民革命军第十三师党代表，军队"清党委员会"委员。1928年任黄埔同学会干部委员兼书记长，又任中央陆军军官学校政治部主任。同年10月，任军事委员会四川军事特派员，奉命前往四川，在南京中央与四川实力派之间沟通联络、传递信息，是国民政府与蒋介石四川策略的重要亲历者、见证者。晚年著有《蒋介石两次派我入川及刘湘任"四川剿匪总司令"的内幕》一文，对于了解蒋介石的四川策略颇具价值。曾扩情在回忆中称：

> 蒋介石于1930年10月，结束了对阎、冯的战争后，即拟先求得四川的安定，解除西顾之忧，以便用全力来"剿灭"江西方面的红军。因鉴于对阎、冯的战争中，刘文辉等曾有响应阎、冯所组成的"扩大会议"的鱼电，惟刘湘未曾异动，因而有进一步依重刘湘的策略：假以必要的权责，形成安定四川的重心，能在任何情势之下，有权力来防止类似鱼电等等的行为。同时对刘文辉等亦持包容的态度，若不知有什么鱼电，以安刘文辉等的心，免于逼走极端，为此特于是年11月，再派我到四川，为上述意图而奔走。
>
> 我到了四川，除代表蒋介石对刘湘致以亲切的慰问，表扬其在对阎、冯战争中的镇静态度，将更有所倚重外，对刘文辉等亦致以慰问和期许之意。在任何的场合中，对鱼电都没有丝毫的流露。这不仅使刘湘

---

① 冷寅东：《刘湘、刘文辉争霸四川的几次战争》，《文史资料选辑》第10辑，中国文史出版社，1986，第50页。类似说法还可见杨学端《二刘大战二三事》，《文史资料选辑》第33辑，第96页。

感到与"扩大会议"无关而自慰，对蒋介石有进一步的推崇；而刘文辉等亦由惶惑不安的心情而放心，对蒋介石的态度有了好转。……

1932年，我任"国民党四川省党务特派员"，常往来于成都（刘文辉所在地）、重庆（刘湘所在地）两地，从事党务和有关军事政治的活动，却同刘湘处得较好，可以参与他有关的阴谋诡计。刘湘早有独霸四川的企图，惟碍于刘文辉的势均力敌，难以实现。1932年的夏秋之间，刘湘乘蒋介石在江西"剿共"的失败，料知蒋将有求于他，又趁我留在重庆的时候，特取得我的同意，授意其秘书长张必果会同秘书余维一草拟一个所谓"安川剿匪"的计划，托由我送江西抚州面交蒋介石核定。……

蒋介石看了刘湘所陈的计划后，颇觉喜形于色，立即亲笔答复刘湘一函，致以亲切的慰问和嘉勉；并责成刘湘晓劝川中各军："懔于赤祸的严重，捐除嫌怨、泯息内争、团结一致，为剿灭共匪而早作部署，否则共匪一旦窜入四川，将难免遭各个击破，同归于尽，悔之无及"云云。这表明他对四川各军的一体看待，若无轻重厚薄之分；却又关照我以我的名义密电刘湘：如能有把握，在很短的期间内解决刘文辉，可便宜行事。……

刘湘接到蒋介石的亲笔信和我的密电后，已了解了蒋介石的真正用意，就毫无犹豫地积极准备解决刘文辉的军事行动。[1]

概而言之，曾扩情的回忆实际上涉及三个方面的内容：其一，中原大战后，蒋介石重点扶持刘湘，但亦对刘文辉等人持包容态度；其二，蒋介石在刘湘短期内能解决刘文辉的前提下，支持其"便宜行事"；其三，蒋介石以私人名义对刘湘表示支持。参照蒋方资料，曾扩情作为这一历史事件的重要亲历者与见证者，其说法是真实可靠的。但若据此得出蒋介石挑动了二刘之

---

[1] 曾扩情：《蒋介石两次派我入川及刘湘任"四川剿匪总司令"的内幕》，《文史资料选辑》第33辑，第108～112页。

战的结论，恐失之过粗过简。① 蒋介石的态度包括以下几个层面。

第一，反对四川内战。曾扩情所言中原大战后因"剿共"需要，蒋介石在重点支持刘湘的同时，对刘文辉等人持包容态度，实际上是蒋介石反对四川内战的逻辑起点。此外，地方内战的发生损害国民政府的权威，影响其政治形象，也为日本侵略提供了某种口实，因此反对内战、共赴国难，是蒋介石主张对刘文辉包容，不希望国民政府扶持的刘湘与刘文辉兵戎相见的重要因素。

1932 年 9 月，刘湘与刘文辉之间剑拔弩张，战争一触即发。9 月 25 日，蒋介石致电刘湘：

> 据各方报告，川中军事行动日趋紧张，有一触即发之虞。究竟实情如何？此次川中万一有事，恐绝非一隅关系，小之足以牵动西南全局，大之足以招致国际压迫。而鄂赣剿匪计划更无法逐步完成。现值国难愈加严重时期，吾人宜事事持重，切盼吾兄极力消弭，设法阻止，俾得渡此最大危险之关头，一切情形，尤冀随时详告。②

"事事持重""极力消弭""设法阻止"等语，表明蒋介石并不希望刘湘发动四川内战。

1932 年 10 月 1 日，刘湘指示驻武胜的第二十八军第十二师罗泽洲部首先发难，打响了进攻刘文辉的第一枪，民国时期四川最大规模的内战正式爆发。刘湘向国民政府表示"解决川局时机已至"，希望得到支持。10 月 11 日，蒋介石致电张群称：

> 甫澄（刘湘）始终拥护中央，论情论理，本应加以援助，惟国难当前不宜轻启战端，不能不促其觉悟耳。③

---

① 谢本书、牛鸿宾：《蒋介石和西南地方实力派》，第 108～109 页。
② 王正华编注《蒋中正总统档案·事略稿本》（16），第 537 页。
③ 《张群电蒋中正对川局对川局邓锡侯建议应以中立部队控制中间刘湘认为此时为援助解决川局时机》（1932 年 10 月 10 日），《蒋中正总统文物档案·一般资料》，台北"国史馆"藏，典藏号：00208020000058170。

总之，从"安内""攘外"全局出发，蒋介石从本意而言并不希望看到四川内战，"最好固在能使战事消弭不发"。① 故蒋介石挑动四川内战说不实。

第二，以私人名义有前提地支持。蒋介石态度的复杂性在于，在本意上并不希望看到四川内战，却又同意以私人名义对拥护南京中央的刘湘有前提地支持。所谓私人名义，南京中央"不可有袒护而援助一方之明显表示"，② 但个人可私下与刘湘商洽。所谓有前提就是短期内解决刘文辉。曾扩情的这一说法也可从蒋方的材料中得到印证。10 月 12 日，张群致电蒋介石建议："若刘湘有解决方案，较易收拾者，亦不妨因势利导。"蒋介石表示认可，要求张群"不妨暂作兄个人私意友谊与之商办"。③

蒋介石所谓以私人名义有前提地支持刘湘，主要逻辑在于：首先，地方实力派向来自行其是，不论南京支持与否，地方实力派多按其本身意志行事。蒋介石深知地方实力派的这一规则。蒋介石致电杨永泰称："刘湘派员携其治川方案来谈，内容以半年内扫除统一障碍，组织省府，一年内剿灭共匪，一年内划清中央与地方之税收及整缩军队，其意在先灭刘文辉也。""综测其意，似彼先有决心，对中乃为形式之通告，说必无效。"④ 其次，如果倾向于国民政府的刘湘能够迅速解决刘文辉，统一四川，地方内战虽暂时影响"安内""攘外"，但对于蒋介石而言，未尝不是比较理想的局面。故蒋介石支持刘湘的说法亦有所见。

第三，川战并未如刘湘预期迅速解决，反而陷入长期内战，蒋介石以私人名义支持刘湘的前提消失，其对四川内战的态度亦随之调整。

1932 年 12 月 21 日，刘湘与刘文辉经过多次交锋后，在老君台签署停战协定，但内战并未结束。1933 年 5 月，刘湘与邓锡侯等决定联合进攻刘

① 王正华编注《蒋中正总统档案·事略稿本》（17），第 176～177 页。
② 王正华编注《蒋中正总统档案·事略稿本》（17），第 176～177 页。
③ 《张群电蒋中正刘湘认为此为收拾川局之好时机果彼有解决方案亦不妨因势利导》（1932 年 10 月 12 日），《蒋中正总统文物档案·一般资料》，台北"国史馆"藏，典藏号：00208020000059045。
④ 王正华编注《蒋中正总统档案·事略稿本》（20），第 669 页。

文辉，二刘大战进入第二阶段。当四川内战愈演愈烈、持续难休之际，四川的"剿共"形势发生巨大变化。1932 年 7 月，国民党对鄂豫皖苏区进行第四次"围剿"，迫使红军三大主力之一的红四方面军战略转移，红四方面军越过平汉路，转战鄂豫陕川。1932 年底先后占领川北通江、南江、巴中等县。1933 年初，国民政府任命田颂尧为"川陕边区剿匪督办"，负责川北"剿共"。红四方面军进入川北后，四川实力派就从"剿共"的旁观者、协助者变成主力军。

长期不断的内战影响四川的"剿共"，亦使蒋介石认识到刘湘并不能真正统一四川，仅是"争地争城"而已。故蒋介石反对刘湘在老君台停战协定后继续武力"安川"。1933 年 6 月下旬，刘湘、邓锡侯与刘文辉激战于乐山、容县、毗河等地，刘文辉节节败退，退守岷江防线，并辞去四川省政府主席职务。二刘之战刘湘已胜券可期，但蒋介石并不赞成川战继续。

7 月 6 日、8 日，蒋介石连续致刘湘长电。7 月 6 日电称：

> 密。阅邓锡侯堪电。颇深焦虑，兄云内争不息难期剿匪，匪乱不平，无以善后，实中肯綮。今川中各部，犹复私斗不休，决非空言可图挽救。自古息争在让，服人惟德。若以互不相下之心作以力制人之想，则抱薪救火，求息争者正所以扩大之。赤匪猖獗，日益蔓延，痛以养而成患，事后悔而莫追，深望川中将士皆能及时觉悟耳。中央以川地阻远，将以剿匪全责付托于兄，实期兄树之德范，以感格群伦，转移风气。两争一让，万事俱平。处理各部之争，宜本此旨，乃能有济，不然是非强辩，言者各有其词，是治□而益棼也。自晋争端，虽晋康迭次报告，自乾强渡，然事实症结，固在彼此防区得失问题。若必谓自乾继续挑衅，则强弱众寡之势论，或亦不必尽然。争地争城，昧公义而急私图，战胜者亦非荣誉。况自贼其手足，视赤匪之坐大而不顾，将来必致不可收拾，两败俱伤，而中国亦亡。言之痛心，应如何化乖戾以导祥和，惟兄图之。江流天际，西望忧心，不尽所怀。①

---

① 高素兰编注《蒋中正总统档案·事略稿本》(21)，台北，"国史馆"，2005，第 48~49 页。

"自晋争端"，"自"指刘文辉，字自乾，"晋"指邓锡侯，字晋康。7
月8日电称：

> 江电悉。兄对徐匪云已派兵协同积之防剿，可负责绝对不生问题，
> 至慰远念。但望兄切实注意者，赤匪为祸赣鄂，中央以数十万之众，从
> 事追剿，迄未彻底肃清。今徐匪犹燃已死之灰，流毒川北。此日莹莹之
> 火，视之不生问题者，将来燎原势成，决不可复制矣。每一念及，寝馈
> 难安，因此欲付兄以剿匪全责，领导川中各军，并力图之。自乾、晋康
> 之争，所以屡电请以和平解决，并望兄以德让相感召，非有爱于一方，
> 予以回护。盖以仇因结而愈深，争因持而愈久，所求夫朋友，贵在能否
> 先施天下，宁有我不肯甘休之事，而望人可甘休者。寇深祸急，个人尚
> 何意气利害之可言。晋康对兄信仰较深，望将此意剀切告之。能退一步
> 想，天地俱宽矣。不然即以武力制胜一时，焉保人之不复携二也。况今
> 日川乱，全国瞩目，兵连不解，无论何方曲直，皆为人所厌弃，徒增重
> 中央处置之困难，且手足自残，实力消磨之后，更何以图匪，是又见黄
> 雀而忘深井者也。贤明如兄，不审亦曾熟虑及之否。[1]

　　两封长电连续而发，基本逻辑与态度一致，颇能表明蒋介石对刘湘发动
第二阶段"安川"之战的态度。蒋介石最初相信刘湘能迅速解决刘文辉，
实现四川统一，以便助力"安内""攘外"，故一度同意以私人名义支持刘
湘"安川"。但结果四川陷入长期内战，"兵连不解"，"无论何方曲直，皆
为人所厌弃"，严重影响中央权威。使蒋介石更为担忧的是，四川因红四方
面军进入川北，"剿共"形势日趋严峻，刘湘的"安川"之战即使"武力制
胜一时"，也并不能真正实现统一，反而是"两败俱伤"，出现"见黄雀而
忘深井"的局面。故蒋介石希望刘湘"两争一让，万事俱平"。

---

① 　高素兰编注《蒋中正总统档案·事略稿本》（21），第56～57页。

第七章　国民政府对川黔政局的改造

　　川黔两省是国民政府时期典型的地方实力派掌控的省域。民国时期，中央政权在这两省以羁縻为主，以维持其象征性的中央权威。1935 年，国民政府在西南"剿共"的大背景下开始了对川黔两省的整合。在整合中，国民政府以及蒋介石是如何将川黔两省问题与全局性的"安内攘外"问题结合起来考量的？其整合的理念、策略又有怎样的特征？其成败得失如何？本章将对此进行梳理与探讨。

第一节　红军西撤后国民政府面临的新局面

　　1934 年夏秋，国民党军队对江西苏区的第五次"围剿"取得重要进展，促使红军进行战略转移。"剿共"方面的重要进展使得国民政府内外形势面临新的局面。

　　其一，江西"剿共"的结束使得国民政府在应对内外局面上增添了底气。多年来，红军在江西等地形成红色武装割据，国民党组织的"围剿"长期未见成效。第五次"围剿"予红军重创，迫使其离开了经营多年的根据地。对国民政府与蒋介石而言，是一个可以在国民党内部自我鼓吹的功绩。而且，通过"剿除"江西的红军，1932 年后蒋介石苦心筹划的经营核心区域的努力稍有所成。时任江西省政府主席的熊式辉就观察到国民政府的党国要人"皆带有几分天下大定气概"。[1] 这也是蒋介石视红军西撤为"统一之佳音"的主要逻辑。[2]

---

①　熊式辉：《海桑集——熊式辉回忆录（1907～1949）》，第 172 页。
②　《蒋介石日记》（手稿本），1934 年 10 月 30 日。

其二，"剿共"形势面临新的变化。红一方面军突破重重包围，一路入湘入黔，有与活跃于川北一带的红四方面军会合之势。四川主要实力派刘湘统筹领导的对红四方面军的"围剿"已经崩盘，无论是四川方面还是国民党方面的舆论都强烈呼吁国民政府统筹四川"剿共"。国民政府的"剿共"重心面临从江西转移到四川的新形势。

其三，蒋介石从10月底至11月中旬对西北、华北数省进行了巡视，认定此举有助于缓和甚至拉近北方与南京中央的关系。对各省尤其是掌控于地方实力派手中处于半独立状态的省份进行巡视是蒋介石认为比较有效的整合方式。1932年底，蒋介石在视察何键任主席的湖南省后，在日记中写道："此来巡视颇有所得，一则湖南教育；二则湖南行政；三则湖南军队；四则湖南交通；五则湖南自治；六则湖南党务实情，皆得知其大略。而精神影响所及，尤为重要，以后对各省巡阅，至少每年应有一次也。"① 此后蒋介石忙于"剿共"，除1933年初长城抗战期间一度北上外，活动范围基本上局限于东南数省，较少抵达北方。1934年10月初，蒋介石开始计划北上巡视。②

从已有资料来看，蒋介石此次北方之行主要涉及以下几方面的内容。

第一，部署西南"剿共"。10月7日，蒋介石在日记中记："本周到洛陕视察，规定陕南修路与经济方略。"③ 具体路线"由长安经陕县、洋县、南郑、宁羌、广元、剑阁、绵阳而达成都"，此路在"剿匪上极关重要"。④

第二，实地考察、规划潜在的国防大后方。选择一个稳定可靠的大后方是国民政府加强国防建设、应对外部强敌的重要战略设想。远离沿海的西北是蒋介石考虑较多的选项。据徐永昌观察，蒋介石北方之行主要是北方防务着眼："一，大规模的种树造林（已有规定确数），以为树林是活长城，可以避飞机、挡坦克；二，修路所以代沟垒，其路线为固原、宝昌、康保、商都、陶林、绥远公路为第一期，康宝、张北、张家口公路与霍布尔、集宁至

---

① 《蒋介石日记》（手稿本），1932年11月1日。
② 《蒋介石日记》（手稿本），1934年10月1日。
③ 《蒋介石日记》（手稿本），1934年10月7日。
④ 周美华编注《蒋中正总统档案·事略稿本》（28），第213~214页。

柴沟堡公路为第二期。"①

　　第三，与北方实力派就内外政策进行沟通交流，缓和甚至拉近北方实力派与国民政府的关系。掌控晋绥系的阎锡山是北方最主要的地方实力派，蒋介石北方巡视期间亲自到山西与阎锡山沟通。对于蒋介石到访山西的情况，蒋晋双方都有较为详细的记载。从晋方记录来看，为迎接蒋介石的到访，晋方做了比较充分的准备，委派赵戴文到北京迎驾，以王靖国住宅作为蒋介石的行馆。② 蒋介石与晋方沟通的内容主要涉及以下几个方面。（1）禁毒方面。蒋介石主张"对丹料贩惩办固应严，对吸食者亦不应宽。其帮运面料不论铁路、邮局人员只要有据可即处决"。"对禁吸食如责成村长，且可适用连坐法。"③（2）对日策略。阎锡山向来主张须在"军事以外求出路，盖非此者，必至民更困，而敌益急"。④ 在蒋介石面前，阎锡山并未隐瞒自己对日策略的真实态度。据蒋介石11月9日日记，当日蒋阎在同车前往阎的故乡河边村途中，阎锡山谈到"对日不主准备武力，免日仇忌，使倭对我无法可施，而后我乃有法对倭"，蒋介石深以为是。⑤（3）中央与地方关系。阎锡山主张"对内中央有力，地方有权"，"剿匪完成时召开救国会议，使地方军政长官免除中央救国障碍，中央为地方消除行政困难。如此则地方如不从令一致，是其自外救国之道，必为国人所共弃云"。蒋介石则认为阎锡山"研究颇深"。⑥ 离开山西时蒋介石进一步嘱托山西方面研究"中央与地方权限问题"。⑦（4）"剿共"计划。蒋介石向山西方面透露拟亲赴四川指挥"剿共"，徐永昌主张蒋介石"似应审慎些，盖共匪已大部入川，今日第一步应严防其窜入陕甘，第二步再谋消灭之法"。⑧

　　蒋介石的北方之行到底有多少成效，值得琢磨推敲。国民政府的官方

①　徐永昌：《徐永昌日记》第3册，第204页。
②　徐永昌：《徐永昌日记》第3册，第197~201页。
③　徐永昌：《徐永昌日记》第3册，第202页。
④　徐永昌：《徐永昌日记》第3册，第201页。
⑤　《蒋介石日记》（手稿本），1934年11月9日。
⑥　《蒋介石日记》（手稿本），1934年11月9日。
⑦　徐永昌：《徐永昌日记》第3册，第203页。
⑧　徐永昌：《徐永昌日记》第3册，第203页。

总结，所谓"此次出巡华北、西北各省，勤劳国事，远适边陲，为期不及四十日，计历十一省区之多。此行结果，不仅激励全国将士，闻风兴起，共同挽救危亡，且为民族国家开一光明前途，实我国近代史之一重要事迹也"，似是一番官话与套话。但若考察北方之行对蒋介石此后决策的作用，蒋介石本人的内心观感还是具有参考价值的。蒋介石称此次北方之行为"进步之实据"，其对统一的价值甚至在"赣匪之剿除，闽乱之平定"之上。①

其四，相较北方数省，南方粤桂湘川黔等省问题似更为突出。江西"剿共"结束后，粤桂湘川黔等这些处于半独立状态的省份的统一问题开始凸显。这些省份如何整合？如何确定合适的时机、顺序与解决方式？蒋介石反复权衡。10月29日，蒋介石在日记中记："先收西南，放任中央乎？整理中央，放任西南乎？"11月记："1、改组中央乎？2、收复西南乎？3、规划川湘黔乎？""经营西南，再定川湘乎？""川湘黔问题同时解决乎？抑或分别先后乎？""川事待湘匪解决后再定办法乎？"②

其五，随着"剿共"形势的变化以及内部的整合，确定新形势下的对日策略。避免与日本正面冲突是这一时期蒋介石对日态度上的基本原则。为此，蒋介石思考过三个选项。第一，个人退隐。所谓"避免倭寇忌嫉与当面冲突，暂退隐为宜乎？"第二，对日和缓妥协，以促进日苏冲突。所谓"应急与倭寇乘机谅解？以促进倭俄冲突也"。第三，亲入四川"剿共"。所谓"若为对倭计，以剿匪为掩护抗日之原则言之，避免内战，使倭无隙可乘，并可得众同情，乃仍以亲剿川黔残匪，以为经营西南根据之张本，亦未始非策也"。③

衡诸历史实际，蒋介石并没有选择退隐；至于促进苏日冲突，如何冲突、冲突程度很难由中方掌控。故蒋介石着力最多的是乘西南"剿共"之机经营川黔。总之，1934年底1935年初，江西"剿共"结束后，国民政府

---

① 《蒋介石日记》（手稿本），1934年12月31日。

② 《蒋介石日记》（手稿本），1934年10月29日、11月12日、11月17日、11月21日、11月22日。

③ 《蒋介石日记》（手稿本），1934年11月20日、11月27日、12月29日。

与蒋介石面临新的内外形势，在"安内""攘外"的不同选项之间反复权衡盘算后，最终以经营川黔作为新形势下应对内外危局的重要策略。

第二节 国民政府与黔局之变

"黔局之变"是指 1935 年国民政府借"追剿"红军之机，派遣中央军入黔，迫使王家烈先后辞去贵州省主席和第二十五军军长等军政职务，以代表南京中央的薛岳、吴忠信掌握黔省军政大权。随后又对黔军进行改编，对黔省行政进行了新的重组。黔局之变成为 30 年代国民政府一次典型的消解地方势力、在地方实力派掌控的省域建立中央权威的行动。国民党方面誉之为"统一西南第一着"。

一 改造黔局的酝酿

在相当长的时间里，贵州为地方实力派所掌控，且其内部纷争不已。国民政府"望黔兴叹"，无可奈何，多以羁縻调解应付了事。

1934 年春夏之际，贺龙率领的红二军团转战贵州。随后，萧克的红六军团也自湘入黔。王家烈率领的黔军"剿共"不力，贺、萧所部红军在贵州急速发展，当地所谓"乡绅""民众"纷纷吁请南京中央派军入黔"剿共"。① 蒋介石也多次致电王家烈，对其"剿共"不力表示不满："平日悉索黔民之力以养兵，今值此残败不堪喘息未定之余匪，尚不淬励精神，举其全力，以尽剿匪卫民之责，责养兵究何所用耶？"以致对于王家烈所报"获捷挫匪"等情，常表怀疑，"黔军在以上两处（指东坡斯桥与老王鲁）曾否接战挫匪？其会剿是否努力？"要求何键"查明电告"。② 因此，蒋介石深感"黔政急宜整理，否则剿匪难有成效"。③

---

① 《黔各县民众代表恳请中央派兵剿匪》，《大公报》1934 年 9 月 18 日，第 3 张第 9 版；《请蒋兼办西南剿匪》，《大公报》1934 年 10 月 3 日，第 1 张第 3 版。
② 周美华编注《蒋中正总统档案·事略稿本》（28），第 67~68、354 页。
③ 高素兰编注《蒋中正总统档案·事略稿本》（30），台北，"国史馆"，2007，第 343~344 页。

1934 年 10 月，江西红军西撤，国民党中央军尾随而进，经湖南进入西南诸省。对于国民政府而言，改造黔政良机已现。据时任侍从室主任晏道刚回忆："当红军于十二月进入黔边时，蒋介石在南昌对陈布雷说，'川滇黔三省各自为政，共军入黔我们就可以跟进去，比我们专为图黔而用兵还好。川滇为自救也不能不欢迎我们去，更无从借口阻止我们去，此乃政治上最好的机会。今后只要我们军事、政治、人事、经济调配适宜，必可造成统一局面'。"① 从蒋介石方面的资料来看，晏道刚的回忆，真实反映了蒋介石此时的算计。蒋介石虽未有意布局，驱使红军西撤，为统一西南创造条件，但客观上也是顺势利用了红军西撤的机会。

进入 10 月后，蒋介石对黔局改造的思考日趋频繁。10 月 5 日日记中记："对黔川办法。"10 月 6 日记："川黔问题。"11 月 12 日记："规划川湘黔乎？"11 月 18 日记："湘川黔统辖于总部问题。"11 月 21 日记："川湘黔问题同时解决乎？抑分别先后乎？"11 月 22 日记："粤桂湘黔川问题。"11 月 25 日记："决定对川黔方针与名义。"12 月 2 日记："定湘黔川方针。"12 月 20 日记："明年工作……丙、经营湘黔川桂……己、收黔平桂定川统湘。"②

在实际行动上，自红军突破湘江封锁线接近湘黔边境后，蒋介石即指示中央军将领薛岳，如果红军进入贵州，"则我中央部队应不顾一切，直入贵州勿误"。③ 薛岳心领神会，回复蒋介石称："本路军今次入黔，责在剿匪，间接亦为中央对西南政治设施之监视者。"并建议从统一财经入手，在贵阳设立中央银行分行，"西南政治故障，方期迎刃以解也"。④ 中央军薛岳部进入贵阳后，以郭思演为贵阳警备司令，中央军借此掌控了黔省重心贵阳的防务。

二 对黔系实力派的处置

处理以王家烈为首的黔系实力派，是改造黔局的难点与关键。衡诸实

---

① 晏道刚：《蒋介石追堵长征红军的部署及失败》，《文史资料选辑》第 62 辑，文史资料出版社，1979，第 15 页。
② 《蒋介石日记》（手稿本），1934 年 10 月 5 日、10 月 6 日、11 月 12 日、11 月 18 日、11 月 21 日、11 月 22 日、11 月 25 日、12 月 2 日、12 月 20 日。
③ 周美华编注《蒋中正总统档案·事略稿本》（28），第 513 页。
④ 周美华编注《蒋中正总统档案·事略稿本》（28），第 684 页。

际，国民政府经历了从保王到撤王的渐进过程。

在南京中央势力初入贵州之际，蒋介石对王家烈的处理小心谨慎。1934年12月23日，蒋介石在日记中记："对黔辅助之而使之制桂。" 1935年1月31日又记："黔王仍须保留其名义，再试之。"① 从"对黔辅助之""黔王仍须保留其名义"等语来看，蒋介石最初设想在保留王家烈位置的前提下对黔局进行改造。

这种策略不仅仅停留在心理活动上，某种程度上也付诸实际行动。1934年11月12日，蒋介石致电汪精卫称，对王家烈"拟酌加补助，以资激励"。当是时，王家烈为了确保其地位，曾派其夫人万淑芬前往南京寻求支持，蒋介石也有积极回应。据熊绍韩回忆：

> 在红军将到黔境时，王的爱妾万淑芬带了几万元出去避难。她到了南京，自称是王派去的代表，要求见蒋。由宋美龄出面接待，安排她住在励志社，设宴招待自不必说。蒋亲自接见她，表示对王的信任和慰勉，并送王二十响连发枪二百支，还送万淑芬旅费一万元，并派飞机送她回黔。万淑芬向王汇报了在南京同蒋宋接触的情况，王得了这个定心丸，更放心蒋介石不会把他搞垮。②

若把蒋介石对万淑芬的表态仅视作阴谋即麻痹王家烈的需要来解读，似有简单化的倾向。实际上，这恰恰反映了蒋介石对王家烈最初的真实态度，可能也还有对万淑芬在黔局中作用的期待。蒋介石曾致电薛岳，对此有所说明："万女士淑芬来谒，详述黔中各情及绍武主席一片肫诚公忠许国之意，欣慰殊深。现在万女士事毕归黔，关于黔中一切军事及地方善后事宜，已嘱其致意绍武，随时商承吾兄办理。万女士深明大体，能为绍武内助。彼夫妇有所陈述，务望妥与商洽，遇有必要时并尽力协助一切。不尽之情统托万女

---

① 《蒋介石日记》（手稿本），1934年12月23日、1935年1月31日。
② 熊绍韩：《蒋介石是怎样搞垮贵州军阀王家烈的》，《文史资料选辑》第93辑，文史资料出版社，1979，第56页。

士面达。"①

　　蒋介石对王家烈的态度影响到一线处置黔局的薛岳。据王家烈回忆，薛岳在与其相见后，对其"甜言蜜语"，表示关怀，在武器装备方面承诺予以补充，并希望王家烈远离何应钦，走陈诚路线。② 事隔多年，当事者的回忆未必准确，但所提薛岳的态度应该无误。当然，身处一线的薛岳对黔局内部复杂情形有更具体的了解，认为蒋介石对万淑芬在黔局中作用的期待难以实现："万夫人回黔，仍是媚王，仍有导其入黑暗途径之可能，似以暂令留京较为得当也。"③

　　以往的历史叙述往往强调蒋介石在整合西南过程中，处心积虑地从最为薄弱的贵州入手，王家烈的命运是早就注定的。从大趋势而言，这种说法并无不妥。从抗战时期龙云、何键等诸多实力派的命运来看，王家烈迟早失去贵州的军政实权。但从具体过程来看，在保留王家烈既有名分下对黔局进行改造至少也是蒋介石曾经考虑的选项。

　　保留王家烈名义的目的一是缓和地方实力派的抵制情绪，二是借重王家烈以分化黔桂，但反而为王家烈游走于两广与国民政府之间提供便利。随着中央势力逐渐深入西南，蒋介石最终还是采取撤换王家烈这种较为彻底的方式整合黔局。

　　1935 年 3 月，蒋介石对彻底改造黔局进行了周密的思考与部署，其变革内容涉及党、政、军、财诸多方面。从蒋介石本人的记载可窥一斑。1 日记："调墨三长黔乎？"顾祝同字墨三，黄埔嫡系将领，蒋介石考虑过由嫡系直接掌控贵州。13 日记："赴黔日期之迟早。"14 日记："治黔着手办法。"16 日记："川黔党政军整理方针。"17 日记："黔将领安置。"18 日记："注意：……二、川黔军政整理方案；三、黔王态度应注意。"19 日记："贵州军政财设计。"20 日记："黔军整编。"

①　《蒋中正函薛岳襄助王家烈办理黔中军事及地方善后事宜》（1935 年 2 月 25 日），《蒋中正总统文物档案·一般资料》，台北"国史馆"藏，典藏号：00208020000211115。

②　王家烈：《阻截中央红军长征过黔的回忆》，《文史资料选辑》第 62 辑，第 88 页。

③　《薛岳电蒋详陈黔局内部情形》（1935 年 2 月 19 日），《蒋中正总统文物档案·粤桂政潮》，台北"国史馆"藏，典藏号：00208010100034003。

3月24日，蒋介石为指挥"剿共"，改造黔局，亲赴贵阳。25日，在接见王家烈后，在贵州绥靖公署发表名为"剿灭赤匪与建设贵州之要道"的讲话。在蒋介石的讲话中，并没有"全力协助王家烈建设贵州"之类的表态。对比蒋介石在四川讲话中对刘湘的态度，不难发现在南京中央进入西南的大背景下，王家烈和刘湘命运的不同。27日，蒋介石再次接见王家烈。据蒋介石的记录："训诫王家烈，王被余言感动，彻悟以至流泪。"4月6日，王家烈正式辞去贵州省政府主席职务。国民政府随即任命吴忠信接任，并对省政府"旧班子"进行了彻底更换。但蒋介石对辞去行政职务的王家烈并不放心，10日记："注意：……绍武行动与态度及其心理。"11日记："注意：……五、对绍武方针。"① 4月下旬，蒋介石终于利用王家烈部将何知重、柏辉章等人迫使王家烈辞去第二十五军军长职务，黔军各部得以改编，并调离贵州。不久国民政府又任命已经失去贵州军政职务的王家烈为军事参议院参议。贵州军政被纳入国民政府统一架构之内。

三　黔局改造过程中的联合与分化

贵州和西南诸省相互缠结，牵一发而动西南全局。由于贵州地方实力派相对弱小，国民政府改造黔局的关键很大程度上不在于黔。国民政府以及蒋介石在西南内部各方之间纵横捭阖，为改造黔局创造了有利的外部环境。

1. 对两广出兵入黔态度的演变

西南诸省中，与贵州关系最为密切的是两广。自周西成时代起，主黔诸人就与其地缘相近的两广走得很近。② 据王家烈自陈："常以贵州土产鸦片烟土运出，通过两广换回武器补充实力，并同陈济棠、李宗仁订立'三省互助同盟'，暗中反蒋。"③ 1934年，西南各省为防止南京中央在"剿共"

---

① 《蒋介石日记》（手稿本），1935年3月1日、3月13日、3月14日、3月16日、3月17日、3月18日、3月19日、3月20日、3月24日、3月25日、3月27日、4月6日、4月10日、4月11日。

② 熊绍韩：《蒋介石是怎样搞垮贵州军阀王家烈的》，《文史资料选辑》第93辑，第52～53页。

③ 王家烈：《阻截中央红军长征过黔的回忆》，《文史资料选辑》第62辑，第86页。

胜利后染指西南，积极筹划所谓"西南五省联防"。王家烈积极参与其事，并派王节之驻广州以兹联络。① 对于王家烈多方联络，尤其是参与两广反蒋密谋中的行为，蒋介石十分不满，曾警告王家烈："黔省军民应实行团结，服从中央，则全省自可安定。若犹复自起猜疑，争结邻省以为奥援，实黔人自杀，绝非中央所能允许。"因此无论是消解贵州的半独立状态，还是分化西南，蒋介石均要整合黔局。更为重要的是，广西财政在很大程度上依赖于黔货过桂通过税，据说此笔收入高达四百万元以上。② 控制黔局即等于经济上制桂于死命。

从地缘政治上讲，在闽变后福建已经收复的情况下，湖南和贵州成为进攻两广的重要前沿。在中央势力进入西南之际，蒋介石在收湘制桂还是收黔制桂上有过犹疑，一度打算"湘事须根本解决"，准备将湖南实力派何键调至武汉，贵州则先任由广西掌控。经过反复权衡后，蒋介石放弃了"湘事根本解决"的方针，"保湘使各方不加疑惧"，"且应利用湘何从令攻桂"。"以黔制桂"就成为优先选项，"桂事先从黔湘入手，先入黔后定湘，而后收桂，则得因利乘便之道"。③

蒋介石以黔制桂，两广也不甘坐以待毙。两广方面判断中央军本意是驱共入两广，以计不得逞，"现改取军事长期包围式"，中央军入黔即是从西北方向压迫两广。④ 在包围圈的东北方向，"中央以种种关系，决不敢对粤用兵，故闽赣湘边不足顾虑"。⑤ 因此西北方向所在的黔桂边境成为两广安全之关键。为此两广方面制定了三种应对方案。其一，如果中央军全力"追剿"红军，两广应该乘机入黔攫取黔政；其二，如果中央军仅以少数兵力留守贵阳，则当乘机解决之；其三，如果中央军全部驻黔，则向外广

---

① 高素兰编注《蒋中正总统档案·事略稿本》（26），第204～206页。

② 《黔人反王，真相一斑》，《大公报》1934年2月22日，第1张第3版。

③ 《蒋介石日记》（手稿本），1934年11月20日、11月21日、11月30日、12月2日。

④ 《陈其尤电蒋中正李济深昨来港见胡汉民并嘲讽中央欲驱共入两粤失败改取军事长期包围》（1935年1月7日），《蒋中正总统文物档案·一般资料》，台北"国史馆"藏，典藏号：00208020000199168。

⑤ 《蒋伯诚电蒋中正对黔事处置建议调王家烈离黔入川》（1935年2月5日），《蒋中正总统文物档案·一般资料》，台北"国史馆"藏，典藏号：00208020000205106。

泛宣传中央"剿共"不诚。① 三种方案的关键在于，两广军队也要以"追剿"名义进入贵州。1934 年 12 月 11 日，陈济棠、李宗仁、白崇禧通电请由粤桂两省组织"助剿"部队，由李宗仁统率。② 对于两广此举之意图，时论看得很清楚："一以谋所谓西南局面之保持，一以谋有裨于广西之财政也。"③

对于两广积极争夺黔局，蒋介石根据"剿共"形势的轻重缓急做出不同应对。蒋介石在江西红军经过陈济棠防区顺利转移后，一度向粤方表示强烈不满："赣南匪部安全西窜，而南路军只留一团兵力守赣州，其余撤至大余以西，任令匪部由赣州之大余空隙间偷窜。平时请饷请械，要求倍至。当此残匪肃清关头，竟不能为国家民族稍加努力，以尽职守，其将何以对天下与后世。"④ 并停发循例支付给两广的协助"剿共"的相关费用：对广东，"每月协剿费四十万元，本月份已付几何，未付之款，可暂欠缓付"；⑤ 对广西要款之电，"暂可不复"。⑥ 但蒋介石又深知，为阻止红军北上打通国际交通线，最好还是在湘江以东，最少亦应当在湘西、黔东交界地区将其歼灭。⑦ 为实现这一目的，蒋介石需要两广实力派的合作。故在表达不满的同时，又对两广实力派进行安抚，表示"中央所以依界者，绝不因赣匪西窜而有所变更"，希望两广"速以主力急进汝城与郴州之线，与湘军及赣中追击部队协力进行之，勿使匪部再向西窜"。⑧

蒋介石在湖南境内消灭红军的企图未能得逞。中央红军在向西转移过程中，虽在湘江一役损失惨重，遭遇重挫，但红军将士英勇善战，最终顺利渡过湘江，并继续向西进入贵州。1934 年 12 月 14 日，红军占领贵州黎平。

---

① 《贺衷寒等电蒋中正此次粤桂军要求援黔意在趁中央军追剿共军时攫取黔政》（1935 年 2 月 12 日），《蒋中正总统文物档案·一般资料》，台北"国史馆"藏，典藏号：00208020000461062。

② 郭廷以编《中华民国史事日志》第 3 册，第 421 页。

③ 《粤桂出兵真相》，《大公报》1935 年 3 月 15 日，第 1 张第 3 版。

④ 周美华编注《蒋中正总统档案·事略稿本》（28），第 385～386 页。

⑤ 《蒋中正电周骏彦广东本月协剿费已付几何未付可暂欠缓付》（1934 年 10 月 30 日），《蒋中正总统文物档案·筹笔》，台北"国史馆"藏，典藏号：002010200000121062。

⑥ 周美华编注《蒋中正总统档案·事略稿本》（28），第 417 页。

⑦ 杨奎松：《国民党的"联共"与"反共"》，第 304～306 页。

⑧ 周美华编注《蒋中正总统档案·事略稿本》（28），第 632、642 页。

25 日占领镇远。26 日占领施秉、黄平。28 日占领余庆、瓮安，向息烽挺进。1935 年 1 月 5 日，红军攻占黔北重镇遵义。红军进入贵州初期接连闯关成功，蒋介石不得不允许两广出兵入黔"助剿"。1934 年 12 月 27 日，蒋介石通过蒋伯诚向两广表示："两粤出兵追剿，中始终赞成，并望伯南兄断然行之。"① 只是希望两广出兵入黔在名义上须源自南京中央的授予，"不能再用西南政会名义同受委任"。② 为了缓和与两广的关系，蒋介石甚至一度计划由湖南方面的将领刘兴代理黔省绥靖主任，由有两广背景的张发奎接替中央军将领卫立煌率领"赣闽皖浙边区各军清剿散匪"。③

1935 年 1 月下旬，在黔东失地尤其是黔北重镇遵义等地收复后，蒋介石判断贵州的"剿共"形势已经可控，对两广出兵入黔态度发生急剧转变。1 月 31 日。蒋介石致电薛岳称："黔北之匪，不日即可肃清，则粤桂军不必入黔。中已转商伯南，而兄亦可向桂婉劝，其在都匀等部队，不必再行北进。"④ 并放弃刘兴代理黔省绥靖主任的计划，改任薛岳为黔省绥靖主任。

蒋介石因"剿共"形势和缓，拒绝两广出兵入黔，两广岂能轻易就范。双方展开了激烈竞争，焦点在对"剿共"形势的判断，关键是两广能否出兵入黔。两广强调"剿共"形势正处"千钧一发之际"，"近且迭陷川叙永各县，而中央各军仍停顿于贵阳附近"。且川黔"剿共"远较江西"剿共"更为艰巨，"若不趁其喘息未定彻底剿除，则异日贻害无穷"。"故不揣冒昧，拍发请缨真电跟踪追剿，分别电达中央及钧座，请明令给以名义，以利行军。"而蒋介石却"迭承转示粤桂各军不必前进"，"实属不胜惶骇"。"职意等以追剿为请，志在歼共，非谓共匪越过黔省即与职等无关，可以置之不问。职等虽愚昧，何敢以邻为壑之心，故率直陈辞，不知避忌，言出由

---

① 周美华编注《蒋中正总统档案·事略稿本》（28），第 642 页。
② 周美华编注《蒋中正总统档案·事略稿本》（28），第 632 页。
③ 《蒋中正拟任刘兴代理贵州绥靖主任张发奎指挥赣闽皖浙边区清剿残匪》（1935 年 1 月 20 日），《蒋中正总统文物档案·筹笔（统一时期）》，台北"国史馆"藏，典藏号：00201020000126015。
④ 高明芳编注《蒋中正总统档案·事略稿本》（29），第 190～191 页。

衷，可质天日。"① 蒋介石深知两广坚持出兵意图之所在，并未让步。两广声称"剿共"形势处"千钧一发之际"，蒋介石则称朱毛红军"最近可于横江以东地区悉数歼灭"；至于川北徐向前部之红军，"川中士气转旺"，"川军独运全力亦可了之"。因此两广出兵"追剿"，"远水莫济，时机已过"，"不特非川人之所急需，且恐因此而反生其误解"。②

两广为了制造入黔舆论，又将薛岳过往所发欢迎粤桂军入黔电报公布，发动宣传攻势。蒋介石则称薛岳之电"或以我军初入黔时，匪未远窜，去电欢迎，而粤桂乃于此时将旧电发表，不计时日，是其为将来入黔地步，有意乱黔甚明"。并告诫薛岳，"粤桂入黔之野心犹炽，应积极防备，以免叵测，务望多积粮秣为要"。③

1935 年 2 月下旬，红军在经黔北过江北上受挫后，又回师黔北，给予中央军吴奇伟部以及王家烈黔军以沉重打击。贵州"剿共"之局再趋紧张。3 月 10 日，蒋介石在日记中记："注意：……粤桂态度，令其参加进剿。"④当天，蒋介石致电白崇禧，除通报"剿共"进展外，亦表达希望桂军入黔"助剿"之意，"尚望兄等共同努力，一致进行，完成使命；对于进剿意见，请兄等筹精详告，斯得至当"。⑤ 如果桂系军队入黔"助剿"，必然导致广西空虚，故蒋介石又安抚粤方，解决引发粤方不满的欠饷等问题，希望粤军驻桂部队"不必急调回粤"。

根据"剿共"形势变化而决定两广是否出兵入黔，表明这一时期蒋介石基本上奉行的是先"剿共"后解决两广的"安内"原则。蒋介石对某些虚拟极端状况的处置也有助于进一步了解这一原则。1935 年 3 月初，蒋介石获悉两广私自出兵入黔，甚至可能攻取贵阳的情报，"顷接伯陵（薛岳）歌电（即 3 月 5 日电）称，'廖磊（桂系将领）致桂军驻黔办事处电称，黔

---

① 《陈伯南李宗仁致电蒋介石》（1935 年 2 月 12 日），《蒋中正总统文物特交档案·粤桂政潮》，台北"国史馆"藏，典藏号：00208010100034003。

② 高明芳编注《蒋中正总统档案·事略稿本》（29），第 355 页。

③ 高明芳编注《蒋中正总统档案·事略稿本》（29），第 389~390 页。

④ 《蒋介石日记》（手稿本），1935 年 3 月 10 日。

⑤ 高素兰编注《蒋中正总统档案·事略稿本》（30），第 73~74 页。

军及中央军先后失利，贵阳震动。今粤军张师已到独山，本军为巩固西南大局计，准日内出发西上'"。① 对此，蒋介石的选择是"仍以先破赤匪为要"，要求在黔中央军"会攻遵义之匪，然后再言其他"，在贵阳方面只是要求"闭城固守"，以防为主。

2. 对滇川实力派的联合与拉拢

西南诸省中，云南亦高度关注黔局的走向。国民政府经营西南，改造黔局，亦必然涉及处理与云南实力派的关系。对云南实力派，蒋介石以联合与拉拢为主。南京国民政府成立后相当长的时间里，蒋介石与云南实力派龙云之间因各有借重，互相支持，大体上维持着相安之局。龙云多次对蒋介石表示拥护服从之意，而且在国民党内拥蒋与反蒋的派系斗争中，以实际行动表示对蒋介石的效忠。② 胡汉民等人本欲联合云南等西南诸省共同反蒋，但因龙云"轻粤重蒋"而颇感无奈。③ 于此也进一步反映出龙云与蒋介石的关系。其中最具代表性的事例是，胡汉民等人为防范蒋介石在"剿共"结束后对西南不利，筹划包括云南在内的"西南五省联防"。龙云虽派代表参与其事，但同时又致电蒋介石，解释此举仅是"与之敷衍"，并叮嘱赴粤代表亦至江西向蒋介石"请示机宜"。西南诸省联防，因云南"不为所挟"，难以成功。④ 龙云此举，自然使蒋介石对其好感有加。而且有助于蒋介石与龙云合作的是，在蒋介石的判断中，只想独霸云南的龙云不同于冯玉祥、阎锡山、李宗仁等人，"无问鼎中原之心，也乏窥窃神器之力"。⑤ 蒋介石与龙云互相支持的渊源，加上面临两广的挑战，使得蒋介石在改造黔局过程中，仍需要继续借重龙云的力量，"滇龙效忠中央，当信任之"。⑥

在红一方面军突破湘江防线进入贵州后，蒋介石即对西南"剿共"指

---

① 《蒋中正电蒋伯诚转告陈济棠示复粤军是否早入黔境实情》（1935年3月6日），《蒋中正总统文物档案·筹笔》，台北"国史馆"藏，典藏号：00201020000129060。

② 参见汪朝光《蒋介石与1945年昆明事变》，《近代史研究》2009年第3期。

③ 《陈纯斋来电》，陈红民辑注《胡汉民未刊往来函电稿》第9册，第478页。

④ 高素兰编注《蒋中正总统档案·事略稿本》（26），第204～206页。

⑤ 赵振銮：《龙云和蒋介石的合与分之我见》，《云南历史研究集刊》1983年第2期，转引自汪朝光《蒋介石与1945年昆明事变》，《近代史研究》2009年第3期。

⑥ 《蒋介石日记》（手稿本），1935年1月31日。

挥系统进行人事调整，任命龙云为"西南剿共第一路总司令"，指挥中央军入黔前线将领薛岳为第一路前敌总指挥，归龙云领导。蒋介石担心薛岳作为中央军将领，姿态高调，不服从龙云指挥，反复告诫薛岳，"事事表示敬意，受其指导为要"，"吾弟对龙总司令应切实联系，接受其指挥，则彼亦必对弟深致信赖。当此事业发轫之初，当一以谦恭待人，精诚克己，则前程远大为无量矣"。① 有意思的是，蒋介石在与其部下往来电报中，不管年龄大小，地位尊卑，往往以"兄"称呼对方，以示尊敬，以显客气。以"弟"称呼对方，虽不够客气，却能够表示亲切、亲近，意思是对方属自己人，不用客气。据笔者陋见，蒋介石也只是在与陈诚等特别宠信的将领电文中，以"弟"称呼对方。蒋介石为了笼络龙云，不惜通过这些细节示好薛岳，希望其切实配合与执行对龙云的策略。② 薛岳也较好地执行了蒋介石的策略。中央军进入西南后，薛岳即派其兵站总监陈劲节携带亲笔信及生庚八字直赴昆明，表示与龙云结为兄弟之意。薛岳之举为龙云所认可："慨允义结金兰，序齿龙云年长六岁，遂称兄长。"其后红军从贵州进入云南，薛岳欲率中央军进入云南"追剿"，亦得到龙云的配合，"欢迎吾弟亲自前来"，并即电令滇军服从薛岳指挥。③

中央军进入西南之时，南京方面正进行军衔评定，初选名单中并无龙云。1935 年 2 月 25 日，蒋介石致电负责此事的军事委员会办公厅主任朱培德："三级上将中，以张作相换龙云……余可照预订者发表。"④ 在国民政府进入西南、改造贵州政局之际，上将名单中龙云的加入，显然有以名位笼络之意。1935 年 4 月，黔局改造进入人事更迭的攻坚阶段。在确定贵州省政府成员人选时，蒋介石特地询问龙云意见，"如有得力人员，请其先行密示，以便保任省府委员，以资滇黔联络，俾得切实合作"。⑤ 在有关贵州实

---

① 高明芳编注《蒋中正总统档案·事略稿本》（29），第 341 页。
② 蒋介石致电薛岳的电文中，多数称其为"兄"。
③ 陈寿恒、蒋荣森等编《薛岳将军与国民革命》，台北，中研院近代史研究所，1988，第 201 页。
④ 南京军事委员会在评定军衔时，最初定名一级、二级、三级上将，后确定为特级、一级、二级。龙云定为二级上将。
⑤ 高素兰编注《蒋中正总统档案·事略稿本》（30），第 343~344 页。

力派头面人物王家烈的去留问题上，蒋介石亦咨询龙云意见："王绍武以所部前日在大定对其索饷示威，乃坚请辞职。本日回筑（即贵阳）面辞，彼实有不得已之苦衷。一般情势与为公为私，实皆以准辞为妥。彼并保犹国才继其总指挥职，何知重继其军长职。未知兄意以为可否？请详酌电复。"①

为了使龙云进一步与南京中央合作，蒋介石决定亲赴云南。1935 年 5 月 5 日，蒋介石致电龙云："中待坐机到筑，即行来滇。惟该机本日尚未回来，如气候无阻，三四日内当可把晤也。"② 5 月 10 日，蒋介石从贵阳出发飞抵昆明。当天蒋介石在日记中记："预定：在滇日程……与龙商西南及贵州大局。"5 月 11 日，蒋介石接见龙云，"商议西南问题"。5 月 13 日，蒋介石与龙云进行了长谈，对龙云印象颇佳，称其为"明达精干，深沉识时之人，而非骄矜放肆之流"。5 月 18 日，又与龙云谈及两广问题，"直至深夜始寝"。当日，蒋介石在其周反省录中记："志舟（龙云）相处益好，此来及民众信仰倍增，结果对于国家前途之关系实大也。"5 月 20 日，与龙云乘车到海源别墅，"告其对两广方针与注意之点及政治主张"。对于此次云南之行，蒋介石深感满意，认为无论是对"国家之统一""剿匪之前途"，还是"个人之历史"，"皆有莫大之益也"。③

四川实力派派系复杂，与南京中央的关系不尽相同。其中刘湘是四川实力派中最主要的存在，与南京中央的关系类同于云南的龙云，即相当长的时间里与国民政府及蒋介石大体上维持着相互支持的局面。在以中央军为核心的中央势力进入西南后，国民政府对刘湘仍继续采取扶持与合作的态度，在改造黔局问题上，国民政府对刘湘也有借重。1935 年 2 月 7 日，时任四川省政府秘书长邓汉祥致电蒋介石，为改造黔局提供了两种方案：一是由南京中央彻底改造；二是放任黔系内部王家烈、犹国才、蒋在珍各派均衡对峙，

---

① 高素兰编注《蒋中正总统档案·事略稿本》（30），第 589～590 页。
② 高素兰编注《蒋中正总统档案·事略稿本》（31），台北，"国史馆"，2008，第 20 页。
③ 《蒋介石日记》（手稿本），1935 年 5 月 10 日、5 月 11 日、5 月 13 日、5 月 18 日、5 月 20 日、5 月 31 日。

等待时机。并建议无论采取何种方式,"均不宜听其增加实力坐大"。① 邓汉祥的建议为蒋介石所肯定,称"卓见甚佩","最要之急务应使黔北之中央军与川军直接联成一片,而移中央军之后方于渝泸,则中央军与川军乃能协力应付一切之环境。故由渝建筑之交通应如何确保其安全,川军与中央军应如何配备乃能确保此交通线。请商陈甫澄兄(刘湘)妥筹电示"。② 此电中不难看出在解决黔局过程中,蒋介石视四川为值得依赖的后方,川军是与中央军合作的对象。

3. 对黔系实力派的分化

在改造黔局过程中,国民政府对粤桂滇川采取合纵连横的策略,对黔系内部各实力派则进行分化瓦解。

对黔系内部进行分化瓦解是南京方面的一贯策略。早在南京中央进入西南"追剿"之前,蒋介石委派进入贵州与王家烈沟通联络的宋思一就积极在黔系内部开展了此项工作。宋思一三次入黔,在贵州搜集各种情报,汇成《贵州实况报告书》呈递蒋介石。报告书称:"王家烈措置乖方,致众叛亲离,其第一师长何知重、第二师长柏辉章、第三师长廖怀忠、民团副总指挥江国藩等与生早有切实联络,近均不满于王。深望钧座设法早日奠定黔局。"③

薛岳是中央"追剿"军的主要将领,是代表国民政府改造黔局的主要执行者。进入贵州后,薛岳也比较关注贵州内部各派系的基本情况。他认为,黔军内部向为桐梓系所把持,但于地域上有铜仁与遵义之分,黔局主要将领王家烈、犹国才、侯之担、蒋在珍四人各成对峙,壁垒森严。就王家烈而言,其军队第二十五军内部主要将领第一师师长何知重、第二师师长柏辉章倾向南京中央,有另谋出路之意。在政治上贵州内部亦分为两派,一是夫

---

① 《邓汉祥电蒋中正黔省现况及建议中央对黔局彻底改造等处理方式》(1935 年 2 月 7 日),《蒋中正总统文物档案·一般资料》,台北"国史馆"藏,典藏号:00208020000205152。

② 《蒋介石邓汉祥电》(1935 年 2 月 16 日),《蒋中正总统文物档案·一般资料》,台北"国史馆"藏,典藏号:0020802000002080017。

③ 《宋思一等电蒋中正呈贵州实况报告书及王家烈现已众叛亲离请设法早定黔局等文电日报表》,《蒋中正总统文物档案·一般资料》,台北"国史馆"藏,典藏号:00208020000434199。

人派，以万淑芬为首，包括财政厅厅长郑先辛、建设厅厅长刘民杰、省委秘书长万宗震等人；一为军人派，以教育厅厅长李维柏为代表。这两派对南京中央与西南皆有拉拢之心，以"维其地位为目前一致之表现，但相互倾轧甚烈，唯本身利益是图"。[①]

贺国光率领军事委员会委员长行营参谋团进驻重庆后，"认为黔事关系重要"，为改造黔局积极筹划。对王家烈进行分化瓦解是其主要着力点，"川黔公路已促其不日可开工，反王之人亦有相当联络"。[②] 经与刘湘、邓汉祥等四川方面协商后，其分化瓦解的具体策略是在贵州内部扶持长期与王家烈龃龉的犹国才，使其各领一军，成对峙之局。其中王家烈部编为何知重与柏辉章两师，犹国才部亦由两师组成，除蒋在珍师外，犹国才自兼一师。并将侯之担部暂编三旅，使其与犹国才连成一片，"则犹之力量较厚于王，运用即可自如"。[③]

4. 改造黔局的得与失

1935年，以中央军为核心的中央势力进入西南诸省后，旨在统一西南的国民政府与西南地方实力派产生了激烈的冲突与碰撞，甚至出现兵戎相见之势。改造黔局是两种势力在红军西撤背景下一次典型的较量。几番博弈之后，国民政府以直接剥夺地方实力派军政实权的方式统一贵州，随之开始以国民政府意志建设贵州。黔系实力派控制下的黔局，军政俱属腐败，怨声载道，以致黔省民众纷纷吁请撤惩王家烈。国民政府入主贵州后，"一方面严令禁烟，一方面豁免田赋。同时则注意于开发富源，对矿业多所嘱望。行政院决议任命之省府委员中，更有地质学家与矿冶专家各一人，尤见当局力谋开发贵州之深心。使能信任专家，放手做去，固黔省前途之幸也"。[④] 舆论所言自是对贵州前途的一种美好展望，但至少反映出国民政府对贵州的统一

---

① 《薛岳电蒋详陈黔局内部情形》（1935年2月19日），《蒋中正总统文物档案·粤桂政潮》，台北"国史馆"藏，典藏号：00208010100034003。

② 《贺国光电蒋中正》（1935年2月18日），《蒋中正总统文物档案·粤桂政潮》，台北"国史馆"藏，典藏号：00208020000208017。

③ 《邓汉祥电杨永泰》（1935年2月24日），《蒋中正总统文物档案·粤桂政潮》，台北"国史馆"藏，典藏号：00208010100034003。

④ 《贵州之前途》，《大公报》1935年4月24日，第1张第4版。

及其改造为这种美好的展望提供了可能性。而且，正是抗战前对包括贵州在内的西南数省的改造和建设，使之成为抗战时期的国防大后方。

国民政府进入贵州，不仅攸关黔系本土实力派王家烈的前途与命运，也关乎两广实力派的安全。为此，两广与南京中央展开了多层面的竞争，甚至一度准备武力进取。最终南京中央成功剥夺与两广关系密切的王家烈的军政实权，取得了黔局之争的胜利，在西面形成了对两广的包围之势。1936 年两广事变期间，薛岳屯大军于贵州，予两广以重大威胁，使后者不敢轻举妄动，"以黔制桂"颇见成效。这些可以说是国民政府改造黔局之得。

从国民政府改造黔局的方式来看，主要有三个方面。一是以武力为后盾。国民政府在解决贵州过程中，虽没有直接的军事斗争，却处处离不开武力。国民政府是在借助中央军进入西南"追剿"的情境下开始对黔局改造的，在与两广争夺黔局的过程中，蒋介石虽强调以防为主，但正是中央军的存在使两广争黔雷声大雨点小。二是合纵连横分化瓦解权术之运用。在贵州内部，国民政府联合反对王家烈的各种力量，孤立瓦解王家烈。在贵州之外，联合借重云南龙云、四川刘湘等长期与南京方面保持合作关系的实力派以对抗两广，对两广试图举兵入黔，根据"剿共"形势分别应对。三是直接剥夺了贵州最大的实力派王家烈的军政实权。

黔局改造的方式尤其是王家烈的结局，引起了西南其他实力派的惶惑不安。就云南实力派而言，在拉拢之下虽与国民政府及蒋介石在改造黔局问题上有一定的合作，但这种合作其实是相当有限的。据云南方面"追剿"军第二路军第三纵队指挥官孙渡回忆，在滇军进入贵州防堵红军前夕，龙云密嘱其到贵州后乘便解决王家烈部，控制贵阳，只是中央军捷足先登才未得逞。[①] 且根据前车之鉴，龙云虽同意中央军进入云南境内"追剿"红军，却拒其进入昆明。西南离心无疑也对国民党的"剿共"产生诸多掣肘。红军虽经历曲折磨难，却成功通过西南诸省，奠基西北，成功完成战略转移。再放宽视野，1936 年的两广反蒋事变以四川刘湘与南京中央及蒋介石之间从合作互挺到矛盾激化，到兵戎相见的边缘，还有 40 年代国共之争

---

① 孙渡：《滇军入黔防堵红军长征亲历记》，《文史资料选辑》第 62 辑，第 130～131 页。

的后期，川滇等省几乎呈群体性的离异，其间是否有贵州因素的影响，值得细思揣摩。总之，国民政府虽成功统一了贵州，这种统一却并未对整合其他地方实力派产生积极的连锁反应，甚至产生了诸多负面效应。

第三节　国民政府对四川的整合

四川是国民政府时期典型的为地方实力派所掌控的省域。长期以来，国民政府采取羁縻川省中较有权势的地方实力派的方式，试图维持表面上的中央权威。国民政府初期主要是支持实力较强的刘湘与刘文辉共同奠定川局。中原大战后，刘湘因拥护蒋介石而成为拥护南京中央，得到蒋介石的认可与支持。扶持刘湘成为国民政府主要的四川策略。1932 年后，红四方面军进入川北，建立川北苏区。国民政府严令四川实力派放弃内争，积极"剿共"。先是任命田颂尧为"川陕边区剿匪督办"，接着督促刘湘以"四川剿匪总司令"名义负责四川"剿共"。1934 年夏，刘湘"剿共"失败，四川政治、经济、军事陷入混乱之中，川籍京官、地方乡绅等强烈呼吁南京中央介入川局。蒋介石几经权衡考虑，最终顺势而谋，经营四川。

一　扶助刘湘，合作经营四川

国民政府经营四川，如何处置实力派的头面人物刘湘既关键又敏感。对此，国民政府方面不乏激进主张者。中央军重要将领刘峙建议将刘湘调离四川，"若虑刘湘等不易安置，似不妨调至他省，当为彼所乐从"。[①] 刘湘长期经营四川，且有相当根基，地盘与军队又是其政治生命之所系，刘峙建议调离刘湘，想当然地认为"彼所乐从"，似乎过于天真。当然，在处置刘湘问题上，还有比刘峙更为激进与乐观者。

前文已述，国民政府时期，蒋介石为同地方实力派保持联络沟通，并为搜集情报之需，多向各省派驻联络员或特派员。派往四川的是程泽润。1933

---

① 《刘峙致电蒋中正》（1934 年 11 月 17 日），《蒋中正总统文物档案·一般资料》，台北"国史馆"藏，典藏号：00208020000443138。

年 11 月，蒋介石就委派程泽润驻川致电军事委员会称："程泽润应暂驻川襄助，日前业经电令知照。现军委会派出联络参谋七人。刻在赴川途中，程可委为驻川军事特派员，即由总部电委，并令知川中各路军查照。至应给旅费若干，亦请兄等妥为酌定，由总部按月给领可也。"① 由此可知，程泽润驻川的名义是"军事特派员"，此外七人是"联络参谋"；这种联络员或特派专员都是公开身份活动；由军事委员会给予旅费补助，按月领取；等等。这些联络员或特派员奉命回到本省后，干劲十足，颇想有所作为。每当所在省域出现问题时，多主张以激进手段彻底解决，以维护南京中央的权威。其中，罗经猷在改造四川政局上的主张颇具代表性。罗经猷详细分析了刘湘的实力构成，认为刘湘所掌控的第二十一军号称十六万人，但是确实可靠的只有"潘文华、唐式遵及独立兵团与各特种部队，余多貌合神离"。"即自兼之模范师与新收回之王陵基师，亦只有小部可供驱使，其他各军更无论矣。"且潘文华与唐式遵等各部均在"剿共"前线，"后方不但无可靠之兵，即地方治安亦时有捉襟见肘之虞"。"即其直辖部队，因将实权付之刘崇云，亦均离心离德，内外解体。"罗经猷还进一步分析刘湘在四川的民意支持情形，"近更摊派军费十万，人民怨毒已深"。"鼎革以还，川省久同化外。"故认为若此时罢免刘湘，"绝无他虞"。② 与刘峙的调离建议相比，罢免当更为激进。

作为决策核心，蒋介石权衡盘算，更倾向于继续扶持刘湘，以刘湘为重心对四川进行整合。其一，四川虽内争不断，但川人治川之声甚高。即使在四川政局动乱之时，吁请南京中央介入川局最为积极的川籍京官、乡绅中，亦多主张敦促刘湘复职为得计。③ 实则既希望南京中央援助四川处理动乱局势，也希望保持川人治川的基本精神。其二，四川与贵州不同。四川实力派众多，力量更强，内部情形更为复杂；贵州实力派王家烈与高举反蒋大旗的

---

① 周美华编注《蒋中正总统档案·事略稿本》（23），台北，"国史馆"，2005，第 463～464 页。程泽润（1894～1945），字沛民，四川隆昌人。早年毕业于四川陆军军官学堂，后被保送至北京陆军大学。1933 年底开始出任四川军事特派员。

② 高素兰编注《蒋中正总统档案·事略稿本》（27），第 211～213 页。

③ 《成都各民宿再电中央，促派兵入川协剿》，《大公报》1934 年 9 月 11 日，第 3 张第 9 版。

两广关系密切，解除其军政职务有以黔制桂之考量，且以稳妥渐进的方式进行。其三，在"安内""攘外"的整体局势之下，国民政府要经营四川，但稳定压倒一切，以避免"川省疑惑"为上策。① 由此与四川力量较强的地方实力派继续合作势不可免。其四，在四川诸多实力派中，刘湘仍是川人治川的最佳人选。对此，《大公报》1934 年 9 月 2 日的社评《川局何以善后?》一文从实力、声誉、局势等方面对刘湘的优势有具体的分析。首先，就军队等硬实力论，刘湘相较田颂尧、邓锡侯、杨森等人，实力最强，"舍彼无可总揽全局者"。其次，就声誉等软实力论，刘湘防区虽为富庶之地，"其人不殖私财，自奉俭约，个人声望较佳"。"对商界颇顾信用，过去所负商款。据闻已达三千万元之巨。政府此际经营四川，无论人力无暇及此，财力更所不达，则舍利用刘湘外，殊无资格更佳之人。"最后，就川中局势而言，"川中将领向来急则相合，缓则相图，以利为鹄，罔顾大体。刘湘之失败，原于袍泽观望，互看笑话者为多。现在形势迫切，各军群龙无首，亦在惶恐。前途归宿，非为赤匪所制，即受客军宰制，二者皆非川军所能堪，故此际慰留刘湘而为之解除困难，以策后效，自为易办"。②

那么，怎样在新形势下与刘湘合作? 蒋介石设想的局面是：川政统一，军政军令交还南京中央，南京中央保障刘湘现有军政名义，"并赋予法定上之全权建设新四川"。③

在具体策略上，蒋介石制止了倒刘活动，对"剿共"受挫后请辞的刘湘恳切慰留，敦请其复职。1934 年 8 月 24 日，蒋介石获悉刘湘辞职消息，但尚未弄清楚具体内情，"川刘为何出走?"④ 刘湘辞职后，四川出现了不同背景的倒刘风潮。四川实力派田颂尧趁机落井下石，向南京汇报称此次"剿共"失败全系刘湘"只顾一己之私"所致："据省查报数点：一、五路挫败，损失不小，从前过于骄矜自负，本三月可以肃清，今事实相反，自觉

---

① 《蒋介石日记》（手稿本），1935 年 2 月 15 日。

② 《川局何以善后?》，《大公报》1934 年 9 月 2 日，第 1 张第 2 版。

③ 王正华编注《蒋中正总统档案·事略稿本》（40），台北，"国史馆"，2010，第 298～299 页。

④ 《蒋介石日记》（手稿本），1934 年 8 月 24 日。

无颜；二、二十一军内部分裂，甫澄利用刘从云神道，今该军突遭失败，反神者大肆攻击，难于自处；三、以退为进，谋内部团结；四、借此要挟，使中央不责问其失地之罪，强迫中央慰留；五、借此断绝各路款弹接济，观察各军心理；六、以战败之原因，诿中央之不接济款弹，中央如令再起，可便要求；七、以辞职造成人民恐怖心理，以便再筹剿经费。"总之，刘湘"只顾一己之私，全不为大局着想，辄诿过于人"。"大失人望，匪肆川危，国将不利。"请蒋介石"速定大计"。① 对此，蒋介石不以为然，为刘湘辩护，回复田颂尧称："此次失败，均由兄等互相猜疑，彼此坐视不救之必然结果，应即痛切悔悟，力图补救"，"若不再努力自赎，中央必当一律执法相绳也"。②

以程泽润为代表的南京中央驻川人员亦积极从事倒刘活动。对此，蒋介石反复告诫川事"应由甫澄电请，或商取甫澄同意，乃可进行"。"兄等在川乃自作主张，擅为接洽，徒惹各方之误会，增重各路之乖离，越权轻举，实属不合，凛之慎之。""如再有此等言行，当照违背意旨，擅自主张惩处也。"③

在国民政府的反复敦请之下，刘湘权衡局势，于1934年10月22日正式通电复职。复职后的刘湘仍面临"剿共"与中央军入川的双重危局，亲赴南京请示协商是其应对的主要策略。对于刘湘离渝赴京，蒋介石自然大为欢迎。11月17日，蒋介石致电刘湘称："闻兄已将莅汉，无任欣慰，未知何日东下。中拟效日（即11月19日）赴京，兄能同日到京相叙，尤为至盼"，并下令海军派军舰开至武汉迎接。④ 刘湘在南京期间，蒋介石与他有过数次会谈，其具体细节难为人知。但经过面谈后，蒋介石进一步确定了与刘湘合作的基本原则。11月30日，蒋介石在日记中记："四川方针决委刘以专责。"⑤

---

①　高素兰编注《蒋中正总统档案·事略稿本》（26），第404~405页。

②　周美华编注《蒋中正总统档案·事略稿本》（28），第62页。

③　周美华编注《蒋中正总统档案·事略稿本》（28），第54~55页。

④　周美华编注《蒋中正总统档案·事略稿本》（28），第454页。

⑤　《蒋介石日记》（手稿本），1934年11月30日。

为确保与刘湘的合作，蒋介石在中央军是否大举入川问题上态度谨慎。国民政府时期，地方实力派所掌控的省域对于包括中央军在内的客军进入其地盘向来敏感疑惧，四川亦不例外。1933年初，中央军胡宗南的第一师因"追剿"红四方面军而进入陕川交界，引起川陕各军"多怀疑惧"。① 1934年8月，罗经猷报告四川盛传中央将派军入川后刘湘之举动，"刘湘代表傅常、邱甲仓皇飞渝，集合该部要人密筹应付之策"。② 在刘湘统筹负责的"剿共"失败后，蒋介石认同四川"剿共""最后非赖中央加兵，恐不能安定"。但刘湘"迄无请援之表示"，"川军内部复杂，对于中央军之入川，不但意见分歧，各有怀抱，且恐一迎一拒之间彼辈反借此而引起川局本身问题之纠纷，而置剿匪于不顾"。③ 刘湘的南京请援为中央军入川提供了契机。在11月23日刘湘举行的记者招待会上，有记者问"此来曾否向中央请求派兵入川剿匪"，刘湘回复"此本系商洽剿匪计划中之一部分也"。④ 在江西"剿共"结束，尤其是刘湘亦有请援之表示的情境下，蒋介石方令中央军自川北与川东两地入川。⑤

中央军入川前后，国民政府亦筹组参谋团入川协助刘湘。参谋团是"国民政府军事委员会委员长行营参谋团"的简称。刘湘南京请援时，与蒋介石亦就参谋团入川达成谅解。1934年12月19日，南昌行营以贺国光、杨吉辉为正副主任，率领参谋团自南昌启程入川。该参谋团其他主要成员还有第一处处长刘倚仁、第二处处长王又庸、政训处处长康泽、总务处处长柏良、高级参谋李伯华等。⑥《入川参谋团组织大纲》的文本规定参谋团的具体任务是："（甲）运筹剿匪作战计划；（乙）指导剿匪各军军事行动；（丙）维系各军之间密切联络；（丁）督察各军对于剿匪之勤堕，审拟奖惩，澄清委员长核示遵行；（戊）考核各军之械弹与消耗情形，及剿匪军费之支

---

① 高明芳编注《蒋中正总统档案·事略稿本》（18），第77～78页。
② 高素兰编注《蒋中正总统档案·事略稿本》（27），第211～213页。
③ 高素兰编注《蒋中正总统档案·事略稿本》（27），第530～531页。
④《刘湘在京会商川政》，《国闻周报》第11卷第48期。
⑤ 中国第二历史档案馆编《国民党追堵红军长征档案史料选编（中央部分）》（上），第547页；高明芳编注《蒋中正总统档案·事略稿本》（27），第28～29、119～120页。
⑥ 韩信夫、姜克夫编《中华民国大事记》第3册，第738页。

用，查考经理卫生情报事宜；（己）搜集诸种情报，随时向委员长呈报；（庚）督促并指导与剿匪攸关之政治设施。"从文件表面规定看，参谋团入川的主要任务是指导协助四川"剿共"。在私下里，蒋介石突出其整合四川的职责，使四川军民分治，并"收管财政归中央"。①

成立新的四川省政府并继续赋予刘湘行政大权是国民政府扶助刘湘的重要措施。1934 年 12 月 21 日，国民政府下令免去刘文辉、邓锡侯、田颂尧、杨森等四川其他实力派的省政府委员职务，免去刘文辉省主席及兼民政厅厅长职务。任命刘湘、邓汉祥、刘航琛、甘绩镛、杨全宇、郭昌明、谢培筥为新四川省政府委员，刘湘兼任四川省政府主席，郭昌明任建设厅厅长，邓汉祥出任秘书长，杨全宇为教育厅厅长，刘航琛为财政厅厅长，等等。② 新的省府委员以及各厅长人选是刘湘与南京协商的结果。1935 年 2 月 10 日，新四川省政府正式成立，四川省政府刘湘发表治川感言，参谋团贺国光代表国民政府负责监督。与此同时，国民政府又以刘湘兼任四川省保安司令，四川省行政、军政初步实现了统一。刘湘踌躇满志，畅想未来，表示"今后要对桑梓有所贡献，完成理想的四川"。③

1935 年，蒋介石为经营四川，决定亲临四川。蒋介石在决定经营四川后，对其亲入四川时机反复权衡斟酌。1934 年 12 月 7 日，媒体报道蒋介石计划在国民党四届五中全会后入川督剿。④ 12 月 10 日，国民党四届五中全会开幕，14 日闭幕。实际上，蒋介石虽有入川之计划，但仍在斟酌入川时机。至 1935 年 2 月中旬仍称"川事处理与入川时间，应须审慎"。⑤
1935 年 2 月 19 日，蒋介石计划"二十日赴汉，廿四日赴湘，廿五日回汉，

---

① 《蒋中正总统文物档案·困勉记初稿》，1934 年 11 月 11 日，台北"国史馆"藏，典藏号：00206020000004005。

② 韩信夫、姜克夫编《中华民国大事记》第 3 册，第 738 页。

③ 邓汉祥：《四川省政府及重庆行营成立的经过》，《文史资料选辑》第 33 辑，文史资料出版社，1979，第 117 ~ 122 页。

④ 《重视川匪关心川局，蒋拟于五中全会后入川督剿》，《国民公报》1934 年 12 月 7 日，第 3 版。

⑤ 《蒋介石日记》（手稿本），1935 年 2 月 13 日。

廿八日飞川"。① 1935 年 2 月底，红一方面军经黔北北上四川受阻后，又转向南下，再下遵义城。蒋介石借遵义再失、"剿共"形势变化之际，放弃原本计划的湖南之行，开始入川。3 月 2 日，蒋介石从武汉飞抵重庆。在此后近半年的时间里，蒋介石坐镇西南，着力经营四川。蒋介石亲赴西南后，与刘湘之间有了更多的接触机会，蒋介石不失时机地在公开场合力挺刘湘。②

二　矛盾渐生，斡旋与安抚为主

随着四川中央化进程的逐渐推进，南京中央与刘湘之间的矛盾也在不断滋长。刘湘对中央化尤其是四川军队的整编充满疑忌，认为南京中央旨在"削其兵权，另以他人代之，意颇不怿"。③ 为此，刘湘采取种种措施以图反制。蒋介石办理峨眉军官训练团，调集川军团、营长以上将领集训，称此举使"四川基础乃由军官分校成立而定"。④ 刘湘针锋相对，"拟办高级官长班"。⑤ 蒋介石召集四川绅耆谈话，刘湘在事后予以扣留。⑥ 两广事变与西安事变中，刘湘态度暧昧。1937 年后，国民政府加快了统一四川的进程，刘湘对国民政府的行动更趋疑惧，反弹也更为强烈。形势最紧张之时，"真如千钧一发，只要任何一方，任何一人放出一枪，或者哪怕是走火，都会引起一场破坏性极大的战争"。⑦ 刘湘不断抵制国民政府在四川推进的中央化进程，南京方面又如何应对？ 以往多从蒋介石削弱异己、"整人"等层面解释。实际上，代表中央政权的蒋介石对于长期习惯于半独立状态的刘湘确有不满与反感，叹其"不知政治""不识大体"。⑧ 情势严重时，蒋介石甚至

---

① 高明芳编注《蒋中正总统档案·事略稿本》（29），第 480 页。
② 高素兰编注《蒋中正总统档案·事略稿本》（30），第 144～154 页。
③ 郭廷以访问纪录《贺国光先生访问纪录》，第 31～39 页。
④ 《蒋介石日记》（手稿本），1936 年 4 月 20 日。
⑤ 周秀环编注《蒋中正总统档案·事略稿本》（36），台北，"国史馆"，2008，第 409 页。
⑥ 周美华编注《蒋中正总统档案·事略稿本》（33），台北，"国史馆"，2008，第 492 页。
⑦ 王柔德：《国民党军委会别动队罪恶史》，《文史资料选辑》第 18 辑，文史资料出版社，1979，第 96 页。
⑧ 《蒋介石日记》（手稿本），1935 年 10 月 2 日、1936 年 4 月 16 日。

对刘湘"痛加面斥"。这种当面的直接交锋使蒋介石情绪一时之间难以平复，"近日心神渐不安宁，乃系对甫澄恼怒之故"。直至月终反省，蒋介石仍旧事重提，难以释怀，"对甫澄严诫面斥，以戒其虚伪不实，当时不免，自悔太过，或招不测之变"。①

除情绪宣泄外，蒋介石在相当长的时间里并未放弃扶持刘湘的基本方针。1935年5月30日，蒋介石在其日记中记："四川内容复杂，军心不固，后患可虑。当一本既定方针，扶助其中一人主持川局。"8月2日记："对川先立于指导与扶助地位。"9月22日记："对甫澄应开诚布公与之指导。"②在1935年11月的国民党第五次全国代表大会上，刘湘首次当选为国民党中央执行委员。1936年4月，蒋介石再次亲莅四川，在演讲中肯定四川的进步，肯定刘湘的贡献，"四川这一年的进步当然是四川政府当局自刘主席以下各位同志努力的成绩"。③1936年11月，在蒋介石的支持下，国民政府以刘湘兼任川康绥靖主任。针对刘湘的猜疑，蒋介石亦试图采取措施以释其疑，对南京中央进入四川的各种军政团体加以整顿约束，要求各部尤其是在重庆夔门、万县的裴昌会、郝梦龄各师，"对于军风纪与服装军容，应特别严格注重"，广大官兵"不得任意外出"，"非经行营参谋团许可，一律禁止应酬"。④在双方缺乏信任的情况下，军队的调动最易引起猜忌、引发事故，蒋介石特别强调凡军队调动必须经由刘湘"请求或先与商妥，以免其误会与疑虑"。⑤自南京中央势力进入四川后，流言四起，成为刘湘与南京中央关系迅速恶化的重要起因。参谋团主任贺国光回忆称，"参谋团入川后，非常意外地产生种种流言"，"情势天天演变恶化，误会难释"。⑥蒋介石深知流言对双方关系的杀伤力，告诫南京中央在川诸将"川中谣传不可轻信"。⑦

---

① 《蒋介石日记》（手稿本），1935年9月4日、9月6日、9月30日。
② 《蒋介石日记》（手稿本），1935年5月30日、8月2日、9月22日。
③ 周秀环编注《蒋中正总统档案·事略稿本》（36），第412页。
④ 高明芳编注《蒋中正总统档案·事略稿本》（29），第331~332页。
⑤ 王正华编注《蒋中正总统档案·事略稿本》（34），台北，"国史馆"，2008，第109页。
⑥ 郭廷以访问纪录《贺国光先生访问纪录》，第31~39页。
⑦ 高素兰编注《蒋中正总统档案·事略稿本》（39），台北，"国史馆"，2009，第39页。

国民政府对地方实力派的整合（1928～1937）

1937 年初，四川与南京中央矛盾凸显，双方关系进入 1935 年南京中央进入四川后最为严峻之时，舆论声称四川将有"殊不弱于陕西事件之发生"。[①] 中央军将领要求蒋介石趁机武力解决四川、剥夺刘湘军政大权，"以免将来有反噬之祸"。顾祝同致电蒋介石称，除对四川内部反刘军队积极联络外，"我中央各军于东南北三面形成包围态势，而人事又能区处攸宜，则刘湘虽欲负固反抗而解决亦较易矣"。在人事安排上建议以邓锡侯为四川省政府主席，唐式遵为四川绥靖主任、潘文华为副主任，杨森为川黔边区主任，刘文辉为西康绥靖主任。薛岳向蒋介石指责刘湘种种罪状：（1）1935年，荣金不守，放弃天芦，纵"匪"南窜，欲使中央军远离四川，而仍成割据之局；（2）1936 年，按兵不战，养"匪"自重，欲陷中央军于绝境，以遂其要挟中央，而达割据之目的；（3）刘湘持"匪"存则存、"匪"亡则亡之心，始终无积极"剿匪"之动作；（4）勾结伪国，欲借外力，以图最后之存在；（5）传刘湘密派刘神仙赴伪国工作，有任伪国情报部次长之说；（6）粤派邓演存在川，与刘湘密而联络；（7）据王又庸历次所谈，刘湘对四川军政之一切设施，均违背钧座之意旨；（8）刘湘处心积虑，事事与中央对立，做积极反抗中央之准备。薛岳认为若不急求解决四川问题，则刘湘必有非常动作，纵然不明叛南京中央，亦必事事阳奉阴违，而遗无穷后患，提出倒刘五个策略选项：（1）将刘湘政军权同时解除，以同时解除为最有利，且最易实行；（2）先解除刘湘之军权，次解政权；（3）先解除刘湘之政权，次解军权；（4）机密联络川军，一致动作；（5）密选接替刘湘之政军权人员，做迅雷不及掩耳之动作，一举而解决四川问题。孙元良在与王缵绪、孙震、邓锡侯等四川反刘湘将领联络后，建议倒刘应该四步走：第一步，由刘湘部师长范绍增、陈兰亭通电揭发刘湘反中央阴谋罪状，刘湘大部师旅长以下官长通电响应，王缵绪暗中主持并调度各军事，王有两个旅在成都，一个旅在潼关；第二步，由中央下令调换刘湘；第三步，孙震、邓锡侯可尽力支持，王缵绪以收拾刘湘残部，而川局已定；第四步，善后由中央

---

① 季啸风、沈友益主编《中华民国史料外编——前日本末次研究所情报资料（中文部分）》第 49 册，第 49 页。

派员主持。①

面对严重的四川形势，以及中央军将领认为四川已到非彻底解决不可的情境，作为最主要决策者的蒋介石又该如何选择？从大体上讲，蒋介石以斡旋、安抚作为应对之策。1937 年 3 月 31 日，国民政府实业部部长吴鼎昌奉命抵达成都，通过与四川省政府秘书长邓汉祥的私人关系，安抚刘湘。4 月 14 日，重庆行营代主任贺国光自重庆抵达成都，贺国光通过四川财政厅厅长、刘湘幕僚刘航琛向刘湘保证南京中央绝不会对其动手，请其千万不要疑神疑鬼。② 蒋介石又亲自出面，或与刘湘长谈，"一腔热诚，使其能知感也"，③ 或长信相劝，告知刘湘，双方的分歧其实仅在于整理川局的步骤不同，绝无削弱其权力之意。刘湘欲自行负责整理四川军事政治，整理完毕后，再将四川军政大权交还中央；而南京中央则认为以四川长期积习所在，以四川内部共信不力之环境，刘湘虽不避艰难，亦难以完成改造川局之工作，故应该由中央负责整理就绪，然后再将四川军政交给刘湘治理。希望刘湘能以国家民族大义为重，"岂可再游移因循不决，以为国家民族之障碍"。④ 不过，由于双方矛盾一时之间难以调和，调离刘湘也是当时蒋介石解决四川困局的选项之一，"川事目的在制刘，使其绝对服从，或去刘，使四川彻底统一"。"川刘有入京之意乎？"⑤

三 "对川只统制其经济而已"

早在 1931 年，刘湘幕僚刘航琛奉命赴南京请援，为了打动蒋介石，提出国民政府统一四川有两种策略，一是武力统一，使用大量军械子弹；二是财力统一，使用大量金钱。刘航琛本是为刘湘寻求财政支持而来，自然希望

---

① 《顾祝同、薛岳、孙元良等报告蒋中正反刘湘之军事部署及其罪状》（1937 年 3 月 15 日），《蒋中正总统文物档案·川康滇政情》，台北"国史馆"藏，典藏号：002 - 080101 - 00038 - 007。

② 刘航琛：《戎幕半生》，沈云龙主编《近代中国史料丛刊续编》第 49 辑，台北，文海出版社，1974，第 187 页。

③ 《蒋介石日记》（手稿本），1937 年 5 月 21 日。

④ 《1937 年蒋介石致刘湘函稿一件》，《档案与史学》1996 年第 2 期。

⑤ 《蒋介石日记》（手稿本），1937 年 5 月 16 日。

蒋介石在四川使用大量金钱。[①] 1934 年秋，四川"剿共"失败，社会各界纷纷呼吁南京中央整理川局。四川与南京中央的关系进入新的关头。南京中央是否进入四川，如何统一四川？长期游走于四川军政界的胡恭认为此时正是南京中央对川局"拨乱反正惟一机会"，向蒋介石提出治川建议，强调经济手段之重要。"四川一切问题，核心在经济。若非对症下药据其枢纽，则剿匪问题不易结束，而剿匪结束之日，仍为当年割据之旧观，可断言也。""川中军费，每年核算达至七千万之巨。剿匪期间，其中征收为数可想而知。至今日各军犹感收支差距，已入僵局。其中情形，本非简单。某某（指刘湘）之所以一改面目，东向请命，主因不外乎此。剿匪等之所以沉寂无声，难求寸进，亦不外乎此。单揣其实况，某某之据川自私，某某等之裂土苟全思想仍未稍变其初衷也。""综上观察，川将领所希冀者在事权，所困难者在经济，而经济问题实为其生命之所在。"南京中央则应因势利导，循序渐进，"彼所希冀者，在事权，则予之以事权。彼所困难在经济，则掌握其经济。其生命线既归掌握，则所谓事权者无待再谋而自归掌握。统一川局安定西南，将事倍功半之往迹一变为事半功倍之实效"。[②]

刘航琛与胡恭的治川策略动机或有不同，具体内容亦有差异，但诉诸经济手段统一四川的思路不谋而合。刘航琛与胡恭皆长期处于四川政坛，熟悉四川内情，其建议对南京中央以及蒋介石不会没有影响。从这一时期蒋介石关于统一四川的思考中不难发现这种影响的痕迹。1934 年 11 月 20 日，蒋在日记中记："对川收回财政而不收回军政。"此种思路正与胡恭所谓给予地方实力派以事权，掌握其作为生命线的经济主张相似。1935 年 1 月 31 日记："对川只统制其经济而已。"2 月 23 日记："入川后对川对黔之总计划应速决定，并有预备，不致徒劳往返，而以川黔财政之统计与其收支数目为整理入手之基。"蒋介石亲入四川后，对刘湘日渐不满，但仍强调经济手段统一四川的基本方针，"四川内容复杂，军心不固，后患可虑。当一本既定方

---

① 沈云龙、张朋园、刘凤翰访问纪录《刘航琛先生访问纪录》，第 37 页。

② 《胡恭函陈蒋中正条陈川局善后意见》（1934 年 10 月 31 日），《蒋中正总统文物档案·一般资料》，台北"国史馆"藏，典藏号：00208020000190083。

针，扶助其中一人主持川局。而中央除整理金融统一币制，筹备其经济实业之发展以外，对于军事不宜植势，以示大公"。①

国民政府以经济手段作为统一四川的基础，但中央财政并不宽裕。方勇的研究显示，南京中央在整理四川财政的过程中，主持财政部的孔祥熙与蒋介石之间在具体政策上出现较大的分歧。孔祥熙从南京中央实际财力出发，希望四川体念国家之艰难、市况之凋敝，接受财政部所拟四川善后公债办法。蒋介石从"救川救国"的全局出发，迫使孔祥熙及其财政部接受更符合四川利益的财政整理方案。② 但蒋介石对南京财力之困窘亦十分知情，故设想过诸多方法使四川军需自给。军区屯垦制就是其中一个方案。蒋介石试图在川边各区未垦或"匪区"之荒田划分区域，安置各军，计兵授田。具体操作上每一年指划一边区，使指定军队屯垦与开辟地方。在开始阶段的两年由省政府筹备器具与衣食住行等经费，并为之配偶，第三年起不再给饷。蒋介石视推行军区屯垦是四川"最急之根本政策"，但因种种主客观因素制约，并未实施。③

在蒋介石亲自主持下，国民政府经济上的统一川政取得了一些成就，主要有两个方面。第一，整理财政。国民政府通过取缔地方发行钞券与推动中央收销地钞等，将四川币制纳入中央货币体系的框架，这在地方实力派掌控的省域是最早的。同时，发行四川善后公债，"为促进中央与四川的经济整合奠定了必不可少的经济基础"。④ 第二，建设交通。四川与外省交通阻隔是影响国民政府治川的重要因素。1933 年初，中央军胡宗南军进入陕南后，意欲入川"追剿"红四方面军，但交通不便，输送无法，成为其未敢贸然入川的重要因素。⑤ 故交通建设是国民政府经营四川的重要抓手。在中央军进入四川之前，国民政府以四川交通建设作为入川的先期准备工作。1934

---

① 《蒋介石日记》（手稿本），1934 年 11 月 20 日、1935 年 1 月 31 日、1935 年 2 月 23 日、1935 年 5 月 31 日。

② 方勇：《蒋介石与四川财政之整理》，《西南大学学报》（社会科学版）2012 年第 2 期。

③ 周美华编注《蒋中正总统档案·事略稿本》（32），台北，"国史馆"，2008，第 178～179 页。

④ 方勇：《蒋介石与战时经济之研究（1931～1945）》，博士学位论文，南京大学，2009。

⑤ 高明芳编注《蒋中正总统档案·事略稿本》（18），第 77～78 页。

年底，中央军郝梦龄、裴昌会等部以修筑川黔公路的名义进驻川黔边界。在四川与邻省的交通建设中，蒋介石尤其重视川黔公路的建设，视之为"第一中心事业"，督促保障其经费。[①] 为推进四川的交通建设，蒋介石要求宋子文统筹四川交通建设之人才与经费，"对于四川修筑公路办法，其人才与经费能设法若干，如能有六百万元现款，则一年内四川同各邻省公路完全可成"。[②] 1935 年底，川黔公路正式通车，但通往其他省的公路进展缓慢。[③]

四 整编川军

对派系林立的川军进行整编，并将其纳入国民政府军事委员会的实质性掌控之下，是实现四川统一的关键。国民政府主要从四个方面着手。

其一，统一军需，掌握经济。胡恭建议国民政府治川的第一步就是统一军需，掌握经济。具体做法是借助中央拨款补助"剿共"经费之机，成立"四川剿匪经费统筹处"，渐次集中支配权，贯彻各军，完成统筹，掌握财权系统，实现统一军需政策、统一决算之任务。[④] 国民政府在统一四川军政过程中，贯彻了这一原则。1935 年初成立的四川善后督办公署（后改为川康绥靖公署）的重要任务就是统筹川军各部队军费粮饷，刘湘为督办公署主任。2 月 27 日，刘湘电令川军各部，规定每月所需经费由督办公署统筹，要求各部将官兵姓名并月支经费数字列表具报督办公署，自 3 月 1 日起按月核发。随后，督办公署正式公布核定后的各军经费数字。[⑤]

其二，统一军政军令。蒋介石入川不久，迅即电令川黔各军，归其统一指挥。[⑥] 随后，蒋介石又规定川军凡团长以上将领，均应呈报中央军事委员

---

① 高明芳编注《蒋中正总统档案·事略稿本》（29），第 266 页；蔡盛琦编注《蒋中正总统档案·事略稿本》（35），台北，"国史馆"，2008，第 66～67 页。
② 高素兰编注《蒋中正总统档案·事略稿本》（30），第 70 页。
③ 〔美〕罗伯特·A. 柯白：《四川军阀与国民政府》，第 138 页。
④ 《胡恭函陈蒋中正条陈川局善后意见》（1934 年 10 月 31 日），《蒋中正总统文物档案·一般资料》，台北"国史馆"藏，典藏号：00208020000190083。
⑤ 匡珊吉、杨光彦主编《四川军阀史》，四川人民出版社，1991，第 455 页。
⑥ 《蒋中正电示蒋伯诚驻黔各军应归统一指挥等事》（1935 年 3 月 6 日），《蒋中正总统文物档案·筹笔》，台北"国史馆"藏，典藏号：00201020000129061。

会委任。在实施这一规定的动员中，蒋介石注重强调此举给四川实力派的利益。统一军政军令能够使高级将领避免部下背叛，能够安心工作。其逻辑是以往川军之所以随便叛离、纪纲荡然，就在于四川实力派视军队为私产，视纪纲于不顾，不经中央军事委员会的正当手续擅自委任。如果贯彻团长以上将领呈报中央委任之规定，对随便叛离之将领，就可以由中央照叛变罪严厉处罚。① 这一逻辑反映出蒋介石在统一四川军政过程中，力图把自己扮成地方实力派利益的维护者而非剥夺者、对立者。其最终效果如何另当别论，但此举表明蒋介石注重策略技巧的运用，而非一味用强。

其三，限制军人权力，严禁军人干政。1935 年 3 月 16 日，国民政府颁令川军各部"指示改革川政初步办法"，严禁军人干政的五种情形：禁止以武力干涉行政诉讼；禁止现任官佐兼任县局；禁止地方团队人员由驻军指派；禁止军政长官与民争利；禁止征收员丁需索。② 6 月 3 日，蒋介石出席四川省党部扩大纪念周，要求四川军人非经中央许可不得兼任文职，"第一就是要武人不要兼任文职，除非必要时有中央的命令可以兼文职"，"从今以后希望兼文职的军人，要觉悟、自动辞去所兼的文职！"③

其四，整肃军纪。蒋介石亲临四川后的整肃军纪，论者提及较多的是田颂尧的惩处撤职。田颂尧时任国民革命军第二十九军军长，是四川有代表性的实力派将领。1935 年 3 月 28 日，红四方面军自第二十九军防地西渡嘉陵江，田颂尧的第二十九军先"防守不严"，复"作战不力"，"苍溪、阆中、南部亦竞相撤退"，"玩忽命令，贻害地方，断难再事宽容"，蒋介石下令对田颂尧"着即撤职查办"，"其副军长孙震辅助不力，记大过一次，着令孙震暂率二十九军戴罪图功"。④ 此后，田颂尧出任国民政府军事参议院上将参议虚职，寓居成都，逐渐淡出四川军政界。实际上，红军进入西南后，在崇山峻岭之中行踪飘忽不定。"追剿"之军无论是外来的中央军还是川黔军

① 蒋介石：《整军应先革心》，秦孝仪主编《先总统蒋公思想言论总集》卷 13，第 257 页。
② 《蒋委员长剔除军人恶习》（社论），《川报》（2）1935 年 7 月 13 日，转引自黄天华《蒋介石与川政统一》，《四川师范大学学报》（社会科学版）2010 年第 5 期。
③ 蒋介石：《整军应先革心》，秦孝仪主编《先总统蒋公思想言论总集》卷 13，第 256 页。
④ 高素兰编注《蒋中正总统档案·事略稿本》（30），第 306～307 页。

队，都难准确捕捉红军之动向，导致红军突破防线之事并非显见。以田颂尧为例，早在1933年6月，时任"川北剿匪督办"的田颂尧即"剿共"不力，使得红四方面军突破其防线，但并未见南京中央有任何种惩处。此番蒋介石在亲入四川不久，即以"剿共"军事防守不严、作战不力为由予以撤职查办，似有杀鸡儆猴之意。6月20日，蒋介石针对川中将领，就"剿共"军事行动制定具体赏罚标准，其惩处者有：第一，不能遵守时限达成其任务者；第二，不遵筑碉守则与延误时期者；第三，不奉命令任意放弃阵地者。以上三条凡触犯其一，即以"纵共"违令论罪。且必先处罚各路军最高长官，而后按连坐法施其所部。其奖赏抚恤者有：第一，各部之官兵为"剿共"而死伤者，一律照江西"剿共"抚恤之例，施行抚恤；第二，各部之械弹为"剿共"而损失者，当如数由行营补充发给；第三，"追剿"得胜斩获有据者，当照所颁各令奖赏。① 戒绝贪污、严禁勒索是蒋介石整肃军纪的重要内容。但从其所强调的内容看，主要停留于呼吁告诫，强调高级将领包括其自身的榜样作用，缺乏有效实施的监督措施。蒋介石称："我们很希望四川各军政领袖一定要以最大的决心来戒绝贪污的毛病。第一步先我们自己不贪污；第二步再监督所有的部属不许贪污。"为确保川军中整肃军纪的效果，蒋介石注重包括中央军在内的在川中央各种人员的纪律与形象，对军风纪、服装军容、行军秩序等皆有明确要求，甚至规定如无事故以及行营参谋团许可，官兵不得任意外出，不得擅自应酬。②

其五，整军缩编。军队是地方实力派赖以生存的实力基础，国民政府初期谋求的对地方实力派军队的裁军编遣以失败告终。随着1935年"追剿"红军成功介入四川，对四川实力派的军队进行整军缩编成为国民政府经营四川的重要内容。6月5日，蒋介石在成都召集川军将领，为整军缩编动员。其内容主要有以下几个方面。一是整军缩编的重要性。整军缩编关乎川军将领的荣辱、"剿共"的成败、四川的安危乃至整个国家民族的兴亡。二是整军缩编的必要性。军队战斗力的增强与充实其关键重质不重量，"改良素质

---

① 蒋介石：《整军应先革心》，秦孝仪主编《先总统蒋公思想言论总集》卷13，第256页。
② 高明芳编注《蒋中正总统档案·事略稿本》（29），第331～332页。

才是增加战斗力惟一有效的办法"。蒋介石深知空洞的说教并不足以说服四川实力派主动接受整军裁编，因此，其话语中略带威胁甚至无赖。蒋介石称，军队数多而无益，数多而为祸，军队数多饷绌，士兵不仅月饷全无甚至许多士兵一饱而不可得，必将导致兵变。"这种情形，过去或许还不十分严重。现在有中央调来的军队同在一块儿作战，他们每个士兵每月都可得到七块钱的饷，彼此相形见绌。试问大家有什么办法可以安你一般兵心？但是这件事并不能怪中央，不能说中央对四川的军队歧视，因为四川的军队既不是奉准中央的命令而编练的，也没有经过中央的点验核准。如果经过中央的点验和承认，当然每个兵按月可以照中央军队一样的发饷。所以这件事只有你们一般高级将领自己想办法自动的裁减，才可以得到解决！"① 蒋介石作为国民政府的中枢领袖，对待地方，此类威胁无赖之言辞或许有失身份，但也恰恰体现了其对待地方实力派的实用主义一面。在蒋介石晓以利害、软硬兼施之下，四川整军缩编逐渐施行。至 1935 年 10 月 20 日，川军第一期整编基本结束。蒋介石将川军第一期整军缩编与峨眉军官训练团的兴办视为"最大之成绩"。从蒋介石的反应来看，国民政府第一期整军缩编作为阶段性成果还是较有收获，但并未实现真正的控制。1937 年初，国民政府开始了川军第二期整编，与刘湘之间围绕川军的控制权展开了新的斗争，双方之间的矛盾日趋尖锐。南京与刘湘之间经过反复的磋商博弈，最终在 1937 年6 月达成川军整编的协议。不久日本制造卢沟桥事变，发起全面侵华战争，国民政府统一四川的进程被打断。

其六，注重从细节入手改变川军的观念与行为。蒋介石亲临四川后，力图从观念以及具体行为层面整合川军。蒋介石针对川军行为中的"小事""细节"有专门的指示，如军政长官乘坐汽车，常以卫士带枪立于车旁；军警或卫队既带枪又带刀，刀柄上又绘以红绿花纹，束以绢条；等等。蒋介石认为此类行为实为"野蛮落伍之恶习"，"现代文明社会所未有"，应严格取缔之。②

---

① 蒋介石：《剿匪与整军之要道》，秦孝仪主编《先总统蒋公思想言论总集》卷 13，第 225 页。
② 高素兰编注《蒋中正总统档案·事略稿本》（30），第 152 ~ 153 页。

五　国民政府整合四川的几点思考

综观国民政府及蒋介石在红军西撤背景下对四川的整合，可以得到几点初步认识。

第一，国民政府及蒋介石经营四川，以往强调较多的是蒋介石借机建构独裁、削弱异己、服务"剿共"，也就是"安内"的一面，对其"攘外"之意图与准备较为忽视。这种"攘外"的考量实际上不仅仅体现在建设西南大后方这一近年颇受关注的方面，也体现其经营四川过程中采取稳妥渐进的策略，尽力避免实质性的大规模冲突。对中央军进入四川的谨慎、以实力派头面人物刘湘作为经营四川的重心、整合过程中注重经济的手段等都是这一策略的具体反映。

第二，就对刘湘的态度而言，以往解释所强调的蒋介石在整合地方实力派过程中"整人"与削弱异己似不明显。在南京中央进入四川之前，刘湘就是蒋介石支持合作的对象。在南京中央进入四川后，蒋介石采取与刘湘继续合作的方针，保障并扩大刘湘的军政地位。即使面对刘湘的猜忌、疑惧甚至是杯葛，蒋介石虽流露过不满，甚至出现当面痛斥之激烈行为，但并未放弃扶持刘湘的基本政策，并不断地约束手下，以减少误会。当刘湘在两广事变与西安事变中均出现不利于南京中央之行动后，刘湘集团与南京在川势力处于紧张对抗之际，调离刘湘始成为蒋介石的治川选项之一。

第三，在国民政府经营四川过程中，不论蒋介石如何强调四川对于国家统一、民族复兴的重要性，如何强调公正无私，如何强调并无削弱刘湘权力之意，在双方的接触过程中，蒋介石及其中央在川势力始终未得到刘湘的真正信任。1937年川康整军，国民政府经营四川已达两年之久，蒋介石尚在恳请刘湘信赖中央，"如兄果能信赖中央，树之表率，则中央命令在川省必可贯彻到底"。[①] 究其原因，从蒋介石层面分析，或与其统治方式的种种局限有关。其一，南京中央驻川势力的种种行为成为刘湘心防难消的重要因素。参谋团以及中央军进入四川后，虽一方面需要借重刘湘，与其合作，但

---

① 《1937年蒋介石致刘湘函稿一件》，《档案与史学》1996年第2期。

另一方面自居中央，根本看不上刘湘，所谓刘湘"封建小阀，猜疑成性，胆小如鼠"。① 其极端者甚至采取激进行为，"致引刘部误会，态势顿行紧张"。如中央军校成都分校主任李明灏派人在分校附近构筑工事、建筑炮台，一再请求重庆行营发放步枪，为作战准备。② 蒋介石支持刘湘，与其合作，但并未出实用主义范畴，亦并未对刘湘认同。为了确保与刘湘的合作，蒋介石虽时常对驻川人员进行一定的约束，要求谨言慎行，但其实在私下里也对这些驻川人员表达对刘湘的不满与反感，视之为国家统一、民族复兴的障碍。1938 年 1 月 20 日，刘湘病故。蒋介石获悉后，称从此"四川可以统一，抗战基础定矣，未始非国家之福"。1938 年年终总结中，蒋介石将"鲁韩受诛""川刘病毙"并提。③ 韩复榘长期为山东省主席，刘湘为四川省主席，二人均是国民政府时期典型的地方实力派，但二人之死性质迥异。韩复榘主要是因为不遵命令、擅自离开山东战场而遭处决，是违反法纪之行为，因罪而诛。刘湘则是因病去世。蒋介石却将二人并提，厌恶之意溢于言表。蒋介石虽非激进行为的直接命令者，但其对刘湘的种种负面情绪很难不影响南京驻川人员的行为，甚至成为矛盾激化的重要来源，刘湘也很难不视之为蒋介石的授意。④ 其二，身为国民政府的中枢领袖，蒋介石虽强调大公，亦不乏国家观念与全局意识，但许多方面又与其需要统一的对象一样，具有强烈的以人身关系为基础的派系（团体）意识，嫡系、非嫡系概念十分清楚。蒋介石以传统的纲常伦理、利益恩惠等有意培植、重用嫡系，对以陈诚为代表的黄埔嫡系的态度是其中典型。⑤ 此种统治的理念与行为使其与地方实力派的关系具有双重性，一方面具有中央与地方关系的性质，另一方面又带有

---

① 《顾祝同、薛岳、孙元良等报告蒋中正反刘湘之军事部署及其罪状》（1937 年 3 月 15 日），《蒋中正总统文物档案·川康滇政情》，台北"国史馆"，典藏号：002 - 080101 - 00038 - 007。

② 周开庆编著《刘湘先生年谱》，第 194 ~ 195 页。

③ 《蒋介石日记》（手稿本），1938 年 1 月 20 日、12 月 31 日。

④ 1937 年，贺国光向刘湘转告蒋介石整顿中央驻川人员纪律电文，刘湘虽表示"足证彼辈行为，并非中央授意，全系私人妄动"，当即将电文分知其所属文武官佐（周开庆编著《刘湘先生年谱》，第 195 页），但此电恰恰表明长期以来刘湘认为彼辈行为即中央授意。

⑤ 参见肖如平《蒋介石对黄埔嫡系陈诚的培植》，《近代史研究》2013 年第 2 期。

派系竞逐的性质。这种理念与行为也很难不影响包括刘湘在内的地方实力派的态度。其三，蒋介石统治从本质上讲是一种从传统向现代转型时期的军事强人体制，虽有国家法律、政党制度等现代社会常见的政治运作之外观，但制度、法律很大程度上只是贯彻军事强人个人意志的工具。在军事强人体制下，个体命运几乎操纵于军事强人而不是制度法律。对于习惯通过掌握枪杆子来掌握自身命运的地方实力派而言，岂能放心将枪杆子交给对手？

第八章　蒋介石与何成濬的亲疏之变

何成濬是民国时期的纵横家和杂牌军领袖。拥护蒋介石是何成濬留给世人之主要印象，甚至成为其显著标签。反蒋时论讽刺其为"蒋介石的第一等走狗""天字第一号的蒋中正的走狗"。[①] 后世论者多以拥蒋、助蒋论述何成濬，并以西安事变为界划分其与蒋介石之亲疏变化。原藏于美国哈佛大学燕京图书馆、由陈红民教授辑注的《胡汉民未刊往来函电稿》反映出何成濬政治选择的双重性：在公开拥蒋、助蒋之同时，也有反蒋可能，且私下与公开举起反蒋旗帜的两广有过某种接触。关于蒋介石对何成濬态度的变化，论者主要从道义层面强调蒋介石的"始宠终弃"，缺乏从政治转型角度的分析。对蒋介石与何成濬亲疏之变的勾勒与解释，有助于深化对民国政治生态、国民政府整合地方实力派的多样性与复杂性的认识。

第一节　蒋介石的"不叛之臣"

何成濬（1882~1961），字雪竹，湖北随州人。中华民国陆军二级上将。先后出任湖北省政府主席、湖北省绥靖主任、军事委员会军法执法总监、湖北省参议会议长等职。何成濬早年追随黄兴、孙中山等人从事反清反袁革命活动。因善于联络沟通而被孙中山倚重。1917 年，孙中山前往广州召集国会，组织护法军政府，赋予何成濬负责联络各省军队之责，嘱托其注意控长江上下游、关天下安危之湖北省。当是时，湖北革命武力硕果仅存者，为驻荆州沙市一带之石星川师。何成濬即前往沙市，"力加策动，独立

---

① 《何成濬的政绩！》，《民众三日刊》第 1 卷第 44~45 期，1932 年；《何成濬之去后想》，《南针》第 1 卷第 6 期，1932 年。

之旗遂以树立"。1920 年，何成濬以孙中山代表名义驻长沙，与时任湖南省督军谭延闿接洽，并兼负联络四川、湖北两省责任。1922 年又奉命前往云南游说地方实力派唐继尧。①

何成濬与蒋介石的直接关系开始于孙中山时代，二人曾在许崇智的粤军共事，参加过援闽工作。② 孙中山去世后，在国民党内的竞逐中，蒋介石逐渐崛起。1926 年北伐军兴，蒋介石出任国民革命军总司令，以何成濬为总司令部之总参议，二人成为直接的上下级。北伐时期，何成濬在阎锡山加入北伐、张学良易帜、徐源泉收编等事件上均发挥了重要作用，是帮助国民政府联络地方实力派的主要人物，经其收编、拉拢的地方实力派较多。

1926 年，国民政府北伐成功，形式上统一中国。然其内部以拥蒋与反蒋为主要内容的派系之争不断。在此时的政坛，尤其是在反蒋派看来，何成濬是坚定的拥蒋、助蒋者。1929 年，蒋冯大战前夕，冯玉祥对各种军政力量的政治选择有如下分析：

> 李任潮因调停大局，为蒋监禁，此后孰敢入京。蒋之此举，无异自杀。蒋联张汉卿以为己助，又安知张不联他人以攻之耶。唐孟潇，蒋之劲敌也，高视阔步，志不在小，小则据有二湖，大则取之以代，顾蒋欲利用之，以济大事，岂不等于梦想。至朱培德、缪培南等，则汪氏之心腹也。刘峙、顾祝同等，则何应钦之旧部也。云、贵、四川诸省，则与蒋素无关系者也。是蒋氏现之所恃者，仅陈果夫、刘纪文、何成濬辈耳，何足道哉。③

李任潮指李济深，张汉卿指张学良，唐孟潇指唐生智，汪氏指汪精卫。冯玉祥立论重点在于蒋介石力量有限，拥蒋阵营派系复杂，反蒋大有可为，同时用对比方式衬托出何成濬之拥蒋。在冯玉祥看来，何成濬拥蒋甚至在刘

---

① 《何成濬将军八十自述》，《随州文史资料》第 2 辑，第 8～11 页。

② 胡实：《"和平将军"何成浚先生》，《湖北文史资料》第 25 辑，1988，第 20 页。

③ 冯玉祥：《冯玉祥日记》第 2 册，第 611 页。

峙、顾祝同等黄埔嫡系之上。当时冯玉祥正积极反蒋，需要知己知彼，其所言虽未必全为事实，但其分析至少是严肃而认真的。

1933 年，《民间周报》详细描述了何成濬的拥蒋史。其文称：

何成濬是何等样人？很值得介绍。他原是北洋军阀的余孽，小有才干，善于观风望势。北伐成功后，北洋军阀倒台，便投降老蒋摇身一变，成为蒋氏不叛之臣，与何应钦称为蒋的左右二膀。倘若有军事发生，老蒋又须坐镇后方，前方的军事，就交与二何打理。①

何成濬早年即加入同盟会，追随黄兴、孙中山等人从事革命活动，是国民党内有着悠久历史的元老级成员。1932 年后的反蒋精神领袖胡汉民亦肯定何成濬"致力革命数十年，均于本党有深长历史"。②《民间周报》称何成濬为"北洋军阀的余孽"，显然是基于立场的讽刺，难言客观。但称其是蒋介石的"不叛之臣"，则有大量事实为证。

根据国民政府时期政治局势的演进，何成濬的助蒋、拥蒋大约可以划分为两个阶段。

第一阶段，1928～1931 年。国民党建立了全国性政权，蒋介石以军事统帅而成为政权中枢。但其合法性受到国民党内反对派之质疑，反蒋与拥蒋之争此伏彼起，成为国内斗争的焦点。在中央军不及冯玉祥等反蒋势力的情势下，何成濬长袖善舞，说动天下，联络统领各路杂牌军拥蒋、助蒋，是蒋介石赢得派系之争的重要因素。

1929 年，北方实力派因对蒋介石主导下的编遣裁军不满，暗中联络，密谋反蒋。何成濬奉命北上组建国民政府驻北平办事处，成立陆海空军北平行营，折冲樽俎于西北军系、东北军系、晋绥系和其他杂牌部队之间，争取他们拥护蒋介石。③ 3 月，蒋桂战争爆发。何成濬担任"讨逆军"第五路军

---

① 《何成濬到四川去做什？》，《民间周报》第 31 期，1933 年。
② 陈红民辑注《胡汉民未刊往来函电稿》第 3 册，第 595～596 页。
③ 胡实：《"和平将军"何成濬先生》，《湖北文史资料》第 25 辑，第 21 页。

第九军军长，并与第五路军将领联名通电反桂拥蒋。5 月 11 日，何成濬在北平招待报界，为蒋介石对桂系用兵辩护，声称讨伐桂系"是万不得已办法"，"近纵有军队违反编遣会议决案，中央亦处以宽大，决不临之以兵，期以政治手段使之解决"。"代表中央声明对任何方面决不致变更和平，各集团军非奉中央命令，不得自行调动。"①

蒋桂战争结束，蒋介石与冯玉祥之间矛盾趋向尖锐。蒋介石通过国民党中央开除冯玉祥党政职务，并开展反冯宣传攻势，称冯氏"自绝于革命""自毁其历史"，"叛迹昭著"。② 何成濬迅速响应，先是同第五路军将领唐生智、李品仙等联名通电，"数冯十罪"，旋即单独发表《告第五路军第九军将士书》，"请一致讨伐"。③ 1929 年 10 月，蒋冯战争正式开始。第五路军第九军徐源泉师、王金钰师是讨冯主力。蒋介石则通过何成濬驾驭、统率这些杂牌军。④

1930 年初，阎锡山与蒋介石矛盾激化。阎锡山积极联络西北军系、桂系等实力派，结成反蒋联盟，共同讨蒋。时任武汉行营主任兼湖北省政府主席的何成濬致电阎锡山，劝其不要"立异鸣高，以退为进"。⑤ 5 月中旬，中原大战正式爆发。蒋介石之嫡系部队集结于津浦线北段和陇海线东段，应对阎锡山与冯玉祥的主力。何成濬的第三军团，包括杨虎城的第十七师、萧之楚的第四十四师、王金钰的第四十七师、徐源泉的四十八师、郝梦龄的第五十四师、刘茂恩的第六十六师，集结于平汉线，阻止冯玉祥部南下进攻武汉。由于何成濬的统筹联络，第三军团坚守平汉线。蒋介石之嫡系部队，除了第十一师一度加入平汉线右翼作战外，没有其他部队到过这一战场。⑥

1931 年 2 月 28 日，蒋介石因约法问题，软禁国民党元老胡汉民，再度引发国民党内强大的反蒋政潮。4 月 30 日，与胡汉民同属粤籍的邓泽如、

---

① 韩信夫、姜克夫编《中华民国大事记》第 2 册，995 页。
② 吴淑凤编注《蒋中正总统档案·事略稿本》（5），台北，"国史馆"，2003，第 573 页。
③ 韩信夫、姜克夫编《中华民国大事记》第 2 册，第 1003～1004 页。
④ 吴淑凤编注《蒋中正总统档案·事略稿本》（7），第 112 页。
⑤ 韩信夫、姜克夫编《中华民国大事记》第 3 册，第 21 页。
⑥ 米暂沉：《"讨逆战役"中的何成浚与杂牌军队》，《文史资料选辑》第 16 辑，中华书局，1981，第 154 页。

林森、古应芬、萧佛成等人以国民党中央监察委员名义通电弹劾蒋介石，列举其六大罪状，揭开了粤方反蒋的序幕。何成濬声称"于蒋总司令初不阿好，于邓古（即邓泽如、古应芬）亦无夙嫌"，自认立场公正，实则拥蒋反粤。何成濬指责邓泽如、古应芬等人"信口雌黄""包藏祸心""丧心病狂"，而蒋介石"耐劳忍辱，戡乱经邦，宏济艰难，懋著勋勋"，"举国同深依赖，谁忍加以疑谤？"① 6 月 2 日，何成濬又与黄埔嫡系将领何应钦、刘峙联名通电，指责参与广东反蒋政府的孙科"不忠不孝，不敬不仁"，劝其"及早回头，放下屠刀，立地成佛"。② 12 月底，在粤方的强大压力下，蒋介石不得不辞职下野，以退为进，孙科成立"看守内阁"。何成濬发起九省联防会议相对抗，"在这时候，他不特不受政府的指挥，而且一中全会的所有决议案，他都不肯遵守，他所服从的，只有蒋中正一人"。③

　　第二阶段，1932～1936 年。1932 年蒋介石下野复职后，面对日趋严重的民族危机，以"攘外必先安内"作为总体应对方略，遭到中共和国民党内爱国民主人士的强烈反对。支持还是反对"攘外必先安内"突出地成为国内斗争的重心。何成濬是这一政策公开的支持者与践行者。他长期出任湖北省绥靖主任，主持湖北省的"剿共"。1933 年底，李济深、陈铭枢等人发动反蒋抗日的福建事变。何成濬与南京中央及蒋介石保持一致，严斥李济深、陈铭枢等人"称乱福州""叛乱党国"。④ 言及西安事变期间何成濬之表现，论者多津津乐道于其拒赴西安，并视之为何成濬与蒋介石亲疏之变。实际上，何成濬曾致电张学良严加诘责，责令张学良保护蒋介石的安全，送回南京，以免自取灭亡，所持仍然是一以贯之的拥蒋立场。⑤ 拒赴西安冒险与拥蒋并不矛盾。察言观行，助蒋、拥蒋是何成濬最主要的政治选择。然而，在这种公开选择的背后，何成濬是否还有其他选项？

① 《何成濬等驳斥邓泽如等电》，《中央周刊》第 155 期，1931 年，第 22 页。
② 韩信夫、姜克夫编《中华民国大事记》第 3 册，第 196 页。
③ 《何成濬的政绩！》，《民众三日刊》第 1 卷第 44～45 期，1932 年，第 3 页。
④ 《何成濬等将领通电》，《华侨半月刊》第 37 期，1933 年。
⑤ 华觉明：《我对何成濬的回顾》，《湖北文史资料》第 25 辑，第 11 页。

第二节　蒋介石对何成濬态度的变化

无论是对民国政治持理解同情还是批判态度，学界都认识到私人关系在这一时期的政治生活中发挥着重要作用。肖自力的一项实证研究反映出长期拥护蒋介石的第十九路军正是因为私人关系的先天缺失而走上反蒋之路。[①]实际上，虽然何成濬号称蒋介石的"不叛之臣"，但其与蒋介石的结合同样存在类似之先天不足，成为影响其政治抉择的内在变数。

比较明显的是，何成濬与蒋介石的结合没有地缘、血缘等传统私人关系因素的作用。有回忆录在叙述何成濬与蒋介石的交往史时，称二人均是日本留学士官生，"当然原是认识的"。[②]何成濬于1904年赴日留学，进入东京振武学堂。1907年考入日本陆军士官学校第五期步兵科，1909年回国。蒋介石1908年入东京振武学堂。二人留日期间"当然原是认识"更可能是一种推测。据何成濬自述，二人的直接交往始于援闽粤军时期。[③]何成濬自述成于1962年，其时台湾仍在蒋介石威权统治下，与其早期交往史本应是炫耀之资本，但何成濬并未提及留日时代的交往。何成濬的自述应更为准确。因此，何成濬与蒋介石的相识无关学缘。实际上，相关学者在研究时亦未把何成濬划入蒋介石血缘、地缘、学缘的范畴。[④]北伐时期唐生智判断何成濬属于蒋系主要是基于何成濬之职务为蒋介石所任命，所以"不能与之合作"。[⑤]

春秋战国时期秦国请其他诸侯国的人来秦做官，其位为卿，以客礼待之，称为客卿。由于私人关系的欠缺，何成濬虽然地位显要、看似风光，与蒋介石的关系却是密而不亲。尤其与黄埔嫡系比较起来，何成濬几乎类似客卿。对此，何成濬与蒋介石彼此似心照不宣。1930年，何成濬因联系各方

---

① 肖自力：《十九路军从拥蒋到反蒋的转变》，《历史研究》2010年第4期。

② 李猿公：《何成濬的历史点滴》，《湖北文史资料》第25辑，第2页。

③ 何成濬：《何成濬将军八十自述》，《随州文史资料》第2辑，第12页。

④ 张学继：《略论蒋介石幕府》，《浙江学刊》2001年第3期。

⑤ 何成濬：《何成濬将军八十自述》，《随州文史资料》第2辑，第17页。

有功以武汉行营主任兼任湖北省政府主席。当时黄埔将领云集武汉，有意湖北政府主席职者不乏其人。何成濬见此颇有自知，遂以"专办军务"为名，请辞湖北政府主席职，显有不便反客为主之意。蒋介石多方挽留，并致电黄埔嫡系将领刘峙：

> 何雪竹、王湘汀兄（指何成濬、王金钰）等今晚来汉，请兄优礼信任之。鄂事决以全权交雪竹承办，武汉事亦信托之，不可分别界限，以免用人不专之弊，请以此意转告慕尹、铭三二兄（指钱大钧、蒋鼎文），如兄出发来京，未了诸事交雪竹兄接待可也。

不久，蒋介石又致电黄埔嫡系蒋鼎文，嘱其"往埠欢迎，加以优礼，对鄂事须专重其意，从旁辅佐之。行营事亦可托其办理，如此弟可专意训练，整顿本军，而对各方必得好感，将来声名与事业，更无限量也"。蒋介石对嫡系的反复叮嘱与要求固可体现对何成濬之重视与信任，但强调"不可分别界限"，则恰恰暴露出其潜意识中实存"界限"。故需"优礼信任"，使客至如归。这种"界限"意识反映出国民党内"党内有派"、"党外有党"、派中"主客有别"的政治实态，与"党外无党，党内无派"之政治理想相去较远。

1928～1936 年，从总体上讲，何成濬是蒋系中重要成员，位高权重，蒋介石对何成濬待之以礼。从细处而论，蒋介石对何成濬的态度前后实有差异。国民政府初期，为了应对党内反对派的挑战，军人出身的蒋介石实力有限，权威未立，却习惯大加挞伐、强弓硬拉。北伐统一后的数年中，仍是蒋介石打江山期。在这种背景下，蒋介石特别倚重何成濬的纵横术及其领导下的杂牌军。因倚重而刻意笼络，蒋介石以何成濬身兼湖北军政要职。何成濬请辞行政职务，蒋介石必有挽留。军人兼职地方行政职务，造成地方权重，是晚清以来之痼疾，本是新政权需要解决之矛盾。作为民国知名的纵横家，何成濬的长处是有"三寸不烂之舌"，[1] 凭借江湖义气拥有良好之社会关系，

---

[1]　胡实：《"和平将军"何成浚先生》，《湖北文史资料》第 25 辑，第 21 页。

与"僚属、来客、故交在俱乐部或煮茗清谈、或斗牌招妓"。① 故用其于联络协调，是充分发挥其长；任其为一省之民政长官，则似不合适。但蒋介石基于策略之需，不问是非对错，一味以名器笼络何成濬，结果湖北政治几以腐败著称，负面效应影响颇广。桂系巨擘李宗仁对此嗤之以鼻：

> 蒋先生为什么要这样做呢？最大的原因是他不把国事当事做，而把政府职位作酬庸，以市私恩。这样，国家政治岂有不糟之理呢？此外，如张群、何成濬等人，都是蒋先生朝夕咨询的智囊，他们虽当了省主席，却经常不在省府办公，"主席"只是挂名而已。省政由人代拆代行，为代理人的。当然多一事不如少一事了。②

不仅李宗仁这样的党内反对派对蒋介石滥用国家名器不满，蒋介石之亲信也是颇有微词。陈诚在其日记中记："蒋先生专以名器诱人，实大错也。""现在政治腐败，蒋先生应负实责，如湖北之何成濬、安徽之陈调元等之劣迹，实在国内能选出第二人来？"③

1932 年后，蒋介石在占有较多政治资源的情况下开始逐渐关注政权建设，④ 这种变化在对何成濬的使用上亦有体现。颇能说明问题的例子是蒋介石对何成濬任湖北省政府主席的态度。随着对政权建设的关注，蒋介石对兼任省政府主席的何成濬颇多不满。蒋介石到湖北视察，称"所见所闻皆腐败之官僚与幼稚之新官僚，何雪竹之贻误鄂省如此，诚可痛哉。呜呼，湖北政治非用严厉之手段决无起色矣"。⑤ 当 1932 年何成濬再次请辞省政府主席时，蒋介石并未如前挽留。此后，何成濬专任湖北绥靖主任，蒋介石继续用其所长统筹协调杂牌军"剿共"。显然，从打江山到关注政权建设，蒋介石

---

① 厉尔康：《何成濬的二三事》，《湖北文史资料》第 25 辑，第 25 页。
② 李宗仁口述，唐德刚撰写《李宗仁回忆录》，第 606 页。
③ 林秋敏、叶惠芬、苏圣熊编辑校订《陈诚先生日记》（1），1931 年 7 月 8 日、8 月 14 日，第 28、46 页。
④ 金以林：《蒋介石与政学系》，《近代史研究》2014 年第 6 期。
⑤ 吴淑凤编注《蒋中正总统档案·事略稿本》（15），第 272 页。

对何成濬的使用经历了从倚重笼络到趋于常态的转变。

由于与蒋介石人身关系之先天缺失，客礼无疑是何成濬认识、处理与蒋介石关系的最重要依据。没有人身关系的基础，建立在客礼基础上的结合并不牢固。蒋介石对何成濬使用上的转变，对居于客卿之位的何成濬而言，自有落差与失意之感。这种落差与失意不难被有心之旁观者察觉，胡汉民即注意到何成濬"自廿一年后不云得意"。① 廿一年，指 1932 年。这种落差与失意使得何成濬在拥蒋的同时存有变数，尤其是在有外部诱因的情况下。

第三节　蒋介石与何成濬关系中的西南因素

如果说与蒋介石人身关系的先天不足是影响何成濬政治选择的内在变数，那么西南的积极争取是外部诱因。30 年代初，胡汉民与两广实力派结合的西南高举反蒋抗日大旗，积极争取各地实力派的支持是其反蒋的重要策略。在湖北负责绥靖的何成濬及其杂牌军将领也在西南的争取之列。其中，西南对何成濬部下徐源泉的拉拢最为积极，效果也最为明显。1933 年蒋介石镇压察哈尔抗日同盟军不久，胡汉民亲函徐源泉，批评蒋介石的对日政策："近察变发生，助敌为虐，中外惶骇。秉此不改，日人组织华北共和国之企图，必将有实现之虞。"接着，胡汉民希望徐源泉能够参加西南组织的抗日反蒋大业，"今国际情势远非昔比，华北如此，长江以南独保否？尤为我人所衡虑也。不能力事补救，则方来大难，窃恐有不忍言者，左右矢忠党国，支撑鄂局亦历岁时。时局艰危，深企共济"。② 不久，徐源泉即有回复，并委托徐惟一前往西南"面商今后长江军事办法"。此后，双方除书信直接往来外，并通过徐惟一居间联络。③ 1934 年 4 月 16 日，徐源泉致西南密函一件，内称："武汉市面萧条，弟等所营业务，决无振兴希望，欲另起炉灶，而前途茫茫，不知侧身何所，还望高明有以教我。广州市况如何？有无

①　陈红民辑注《胡汉民未刊往来函电稿》第 10 册，第 417 页。
②　陈红民辑注《胡汉民未刊往来函电稿》第 3 册，第 596 页。
③　陈红民辑注《胡汉民未刊往来函电稿》第 13 册，第 458 页。

可营之业，即盼示复云云。"① 此函显系密语写成，虽无法看出其具体所指，但结合此前徐源泉与西南往来函电，"所营业务"应与反蒋有关。虽"市面萧条"，反蒋进行不顺，但密电本身即足以反映徐源泉已积极涉入西南组织的反蒋活动。

西南不仅拉拢徐源泉，也积极争取何成濬。胡汉民认为，拉拢何成濬的作用主要有两个方面：其一，沟通联络湖北的杂牌军，"其人长处，在于联络军队"；其二，湖北位居长江上游，可以确保湖南安全，"湘事吃紧，彼居上游，亦不无用处也"。② 为了争取何成濬，1933 年 8 月，胡汉民亲自委托前往湖北的但衡今代为问候："在鄂旧同志有操守能不变革命之立场者，北旋盼晤见，盼均致侯。雪竹兄致力革命数十年，均于本党有深长历史，年来取向似变，要亦环境使然。党国败坏至此，当亦恫心，弟实深期其维护过去历史，勉策方来，俾共为革命效力也。便中盼代致慰问之意。至前所谈各节，亦可转述也。"③

何成濬与西南的实际接触，因极为秘密，详情难知。《胡汉民未刊往来函电稿》中虽有多处提及，但多是只言片语，并不完整。相关史事可分为三个方面。

其一，西南内部的讨论中，多处提及何成濬派往西南接洽的代表。1934 年 5 月 25 日，胡汉民致西南政务委员会秘书长陈融函中首次提到何成濬的代表："何雪竹之代表密来晤谈，察其意旨如何，再报。"④ 此后几天，胡汉民致陈融函中连续提到双方会谈情况。5 月 26 日，"昨早已晤鄂之代表，约今日再谈。渠等主张拉紧湘何，为合作进取之关键"。⑤ 湘何，即湖南地方实力派何键。5 月 31 日，"鄂事则某某代表来要四事：（一）组府；（二）出兵；（三）政治主张；（四）外交援助"。⑥ 6 月 2 日则提到了代表具体姓

---

① 陈红民辑注《胡汉民未刊往来函电稿》第 13 册，第 478 页
② 陈红民辑注《胡汉民未刊往来函电稿》第 6 册，第 417 页。
③ 陈红民辑注《胡汉民未刊往来函电稿》第 3 册，第 595～596 页。
④ 陈红民辑注《胡汉民未刊往来函电稿》第 6 册，第 368 页。
⑤ 陈红民辑注《胡汉民未刊往来函电稿》第 6 册，第 369 页。
⑥ 陈红民辑注《胡汉民未刊往来函电稿》第 6 册，第 404～405 页。

名，"方闽事之殷，但衡今曾奉使到湘鄂，（张）挺生、（宾）浦丞与何密，素与衡今稔（宾与吾辈有历史，与门风马牛；张则于前年被门嗾陈诚围剿其一师兵，二人者必不门鹰犬）。何恐他人不密，故张、宾来，事前亦得○之同意。"① 张英，字挺生；宾镇远，字浦丞；门指蒋介石。张、宾二人或与蒋介石有矛盾，或与蒋介石素无瓜葛，且与西南派往湖北接洽的但衡今熟稔，故何成濬委托张、宾二人为赴粤代表。

其二，何成濬的代表向西南反馈湖北内部的情况。张英、宾镇远在完成赴粤使命返回武汉后，曾致函西南："镇远等于哿日先后抵汉，而雪竹及徐源泉、萧之楚等在庐山未归。即约干部同志会商，一面促容景芳师等返汉，共计漾日，雪竹等返汉，敬日与徐源泉会商，徐云在庐山与何芸樵见面，徐所表之态度亦同敬晚。雪竹以庐山方面蒋处密报以镇远、英等系赴粤湖北代表，而同时钱大均在汉亦同样追求，雪竹深感不安，徐源泉等嘱远等离汉以避，即于宥日抵长沙，以致详细会商不得实现。惟鄂方整个来十二分来事实仍同前也。"② 该函显示，张、宾二人赴粤回汉后为蒋方所侦知，遂仓促离开武汉。但湖北"整个来十二分来事实仍同前"，显示何成濬并未因泄密而改变态度，徐源泉似更为明确。

其三，西南代表征求何成濬具体意见。前文提及1933年8月胡汉民委托前往湖北的但衡今接洽何成濬，在张英、宾镇远二人赴粤不久，但衡今致函何："雪公左右：别后沉思，昨夜即复一电。如来电遵照原议，胡陈李如派一负责人去，则此电可以不发。若仅陈述事理，报告情形，即请饬发。"③ 此函杨熙绩加注后给胡汉民，根据杨的加注，来电是指张、宾上胡汉民之书。雪公指何成濬，胡陈李似指西南头面人物胡汉民、陈济棠、李宗仁。虽然此函难以完全读通，但从语气、相关人物等零碎信息看出何成濬与西南确有具体接触应无疑义。

以上事实可知何成濬在公开拥蒋、助蒋的同时，也存有反蒋可能，且私

---

① 陈红民辑注《胡汉民未刊往来函电稿》第6册，第417页。
② 陈红民辑注《胡汉民未刊往来函电稿》第13册，第486页。
③ 陈红民辑注《胡汉民未刊往来函电稿》第13册，第484页。

底下与公开举起反蒋旗帜的西南有过某种接触，反映出风云汇聚之际何成濬政治选择的双重性。当然，何成濬政治选择的双重性并非均衡。同拥蒋相较，与西南的秘密接触似是其深感落差与失意之际"多个朋友多条路"式的考量。正如胡汉民所言："何自廿一年后不云得意，其求自存并非意外。"① 30 年代初密谋与西南联合反蒋的地方实力派，多与西南有直接联系，如陈铭枢、蔡廷锴、蒋光鼐、冯玉祥、程潜、孙殿英、杨虎城等人，② 前文也提及何成濬的部将徐源泉亦是如此。这一定程度上表明这些实力派具有比较明确的反蒋立场。但现有资料表明，何成濬始终隐身幕后，未见与西南有直接联系。西南虽在积极争取何成濬，但对其态度也有比较清醒的认知："雪竹态度远不及芸樵（何键）、克诚（徐源泉）之鲜明。"③

在国民政府政坛，从公开的行动与表态看，何成濬无疑义地是拥蒋派。然而新资料显示其在公开拥蒋的同时，存有反蒋选项，这也足以与其近乎标签式的拥蒋身份形成较大反差。拥蒋与反蒋本应是南辕北辙、两极对立，在何成濬这里却是一体两面、并行不悖。因为在传统人身关系大行其道、政治碎片多元的国民政府时期，对于非蒋嫡系的何成濬而言，拥蒋与反蒋均是谋求政治生存的手段。

何成濬的个案提示我们，在探讨国民政府的地方实力派整合问题时，不仅要关注那些与蒋处于公开对立或处于典型的半独立状态的地方实力派，那些身处蒋系却又非蒋嫡系的军人也应是关注的对象。

---

① 陈红民辑注《胡汉民未刊往来函电稿》第 6 册，第 417 页。
② 杨天石：《30 年代初期国民党内部的反蒋抗日潮流——读台湾所藏胡汉民资料之一》，《历史研究》1998 年第 1 期。
③ 陈红民辑注《胡汉民未刊往来函电稿》第 13 册，第 485 页。

第九章　国民政府整合地方实力派的特点、成效与局限

　　1928 年通过北伐、易帜，国民政府基本完成统一，但这种统一仅限于表面与形式。国民政府掌控区域长期局促于东南数省。整合地方实力派、完成实质统一是国民政府需要完成的艰巨任务。国民政府对地方实力派的整合是在近代中国政治经济文化转型与变迁的时空背景下，在错综复杂的内外环境中进行的。在国民政府的党治体制下，依靠军队崛起，又掌握军权的蒋介石拥有某种特殊地位，往往能够主导国民政府特别是军事问题上的决策。整合军人背景的地方实力派最主要的还是属于军事问题。这些时空背景与内外环境以及蒋介石的个人经历、性格特征、政治品格既影响了整合的策略手段，亦形塑了整合的进程与目的。

第一节　"剿共"背景下的整合

　　国民政府对地方实力派的整合是在内外错综复杂的环境下进行的。就国内而言，在第一次国共合作失败、革命力量遭受沉重打击的情况下，中国共产党继续顽强地高举革命的大旗。中国共产党有完整的意识形态与崇高的革命理想，拥有严密而不断成熟的组织，拥有一支听党指挥且不断发展壮大的军队。国民政府处理中共问题的主要手段是"剿共"。在"剿共"背景下，国民政府如何处理地方实力派问题，既构成了整合地方实力派的重要内容，也是其重要特点，故颇为以往的学术研究所关注，而其结论多以蒋介石借"剿共""削弱异己"概括。"削弱异己"说固有所见，但单向度的叙事存在泛化与标签化的倾向，对其中的发展脉络以及多元复杂的面相认识不足。

一　视"剿共"为地方事件时期（1928～1931）

国民政府的"剿共"有不同的阶段。自 1927 年国共合作破裂，中国共产党在南方农村逐渐建立起数量众多的红色武装割据始，至 1931 年第三次"围剿"止。在这一阶段，蒋介石主要以当地的驻军，尤其是朱培德的部队在江西"剿共"。朱培德部虽隶属中央军，为蒋介石所依赖，但朱培德有过反蒋历史，与汪精卫、胡汉民、李宗仁、白崇禧等人关系密切，故蒋介石对其颇存戒备防范之心。朱培德部一面要承担"剿共"任务，但另一面其本就单薄的力量在编遣中又遭严重削弱。故蒋介石以朱培德所部在江西"剿共"，难避借"剿共"削弱异己之嫌。中原大战结束后，蒋介石在对西北军善后过程中，将战争后期投诚的西北军分别收编，并南调湖北、江西等地"剿共"，也不无借机削弱其实力之意。

需要指出的是，国民政府初期杂牌军"剿共"局面与蒋介石对中共红色武装割据的认识有关。蒋介石最初因中共红色割据在偏远农村，对其中心城市和交通要道威胁不大，并没有把"剿共"上升到国家统筹层面，而以地方事件处理。在蒋介石看来，全国绝大多数地方仍是自行其是甚至挑战中央权威的独立王国。因此，蒋介石在将中共当作地方事件处理的背景下，实际上以整合地方实力派作为主要任务。不过，蒋介石虽经过数度战争取得了军事上的胜利，但并未实现国民政府内的真正统一，"过去先灭阎冯、后剿赤匪，以为统一可期，其结果相反"。[1]

二　统筹"围剿"时期（1931～1934）

1931 年 6 月，蒋介石在宁粤交恶的困境下，面对粤方的"纵共"指责，以及红色武装割据的燎原之势，加大了"剿共"力度，由南京中央统筹领导"剿共"，并将中央军主力调至"剿共"一线。1932 年初，蒋介石第二次下野后得以复职再起，以"攘外必先安内"为应对内外危局之总体方略，将"剿共"置于优先位置，对地方实力派则以绥靖妥协、维持稳定为主。

---

① 　王正华编注《蒋中正总统档案·事略稿本》（20），第 669 页。

蒋介石对两广的处理颇具典型性。1932 年后，胡汉民南下与两广实力派结合而成西南半独立局面，长期高举反蒋大旗，对南京中央寻衅杯葛，是南京中央实现整合统一的重要阻力。对蒋介石而言，无论是基于个人恩怨，还是完成实质统一，仅从主观意愿层面讲，是急欲解决而后快，甚至不乏武力征伐的考量。但在操作层面上，并没有付诸实际的武力行为，主要还是诉诸各种权谋，尤其是拉拢陈济棠以维持稳定局面。

蒋介石对于控制晋绥两省的阎锡山、掌握陕西的杨虎城、掌握山东的韩复榘等北方实力派，亦以怀柔绥靖为主。在日记的私领域中虽表达过不满情绪，称鲁韩、晋阎、陕杨诸人"亦为边藩之第二，可不慎乎?"[1] 但少见武力挞伐的情绪宣泄，多见"放任""联络""培植""提携"等用语。

30 年代初期，四川、山东、贵州、广东、陕西等地方实力派掌控省域均出现了以争权与争地盘为主要内容的军事冲突，严重影响国民政府的内外形象，几遭舆论的一致谴责，故武力讨伐之声不绝如缕。[2] 面对舆论武力讨伐的鼓噪，蒋介石不为所动，继续坚持"剿共"优先，对接踵发生的地方军事冲突多为居中调解，调解无效后，承认地方实力派通过武力所形成的新的地方政治格局。

这一时期蒋介石并非完全没有诉诸武力解决地方实力派的反蒋，对1933 年底 1934 年初第十九路军反蒋军事行动的处理最具代表性。1933 年11 月，陈铭枢及其所部第十九路军因不满南京中央的内外政策，发动福建事变。对此，蒋介石先是多方运作试图和平解决，未能如意后即通过军事行动并迅速得逞。因此，福建事变虽对蒋介石"安内""攘外"政策有一定的冲击，但没有造成根本上的影响，对于"剿共"，仍可照常进行，"决不致为讨逆而牵动根本计划也"。[3] 鉴于曾经有过拥蒋历史的第十九路军的反蒋，在平定福建事变后，中央军重将刘峙向蒋介石建言，只有嫡系部队真正可靠，在使用嫡系部队"剿共"时，留有余地，"勿全使用尽净"，密定武力

---

① 《蒋介石日记》（手稿本），1934 年 2 月 17 日。
② 荣孟源、章伯锋编《近代稗海》第 8 辑，第 402～417 页。
③ 周美华编注《蒋中正总统档案·事略稿本》（24），第 33 页。

解决地方实力派的方案。蒋介石回复刘峙称共产党才是"心腹大患"，"吾人应并力急趋于此"。①

在优先"剿共"的情境下，自1932年至1934年，组织了对红军的第四次与第五次"围剿"。在"围剿"大军中，既有中央军，也有各地方实力派的军队。蒋介石借助地方实力派军队的"剿共"，各有不同的情形。

其中1932年"一·二八"淞沪抗战后蒋介石调第十九路军赴闽的故事广为人知，也是既有言说中借"剿共"削弱异己的典型个案。回到具体历史情境，很难说是蒋介石在借机削弱第十九路军。第十九路军在进驻京沪线前，就已参加了对江西苏区的第二次和第三次"围剿"，彼时还被蒋介石信任的陈铭枢在第三次"围剿"中与何应钦并驾齐驱，分任"左""右"翼集团军总司令。第十九路军进驻京沪完成调解宁粤之争的使命后，在"攘外必先安内"政策主导下，蒋介石将第十九路军这样一支能征善战的军队调回"剿共"前线实属必然。况且透过陈铭枢及第十九路军进入京沪介入宁粤调停后的种种表现，无论是在宁粤之中的行为、孙科"看守内阁"时期的政治主张，还是淞沪抗战中的不服从命令，蒋介石不仅对第十九路军失去信任，而且心生不满。更为严重的是，蒋介石察觉陈铭枢参与第三党，且频传与陈铭枢相关的"反动新闻"，对陈铭枢成为"陈炯明第二"深感忧虑与恐惧，对第十九路军也就有了警惕与防范。值得注意的是，第十九路军这样一支以广东人为主的军队长期南征北战却并无固定地盘。福建与广东同处东南沿海，地缘相近，文化相似，1927年曾是第十九路军驻扎之地，且无强有力的本土军队的经营，陈铭枢又主动申请调往福建。在这样的情境下，蒋介石同意将第十九路军调至福建，且以蒋光鼐等人掌握福建军政要职。与其说是削弱，毋宁说是对这支与自己颇有历史渊源的军队的继续笼络。

1934年第五次"围剿"后期，蒋介石从山西、山东征调阎锡山与韩复榘的军队南下"助剿"。透过前文对晋军李生达部征调经过的考证可知，蒋介石之借调北方实力派军队南下当然含有增加"剿共"兵力的意图，而更为重要的是，征调向被地方实力派视为命根子的军队这一行为本身，某种程

---

① 周美华编注《蒋中正总统档案·事略稿本》（25），第4页。

度上就意味着中央权威的合法性。借助"剿共"场域中的互动，进一步加强中央（南京）与地方（山西）军事上的合作，同时有消弭两广联络北方以对抗南京政府的考量。关于李生达部赴赣，有两个传统说法：一是李生达部赴赣是蒋介石挖晋军墙角而有意指定；二是 1935 年阎锡山担心李生达部脱离山西，与蒋介石勾结，强烈要求将李生达部调回。李生达部赴赣一去一回的两个传统说法，显然都有蒋介石借"剿共"削弱异己之说的烙印。经考证，晋军诸将领中之所以是李生达率部赴赣，实际上是山西内部博弈之结果，至于 1935 年李生达部调回山西的情形则更具戏剧性。山西方面最初的确担心部队被蒋介石吞编，反映出地方实力派在与蒋介石互动中的习惯性思维。但李生达部任务完成后，蒋介石令其率部返回山西，而山西方面却因"助剿"获得每月 10 万元的军饷，希望李生达部继续留赣。显然，在蒋介石征调李生达部赴赣"助剿"中，"削弱异己"的情形亦不明显。徐永昌在劝导阎锡山同意晋军南下"助剿"过程中，以蒋介石"正谋树信统一，不见得以小害大"进行说服。第十九路军赴闽、晋军李生达部赴赣等案例表明徐永昌的这一说法亦是理解蒋介石处理地方实力派问题的一个思路，反映了蒋介石在"剿共"场域中处理地方实力派问题时，削弱异己之外，还有其他选项。

中央军将领陈诚的说法则提供了另一种观察视角。陈诚 1931 年 1 月 27 日在日记中记："现在中央对于各军颇有苦心。如对于待遇方面彼厚此薄之分。我以为无论何事，只须大公无私可也。何必一定对杂军反厚，而使本（基）部队有断炊之感？总之，自己固不必厚，又何必薄。"[1] 蒋介石对待嫡系与杂牌的态度，主流说法是厚嫡系薄杂牌，而在嫡系将领陈诚看来，蒋介石对于各军颇有苦心，厚薄反转。陈诚的说法在杂牌军将领的回忆录中亦能得到部分印证。1931 年初，孙连仲的第二十六路军南调赴赣，赵大璞对蒋介石及南京方面的招待欢迎，有精彩的细节描述，称"蒋对部下是从没有

---

[1]　林秋敏、叶惠芬、苏圣雄编辑校订《陈诚先生日记》，第 8 页。

这样客气过"，① 与陈诚所说"中央对于各军颇有苦心"若合符节。1934 年李生达部赴赣，亦享受类似待遇。李维岳等人回忆称："李生达的第七十二师师部到达南昌的第二日，南昌行营办公厅主任熊式辉就用蒋介石的名义宴请李生达及师部部处长以上官佐，并邀行营高级将领以及贺国光等作陪。筵席十分丰盛，酒是世界名产法国老斧头勃兰地。熊式辉、贺国光等在让酒时，一再用抱歉的口吻说'舒民兄及诸位都是从山西来的，喝惯汾酒，酒量一定可观，今天没有找到山西汾酒，实在对不起。'李生达的师部到南昌后，行营早就准备好让住南昌花园饭店办公。花园饭店是南昌的第一流饭店，陈设华丽，住舍舒适。"②

　　1932～1934 年江西"围剿"时期，蒋介石极力将两广尤其是广东纳入南京中央主导的"围剿"体系。一方面，拉拢与江西苏区地缘接近的两广参与"围剿"是"剿共"的战略需要；另一方面，亦具有某种整合功能。两广加入南京中央主导的"围剿"体系，某种程度上即意味着对南京中央的承认，会影响内外观感。两广本以"剿共"为重要诉求，时常指责蒋介石"剿共"不力。蒋介石集中力量"剿共"，将两广纳入"围剿"体系中，堵住对手反对之口实，借"剿共"问题上的合作加强与两广之沟通联络。

三　红军西撤时期（1934～1936）

　　1934 年秋，江西红军在第五次反"围剿"失败后被迫向西进行战略转移。蒋介石虽有逼迫红军离开苏区的考量与运作。但主要还是出于加快"剿共"进程的考量，即利用红军西撤心理，"逼其离巢"，通过"远处张网"的部署在湘江以东消灭红军。1932 年后，蒋介石面对内外多重危局，将"剿共"作为优先选项。对于体制内主要反蒋派系——两广实力派如何处置？国民政府内实有急进与缓进两派。缓进派劝蒋介石勿受其他因素掣肘

---

① 赵大璞：《孙连仲投蒋和在江西与红军作战失败的经过》，《文史资料选辑》第 45 辑，第 101 页。

② 李维岳、娄福生、杨雨霖：《李生达与阎锡山的矛盾及李生达被暗杀真相》，《山西文史资料》第 15 辑，1964。

影响，集中力量对付中共；急进派则磨刀霍霍建议优先解决反蒋实力派。

蒋介石对于两广种种与南京中央对抗之言行，在情绪上确有起伏波动，在日记里不时分享急进派优先解决反蒋实力派的认知。但在公开表述中，则明确警告急进派，认同缓进派优先"剿共"的主张。总之，现有资料不足以证明蒋介石有意放纵红军突围以解决两广。

就颇受关注的蒋介石"放水"红军长征建设四川大后方这一说法而言，同样难经推敲考证。从严格的逻辑上讲，"放水"红军长征建设四川大后方说需以两个判断的成立为前提。第一个判断，蒋介石有意建设四川，却苦于没有一个名正言顺的借口进入四川，"放水"红一方面军西撤正是为了创造这样一个借口；第二个判断，蒋介石在江西"剿共"结束前已确定经营四川为国防大后方的战略，"放水"就是创造条件实施这一战略。考析这两个判断的意义在于，虽不能说判断成立即可断定蒋为建设四川大后方而"放水"红军长征，但若两个判断根本就是似是而非，则应能从源头上否定这一说法。就第一个判断而言，在国民政府成立后的一段时间里，蒋介石完全有借口，甚至是"剿共"借口进入四川，只是基于长江中下游的"剿共"优先、经营基本区域的战略选择，加上顾忌四川实力派的态度而没有派军入川。在1934年底1935年初参谋团和中央军入川前，有两条线索几乎同时发生。第一条线索是刘湘对红四方面军"剿共"的崩盘及赴京请援，第二条线索是红一方面军长征。但实际上是第一条线索直接促成了参谋团和胡宗南、徐源泉、上官云相等中央军入川。就第二个判断而言，蒋介石在江西"剿共"结束前已确定经营四川为国防大后方的战略，"放水"就是创造条件实施这一战略。蒋介石固然早就重视四川的战略地位，九一八事变后更是多次考虑过建设四川为大后方，但是这仅仅停留在思考层面；即使是江西"剿共"结束前后经营四川与抗日结合起来的考量，也仅是选项之一，而非已经确定只待实施的决策。蒋介石是在包括建设四川为大后方在内的诸多选项中反复权衡纠结，直到1935年进入四川后才确定建设四川抗战大后方。总之，蒋介石1935年在西南"追剿"背景下对四川、贵州的经营是顺势而谋而非有意布局。在西南"追剿"情境下，蒋介石并未改变优先解决中共的基本原则，严厉批评让地方实力派与中共互斗、居间渔利的建议。①

1935 年下半年，随着华北事变的发生，中日民族矛盾更趋尖锐。此时国民政府的"剿共"已取得重大成功，红军主力局促于西北一隅之地。在新形势下，蒋介石一面寻求政治解决中共问题，另一方面并未放弃军事"剿共"，尤其督促地方实力派军队"剿共"，对"剿共"不力者严厉斥责。比如，1935 年 8 月，对东北军"剿匪"不力颇为不满，称东北军自"剿共"以来，"有损无益，而且牵累全局，此种军队，此种将领，焉得而不败亡，思之痛心"。② 1935 年 11 月，蒋介石对"剿共"不力、"擅自放弃荥经"之刘文辉要"革职拿办""严肃军纪"。③ 1936 年 10 月，蒋介石亲临西安，严厉督促张学良、杨虎城"剿共"。既有之主流言说仍是延续削弱异己之思路，虽有一定的道理，但难以令人满意。毕竟中央军亦在参与"剿共"。实际上，这种情形的出现，打压地方实力派并非主要考量，主要还是对中共与对日苏的策略需要。

其一，蒋介石此时虽然开放了政治解决中共的选项，但这是基于"招抚"立场而非对等合作。④ 蒋介石认为只有在军事上予中共以沉重打击才能迫其接受条件。如在国共最初接洽失败、红军东征山西后，蒋介石认为在对东征红军打击以前，"不与之商讨一切"。⑤

其二，红军长征至西北后，亦威胁到华北。华北又是中日角逐之重要地区，蒋介石忧心日方以防共为由制造事端，引发中日冲突。1936 年 2 月，红军东征山西，蒋介石担心红军由此进入河北。蒋介石设想了红军进入河北后日本的种种反应："（甲）倭派兵进占平津；（乙）倭干涉中央军入冀进剿；（丙）倭寇谅解，望我中央军入冀，与宋哲元冲突；（丁）倭要求发防共宣言；（戊）倭要求六项权限。"⑥ 因此，蒋介石将"剿共"与对日本的

① 周美华编注《蒋中正总统档案·事略稿本》（29），第 309 页。
② 周美华编注《蒋中正总统档案·事略稿本》（32），第 198～199 页。
③ 王正华编注《蒋中正总统档案·事略稿本》（34），第 138 页。
④ 转引自杨奎松《国民党的"联共"与"反共"》，第 314 页。
⑤ 《蒋介石日记》（手稿本），1936 年 3 月 8 日。
⑥ 周秀环编注《蒋中正总统档案·事略稿本》（36），第 174 页。

应对关联起来考量。1936 年 5 月蒋介石任命陈诚为"晋陕绥宁边区剿匪总指挥"就是这种考量的产物，"平津倭势之趋向，其与发表西北四省边区总指挥名义之关系，使倭不能不问中央，以华北问题而不能与华北单独交涉，可使北方形势转移乎？"①

其三，在日本咄咄逼人的背景下，蒋介石虽然开放了中苏合作共同对日的选项，但面对风云变幻的国际格局以及国家利益与意识形态的种种考量，仍在联苏还是和日之间游移权衡，并有强烈的促成日苏战争、中国保持中立的情结。1936 年 3 月 31 日，蒋介石在日记中记："如果倭决一致对俄，则对我之方针或转缓和，但其必用压力以试之，如我不为其威胁所动摇，则彼乃无可奈何，不得已而求我之中立乎？""倭俄与蒙伪边境冲突较前加紧，其激烈形势为从来所未有。""吾料倭俄正式宣战，不能出于本年六月之内。""俄蒙协定宣布之日实即倭俄战局完成之时，俄寇狡诈疑忌与倭寇狭隘横暴，决不能长以隐忍而不破裂也。""倭寇政变之启其端，俄蒙协定之结其局。此四十日中之东方变局影响于中华之国运甚大，是固忍辱负重之效，而转危为安之机亦在于此，可不慎乎？"② 而且，对于中日、中苏外交，蒋介石认为需要"对倭以明，对俄以密"。③ 在这样一种思路下，蒋介石继续维持军事"剿共"，且声势越大越好，借此向日本做出某种交代，促使日本北向攻苏。

总之，"剿共"背景下国民政府对地方实力派的整合，面临着先"剿共"还是先整合地方实力派的取舍。从理论上讲，中共与地方实力派均是国民政府及蒋介石"安内"之重要对象，都欲解决而后快，其优先取舍与两者的实力、意识形态，对南京中央统治威胁的轻重缓急以及其他种种内外情势等诸多因素有关。大体而言，国民政府初期，蒋介石以整合地方实力派为主要任务，优先解决地方实力派，强弓硬拉，大加挞伐；把"剿共"当作地方事件处理，并未上升到中央政权的统筹层面。1931 年第三次"围剿"

① 《蒋介石日记》（手稿本），1936 年 5 月 25 日。
② 《蒋介石日记》（手稿本），1936 年 3 月 31 日。
③ 《蒋介石日记》（手稿本），1935 年 10 月 23 日。

开始后，尤其是1932年后，蒋介石以"剿共"作为"安内"之优先选项，对地方实力派则调整策略，注重沟通妥协，较少强弓硬拉。这种取舍从整体上讲，在外患日趋严峻的情形下，国民政府尤其是蒋介石置"安内"无论是"剿共"还是整合地方实力派于优先位置，策略上是否为智，动机上是为党还是为国，是为公还是为私，因立场、格局、视野差异而各有所见。若仅就对地方实力派的策略调整而言，1932年后，南京中央与地方实力派之间并没有再度爆发大规模战争，很大程度上维持与培植了国家元气，对1937年后的全面抗战颇有助益当无疑义。

"剿共"也是国民政府与地方实力派互动的重要场域，蒋介石在不同时期、不同场合，有不同的策略选择，借"剿共"削弱异己仅为其中的一个选项，且主要是国民政府初期。借"剿共"削弱异己之外，蒋介石本人所谓"军阀土匪如任其自杀，必有一伤，且必为军阀惨败无疑，结果徒增大匪势，恐中央亦无力收拾"，徐永昌所说的"彼正谋树信统一，不见得以小害大"，以及陈诚"对于各军颇有苦心""对杂军反厚"等语同样是理解蒋介石"剿共"场域处理地方实力派问题的重要思路。故与其说是借"剿共"削弱异己，毋宁说"剿共"背景下对地方实力派的整合更能概括其完整面相。

第二节　对民族主义的借重

近代中国积贫积弱，外患严重，在中外之间不断碰撞、交锋乃至战争的过程中，人们由于历史、文化、地理、语言等逐渐形成了民族认同，逐渐产生了强烈的民族意识。国民政府时期，随着日本侵华日急，民族危机不断加深，由此激发出的空前高涨的民族主义、爱国主义成为国民政府整合地方实力派的重要资源。既有言说亦关注到这一面相，但主要是侧重其通过妥协媚外以推进带有专制独裁统治的统一，同样对其中的发展脉络以及多元复杂的面相认识有所不足。

20世纪30年代初，面对日趋严重的民族危机，国民政府最初以"攘外必先安内"为应对内外危局的总体策略。对日本的步步蚕食，国民政府虽亦进行了如 1932 年的"一·二八"淞沪抗战、1933 年初的长城抗战等局部抗战，但国民政府及蒋介石反对战事的扩大以及旷日持久，更极力避免由此导致中日之间的全面战争，强调中日之间国力悬殊，拖延甚至避免中日之间的战争，对日以妥协为主。在这种政策背景下，国民政府借重民族主义整合地方实力派主要表现在以外侮日急呼吁国民党内的团结，呼吁地方实力派放弃军阀割据思想，服从中央政权。但国民政府与蒋介石的对外政策、计划难被地方实力派理解和接受。地方实力派视之为对日妥协以及在此政策下的削弱异己，对抗日需要准备之言极为不屑。如冯玉祥称："不抗日不是卖国贼是什么呢？如说抗日有多年准备，岂不知水涨船高，你预备人家也预备，你长五倍人家高五十倍呢。"[①] 地方实力派高擎"抗日反蒋"的大旗。故这一时期国民政府借重民族主义整合地方实力派，其主动的一面成效甚微。但因为民族危机的严重、民族主义情绪的高涨，一方面，地方实力派虽不满意于南京中央尤其是蒋介石的内外政策，但反蒋活动即便是高举"抗日"大旗也并不容易获得道义上的支持，这应是 1932 年后国民党内各种反蒋势力虽暗流涌动却极少见诸武力行动的重要原因；另一方面，民族危机的严重为国民政府及蒋介石建立统一，甚至是集权式的统一提供了合法性外衣。故国民政府借重民族主义整合地方实力派，其被动的一面却有收获。

　　1935 年后，国民政府及蒋介石的内外政策出现了重大调整。江西多年的"剿共"宣告结束，红军西撤离开江西苏区，这意味着国民政府及蒋介石经营其所谓核心区域的努力取得阶段性的胜利。1935 年国民政府又乘着"追剿"红军之机进入川黔等省，并逐渐站稳脚跟，控制局面。"安内"的成功使得国民政府更具底气。在华北事变的背景下，对日态度转趋强硬，各种备战工作、国防建设渐次进行。国民政府借重民族主义整合地方实力派表现在希望地方实力派团结统一在南京中央的抗日大旗之下。国民政府对日政策由妥协到强硬的转向，使部分地方实力派意识到此前国民政府以及蒋介石的抗日计划与政策并非全托空言，并不仅是削弱异己，开始响应与支持国民政府及蒋介石的抗日计划与政策。1935 年 11 月底，国民党终于得以召开已

---

① 冯玉祥：《冯玉祥日记》第 4 册，第 352 页。

经延展两次的第五次全国代表大会。在蒋介石的邀约下，阎锡山、冯玉祥等地方实力派的领袖赴京与会。长期与南京中央杯葛寻衅，两次阻挠第五次全国代表大会召开的两广亦有代表黄旭初、邹鲁、林云陔等出席会议。其中冯玉祥的参会以及此后的言行某种程度上表明部分地方实力派已愿意统一在国民政府及蒋介石统筹领导的抗日旗帜之下。

冯玉祥本是西北军系的领袖，因不满蒋介石的内外政策长期反蒋。1935年华北事变后，随着中日矛盾的加深，蒋介石的对日态度日趋强硬，向来主张抗日的冯玉祥与蒋介石关系开始缓和。冯玉祥所看到的蒋介石形象日趋正面。如1935年11月26日他在日记中记："介石所答之话为最谦下，为最和平，为最诚恳，实为我最满意也，此次可谓之不白来了。"11月30日记："一、中央决定抗日，二、蒋先生一定抗日，三、国民党为日本大敌，四、蒋先生是日人眼中之钉，我对于外人说中国人不好，我不愿听，况蒋为我之朋友、兄弟乎！"1936年2月16日记："到陆大观毕业将官班礼，蒋先生说话很长，约两点十五分，其中有管理事情一段，极有道理。"7月9日记："至于介石之耐困苦，忍缺乏，不能不说实有可观也。"12月23日记："我看介石确有救国之能力及心田。"① 正是因为看到蒋介石的改变，相信其有抗日计划与抗日能力，冯玉祥一时之间成为坚定的拥蒋派。

当然，如冯玉祥这样的地方实力派在当时仅仅是少数，这也与其自身的处境不无关系。那些掌握军队与地盘的大多数地方实力派统一在国民政府及蒋介石抗日旗帜之下，则是经过了曲折复杂的斗争博弈方才完成。

在民族危机日趋严峻的背景下，面对国内仍是四分五裂的局面，冯玉祥经常念叨的话语是："如抗日，国内仇敌可以变为好友。如不抗日，同志将变作仇敌。"② 国民政府及蒋介石正是在逐渐准备抗战并最终走向全面抗战的背景下，借重民族主义，将地方实力派整合到其统筹领导的抗日大旗之下。

民族主义实际上有内外两个层面。国民党的开创者孙中山创立了以民族

---

① 冯玉祥：《冯玉祥日记》第4册，第644、647、686、753、858页。

② 冯玉祥：《冯玉祥日记》第4册，第468页。

主义、民权主义和民生主义为主要内容的三民主义学说，对于近代中华民族创建现代民族国家具有重要的理论指导意义。三民主义某种程度上都是民族主义的范畴，是广义的民族主义。孙中山理论体系中的民族主义是广义民族主义范畴中对外层面的内容，强调国家的独立、民族的解放。民权主义和民生主义是广义民族主义范畴中对内的内容。其中，民权主义强调的是政治民主、政治建设，国家政治符合现代民主政治的程序与实质，公民享有基本的政治权利；民生主义强调的是人民的安居乐业、生活安康富足，社会的公平正义。

国民政府主要借重对外层面的民族主义，借重了外侮日急所激发的国民对国家的朴素情感。对内层面的民族主义，蒋介石肯定"真正之统一，要当植基于全体之国民"，① "政治基础需植基于道义与主义之中"。② 在统一的过程中，并非仅重武力与打压异己。如在整合四川的过程中，重视经济的统一，强调统一四川"除整理金融统一币制，筹备其经济实业之发展以外，对于军事不宜植势，以示大公"。③ 在南京中央财政困窘的情况下，推行更符合四川利益的财政统一政策。诸如此类，表明蒋介石亦注重夯实统一的基础。但总体上讲，对内层面的民族主义成效有限。在民权主义、政治建设上，如论者所言，国民政府传统的取向使其不能为国家的整合与统一提供新的制度结构与新的价值信仰系统。④ 在民生主义层面，国民政府虽欲将政权植基于全体之国民，但真正代表的是少数权贵与既得利益集团，广大民众的生活福祉仍是遥不可及。

国民政府这种主要建立在对外民族主义基础上的整合并不牢固。所谓以势相交，势去则倾。地方实力派与国民政府之间的张力与矛盾并没有实质解决。对外层面的民族主义又具有时效性与外部性，尤其随着抗战的深入，国民政府政治建设上不足与保守的弊端尽显，政权低效与全面贪腐成为重要表

① 蒋介石：《努力完成训政大业》，秦孝仪主编《先总统蒋公思想言论总集》卷10，第464页。
② 周美华编注《蒋中正总统档案·事略稿本》(25)，第318～319页。
③ 《蒋介石日记》(手稿本)，1935年5月31日。
④ 高华：《革命年代》，第6～14页。

征，加上战争背景下民生主义的恶化，主要在对外民族主义背景下形成的并不坚固的整合局面会再度出现裂缝。那些继续坚守地方的地方实力派与蒋介石的中央政权矛盾重重。那些逐渐参与中央政权的地方实力派，虽地域主义的色彩逐渐消退，但又成为蒋介石政治上的反对派。

第三节　制度整合的作用与局限

1928 年北伐统一后，国民政府根据孙中山对政治建设的基本理念与构想，确立了"以党治国"的训政体制。蒋介石试图在不动摇训政体制的框架下，通过某些行政机构的设立安置地方实力派的领袖。蒋介石设想过成立元勋院或元帅院之类的机构，给予较高待遇来解决这一问题，表明其治国理政中颇受日本经验的影响。但元勋院终未设立，国民政府实际上是以其党国体制中的某些中央机构来承担此种功能。作为最高军事机关的军事委员会、掌管全国政务机关的国民政府委员会、组成国民党中央最高机构的中央委员会等党政军三大机构都曾起过这种作用。其中军事委员会主要是在国民政府初期承担着安插地方实力派的功能。至 1928 年 5 月，军事委员会已是一个由 110 人组成的庞大机构，入选者既包括地方实力派的头面人物，也囊括了各派系中第二、第三梯队的军事将领。1928 年，国民政府裁撤军事委员会。新成立的作为军事最高咨询建议机关的军事参议院承担了部分安插地方实力派的功能。两者的区别在于，军事委员会安插的多为实权在职的"得势型"地方实力派，军事参议院则主要安插失去军政实权的"失势型"地方实力派。1932 年后重新成立的军事委员会，规模大幅缩小，仅有冯玉祥、阎锡山、李宗仁、陈济棠等或资格或地位或势力等最为显赫的地方实力派入选，不再安插第二、第三梯队的军事将领。国民政府委员会是国民党掌理全国政务的机关，也在国民政府初期一度承担着安插地方实力派的功能。其中1931 年 6 月国民党三届五中全会所产生的国民政府委员会最具典型。此后国民政府规定现役军人不得兼任国民政府委员会委员，国民政府委员会也基本上不再承担笼络地方实力派的功能。早期国民党中央委员会安插地方军人的色彩并不浓厚，国民党还是以文人占据主导性优势的政党，其军人当选更多是结构性需要，无论是数量还是比例均处于低位。从第三届中央委员会始，国民党中央委员会中军人成员人数逐渐增多，比例明显增大，承担安插地方实力派的功能越发明显。第三届中央委员共计80人，军人背景者24人，其中地方派系背景者15人。第四届中央委员共计178名，军人背景者共计57人，其中地方派系背景者30人。第五届中央委员共计260人，军人背景者共计97人，其中地方派系背景者51人。第五届中央委员中地方派系背景者无论是人数还是比例均达历史新高。

除了三大委员会等中央机构外，国民政府还通过某些具体的职务、名誉试图将地方实力派纳入南京中央的体制之内。那么，国民政府的这些做法是否起到作用，起到怎样的作用？对此需要具体分析。首先，就整体而言，这种安置是不动摇根本政治制度，仅设立或依托既有行政体制的安置，在中央权威尚未确立的情况下，即使是实权机构的安置，其作用亦较为有限，易被视为削弱架空或逼人做官之举。比如，国民政府初期，蒋介石极力拉拢地方实力派的领袖进入南京中央任职。其中西北军系领袖冯玉祥当选军政部部长，晋绥系领袖阎锡山为内政部部长兼蒙藏委员会委员长，桂系领袖李宗仁为军事参议院院长。但是在南京中央权威不足的情况下，这些部阁高位对地方实力派并无吸引力。李宗仁颇为不屑地称：“自古只有逼人丢官的，尚未闻有逼人做官的事，蒋总司令现在居然逼我做官，也为少有的奇闻”。[①] 国民政府法理上虽是一党治国之训政体制，有《中华民国训政时期约法》以及政党制度的政治运作，但本质上主要还是军事强人体制，法律与制度很大程度上只是贯彻蒋介石个人意志的工具。军事强人体制下，个人的兴衰起伏甚至生死存亡，不取决于法律与制度，而操之于军事强人。对于习惯掌握地盘与军队进而掌握自己命运的地方实力派而言，怎敢放心把自己的命运交于他者之手？其次，这种安置对不同类型的地方实力派作用有别。对于那些无时不思驰驱于中原、实力较强的地方实力派而言，中央政权的封官晋爵并无吸引力；但对于志在固守地方的地方实力派而言，中央政权给予的名誉、身份、职务，对于他们在所在区域内的竞争颇有助益，因而较具吸引力。最

---

① 李宗仁口述，唐德刚撰写《李宗仁回忆录》，第417页。

后，以职务、名誉安置笼络地方实力派，某种程度上基于是否需要的策略考量，而非基于是否合适、是否正确的原则考量。从短时效上讲，对授予职务、名誉的地方实力派起到了一定的笼络作用；但从根本上讲，这种不珍惜国家名器的行为终将影响政府的形象与权威。值得注意的是，这种以国家名器安置地方实力派的行为虽形式上以政府行为出之，但主要还是蒋介石个人意志的产物。谭延闿的记录提供了这方面的证据。1929 年 10 月 14 日其在日记中记："介石来谈，有所商榷，吾以为名与器不可假人之说进。"10 月 22 日记："介石好以高位许人，吾不谓然，然无如何。"① 谭延闿时任行政院院长，不赞成蒋介石轻易以国家名器授人，但在蒋介石强人政治下，也无可奈何。时任立法院院长的胡汉民同样不赞成蒋介石的这种做法。中原大战期间，蒋介石为了获取东北军的支持，准备授予张学良中华民国陆海空军副司令之位。胡汉民不予支持，称"我不是反对汉卿，是爱护汉卿，尤其是爱惜国家名器"。② 但胡汉民的反对也无作用，1930 年 10 月 9 日，张学良正式就职。

1928 年国民党二届五中全会通过《整理军事案》所确定的军政军令的统一、军事教育的统一、军队经理制度的统一等基本原则，对国民政府整合地方派系军队具有重要的指导意义。为了实现军政军令的统一，国民政府逐渐建立起现代意义上比较完善的军事指挥系统，其中尤其是中央层面的军事系统，为军政军令的统一提供了制度保障。通过军队编制尤其是军队战略单位的设计整合军队是蒋介石军事思想中的重要内容。国民政府成立后，蒋介石主要以师为战略单位这种既符合一战后军事潮流又能确保政治安全的军队编制来整合地方实力派的军队。当然，国民政府最主要的还是依托武力击败地方实力派，或者在以武力为后盾的统一进程中对地方派系军队进行招抚与整编。军事教育是军队建设的中心任务。民国时期军队派系复杂，军队私有，军人之观念与心理无疑是其中之重要因素。影响军人观念与心理之军事

---

① 《谭延闿日记》，1929 年 10 月 14 日、10 月 22 日，台北中研院档案馆藏，全宗号：085，全宗名：陈履安提供资料。

② 胡汉民：《革命过程中之几件史实》，《三民主义月刊》第 2 卷第 6 期，1933 年 12 月，第 119 页。

教育亦多掌握在派系背景的军人手中。国民政府为了加强对军事的统一与管控，设立了训练总监部与参谋本部等中央机构统一掌管各层次的军事教育，建立起包括陆军教育、海军教育、空军教育等门类齐全的军事教育系统，并在推进统一的过程中，逐渐将带有浓厚地方派系色彩的军事教育机构纳入南京中央的教育体制之下。这种军事教育的统一从理论上讲是整合系统复杂的军队的根本性举措，但是这种整合需要比较安定的外部环境，缓缓为功。

从本质上讲，地方实力派问题属于中央与地方关系问题。众多的地方实力派把控着省级政权，在各自辖区内自行其是、自成独立王国，中央与地方关系在失控与失序的泥淖中挣扎。国民政府在整合地方实力派的过程中，试图将中央与地方关系纳入制度化、法治化的轨道，就中央与地方权责制定了众多制度规范。大体上讲，这些规范的象征意义大于实际意义，但是在近代内忧外患的背景下，形式上的统一，象征意义上的制度规范，亦优于无中央政权存在、无规范存在所导致的完全混乱的无政府主义局面。实际上，若深入具体的个案考察，中央政权有关中央与地方关系制度设计（基本原则与实施细则），对地方政权并非毫无约束。而且，中央与地方各自对对方的认识均在不断变化演进中，南京中央认知中的地方固然有军阀割据的面相，但是亦关注到地方的发展进步为整个国家进步的重要组成部分。这种认知的变化必然反映在制度设计之中。

第四节　政治权谋的作用与局限

在国民政府对地方实力派的整合过程中，蒋介石建立在武力基础上的政治权谋发挥了重要作用。无论是"剿共"背景下的整合还是对民族主义的借重，都是借助国内外的形势实现对地方实力派的整合。这种以势相交，仍是传统权术的范畴，是传统权术在现代背景下的运用。除此之外，以利相交、以权相交、以情相交、联此制彼、分化瓦解等亦是蒋介石频繁使用之手段。对于蒋介石整合地方实力派的具体权谋与策略，学界关注较多。本书仅就以往较少关注的面相试做补充。

大体上讲，蒋介石对地方实力派的策略应对有一个前后变化的过程。国

国民政府对地方实力派的整合（1928～1937）

民政府初期蒋介石对地方实力派应对较多强弓硬拉，缺少妥协与弹性。这不仅表现在频频发生的"讨逆"战事上，两次扣押政治对手事件的发生同样颇具代表性。第一次是 1929 年 3 月 21 日，强行扣押李济深；第二次是 1931年 2 月 28 日，强行软禁胡汉民。这两起事件尤其是第二起事件造成了极其严重的后果，极大地影响了国民政府内部整合的进程。1931 年 6 月 5 日，在中原大战中遭遇重挫的阎锡山在致友人的信中称："去年我方失败（指1930 年中原大战），蒋本可以顺手治理，说者谓非特可以统一，且可以实行中央集权。熟意蒋不谋乘势治理，乃纵共匪以自重，囚元老（指软禁胡汉民）以自雄，众叛亲离，陷国家于危乱。"① 在阎锡山看来，蒋介石取得中原大战的胜利是其谋求真正统一甚至中央集权的绝佳契机，但蒋介石举措乖张，"纵共匪以自重""囚元老以自雄"，致使其失去统一之良机。彼时阎锡山处于与蒋介石对立立场，其所言并非全为事实。所谓"纵共匪以自重"之语，显系基于结果的推测，而对"囚元老以自雄"所导致严重后果的判断则大体不差。此后胡汉民南下与两广实力派结合成西南半独立局面，成为国民党最大的在野反对势力，对蒋介石及南京中央政权长期杯葛寻衅。

1931 年底，在国民党内部斗争中，蒋介石被迫第二次下野。1932 年初复职再起后，蒋介石对内外政策以及治国方略均有反思与调整。1932 年 5 月 21 日，陈景韩对蒋介石说："以后应在本分内事尽力，不必强其不能为与不可料之事"，"惟切忌与人冲突，应竭力避免。讲演只可说我之所为，而不必说人之不应为，以免他人误会"。陈景韩大意是指在国民政府并未实现真正统一、执掌中枢者在实力有限的情况下要有所为，有所不为，尽力避免内部冲突。至于之前处置乖张失当之处，"不必认羞后悔，以当时之考虑并未为差，至于事后败坏，则由应时而生变迁，决非当时之有此败象，乃为不及料之事"。陈景韩之言切中蒋介石之心理，故颇以为是，称"此皆其静眼观事之谈也"。②

---

① 山西省地方志办公室、山西省政协文史资料委员会编《阎锡山日记》，社会科学文献出版社，2011，第 40 页。

② 《蒋介石日记》（手稿本），1932 年 5 月 21 日。

对于蒋介石的前后变化，外界亦有观察。时任山西省政府主席徐永昌引用《晨报》记者许志平的说法，称蒋"以前不择手段"，现在"牺牲一切幸福，力求上进，力求为国"。① 所谓"牺牲一切幸福"等语，自有溢美吹捧成分，但"现在"与"过去"的对比，用于反映蒋介石的前后变化亦不无所见。

就整合地方实力派而言，蒋介石的前后变化表现在两个方面。

一是韬光养晦，在个人名分地位上"舍名求实"。1932 年 1 月 31 日蒋介石在日记中记："余既不能由余之名义统一，应该设法使实际上由余之行动统一，只有礼让他人得名，而余退下为其部属，助其成名也。"② 在个人荣誉地位上的舍其名求其实成为全面抗战前蒋介石整合内部的重要策略。1932 年后，国民政府形成了蒋汪合作的格局，林森担任表征国家元首的国民政府主席一职，汪精卫任行政院院长，主持行政与外交，蒋介石则出任军事委员会委员长，掌握军权，主持"剿共"。1935 年 12 月，国民党五届一中全会选举胡汉民为国民党中央常务委员会主席，汪精卫为国民党中央政治委员会主席，蒋介石均为两会的副主席。在这期间，国民党内时有蒋介石在党务上欲为总理、在行政上急改宪政欲为总统之传言。为此，蒋介石多次辟谣，1934 年 2 月 28 日在日记中记："辟党务总理之谣。"3 月 1 日记："发表辟总理制之谣言。"③ 当天，蒋介石对中央社记者发表谈话，"否认国民党将改总理制及本人为总理说"。④ 1936 年 6 月，蒋介石对外辟谣不为总统候选人。⑤ 从事实上讲，在全面抗战前，蒋介石并未成为党务上的总理与宪政体制下的总统。

二是对地方实力派较少强弓硬拉，以绥靖妥协为主。其中对两广实力派与胡汉民等元老派结合而成西南半独立局面的处理颇具代表性。蒋介石对两广内心深处虽颇为不满，有过武力挞伐之盘算，但实际上更多的是沟通、交涉与妥协，避免酿成实质上的冲突。即使是两广动辄漠视南京中央权威，在

---

① 徐永昌：《徐永昌日记》第 3 册，第 156 页。
② 《蒋介石日记》（手稿本），1932 年 1 月 31 日。
③ 《蒋介石日记》（手稿本），1934 年 2 月 28 日、3 月 1 日。
④ 韩信夫、姜克夫主编《中华民国大事记》第 3 册，第 619 页。
⑤ 《蒋介石日记》（手稿本），1936 年 6 月 18 日。

内外政策上杯葛寻衅，蒋介石也是曲与周旋，谨慎应付。1932年后，蒋介石在"剿共"过程中，着力培植嫡系武力，对此，地方实力派忧心忡忡，认为蒋介石借"剿共"增重自己势力，故分享着在"剿共"进行中不乘机扩大势力，将来必无立足之地的认知。[1] 蒋介石虽不断扩大嫡系势力，但并未对地方实力派大动干戈。尤为值得注意的是，蒋介石逐渐从派系领袖转身为国家领袖，有了较多的国家观念与全局意识。在这种转变背后，蒋介石眼中的地方与地方实力派的形象逐渐出现了微弱却不可忽视的变化。地方既可以是实力派割据自雄的地盘，也可以是国家发展过程中的重要组成部分，可以提供在高度中央集权体制下相较欠缺却必需的多元试错的可能。地方实力派既是统一的阻力，也是共同应对内外危局的合作者。

蒋介石对自身和对手的策略变化，从消极层面讲，避免了国民党内大规模的军事冲突；从积极层面讲，虽不足以直接推动，亦不能加速国民政府整合地方实力派的进程，大多数地方实力派仍在相当长的时间里对蒋介石与南京中央延续着对抗性思维。但是这些策略的变化改变了蒋介石在其他各界的形象，有助于其个人权威的形成。1935年，胡适认为蒋介石"长进了，气度变阔大了，态度变平和了"，"能相当的容纳异己者的要求，尊重异己者的看法"。蒋介石是"全国公认的领袖，是个事实问题，因为全国没有一个别人能和他竞争这个领袖的地位"。[2] 朱培德是原滇军将领，与蒋介石有过竞逐的历史，亦做出了类似的判断："近来蒋先生之心理及修养已非昔日可比，宽厚为其本性，近则力主和平，惜才用才，力弃宿怨"。[3] 蒋介石个人形象的改变与个人权威的形成，间接地推动了国民政府对地方实力派的整合。

当然，对蒋介石这两方面的积极变化及其影响不能估计过高。作为一个深受传统政治文化影响的转型时代的军政领袖，追求绝对的甚至不受支配的权力以及与之相匹配的名位是其重要需求。蒋介石在名分上的韬光养晦，有

---

① 徐永昌：《徐永昌日记》第3册，第32页。
② 胡适：《政制改革的大道》，《独立评论》第163号，1935年8月。
③ 转自陈红民《在朝与在野：1932～1936年间蒋介石胡汉民关系之研究》，《二十一世纪》2004年5月号。

所为有所不为，是以退为进的策略之需，只待时机成熟，必然追求绝对的不受支配的权力以及与之相匹配的名位。蒋介石对地方实力派的绥靖与妥协亦是依托不断强大的武力，对川黔的经营、对两广事变的解决、对西安事变的善后都是建立在武力基础上的。蒋介石虽然逐渐具有了国家观念与全局意识，但是派系意识与嫡系观念仍顽强地存在，其内心深处对地方派系仍是强烈的鄙夷与不满。1938 年四川实力派刘湘去世后，蒋介石将其与同年因违抗抗战军纪而伏诛的韩复榘相提并论。二人都是民国时期典型的地方实力派，但二人之死性质迥异：刘湘因病而逝，韩复榘以罪而诛。蒋介石却二人并提，视为国家统一之福，足见其对地方实力派的厌恶之情。上有所恶，下必甚焉。1932 年后，当蒋介石对地方实力派倾向于妥协与绥靖之际，作为国民政府统治基石的黄埔嫡系将领是磨刀霍霍，每逢地方事端，多倾向于强力解决。1937 年初，南京中央在如何处理西北善后问题上存有和战两派，黄埔嫡系将领多数主张武力善后。陈诚的说法颇具代表性。1937 年 1 月 27 日，陈诚向蒋介石建言，"职以为中央宽大应有限度"，"请勿听假仁假义者什么宽大对内，一致对外之自欺欺人之说法，速下最后决心，解决逆匪，以遂专心对日之志愿"。"只有用军事手段，才能达政治解决目的。"[1]

在国民政府对地方实力派的整合过程中，以往多强调蒋介石之机巧诈伪、机关算尽，一方面固有所见，是基于蒋介石惯常使用各种权谋这一事实的判断；另一方面，亦存在普遍化与标签化的倾向，对其多元复杂的面相缺乏足够的认识。蒋介石经常联此制彼，分化瓦解，但并非所有局面的出现均是蒋介石运用策略的结果。在地方实力派掌控的省域，往往存在多种力量对峙的局面。如 1933 年山东有韩复榘与刘珍年之争，有种观点认为这是蒋介石有意不调走刘珍年，是两种实力对峙与牵制策略的一贯运用。这种说法更多的是基于表面印象的认识，忽视了民国的政治生态。国民政府虽然是中央政权，但对地方实力派并不能有效掌控与约束，即使是对实力较弱的刘珍年，南京中央及蒋介石并无把握将其调走。地方政治格局的形成更多的是地

---

[1]　《电呈请速下决心解决西北逆匪》（1937 年 1 月 27 日），何智霖编《陈诚先生书信集——与蒋中正先生往来函电》（上），第 247 页。

方内部实力较量的结果。如 1932 年后四川的刘湘与刘文辉之间持续不断的战争，论者多以为是蒋介石选边占位支持刘湘所致。这种说法注意到部分面相。但是蒋介石的态度与策略实际更为多元复杂。一方面，地方的军事冲突对中央政权而言，既影响其内外形象，亦影响到其"安内""攘外"的总体布局。从理想层面讲，蒋介石并不希望四川内战。另一方面，地方实力派有自行其是的实力及脾性，地方军事冲突基本上是按其内在逻辑进行。名义上的中央政权很难真正影响到这种逻辑。如果拥护南京中央的刘湘能够迅速取得胜利，四川内争虽暂时有一定的负面影响，但未尝不是可以接受的局面。在这种背景下，蒋介石对刘湘以私人名义表示过有条件的支持。但二刘之战长期不断，使蒋介石认识到刘湘并不能真正统一四川，结果只是争城争地而已，故坚决反对川战的持续进行。

　　总之，国民政府逐渐形成的对地方实力派之整合局面主要建立在三个基础上：一是走向全面抗战；二是以不断强大的中央军为后盾，各种权谋并用以及策略调整；三是在前两者基础上所形成的蒋介石个人权威。这种整合或可在一定时段、在某种程度上起到某些作用，但绝不足以开创新局。在近代中国政治经济文化转型与变迁的时代背景下，在错综复杂的内外环境中，这种整合显然是不够的。

参考文献

一 档案及资料汇编

《陈诚副总统文物档案》，台北"国史馆"藏，全宗号：008。

《国民政府档案》，中国第二历史档案馆藏，全宗号：1。

《蒋中正总统文物档案》，台北"国史馆"藏，全宗号：002。

陈红民辑注《胡汉民未刊往来函电稿》第3、6、10、11、13、14册，广西师范大学出版社，2005。

陈湛绮编《国民政府军事委员会公报》（1～4），全国图书馆文献缩微复制中心，2010。

郭廷以编《近代中国史事日志》，中华书局，1987。

郭卫、周定枚编《中华民国六法理由判解汇编》第3册，万籁，1934。

"国防部史政编译局"编印《国军后勤史》（1～6），台北，1987。

《国民政府军事委员会公报》，全国图书馆文献缩微复制中心，2010。

何智霖编《陈诚先生书信集——与蒋中正先生往来函电》，台北，"国史馆"，2007。

毛思诚编《民国十五年以前之蒋介石先生》，香港，龙门书局，1965。

林秋敏、叶惠芬、苏圣雄编辑校订《陈诚先生日记》，台北，"国史馆"、中研院近代史研究所，2015。

秦孝仪主编《革命文献》，台北，中国国民党党史委员会，1979。

秦孝仪主编《中华民国重要史料续编——对日抗战时期》，台北，中国国民党党史委员会，1981。

秦孝仪主编《先总统蒋公思想言论总集》，台北，中国国民党党史委员会、中央文物供应社，1984。

　　秦孝仪主编《总统蒋公大事长编初稿》（1～8），台北，中国国民党党史委员会，1978。

　　荣孟源、孙彩霞等主编《中国国民党历次全国代表大会及中央全会资料》，光明日报出版社，1985。

　　沈思编《政府抗敌的准备》，准备书局，1937。

　　沈云龙主编《近代中国史料丛刊续编》第49辑，台北，文海出版社，1974。

　　四川文史研究馆编《四川军阀史料》，四川人民出版社，1987。

　　王正华等编注《蒋中正总统档案·事略稿本》（1～40），台北，"国史馆"，2003～2010。

　　文闻编《晋绥军集团军政秘档》，中国文史出版社，2009。

　　薛谋成、郑全备选编《"福建事变"资料选编》，江西人民出版社，1984。

　　中国第二历史档案馆编《国民党政府政治制度档案史料选编》，安徽教育出版社，1994。

　　中国第二历史档案馆编《国民党追堵红军长征档案史料选编》，档案出版社，1987。

　　中国第二历史档案馆编《中国国民党中央执行委员会常务委员会会议录》，广西师范大学出版社，2000。

　　中国第二历史档案馆编《中华民国史档案资料汇编》，江苏古籍出版社，1998。

　　中央档案馆编《中共中央文件选集》第10册，中共中央党校出版社，1991。

　　周美华编《国民政府军政组织史料——军事委员会》，台北，"国史馆"，1996。

　　周美华编《国民政府军政组织史料——军政部》，台北，"国史馆"，1996。

二 报刊

《大公报》《独立评论》《国民政府公报》《国闻周报》《华侨半月刊》
《民国日报》《民间周报》《民众三日刊》《南华评论》《三民主义月刊》《申报》《中央日报》《中央周刊》

三 日记、回忆录与传记资料等

蔡廷锴：《蔡廷锴自传》，黑龙江人民出版社，1982。

陈布雷：《陈布雷回忆录》，团结出版社，2016。

陈公博：《苦笑录》，现代史料编刊社，1981。

陈立夫：《成败之鉴》，台北，中正书局，1994。

陈铭枢：《陈铭枢回忆录》，中国文史出版社，2012。

陈寿恒、蒋荣森等编《薛岳将军与国民革命》，台北，中研院近代史研究所，1988。

程思远：《政坛回忆》，广西人民出版社，1983。

冯玉祥：《冯玉祥日记》，江苏古籍出版社，1992。

顾祝同：《墨三九十自述》，台北，"国防部史政编译局"，1981。

郭汝瑰：《郭汝瑰回忆录》，中共党史出版社，2010。

公安部档案馆编《在蒋介石身边八年——侍从室高级幕僚唐纵日记》，群众出版社，1991。

韩信夫、姜克夫编《中华民国大事记》，中国文史出版社，1997。

"何应钦将军九五纪事长编编辑委员会"编《何应钦将军九五纪事长编》，台北，黎明文化事业有限公司，1984。

黄绍竑：《五十回忆》，上海书店，1945。

贾廷诗等访问纪录《白崇禧访问录》，台北，中研院近代史研究所，1984。

《蒋廷黻回忆录》，岳麓书社，2003。

《蒋作宾回忆录》，台北，传记文学出版社，1967。

《蒋作宾日记》，江苏古籍出版社，1990。

季啸凤、沈友益主编《中华民国史史料外编——前日本末次研究所情报资料（中文部分)》，广西师范大学出版社，1997。

《蒋介石日记》（手稿本），美国斯坦福大学胡佛研究所档案馆藏。

〔美〕拉铁摩尔著，〔日〕矶野富士子整理《蒋介石的美国顾问：拉铁摩尔回忆录》，吴心伯译，复旦大学出版社，1996。

《李品仙回忆录》，台北，中外图书出版社，1975。

李宗仁口述，唐德刚撰写《李宗仁回忆录》，华东师范大学出版社，1995。

刘凤翰、张力访问，毛金陵纪录《丁治磐先生访问纪录》，台北，中研院近代史研究所，1991。

刘峙：《刘峙回忆录》，台北，文海出版社，1982。

吕伟俊：《韩复榘》，山东人民出版社，1985。

荣孟源、章伯锋编《近代稗海》第8辑，四川人民出版社，1987。

《邵元冲日记》，上海人民出版社，1990。

沈云龙、张朋园、刘凤翰访问纪录《刘航琛先生访问纪录》，台北，中研院近代史研究所，1990。

宋希濂：《鹰犬将军：宋希濂自述》，中国文史出版社，1986。

《谭延闿日记》，台北中研院档案馆藏，全宗号085。

万仁元、方庆秋主编《蒋介石年谱初稿》，档案出版社，1992。

《王世杰日记》，台北，中研院近代史研究所，1990。

《王子壮日记》，台北，中研院近代史研究所，1990。

熊式辉：《海桑集——熊式辉回忆录（1907～1949)》，台北，明镜出版社，2008。

徐永昌：《徐永昌将军求己斋回忆录》，台北，传记文学出版社，1989。

徐永昌：《徐永昌日记》，台北，中研院近代史研究所，1991。

张令澳：《侍从室回梦录》，上海书店出版社，1998。

张友坤、钱进主编《张学良年谱》，社会科学文献出版社，1996。

邹鲁：《回顾录》，岳麓书社，2000。

四 著作

陈红民：《函电里的人际关系与政治：读哈佛－燕京图书馆藏"胡汉民往来函电稿"》，三联书店，2003。

陈红民等：《朱培德传》，中国青年出版社，2007。

陈志让：《军绅政权：近代中国的军阀时期》，广西师范大学出版社，2008。

邓正兵：《广东地方实力派与地方主义》，武汉出版社，2001。

方勇：《蒋介石与战时经济之研究（1931～1945）》，浙江大学出版社，2013。

〔美〕费正清主编《剑桥中华民国史》，中国社会科学出版社，1993。

高晓星、时平：《民国海军的兴衰》，中国文史出版社，1989。

〔日〕古屋奎二：《蒋介石秘录》，《蒋介石秘录》翻译组译，湖南人民出版社，1988。

黄仁宇：《从大历史的角度读蒋介石日记》，台北，时报文化出版公司，1994。

郭绪印：《国民党派系斗争史》，上海人民出版社，1992。

〔日〕家近亮子：《蒋介石与南京国民政府》，王士花译，社会科学文献出版社，2005。

贾若瑜主编《中国军事教育通史》，辽宁教育出版社，1997。

〔美〕柯博文：《走向"最后关头"——中国民族国家构建中的日本因素（1931～1937）》，马俊亚译，社会科学文献出版社，2004。

孔庆泰：《国民党政府政治制度史》，安徽教育出版社，1998。

李宝明：《"国家化"名义下的"私属化"——蒋介石对国民革命军的控制研究》，社会科学文献出版社，2010。

李剑农：《中国近百年政治史》，湖南教育出版社，2008。

李松林主编《蒋介石权谋》，华文出版社，2001。

李云汉：《国民党党史述》第三编，台北，中国国民党中央党史委员会，1994。

刘维开：《编遣会议的实施与影响》，台北，台湾商务印书馆，1989。

刘维开：《国难期间应变图存问题之研究——从九一八到七七》，台北，"国史馆"，1995。

〔美〕罗伯特·A. 柯白：《四川军阀与国民政府》，殷钟嵊、李惟健译，四川人民出版社，1985。

罗敏：《走向统一：西南与中央关系研究（1931～1936）》，社会科学文献出版社，2014。

〔英〕罗素：《权威与个人》，肖巍译，中国社会科学出版社，1990。

马振犊：《国民党特务活动史》，九州出版社，2008。

荣孟源：《蒋家王朝》，中国青年出版社，1980。

〔美〕塞缪尔·亨廷顿：《变革社会中的政治秩序》，李盛平、杨玉生译，京华出版社，2000。

沈宗瑞编《先总统蒋公与中国国防现代化》，台北，中央文物供应社，1986。

宋平：《蒋介石生平》，吉林人民出版社，1988。

庹平：《蒋介石研究——解读蒋介石的政治理念》，团结出版社，2001。

万仁元：《蒋介石与国民政府》，商务印书馆，1994。

汪朝光主编《蒋介石的人际网络》，社会科学文献出版社，2011。

王多年主编《国民革命战史》，台北，黎明文化事业股份有限公司，1982。

王俯民编注《民国军人志》，中国广播电视出版社，1992。

王奇生：《党员、党权与党争——1924～1949年中国国民党的组织形态》，华文出版社，2011。

王荣周：《先总统蒋公与中国财政现代化》，台北，中央文物供应社，1985。

汪荣祖、李敖：《蒋介石评传》，中国友谊出版公司，2000。

吴振汉：《国民政府时期的地方派系意识》，台北，文史哲出版社，1992。

肖如平：《南京国民政府与"一·二八"淞沪抗战研究》，浙江大学出版社，2016。

肖太陶：《权威·依附——中国传统文化心理中的权威意识研究》，江苏教育出版社，1998。

谢本书、牛鸿宾：《蒋介石和西南地方实力派》，河南人民出版社，1990。

〔美〕薛立敦：《冯玉祥的一生》，邱权政、陈昌光等译，浙江教育出版社，1988。

严如平、郑则民：《蒋介石传稿》，中华书局，1992。

杨保森、任方明：《西北军将领录》，中国广播电视出版社，2004。

杨奎松：《国民党的"联共"与"反共"》，社会科学文献出版社，2008。

杨树标、杨菁：《蒋介石传（1887～1949）》，浙江大学出版社，2008。

杨天石：《蒋介石秘档与蒋介石真相》，社会科学文献出版社，2002。

杨天石：《蒋介石与南京国民政府》，中国人民大学出版社，2007。

杨天石：《寻找真实的蒋介石——蒋介石日记解读》，山西人民出版社，2008。

杨跃进：《蒋介石的幕僚》，中国社会科学出版社，1997。

〔美〕易劳逸：《流产的革命：1927～1937年国民党统治下的中国》，陈谦平、陈红民等译，中国青年出版社，1992。

张皓：《派系斗争与国民党政府运转关系研究》，商务印书馆，2018。

张连红：《整合与互动：民国时期中央与地方财政关系研究》，南京师范大学出版社，1999。

张明金、刘立勤主编《中华民国历史上的20大派系军阀》，解放军出版社，2008。

张瑞德：《抗战时期的国军人事》，台北，中研院近代史研究所，1993。

张宪文、方庆秋主编《蒋介石全传》，河南人民出版社，1996。

张宪文等：《中华民国史》，南京大学出版社，2005。

张云：《中国历史命运的大抉择：从蒋介石到毛泽东》，上海人民出版社，1994。

曾庆榴：《广州国民政府》，广东人民出版社，1996。

中国革命史编写组编《中国革命史》，社会科学文献出版社，1987。

中国青年军人社编《反蒋运动史》，台北，李敖出版社，1991。

〔美〕佐拉图：《蒋介石：现代中国的建造者》，李达谟译，台北，幼狮文化事业公司，1986。

五　论文

陈红民：《从〈蒋介石日记〉看其对中央苏区的五次"围剿"》，《苏区研究》2016年第6期。

陈红民：《胡汉民·西南政权与广东实力派（1932～1936）》，《浙江大学学报》（人文社会科学版）2007年第1期。

陈红民：《胡汉民与张学良关系述论：1931～1936》，《江苏社会科学》2002年第1期。

陈红民：《回顾与展望——中国大陆地区的民国史研究》，《安徽史学》2010年第1期。

陈红民、张玲、郭昌文：《冲突与折衷：国民党五全大会延期召开原因探讨》，《民国档案》2009年第1期。

陈默：《全面抗战前（1928～1937）国民党军队的编制演变》，《军事历史研究》2011年第3期。

陈钊：《甘肃雷马事变中的蒋介石与杨虎城》，《民国档案》2009年第3期。

董国强：《论1932年～1935年间蒋介石个人权力的扩张》，《江苏社会科学》2002年第3期。

段金生：《脆弱的统合之基：抗战前国民党在云南的组织与发展（1927～1937）》，《民国档案》2015年第2期。

段金生：《地方势力的国家参与：变局中边疆实力派的政治选择——抗战爆发前后龙云言行的观察》，《民国档案》2015年第2期。

段金生：《西南边疆的内部差异及南京国民政府治策的调整》，《思想战线》2012年第1期。

段金生、郭飞平：《民族国家构筑的同质异向：南京国民政府与云南地方实力派关系的考察》，《云南行政学院学报》2012 年第 1 期。

顾关林：《简述地方实力派与中共的早期关系》，《中共党史研究》1988 年第 1 期。

顾关林：《论西北军的瓦解》，《近代史研究》1990 年第 3 期。

胡震亚：《蒋介石早年性格特征及形象重塑述评》，《民国档案》2002 年第 4 期。

黄道炫：《1980 年代以来中国大陆蒋介石研究述评》，《近代史研究》2007 年第 1 期。

黄道炫：《第五次反"围剿"失败原因探析——不以中共军事政策为主线》，《近代史研究》2003 年第 5 期。

黄道炫：《蒋介石"攘外必先安内"方针研究》，《抗日战争研究》2000 年第 2 期。

黄道炫：《蒋介石与黄埔建军》，《史学月刊》2004 年第 2 期。

黄道炫：《中共、粤系、蒋介石：1934 年秋的博弈》，《近代史研究》2011 年第 1 期。

黄天华：《国家统一与地方政争——以四川"二刘大战"为考察中心》，《四川师范大学学报》（社会科学版）2008 年第 4 期。

黄天华：《蒋介石与川政统一》，《四川师范大学学报》（社会科学版）2010 年第 5 期。

黄天华：《"整军即所以抗日"：蒋介石与 1937 年川康整军会议》，《社会科学研究》2016 年第 5 期。

黄伟：《论 1932 年山东"韩刘冲突"的制约因素》，《民国档案》2008 年第 4 期。

黄燕清：《略论蒋介石与李宗仁的第一次合作与分裂》，《上海大学学报》（社会科学版）1989 年第 5 期。

金冲及：《中央红军在贵州的若干重大问题》，《历史研究》2014 年第 1 期。

金以林：《蒋介石与政学系》，《近代史研究》2014 年第 6 期。

孔天熹、段治文：《蒋介石与桂系、冯系、阎系——专论蒋氏取胜的原因》，《民国档案》1993 年第 4 期。

黎志辉：《川谣·川灾·川政——抗战前夕四川的统一化进程》，《抗日战争研究》2009 年第 4 期。

李宝明：《蒋介石与中原大战后的晋绥军》，《学术探索》2004 年第 11 期。

李殿元：《略论刘文辉研究中的几个问题》，《天府新论》1994 年第 3 期。

李蕉、夏清：《"统一"之辩：西安事变前后国共两党的舆论交锋》，《人文杂志》2017 年第 6 期。

李静之：《试论蒋冯阎中原大战》，《近代史研究》1984 年第 1 期。

李翔：《"三二〇"事件后蒋介石与党军体制的变易——兼析党军、文武主从关系的变动》，《近代史研究》2017 年第 6 期。

梁广裁：《论陈济棠与蒋介石的矛盾与斗争》，《民国档案》1991 年第 3 期。

梁平：《论蒋介石的"削藩"》，《民国档案》1993 年第 4 期。

刘大禹：《抗日与"剿共"：蒋介石的两难选择——以 1933 年的热河危机为中心》，《历史教学》2008 年第 12 期。

刘文楠：《寻找理想的中央—地方关系——蒋介石与晋绥地方实力派的博弈（1931～1934）》，《史林》2015 年第 5 期。

柳德军：《"雷马事变"与甘肃政局之演变》，《西北师大学报》（社会科学版）2017 年第 5 期。

卢毅：《关于蒋介石"放水"长征说的再辨析》，《中共中央党校学报》2017 年第 1 期。

卢毅：《蒋介石"放水"长征说辨正》，《历史研究》2016 年第 4 期。

罗敏：《从对立走向交涉：福建事变前后的西南与中央》，《历史研究》2006 年第 2 期。

罗敏：《从军事领袖向政治领袖的转型——以 1930 年代蒋介石对"西南问题"的处置为中心》，《社会科学辑刊》2014 年第 4 期。

罗敏：《蒋介石与两广六一事变》，《历史研究》2011 年第 1 期。

罗敏：《"矛盾政策"中找寻出路：四届五中全会前后的胡汉民与西南时局》，《近代史研究》2007 年第 5 期。

罗敏：《走向"团结"——国民党五全大会前后的蒋介石与西南》，《近代史研究》2009 年第 3 期。

罗玉明：《财政困难与南京政府裁兵编遣的失败》，《江苏社会科学》2001 年第 5 期。

吕芳上：《抗战前的中央与地方——以蒋介石先生与广东陈济棠关系为例（1929～1936）》，《近代中国》总第 144 辑，2001 年。

罗志田：《南北新旧与北伐成功的再诠释》，《开放时代》2000 年第 9 期。

马思宇：《有财斯有兵：1928～1930 年蒋阎关系再解读》，《史学月刊》2016 年第 8 期。

潘晓霞：《1934 年蒋介石西北之行》，《抗日战争研究》2013 年第 2 期。

沈成飞：《试论李济深在编遣裁兵运动中的角色——兼及蒋介石、李济深决裂之影响分析》，《社会科学战线》2016 年第 11 期。

唐纯良：《地方实力派在第二次国共合作中的历史贡献》，《北方论丛》1994 年第 5 期。

田正平、陈玉玲：《中央与地方之冲突：国民政府初期对地方高校的整顿——以四川大学、山西大学校为中心的考察》，《高等教育研究》2013 年第 6 期。

佟德元：《党权之争与奉系军阀国民党化：1929～1931 年》，《安徽史学》2011 年第 6 期。

汪朝光：《蒋介石与 1945 年昆明事变》，《近代史研究》2009 年第 3 期。

王才友：《"急进"与"缓图"之间：蒋介石对国民党新五师的整编（1927～1931）》，《民国档案》2017 年第 4 期。

王明前：《南京国民政府时期国民党地方新军阀的县级行政设计——以四川防区制下的县级行政为个案》，《安徽史学》2010 年第 6 期。

王玲：《黄埔军校（中央陆军军官学校）分校简介》，《民国档案》1990

年第 3 期。

　　肖自力：《南京政府前期地方实力派的政治生存——以何键为中心》，《历史研究》2014 年第 3 期。

　　肖自力：《十九路军从拥蒋到反蒋的转变》，《历史研究》2010 年第 4 期。

　　肖自力：《凶终隙末：蒋介石李济深关系探微》，《江海学刊》2014 年第 6 期。

　　谢永雄：《试论李宗仁与蒋介石》，《广西社会科学》1996 年第 3 期。

　　杨奎松：《对蒋介石"放水长征路"一说若干史实的考析》，《史林》2017 年第 1 期。

　　杨奎松：《张学良反蒋问题之探讨》，《历史研究》1997 年第 6 期。

　　杨树标、杨发祥：《1927～1937 年冯玉祥与蒋介石的关系新论》，《天津大学学报》（社会科学版）2004 年第 1 期。

　　杨天宏：《北伐前夕中国政治中的外国因素》，《学术月刊》2008 年第 3 期。

　　杨天石：《卢沟桥事变前蒋介石的对日谋略——以蒋氏日记为中心所作的考察》，《近代史研究》2001 年第 2 期。

　　杨维真：《陈进金，〈地方实力派与中原大战〉》，《中央研究院近代史研究所集刊》第 46 期。

　　岳谦厚、雷承锋、孙立智：《南京国民政府时期中央与地方关系——以冀省"废苛减附"治理实践为中心的考察》，《安徽史学》2013 年第 2 期。

　　曾景忠：《九一八事变后阎锡山的拥蒋统一立场》，《山西师大学报》（社会科学版），1994 年第 4 期。

　　曾业英：《历史当事人的记述与历史真实——新见〈剿共随军日记〉解读》，《近代史研究》2008 年第 3 期。

　　朱庆：《论十九路军的重建及影响》，《江海学刊》2015 年第 4 期。

　　陈进金：《地方实力派与中原大战》，博士学位论文，台湾政治大学，2000。

人名索引

M

X

Y

图书在版编目（CIP）数据

国民政府对地方实力派的整合：1928～1937／郭昌
文著. －－北京：社会科学文献出版社，2020.10（2024.7重印）
　　ISBN 978－7－5201－6992－9

Ⅰ.①国… Ⅱ.①郭… Ⅲ.①国民政府－行政管理－
研究－1928－1937　Ⅳ.①D693.62

中国版本图书馆 CIP 数据核字（2020）第 140819 号

国民政府对地方实力派的整合（1928～1937）

著　　者／郭昌文

出 版 人／冀祥德
责任编辑／邵璐璐
责任印制／王京美

出　　版／社会科学文献出版社·历史学分社（010）59367256
　　　　　地址：北京市北三环中路甲 29 号院华龙大厦　邮编：100029
　　　　　网址：www.ssap.com.cn
发　　行／社会科学文献出版社（010）59367028
印　　装／唐山玺诚印务有限公司

规　　格／开　本：787mm×1092mm　1/16
　　　　　印　张：20.5　字　数：322 千字
版　　次／2020 年 10 月第 1 版　2024 年 7 月第 4 次印刷
书　　号／ISBN 978－7－5201－6992－9
定　　价／98.00 元

读者服务电话：4008918866

🔺 版权所有 翻印必究